정용욱

서울대학교 국사학과에서 학사, 석사, 박사 학위를 받았고, 서울대학교 인문대 국사학과 교수(2003~2025)로 재직했다. 한국역사연구회 회장, 민주화운동기념사업회 한국민주주의연구소 운영위원장, 국사편찬위원회 헌정사자료집 편찬위원장 등을 역임했다. 2020년 19회 '송건호 언론상'을 수상했다. 『해방 전후 미국의 대한정책』, 『편지로 읽는 해방과 점령』, 『강압의 과학』(역서), 『탈냉전과 미국의 신세계질서』(역서) 등을 저술했고, 최근 「노획문서 소재 "재령군 간부 이력서철" 연구」, 「해방 직후 북한 잡지 연구—미군의 '노획 북한 문서' 소장 잡지들을 중심으로—」 등의 논문을 집필했다. 해방 직후의 동시대사 인식과 한국 사회의 현대사 이해, 6·25전쟁과 냉전문화, 신문·잡지의 지성사와 사회사 등에 관심을 가지고 연구를 진행 중이다.

점령의 현실, 담론의 정치

인사이트 학술총서 09
점령의 현실, 담론의 정치

초판 1쇄 발행 2025년 10월 31일

지은이 정용욱
펴낸이 주혜숙

펴낸곳 역사공간
등록 2003년 7월 22일 제6-510호
주소 04000 서울특별시 마포구 동교로 19길 52-7 PS빌딩 4층
전화 02-725-8806 팩스 02-725-8801
이메일 jhs8807@hanmail.net 블로그 blog.naver.com/jgonggan

ISBN 979-11-5707-661-1 94910
      979-11-5707-612-3 (세트)

이 저서는 2020년 대한민국 교육부와 한국학중앙연구원(한국학진흥사업단)
한국학대형기획총서사업의 지원을 받아 수행된 연구임(AKS-2020-KSS-1120004).

점령의 현실,
담론의 정치

정용욱
지음

뉴스는 역사의 초고다
　- 필립 그레이엄

일러두기

1. 인용문은 현대 표기법을 따르지 않고 원문의 표기를 살렸다.
2. 한국의 명칭은, 일제 강점기는 조선, 미군정 전반은 조선 또는 남조선, 미군정 후반부터는 남한으로 사용했다.
3. 주석에 제시한 출처는 원전(원출처)대로 표기했다. 다만, 문서명을 특정하기 어려운 영문서는 번역하여 표기했다.
4. 미국 국립문서관(NA II) 문서자료는 미국 국립문서관 파일분류법에 따라 표기했는데, 초출 주석에서 전체 정보를, 이후 약칭을 제시했다.
5. 이 책의 2장, 4장, 에필로그는 필자의 논저를 수정, 보완하여 완성했다. 내용의 토대가 된 논저는 참고문헌에 표기했다.

책을 내면서

 이 땅에 사는 이들이라면 대부분 한편으론 역사적 위기를, 다른 한편으론 역사의 동력을 실감하며 지난 겨울과 봄을 지내지 않았을까 싶다.
 어느 하루 예사롭지 않던 그 시기에, 한국 현대사를 다시 현재로 불러올린 듯한 일련의 사건이 연이어 일어났다. 어린 시절까지 포함하면 계엄과 위수령은 여러 번 경험했고, 시가지로 쏟아져 나온 장갑차와 국회로 진주한 군대는 대학 시절이 생각나는 익숙한 광경이었다. 광주민주항쟁 이후 광장에 모인 시민들이 쏟아내는 열정과 그들 사이를 이어주던 따뜻한 온기 역시 세대를 거듭하며 많은 이들이 몸소 체험한 일이었다. 그들 손에 들려 있는 것이 돌멩이에서 촛불로, 다시 형광봉으로 바뀌었을 뿐이다. 한 의원이 국회로 불러들인 백골단과 반공청년단, 서울서부지방법원 점거 폭동 사태는 대한민국의 시계를 마치 80여 년 전 해방 직후로 되돌려놓은 듯한 착각을 불러일으켰다. 12·3비상계엄 선포로 시작된 내란 사태가 1945년에서 2016~2017년의 박근혜 탄핵 촛불시위 사이에 한국 사회가 겪은 역사적 사건들을 모두 한자리에 불러 모은 듯했다.

한국 현대사에 대한 지식이 조금이라도 있다면 작년 12월 이후 일어난 사건들을 기시감을 가지고 지켜보았을 테지만, 비상계엄 선포나 서부지원 난입이나 모두 뜬금없고 황당하기는 마찬가지였다. 한국 사회가 다시 그런 사태를 겪게 되리라고는 어느 누구도 예상하지 못했을 것이다. 일어난 어느 사건이나 현재 한국 사회의 역사적 상식을 뛰어넘는 일이었고, 그래서 비현실적으로 보일 지경이었다. 역사는 반복되지 않지만 각운은 맞춘다고 했던 마크 트웨인의 말처럼 역사가 각운을 맞추기 위해 기획한 일이었을까? 한국 현대사에 어떤 비밀이 숨어 있기에 이리 짧은 시간 우리 앞에 현대사의 여러 상징적 장면을 압축적으로 재연할 수 있었을까?

때마침 노벨 문학상을 수상한 작가 한강이 수상 강연에서 얘기했던 "과거가 현재를 도울 수 있는가, 죽은 자가 산 자를 구할 수 있는가?"라는 물음이 이 힘든 시기를 버티게 해준 격언이 되었고, 그 격언이 광장을 가득 메운 시민은 물론이고 온 국민의 귓가를 맴돌았다. 곰곰이 생각해보면 작가가 책을 집필한 동기와 문제의식은 거꾸로 "현재가 과거를 되살릴 수 있을까, 산 자가 죽은 자를 구할 수 있을까?"라는 질문이었을 텐데, 역설적이게도 산 자가 죽은 자의 음덕으로 위기를 극복한 셈이 되었다. 노벨 위원회 역시 이 점을 눈치채고 "역사의 희생자들에게 목소리를 주기 위해, 이 책은 잔혹한 현실화로 사건을 마주하고, 그렇게 함으로써 증언 문학 장르에 접근한다"라고 선정 이유를 밝혔다.

한강은 한국의 역사적 경험이 이 땅에 살고 있는 이들에게 온축되고, 또 발현되는 과정을 짧은 경구로 의미심장하게 요약했지만, 한국 사회는 현재 진행되는 사건과 과거의 역사적 사건이 데자뷔처럼 겹치는 경험을 할 때가 많다. 서부지원 난입 사태의 전조는 아마 야당 지도자의 목에 단도를 들이민 사건이었을 텐데, 우리 사회는 해방 직후에 그런 일을 일상적으로 접했다. 당대 신문과 자료, 책과 논문으로 그런 사건들을 익히 알고 있다고 생각하지만, 그 시절을 살았던 '사람들'이 그런 폭력, 증오와 혐오가 난무했던 야만의 시절을 어떻게 버텼을까라는 질문 앞에 이성적 사유로는 답을 찾지 못해 멍해질 때가 있다. 우리 모두는 야만과 존엄 사이에 가로 놓인 심연의 폭과 깊이를 헤아리며 양자를 잇는 다리를 놓기 위한 노력을 멈추지 말아야 한다.

이 책은 담론을 매개로 해방 직후 한국 사회의 작동 방식을 살펴보았다. 점령기 한국 사회를 당대인들이 어떻게 감당했는지 살펴보는 방법은 여러 가지가 있겠지만, 담론이 미군정의 정책, 각 정당·사회단체의 노선, 지식인의 현실 인식, 보통사람의 생활감정, 당대 사회의 여론을 전체적으로 함께 살펴볼 수 있는 좋은 분석 소재이자 영역이라고 생각했기 때문이다. 담론의 장은 당대의 정치사회적 갈등이 투영되고, 사회 구성원들이 서로 대화하거나 투쟁하는 장소이자, 그들 자신의 이해와 가치를 발전시키거나 더 큰 사회적 여론에 영향을 미치기 위해 경쟁하는 장소이다.

　담론 연구는 내용 분석도 중요하지만 담론이 생산, 유통, 소비되던 당시의 정치사회적 맥락, 담론의 생산과 유통을 담당한 기획자와 동력에 대한 분석이 중요하다. 또 담론을 실어 나른 매체에 대한 이해 역시 필요하다. 이 책은 담론을 기획하고 생산한 자들이 '말하는 것'보다는 그들이 '하는 일'에 보다 집중해서 사안에 접근하고 문제의 본질을 파악하려고 했다. 매체의 경우 신문, 잡지의 문면뿐만 아니라 기자사회, 언론과 권력의 관계도 살펴보았다.

　이 책은 언론자유, 진보적 민주주의, 신탁통치, 농지개혁, 점령, 냉전 등을 주제어로 삼아 그것이 지시하고 상징하는 현상이나 개념, 용어들이 담론의 영역에서 어떻게 생성, 발전, 귀결되는지 살펴보았다. 이 주제어들은 점령기 한국 사회를 전체적으로 파악하기 위해 담론 분석의 차원에서 가장 먼저 살펴보아야 할 대상이다. 담론이 일상의 실천으로 삶의 현장에 스며들고 보통사람들이 이를 수용하거나 투쟁하는 양상을 살펴보기 위해, 신문·잡지와 함께 여론조사, 편지 등의 자료를 활용했다.

　한국학중앙연구원의 지원이 떠도는 구상을 원고로 만드는 데 큰 도움을 주었다. 역사공간 편집진은 난삽한 글을 다듬어 책이 되어가는 데 필요한 실용적 조언을 아끼지 않았다. 편집진의 노고에 깊이 감사드린다. 언제부턴가 대학원에 새로 진학하는 연구자들을 '꿈나무'로 추켜세우곤 한다. 젊은 연구자들의 학문적 열정을 부추기려는 노교수의 아부인 셈인데, 지난 겨울 이들이 나름대로 자신의 시대를 감낭하기 위해 애쓰는 모습을 지켜보며 오히려 내가 위로와 격려를 받았다. 일상의 고단함을 달래주고 범속한 화제 속에 격려와 충고를 아끼지 않는 가족과의 대화가 늘 힘이 되었다. 새삼스럽지만 고마움을 전한다.

2025년 10월
정용욱

차례

책을 내면서 ____ 7

서장　점령의 현실, 담론의 정치, 냉전의 주조 ____ 14

제1장　미군정과 한국 언론의 조우
　　　1. 이묘묵의 명월관 연설 ____ 48
　　　2. 미군의 대민 홍보기구 설치 ____ 64
　　　3. 조선신문기자회의 결성 ____ 73
　　　4. 매일신보 정간 사태 ____ 88
　　　5. 기자사회와 '진보적 민주주의' ____ 105

제2장　모스크바 삼상회의 결정의
　　　국내 전달과 신탁통치 파동
　　　1. 모스크바 삼상회의 결정의 국내 보도 전말 ____ 120
　　　2. 남한 언론의 외신 보도 의혹 ____ 136
　　　3. 미군정의 대응과 언론공작 ____ 175
　　　4. 신탁통치 파동 ____ 196

제3장　미군정 농지개혁 구상의 전개와 그 귀결
　　　1. 미군정 농지개혁 구상의 원형 ____ 208
　　　2. 미군정 여론조사 ____ 219
　　　3. 농지개혁 유보의 현실적 사정 ____ 246
　　　4. 농지개혁 시도의 좌절 ____ 270
　　　5. 미군정 농지개혁 구상의 귀결 ____ 289

제4장　한국인과 일본인의 미군 점령 인식

1. 편지로 보는 민중의 반응 ____ 306
2. 일본인의 점령 인식 ____ 316
3. 재일조선인의 점령 체험 ____ 337
4. 한국인의 점령 인식 ____ 358
5. '점령'에서 '냉전'으로 ____ 390

제5장　정부 수립 전후 지식인의 냉전 인식

1. 1946년 4월, 남한 여론주도층의 미소관계 전망 ____ 406
2. 1947년, '냉전'의 등장과 이승만, 극우 언론 ____ 412
3. 1948년, 남한 지식인 사회의 냉전 인식 ____ 427
4. 1949년, 이승만 정부의 냉전 논리 전유와 구조화 ____ 445

에필로그　한국 근현대사에서
　　　　　민족주의, 공산주의, 반공주의 ____ 453

미주 ____ 483
참고문헌 ____ 563
찾아보기 ____ 582

서장

점령의 현실, 담론의 정치, 냉전의 주조

냉전에 대한 결과론적 서술의 문제점

아래 인용문은 고등학교 한국사 교과서로는 마지막 국정 교과서에 해당하는 2008년 판 『고등학교 국사』 하권에서 해방으로부터 남과 북의 단독정부 수립에 이르는 시기를 개괄적으로 서술한 것이다.

> 하지만, 광복의 감격과 각계각층의 건국 운동이 곧바로 자주 독립 국가의 건설로 연결되지는 못하였다. 일본군의 무장 해제를 이유로 미군과 소련군이 38도선 이남과 이북에 진주하여 군정을 실시했기 때문이었다. 이러한 미소 냉전의 국제 질서 속에서 우리 민족은 우익과 좌익 세력으로 대립하였다. … 좌우의 대립은 신탁통치 문제를 둘러싸고 격화되었다. … 결국 자주 독립의 통일 국가를 수립하지 못한 채 민족 분단의 길로 가게 되었다.[1]

통일정부 수립과 자주적 독립국가 건설은 해방 직후 거의 모든 한국인들의 바람이었지만 그러한 기대와 바람은 실현되지 못했고, 결국 미소 냉전으로 남과 북의 분리정부 수립, 뒤이은 전쟁으로 귀결됨으로써 민족 분단이 고착되었던 사정을 압축적으로 기술한 단원 개관이다.

박근혜 정부가 한국사 교과서 국정화 기도로 교육 현장, 역사학계, 역사교육계는 물론이고 대다수 한국인의 비판과 지탄을 받았던 것을 기억하는 사람들이라면 국정 교과서에 대해 부정적 인식을 떨칠 수 없을 것이다. 하지만 한국 사회가 민주화된 지 20여 년 뒤에 출간된 이 마지막 국정 교과서는 역사 인식이나 서술 내용의 측면에서 검인정으로 바뀐 뒤에 나온 교과서들에 견주어 손색이 없다.

고등학교 교과서의 서술 방식은 사후적 일반화로는 그다지 흠잡을 것이 없어 보인다. 2008년의 마지막 국정 교과서나 이후 출간된 검인정 교과서나 해방 이후 남북의 분리정부 수립에 이르는 과정을 미소공위 실패, 좌우합작운동의 실패, 정부 수립 후 반민특위 해체와 농지개혁 등 사실 기술 위주로 전달하려 노력했다. 또 대학 입시 경쟁의 볼모가 되었던 고등학교 교과서의 처지, 걸핏하면 현대사의 특정 사안이 정치적 논란과 이념 공세의 소재로 둔갑하는 한국 사회의 실정을 감안하면 앞과 같은 서술 방식이 무난하게 여겨질 수 있다.

그러나 이런 식의 서술 내용은 전문 연구자의 입장에서는 불완전해 보이고, 학생들에게 해당 시기 역사에 대해 과연 풍부한 역사상을 전달할 수 있을지 회의적이다. 특히 역사교육의 일차적 목표가 역사적 인과관계를 이해하는 것이라고 할 때, 당대의 역사적 경험을 시간의 연쇄 속에서 나열하고 있을 뿐인 이런 식의 기술로 과연 그 목표를 달성할 수 있을지 의문이다. 물론 앞 교과서의 서술 내용이 중등교육 이수자의 지식수준을 고려해서 채택된 점, 한정된 지면에 많은 내용을 압축적으로 기술할 수밖에 없는 교과서 서술 형식 등을 감안해야 할 것이고, 전문 연구자의 학술적 논의와 보통교육이 추구하는 보다 편의적인 이해방식의 추구 사이의 낙차도 감안해야 할 것이다. 하지만 이러한 기술 방식은 역사 인식의 측면에서나 역사교육의 측면에서나 개선할 점이 많아 보인다.

앞에서 언급한 고등학교 한국사 교과서가 제시하는 해방에서 6·25전쟁에 이르는 시기에 관한 이해방식은 냉전을 주어진 전제처럼 설정함으로써 사실상 전체적인 서술 기조를 결과론적 해석으로 몰아갈 우려가 없지 않다. 또 냉전을 당연한 전제로 받아들임으로써 당대 사건들에 대한 역사주의적 접근과 평가를 제대로 할 수 없게 만들 수도 있다. 그리고 이런 식의 서술과 이해방식이 한국 사회에만 한정되어 나타나는 것이 아닌 것 같다. 아래 인용은 미 육군의 6·25전쟁 공식 전사 첫머리에 해당하는 부분이다.

소련의 지원을 받은 북한 정부는 덜 폭력적인 방법으로 남쪽의 이웃을 정복하는 데 실패하자 1950년 6월 25일 대한민국을 침공했다. 미국을 비롯한 다른 유엔 회원국들이 남한 사람들을 도우려고 왔고, 3년여에 걸친 전쟁은 14만 2천 명 이상의 미군 사상자를 냈다.

남침으로 시작된 이 전쟁은 이후에 "제한전쟁"으로 불리었다. 전투는 신중하게 지리적으로 제한되었으며, 정치적 결정이 군사전략에 제한을 가하였고, 남북한 정부를 제외하고는 그들의 전 전투역량을 사용한 교전국은 하나도 없었다. 그러나 전투에서 잔인성을 제한하는 것은 아무것도 없었다.

한국전쟁은 강대국의 대립적인 관계로부터 돌발적으로 일어난 것이기는 했으나 한국 역사에 깊이 뿌리내린 국내적 조건과 한반도의 지정학적 위치로부터 큰 영향을 받았다.[2]

인용문은 미 육군의 6·25전쟁 공식 전사 시리즈 네 권 가운데 첫 번째에 해당하는 『정책과 지도: 한국전쟁의 첫 해(Policy and Direction: The First Year)』 제1장 「한국, 장기판 졸의 역사」의 첫머리를 장식한 글이다. 이 책의 1장은 6·25전쟁의 배경과 전사(前史)를 축약해서 제시했는데, 영어 제목이 "Korea, Case History of a Pawn"이다. 'pawn'이 '노리개', '볼모'라는 뜻도 있으니, '노리개의 역사' 또는 '볼모의 역사'로 옮길 수도 있겠다. 인용문은 단 세 문단으로 앞의 두 문단이 6·25전쟁을 보는 미국 육군의 시각과 관점을 제시했고, 마지막 문단이 발발의 원인과 배경을 요약했다. 이 책은 1972년에 공식 전사 네 권 중 세 번째로 출간되었고, 이듬해 한국 육군본부에서 번역본이 나왔다.[3]

1장은 이 세 문단 이후 바로 '지역(Land)', '한국의 과거(Korea's Past)', '미국과 한국(The United States and Korea)', '한국 1945년(Korea 1945)', '새로운 경계선(The New Zones)'으로 이어지는 절 제목으로 한국의 지리적 조건, 전근대 역사, 개항 이래 해방에 이르는 시기의 한미관계, 제2차 세계대전 시기 한국문제 처리를 위한 연합국 회담의 주요 내용과 분할점령의 경위 등을 연대기식으로 서술했다. 1장 첫머리 세 문단은 1장의 내용뿐만 아니라 이 책의 서술 내용 전반에 대한 미 육군 군사감실(Office of the Chief of Military History)의 이해방식과 이 책의 서술 기조를 제시했다.

이 책은 1장 제목이 암시하듯이 6·25전쟁을 강대국의 대리전(proxy war)으로 파악한다. 6·25전쟁뿐만 아니라 한국사 전반의 타율적 성격을 사실상 전제하고, 한국의 지정학적 위치 때문에 그럴 수밖에 없다고 이해한다. 다음으로 6·25전쟁이 '제한전쟁(limited war)'이라는 점을 강조했다. 전쟁이 지리적, 공간적으로 한반도 이외 지역으로 확대되지 않았고, 그러한 결정이 군사전략적 관점에서 이루어졌다기보다 정치적 요인에 의해 이루어졌다는 것이다. 세 번째 문단은 전쟁 발발의 원인으로 강대국 간의 대립, 즉, 미소 대립을 제시했지만 동시에 그것에다 한국의 국내적 조건과 지정학적 위치가 영향을 주었다고 기술했다. 한국의 고등학교 교과서가 미소의 분할점령을 분단을 초래한 원인과 배경으로 지목한 데 비해 이 책은 분할점령 자체에 대해서 아무런 언급이 없다. 이 점에서 양자의 인식차가 드러나지만, 해방 이후 한반도에서 일어난 역사적 변화를 현상적으로 기술하는 방식은 그리 크게 달라 보이지 않는다.

 인용문은 전쟁이 북한의 남침이라는 것을 명확히 했지만 전쟁은 강대국 간의 대립, 즉, 미소로 대표되는 동서 양 진영 간 전쟁이었고, 미국 정부의 정치적 결정에 따라 미군은 군사적 자원의 무제한 사용을 자제했다는 점을 은근히 내세웠다. 미 육군이 전쟁에서 승리하지 못하고 휴전에 이른 것은 군부의 뜻이 아니라는 것을 은연중 내비친 것으로 볼 수도 있는 서술이다. 이 점은 이 책의 「서언(Foreword)」에서도 강조되었다. 출간 당시 군사감이었던 콜린스(James L. Collins, Jr.) 준장은 '6·25전쟁은 2차 대전에 뒤이은 전 세계적 긴장의 시기에 미국이 아시아 대륙에서 수행한 최초의 주요한 전쟁'이었고, 이 책은 '최초의 제한전쟁 초기에 미국이 구사한 정책과 전략'을 기술했다고 적었다. 이어서 이 전쟁은 '10여 년 뒤에 동남아시아에서 일어난 전쟁과 기본적으로 차이가 있지만 뚜렷한 유사성도 있다'고 덧붙였다.[4]

 군사감은 「서언」에서 6·25전쟁을 한반도에서 발생한 국지전이 아니라 2차 대전과 베트남전쟁 사이에 놓인 '전 세계적 긴장'의 일환으로 자리매김했다. 그리고 6·25전쟁이나 베트남전쟁이나 모두 제한전쟁이었다고 암시한다. 당시 미 군부는 핵 재앙의 우려 때문에 군사적 견지에서 무력 수단을 무제한적으로 적용할 수 없다는 의미로 제한전쟁이라는 개념을 사용하곤 했다. 이 책은 군사관이 집필했지만 발행 주체는 군사감실이었고, 미 육군의 공식 전사였다. 이 책은 원고가 완성된 뒤 교열, 검열과 감수에 꽤 오랜 시간을 소비했다. 미국 군부, 정부 내 관련 부서들의 견해를 고려했고, 동맹국들을 외교적으로 배려했으며, 책 출간이 사후적으로 가져올 정치적, 외교적 부담을 덜기 위한 사전 작업이 필요했기 때문이었다. 이 책은 '냉전'이라는 표현을 사용하지 않았지만, 군사감실은 '제한전' 개념으로 냉전하에서 미군 전쟁 교리의 군사전략적 특징을 드러냈다. 제한전은 냉전기 미국의 대외정책 기조인 봉쇄정책의 군사전략적 표현인 셈이다.[5]

미 육군 군사감실 차원의 6·25전쟁사 편찬 계획은 1951년부터 군부뿐만 아니라 정부 차원의 역사편찬사업의 하나가 되었다. 1951년 1월 트루먼(Harry S. Truman) 대통령이 예산국장에게 '연방 역사편찬 계획'을 수립하고 진행 상황을 수시로 보고할 것을 지시하는 서한을 보냈다. 트루먼 대통령은 그 서한에서 "비상시 활동에 종사하는 모든 기구들의 편사 계획을 수립할 것"을 지시하면서, "이미 우리들이 배우고 있는 교훈들을 활용하기 위해 이 계획을 빨리 시작하는 것이 중요하다"고 재촉했다.[6]

트루먼 대통령의 서한은 미 육군이 6·25전쟁사 편찬사업을 냉전에 대처하는 활동 전반을 연구하는 사업으로 확대하는 데 지침이 되었다. 군사감실 전사부 현행사과는 1952년 4월에 작성한 비망록에서, 군사감실이 미군 합동참모본부(JCS)가 공산주의 침략에 반대하기 위해 세운 전반적 계획을 다룰 필요가 있다며 6·25전쟁에서 미 육군의 역할을 전 세계적 차원의 냉전과 관련한 시각에서 다룰 것을 건의했고, 그런 관점에서 애초의 6·25전쟁사 편찬 계획을 재조정했다.[7] 군사감실의 6·25전쟁사 편찬사업은 6·25전쟁 종전 후에도 냉전사 계획의 일환으로 수렴되어 계속 추진되었다. 6·25전쟁사 편찬사업은 2차 대전 이후 군사감실 역사 편찬사업의 중심 과제였던 "미 육군의 공산주의 세력과의 투쟁(The US Army in the Conflict with the Communist Powers)"의 일부로 포섭되어 계속 추진되었다.[8]

2차 대전 종전 이후 남한에 주둔했던 미 육군 24군단 군사실(軍史室)이 점령에서 철수에 이르는 점령기 전 기간의 주한미군 활동 전반을 다룬 『주한미군사(History of US Army Forces in Korea)』를 편찬했다. 군사실은 1949년 1월 5일 활동을 정지할 때까지 3년 6개월여에 걸쳐 편찬 작업을 진행했으나 『주한미군사』가 발간되지는 못했다. 그때까지 집필을 마친 원고들이 『주한미군사』 편찬을 위해 수집한 방대한 자료들과 함께 미국으로 옮겨졌고, 원고들은 현재 미 육군 군사감실에 소장되어 있다. 『주한미군사』는 미군정의 관점에서 서술되었고, 주한미군사령부 군사실이 편찬을 담당했다. 하지만 이 사서는 미국 육군부의 지시에 따라 편찬된 공식 전사였고, 군사감실의 전신인 육군부 군사국의 책임하에 편사 활동이 이루어졌다.[9]

『주한미군사』 편찬의 일차적 목표는 전체 미국 육군사 편사를 위한 '자료 수집과 사실적 근거에 충실한 사서의 확보'에 있었고, 그러한 목표는 『주한미군사』 실제 편찬 작업에 그대로 반영되었다. 『주한미군사』는 미군정을 다룬 다른 어떤 사서보다 자료적 근거가 풍부하고 충실한 사서였지만, 동시에 군사관의

해석이나 평가를 배제하고 '사실적이고 객관적인 설명'에 치중했다.[10]

이러한 신중한 편찬 태도는 『주한미군사』 2부 '한국정치' 편과 '미소관계' 편 집필에서 잘 나타난다. 군사감실과 미 육군 극동군사령부가 군사관들에게 보낸 지침에서 '한국정치'에 대해서는 원고 집필 이전 개요 심사 단계부터 "논점에서 너무 멀리 벗어나 한국의 역사를 떠맡지 말고, 엄격하게 미국의 점령과 정책에만 초점을 맞추도록" 지시했다. 또 '미소관계' 집필에서 "소련의 북한 점령은 언급하지 말고, 특히 자료원(資料源)을 검증하는 데 특별히 주의할 것"을 요청했다.[11]

그러나 미군이 『주한미군사』 편찬에서 보여주었던 신중한 태도가 불과 5년 뒤에 진행된 6·25전쟁사 편찬에서는 바뀌었다. 군사감실은 6·25전쟁의 성격을 미소의 대립을 전제한 대리전, 냉전 하 미군의 군사전략적 특징을 개념화한 제한전으로 규정했다. 이러한 편찬 태도와 입장의 변화는 미소 냉전체제가 수립되고, 미 육군의 전사 편찬에서 냉전적 세계관이 확고하게 자리 잡았음을 보여준다. 앞에서 지적한 미 육군 군사감실 차원의 6·25전쟁사 편찬 계획의 변천 과정이 그러한 태도와 입장의 변화가 어떻게 일어났는지 상징적으로 보여준다.

2차 대전 종전 직후만 해도 미국과 소련은 2차 대전 당시 연합국의 일원으로 유지했던 양국 간 협력관계를 유지했고, 양국은 세계 도처에서 해결을 기다리는 전후 문제 처리를 위해서도 일정한 협조가 필요했다. 점령지 남한에서 점령정책을 총괄한 미군 사령관 하지(John R. Hodge) 중장은 미군의 점령 목표를 남한에 대소(對蘇) 방벽을 수립하는 것이라고 공공연히 천명했던 완고한 반공주의자였지만 이러한 대소 협조 분위기를 무시할 수 없었고, 한국 문제 처리를 위해서도 소련군과 일정한 협력관계를 유지할 수밖에 없었다.

현실적으로나 점령사 편찬에서나 대소 관계에서 미국 정부와 군부가 취했던 이러한 신중성이 미국의 6·25전쟁 공식 전사에 나타나는 노골적인 적대적 태도로 바뀌고, 냉전을 매개로 한 역사인식이 미국 사회에 자리 잡는 데 6·25전쟁이 큰 역할을 했다. 하지만 이러한 정책과 인식 변화가 하루아침에 찾아온 것은 아니다. 1947년 3월 미국 정부의 트루먼 독트린 선언과 그리스, 터키 원조에서 시작하여 6·25전쟁 전후에 매카시즘이 대두하고 점차 강화되는 일련의 과정이 미국 사회에서 이러한 변화를 초래하는 데 중요한 역할을 했다.

미소 간 냉전을 매개로 한 역사 인식의 수립은 이러한 태도 변화의 귀결이라고 할 수 있고, 미군의 6·25전쟁사 편찬은 전쟁 발발 직후 편찬을 시작하던 때만 해도 냉전적 역사 인식을 전면화하지 않았으나, 종전 이후 미국의 해외 군사 개입이 점차 전 세계적 차원에서 일상화되면서 6·25전쟁도 미국이 직면한 지구적 갈등의 하나가 되었다. 2차 대전 직후만 해도 미국에게 한국 문제는 '전후 처리'의 일환이었으나 6·25전쟁을 거치면서 한국 문제는 '지구적 갈등'의 하나로 취급되었다. 그리고 그러한 인식을 뒷받침하는 냉전을 매개로 한 역사 인식이 미군의 6·25전쟁사 편찬을 지배했다.

해방 직후 시점은 미국과 소련 사이에 아직 냉전이 본격화되지 않았고 양국은 표면적으로는 협조 노선을 유지했지만 1947년 이후 미소 간에 냉전의 조짐이 대두하기 시작하고, 6·25전쟁을 거치며 수립된 사후적이고 결과론적 역사 인식이 그 이전 시기에도 무차별적으로 적용되기 시작한 것이다. 한국의 고등학교 역사 교과서는 사실 이해의 차원에서는 미소 양군의 분할점령과 미소 대립이 해방 직후의 좌우 대립과 민족 분단을 규정한 제약 요인이었음을 지적하지만 동시에 역사 인식의 측면에서는 혼란스럽게도 마치 냉전을 주어진 전제처럼 설정한 결과론적 인식이라고 할 수 있다.

그렇다면 당대 한국 사회는 냉전을 어떻게 이해했을까? 한국 사회의 경우 신문에서 '냉전'이라는 용어가 처음 등장한 것은 1948년경부터였다. 아래에 나열한 기사 제목들은 당시 국내 신문에서 '냉전'이라는 단어를 검색하여 얻은 결과이다.

「미(美)의 反共産 전략 전망, 歐洲에 원조 집중」, 『조선일보』, 1948. 2. 17
「伯林 서구에 식량 수송, 但 獨人은 蘇 화폐로 구입, 伯林 냉전에 蘇 조치」, 『대한일보』, 1948. 7. 22
「4국 회담이 냉전 해결책, 서구 연합국의 합의설」, 『대한일보』, 1948. 7. 24
「美佛 군정 직원 伯林 철퇴, 但 냉전 대비 군대는 駐留」, 『대한일

보』, 1948. 8. 24

「치열한 冷戰戰 조선문제 등 무려 100건」,『민주일보』, 1948. 9. 22

「무력 배경은 大戰을 초래, 歐洲 정계의 伯林 냉전평」,『국민신문』, 1948. 9. 24

「한국, 대소 냉전의 전선」,『조선일보』, 1948. 12. 29

시간순으로 배열한 앞 기사 제목들에서 알 수 있듯이 냉전은 주로 유럽에서 미소 간, 또는 미국, 영국, 프랑스 등 서방 강대국 대 소련의 대치 내지 소련에 대한 미국의 강경정책을 드러내는 사건들을 보도할 때 쓰이기 시작했고, 남과 북에 각각 정부가 수립된 이후에는 '조선 문제'도 냉전의 영역에서 보도되기 시작했다. 또 당대에는 냉전보다 '냉정(冷靜) 전쟁'으로 표기한 경우가 더 많았으므로 앞과 같은 방식으로 '냉정 전쟁'을 다시 검색해 보았다.

「트 대통령 연설과 미국 내 반향」,『조선일보』, 1947. 3. 15

「결국은 전쟁, 美 양대 신문 평」,『경향신문』, 1947. 3. 15

「전쟁 불가피, 美 各紙의 논평」,『동아일보』, 1947. 3. 16

「UN을 통하여 세계 긴장상태를 해소하라」,『경향신문』, 1947. 7. 29

「마案 왜곡·歐洲 부흥 방지, 美 당국 국제공산당 부활에 성명」,『경향신문』, 1947. 10. 11

「蘇 전쟁 준비에 열중, 獨 공산화 방지 필요」,『조선일보』, 1947.

11. 20
「일본은 超重爆 기지화, 냉정전쟁에 우선 한목, 트 미 대통령, 일 무장화를 요구」, 『신민일보』, 1948. 4. 4
「東西歐 간의 냉정전쟁 세계적 규모로서 격화」, 『대중일보』, 1948. 4. 10
「미국의 주도로 세계적 반공 냉정 전쟁」, 『자유신문』, 1948. 4. 10
「냉정전쟁 중의 미소 혁명세력은 약화?」, 『동광신문』, 1948. 4. 23
「"冷靜戰爭" 중의 美蘇, 세계는 포옹할 수 있을까? AP기자 막켄지씨 평」, 『현대일보』, 1948. 4. 23

이 검색 결과 역시 흥미롭다. 우선 국내 신문들이 1947년 3월 15일과 16일, 외신으로 트루먼 독트린에 관한 미국 신문들의 논평 기사를 국내에 소개하며, 트루먼 대통령의 의회 연설이 소련에 대해 '냉정하게 전쟁을 각오'했다는 점을 부각시켜 제목을 뽑은 것이 눈에 띈다. 미국 신문은 트루먼 독트린에 대해 미국 정부가 전쟁을 냉정하게 고려하기 시작했다고 논평했고, 그때만 해도 '냉전'이라는 명사는 자립적인 개념으로 사용되기보다 미국 정부의 강경한 대소정책을 수식하는 수사적 표현에 불과했다. 냉전의 시작을 알린 '긴 전보'의 작성자이자 냉전의 미국 측 설계자 중 한 사람인 케넌(George F. Kennan)이 'Mr. X'라는 필명으로 발표한 「소련 행동의 근원」이 *Foreign Affairs*에 소개된 것은 1947년 7월이었다.[12]

국내 신문의 '냉정 전쟁' 관련 기사는 주로 외신을 소개하는 방식으로 미소 간 긴장의 격화와 대결 강화, 미국에서 반공정책의 강화를 보도했고, 국내 신문에서도 1947년 이래 점차 '이른바 냉전(냉정 전쟁)' 기사가 늘기 시작했다. 그런데 '냉정 전쟁' 또는 '냉전'을 국제정세의 중요한 변화로 소개하는 기사들이 국내 신문에 실리기 시작한 1947년 3월 이래 국내의 주요한 현안은 무엇이었을까?

트루먼 독트린이 발표된 1947년 3월 미군정과 국무부 대한정책 담당자들의 현안은 소련과 미소공동위원회 재개 협상을 성공시키는 것이었고, 협상을 통해 마침내 1947년 5월 2차 미소공위가 재개되었다. 이 시기 도시 지역의 최대 현안은 식량난으로 인한 식량위기였고, 농촌 지역에서는 미군정의 하곡수집에 반대하는 농민들의 식량공출 반대가 1946년에 이어 계속 점령 당국을 괴롭혔다. 또 1947년 3~7월에는 충청·호남 지역에서 백색테러가 빈발했고, 6월에는 군정청 출입기자들이 독자적으로 진상조사단을 파견할 정도로 우익 청년단체들의 횡포가 심해졌다.[13] 그리고 미소공위 재개 움직임에 따라 우익 단체들을 중심으로 반탁운동이 점차 격화되었다.

한편 1947년 봄과 여름 사이에 미군정이 한국인들을 상대로 발행한 주간신문 『농민주보』와 『세계신보』는 미국의 대한(對韓) 경제원조를 지속적으로 보도하면서 민주주의의 핵심은 선거를 통한 정부 수립이라는 점을 강조하는 기사를 연이어 보도했다.[14] 그 와중에 1947년 5월 17일자 『농민주보』 70호는 하지 장군의 영남과 호남 지방 시찰담을 보도했다. 이 기사에서 하지는 한국인들이 인민의 자유의사에 의한 통치를 위해 선거할 기회를 기대하고 있으므로 남조선과도입법의원에서 보통선거법을 작성하고 있다고 언명했다.[15]

미군정 주간신문의 미국 대한원조 관련 기사는 남한의 경제 사정 악화에 대한 미국의 대응책을 선전하는 의미가 있다. 또 트루먼 독트린 발표 이후 마셜플랜(MarshallPlan)에 의한 대(對) 유럽 경제원조 확대의 연장선상에서 동북아시아에서 미국의 대소 봉쇄정책을 과시한다는 의미가 있다. 그런데 하지 장군이 시찰을 마치고 돌아온 호남 지방에서는 우익테러가 극심해서 재경(在京) 기자단이 진상 조사를 위해 직접 기자단을 조직하여 파견할 정도였는데, 하지 장군은 민주주의 실행을 위해 입법의원에서 보통선거법을 작성 중이라는 시찰담을 농민들을 대상으로 발행하는 신문에 게재했다.

눈앞에서 테러가 횡행하던 농촌 마을에 살던 농민들이 만약 그 신문 기사를 보았다면 하지 장군이 설파하는 민주주의를 어떻게 생각했을까? 민주주의는 자신들에게 쏟아지는 폭력을 멈추는 것이라고 외치지 않았을까? 이후에도 미군정 주간신문들은 민주주의의 핵심 원리가 선거를 통한 정부 수립이라는 점을 계속 강조했다. 1947년 12월 5일부터 8일까지 충청남도 논산군 13개 면을 직접 현지 방문하여 미군정 공보요원들이 면접 조사 형식으로 실시한 여론조사 결과에 의하면 지방에서 미군정과 남한 과도정부의 활동에 대한 반대는 세 가지 요인에 의해 일어났다. 지하화한 좌익 세력의 선동, 극우 세력과 경찰의 억압에

대한 분노, 미곡 수집이 바로 그것이다.[16]

미군정이 한국인들을 향해 배포하던 선전지인 미군정 발간 주간신문들이 미소공위에서 미국 측 입장을 강화시키고, 또 미소공위 결렬 이후를 전망하며 선거에 의한 정부 수립을 민주주의의 최고 원리라고 강조할 즈음 남한 농촌사회의 현실은 우익 세력의 영향력이 점차 강화되었다. 하지만 여전히 좌우가 주도권을 둘러싼 경쟁을 계속했고, 미군정의 강압적인 미곡 수집정책에 대한 농민들의 분노와 저항이 집행 대리인 역할을 하는 경찰과 극우세력을 향해 표출되었다.

미국이 대소 봉쇄와 유럽에 대한 원조 확대를 주요 내용으로 하는 트루먼 독트린을 발표했을 때 서울의 미군정은 미소공위 재개를 위해 소련군과 물밑협상을 이어갔고, 미군정 주간신문들을 통해 한국인들을 상대로 뒤늦게 한국 문제의 전후 처리에 관한 모스크바 삼상회의 결정 내용을 해설했다. 또 선거에 의한 정부 수립을 민주주의 원리로 설파했다. 국내 신문들은 트루먼 독트린, 미소 간 대결의 심화, 미국의 대소 강경정책과 대외원조의 확대를 보도하는 외신 기사를 간헐적으로 내보냈지만, 비슷한 시기 국내 신문은 그러한 외신 기사들과 함께 미소공위 재개에 대한 기대, 반탁운동의 격화와 테러 빈발에 대한 우려, 미군정의 적산(敵産) 관리와 운용에 대한 비판, 식량난이 초래하는 위기 등이 지면을 메웠다.

트루먼 독트린은 2차 대전 이래 유지되었던 미국의 대소 협력정책이 대결정책으로 전환되고 있음을 알리는 상징적 선언이자 냉전의 효시로 간주된다. 하지만 그것이 발표되던 부렵 한국에서는 미소공위를 재개시키기 위해서 여전히 미소 간 타협이 절실했다. 또 모스크바 삼상회의의 「조선에 관한 결정」을 이행하기 위해서는 미소공위와 조선인 정당·사회단체의 협의를 거쳐야 했다. 다른 한편으로 당시 남한 사회의 현실을 지배한 것은 식량 위기와 테러의 횡행, 적산의 관리와 운용을 둘러싼 잡음과 혼란 등이었다. 식민지 상태로부터 벗어난 지 1년 반이 지났지만 일제 식민지배 청산이 제대로 이루어지지 않은 상황에서 탈식민 과제의 해결은 아직 요원했고, 정치·경제적 혼란이 여전히 계속되거나 오히려 가중되었다.

 1945년 일제가 패망하고 한반도를 미소 양군이 분할점령 했을 때만 해도 냉전이라는 용어는 지구상에 존재하지 않았다. 냉정 전쟁이니 냉전이니 하는 용어가 뜨문뜨문 남한의 신문 지상을 오르내리던 1947년, 1948년 전반만 해도 냉전은 한반도에서 일상적으로 반복되는 일과는 별로 상관이 없는 것으로 여겨졌다. 그러나 미소공위를 통한 미소 간 협상, 한국인의 독립정부 수립 노력이 모두 실패로 끝나고, 한반도 남과 북에 서로 다른 정부 수립이 가시화하자 점차 냉전의 언어와 논리가 한국 사회를 지배하기 시작했다.

 이 책은 한국 사회가 탈식민 과제의 해결과 통일된 독립 국가 건설에 실패하고 분단되는 과정을 담론 정치의 측면에서 살펴보고자 한다. 한국 사회가 탈식민 과제 해결에 실패하고 결국 분단과 전쟁 발발을 저지하지 못한 배경과 경위를 이해하는 작업이 당시 일어난 갈등과 충돌을 좌우 대결이나 이데올로기 대립으로 단순화하거나, 사후적으로 냉전의 기원을 소급하는 데 그쳐서는 안 된다. 당대의 역사 현장에서 이러한 사태의 전개를 매개하던 사건들의 실체는 무엇이었고, 점령 당국은 한국에서 사태 전개에 어떤 논리와 언어로 대응했으며, 한국인들이 이를 어떻게 수용 또는 저항했는지 보다 구체적인 해명이 필요하다.

해방 직후 한반도에 거주했거나 한반도로 돌아온 한국인들에게 화급한 과제는 전쟁과 식민주의의 유산을 하루빨리 극복하고, 자신과 공동체의 삶을 복원하는 것이었다. 1940년대 후반과 1950년대 초반의 시기를 냉전의 서막으로 가정할 수도 있겠지만 대다수 한국인들에게 그 시기는 무엇보다도 전후의 시대였고, 식민지 상태로부터 갓 해방된 시대였다. 그리고 그들의 경험과 기억을 지배한 것 역시 잔인한 전쟁과 잔혹한 식민 지배였다. 그 시기 역사를 제대로 이해하기 위해서는 2차 대전과 식민주의의 유산, 그리고 그에 대한 사람들의 경험과 기억이라는, 그러한 특별한 시기의 역사적 배경을 좀 더 구체적으로 기술할 필요가 있고, 냉전이 아직 현실이 아니었던 시기에 일어난 많은 사건과 광범한 현상들을 한국의 고유한 역사적 배경과 맥락에서, 또 분할점령과의 연관에서 깊이 있게 분석할 필요가 있다.

이 책은 미소의 분할점령기간 중 냉전의 씨앗이 뿌려지고, 그것이 민족 내부의 분열과 전쟁 위기로 점차 고조되어 가는 과정을 당시 유행하던 담론들을 통해서 살펴볼 것이다. 이를 통해 남북의 분단과 한국 사회의 이념적 양극화의 실체에 한 발 더 가까이 다가갈 수 있을 것으로 기대한다. 미소의 점령기간은 한국 사회에서 '식민'이라는 과거를 소거하면서 동시에 '탈식민'의 현실을 우회하거나 무력화시켰다.

강대국의 점령은 한국 사회에 소거와 우회, 무력화를 위한 새로운 사고방식과 담론을 제공했다. 탈식민의 현실로부터 냉전으로 진입한 1940년대 후반의 시기를 거치면서 한국 사회는 점차 전장(戰場)으로 변해갔다. 한국 사회의 다양하고 구체적인 정치사회적 갈등과 담론 투쟁의 당사자들 가운데 억압에 참여한 행위자들은 동서 대립의 논리를 활용하여 이견을 억누르고, 한국 사회를 정화하려고 했으며, 이후 수십 년 동안 지속된 특정한 종류의 질서와 현실을 택했다. 1948년 남·북한 정부 수립의 해석을 둘러싸고 벌어지는 건국 논쟁이나 이승만 국부론을 둘러싼 논란에서 보듯이 한국 사회는 지금도 여전히 그 유산을 부여잡고 씨름하고 있다.

담론 정치 분석을 통한 해방공간의 구성

한국현대사 연구가 본격화된 1980년대 후반 이래 해방공간 또는 점령기로 불리는 시기에 대한 연구가 비약적으로 성장했다. 정치사, 사회사, 생활사, 일상사 등 다양한 영역으로 연구가 확장되었고, 연구 소재의 다양화, 분석 주제의 세분화, 전문화도 주목할 만하다. 이러한 연구의 양적, 질적 성장을 자료원(資料

源)의 확대 및 자료 활용도의 제고가 도왔다. 웬만한 신문 자료는 책상머리에 앉아서 인터넷을 통해 검색과 활용이 가능해졌고, 미국, 러시아 등 해외 소장 자료도 국내의 주요 도서관과 사료 편찬기관이 제공하는 웹 DB를 통해 어렵지 않게 볼 수 있는 연구 환경이 구축되었다. 연구자들의 꾸준한 노력으로 구술사 자료도 확대되었으며, 과거사 정리와 청산 차원에서 수행된 진상규명 노력이 국가적 차원과 시민사회 스스로의 노력으로 활성화됨으로써 이러한 노력이 없었으면 확보할 수 없었던 귀중한 자료들을 축적했다.

한국현대사 연구의 출발 단계에서 점령기 역사 연구는 '탈식민'이라는 한국 사회의 역사적 과제가 한국인들에 의해 해결되지 못하고 외세의 개입으로 결국 분단으로 귀결되는 과정, 통일 독립국가 건설의 실패 원인에 대한 해명을 주요한 목표로 제시했다. 그러한 인식 위에서 이 시기에 일어난 제반 사건들의 인과적 연쇄에 대한 해명, 한국인들의 주체적 노력이 실패로 귀결될 수밖에 없었던 원인과 책임 소재는 물론 그러한 결과가 초래될 수밖에 없었던 구조적 조건에 대한 해명을 주요한 연구 과제로 하여 전개되었다. 특히 미·소 양국의 대한정책과 점령정책, 각 정치 세력의 노선과 활동에 관한 연구가 활발했다.[17]

점령기는 현대 한국의 원형(原型)을 이루었고, 또 6·25전쟁의 배경을 형성하는 전사(前史)에 해당했던 만큼 국내외 학계에서 많은 연구가 축적되었다. 국내의 연구는 미국과 소련의 대한정책과 점령통치, 남·북한 주요 정당·사회단체들과 지도자들의 활동, 남·북한 경제구조의 변화 등을 주로 분석했고 많은 성과를 축적했다. 이러한 연구 성과들은 그 시기 한국 사회의 구조와 역사적 성격에 대한 거시적 이해를 가능하게 했다.

1990년대 이후에는 사회사와 일상사 분야로 연구가 확장되면서 그 당시 민중 생활을 구체적으로 이해할 수 있는 연구도 나오기 시작했다. '아래로부터의 역사'를 추구하는 사회사나 생활사 연구는 미국, 러시아 측 자료 외에 신문은 물론 문학 작품, 구술자료 등 과거에는 잘 활용하지 않았던 자료를 발굴하기 위해 노력했다. 신문은 정치사, 국제관계사, 경제사의 영역에서 관련 사건을 이해하는 기초자료 구실을 했지만 사회사 영역으로 연구가 확대되면서 보다 널리 활용되기 시작했다. 특히 구술자료는 존재하던 자료를 수집하는 것이 아니라 새로 자료를 생산하고, 자료원(資料源)을 확대할 뿐만 아니라 이를 통해 잃어버리거나 잊힌 역사를 발굴하고 복원할 수 있다는 측면에서 연구자들의 주목을 받았다. 제주4·3항쟁과 이어서 진행된 국가폭력에 의한 민간인들의 희생을 망각의 늪 저편에서 역사의 한 부분으로 끌어내는 데 희생자들의 증언이 큰 역할을 했고, 전쟁 전후 국가폭력이 자행한 민간인 학살과 각종 인권 유린 행위의 진상을 규명하는 데에도 구술사가 한몫했다.[18]

그러나 기존의 사회사 연구가 그 시기 사회적 변화의 전체상이나 역사적 성격을 종합적으로 제시할 수 있을 정도로 성숙한 것 같지는 않다. 노동운동이나 각종 사회운동, 10월항쟁, 여순사건, 제주4·3사건 등에 대한 자료 발굴과 연구가 꾸준히 이어졌고, 또 동회(洞會), 귀환 등 일부 주제별로 연구의 축적이 이루어졌으나, 사회사를 구성하는 주요 범주들, 예컨대 인구의 소장(消長)과 이동, 가족관계나 친족사회, 마을과 촌락, 도시, 계급·계층 등의 주제들 가운데 해명된 것보다 아직 해명되지 않은 것이 더 많고, 그 시기 한국 사회 변화의 양상과 동력, 그 성격을 전체적으로 드러내지 못하고 있는 것이 현실이다.

  사회사 연구의 부진은 자료의 제한성이나 전공 연구자의 부족 등 연구의 주객관적 조건으로부터 초래된 바가 없지 않으나 기존의 연구가 주제별로 분절적인 접근에 머물고, 주제 간의 연관성을 확보하거나 전체적인 역사상을 제시하려는 노력을 소홀히 함으로써 초래된 점도 없지 않다. 이 시기 사회사 연구가 당대인들의 삶을 구체적으로 드러내지 못한 채 그저 당대의 사회적 현상을 일별할 뿐이고, 그러한 현상들의 인과관계를 사회적 구조 변화와 관련하여 충분히 해명하고 있지는 못한 것으로 보인다.

  그 시기 사회적 변화가 가지는 역사성을 깊이 있게 이해하기 위해서는 보통사람(民草, Grassroots)들의 동향과 움직임 속에서 변화를 추진한 활동 주체들의 역할과 행위, 그리고 그들을 둘러싸고 진행된 담론의 생산과 유통을 보다 구체적으로 드러내주는 것이 필요하다. 해방 직후의 시기와 대면하여 그로부터 무언가 지혜를 길어 올릴 생각이라면 당대의 정치, 사회, 경제 구조 및 국제정세에 대한 이해와 함께 개인이 되었든 집단적 실체로서 대중(大衆) 또는 다중(多衆)이 되었든 당시를 살았던 보통사람들의 삶과 애환, 정서와 의식세계를 담론의 층위에서 돌아보려는 노력이 필요하다.

일상사, 생활사와 같은 미시사가 얄궂게도 종종 구조사의 대척적 개념으로 오해되기도 하지만 '아래로부터의 역사'는 보통 사람의 입장에서 일상으로부터 구조를 해명하고, 또 미시로부터 거시를 지향하는 역사 이해방식이다. 이 책은 일상과 구조, 미시와 거시의 관계를 당대의 상황을 반영하는 담론들의 분석을 통해 살펴볼 것이다. 이러한 관점과 접근 방식은 한국인들이 해방된 민중이자 동시에 피점령민이었던 당시 상황을 역사주의적으로 이해할 수 있게 해줄 것이고, 또 해당 사회를 이념적으로 재단하여 단순화하거나 왜곡하는 반(反)역사주의적 이해방식을 넘어서게 해줄 것이다.

2000년대 이후 미·소의 대한정책과 점령정책 연구에서 공보·선전·여론에 관한 연구 성과들이 다수 제출되었다. 미·소의 선전·공보정책은 역사학뿐만 아니라 언론사 연구에서도 중요한 연구 주제였고, 미군정 공보정책과 언론정책, 미군정기에 생산된 다양한 매체들에 대한 분석이 이전부터 꾸준히 계속되었다.[19] 하지만 최근에 이르러 미군정의 공보정책과 공보 활동에 관한 연구가 남한에서 미국의 선전정책, 나아가서는 대한정책 전반의 성격과 목표를 이해할 수 있는 중요한 주제로 부각되었다.[20] 점령기 미군정의 공보 정책과 활동을 한국 정부 수립 이후 미국의 문화 전파 내지 자유민주주의 제도와 가치 유입을 본격화시키는 배경과 전사(前史)로 파악하는 연구도 제출되었다.[21] 미군정의 공보 활동을 제대로 이해하기 위해서는 '미군정-남한 언론-남한 정세' 사이의 상호연관성을 염두에 두고 분석을 진행해야 할 것이다. 미군정의 공보·선전 정책 및 활동과 미군정의 언론정책은 동전의 양면이라고 할 수 있는데, 이 두 가지를 동시에 이해하는 것이 미군정기 공보·선전 정책과 활동을 평가하는 데 필요하다.[22]

한편 지난 20년간 해외 학계의 냉전사 연구가 극적으로 바뀌었다. 예전처럼 외교사와 정치사 분야뿐 아니라 인류학, 문화연구, 문학 및 영상, 예술, 언론학 등을 포함하는 사회사, 문화사 분야로 연구가 확장되었다. 그리고 오드 아르네 베스타(Odd Arne Westad)와 권헌익의 연구에서 보듯이 제3세계 탈식민화 과정의 관점에서 냉전의 본질을 탐구하기 시작했다.[23] 최근의 냉전 연구 동향은 서로 모순된 것처럼 보이는 두 가지 접근법을 보여주거나 그것을 종합하는 방향에서 진행되고 있다. 하나는 베스타의 연구처럼 냉전의 지구적 성격과 초국가적 성격을 탐구하는 것이고, 다른 하나는 국가별로 냉전이 발현되는 양상과 작동 기제를 해당 사회의 역사적 맥락에서 보다 구체적으로 탐구하는 방향이다.[24]

특히 냉전의 구성적 성격에 관한 논의가 활발해졌다는 점을 주목해야 한다. 최근 연구들은 1940년대 후반에 냉전이 세계정세에 관한 여러 가지 담론 중 하나로 분명히 존재했지만 나라별로 그것이 현실의 영역에서 실제로 존재했는지 묻고 있다. 이 연구들은 냉전을 트루먼이나 스탈린(Joseph Stalin)의 행위에 따른 결과로 보고 그 '기원'에 관하여 연구하는 수준에서 벗어나서 풀

뿌리 차원에서 궁극적으로 냉전적 세계를 구성하고 있는 수많은 참여자들의 이야기를 언급하기 시작했다. 이 연구들이 탐구한 것은 일반인 사이에 널리 존재하는 대중의 인식과 통념, 사회적 여론과 소문, 개인의 감정을 단지 냉전의 영향으로서 다루는 것이 아니라, 이것들을 충돌하는 '현실'의 구성 요소로 새롭게 조명하였다.[25]

세계사적으로 냉전은 1940년대 후반만 해도 소문자 '냉전(cold war)' 또는 '이른바 냉전(so-called cold war)'으로 쓰였으나 6·25전쟁 이후 일반적으로 대문자 '냉전(Cold War)'으로 알려지게 되었고, 이렇게 소문자에서 대문자로의 전환은 양극단의 대치가 더 이상 논쟁의 여지가 있는 관점 중 하나를 표현하는 것이 아니라 실질적이고 현존하는 현실로서 널리 받아들여지게 되었음을 암시한다. 이러한 냉전의 점진적인 발현은 제2차 세계대전 직후 냉전이 객관적 정세로 존재했다기보다는, 반대로 각국별로 점차 실체를 갖추어가던 갈등과 충돌이 만들어낸 일종의 구성물이었음을 시사한다. 따라서 그에 관한 질문들은 그 충돌의 원점에 대하여 냉전의 실체를 인정하는 관점에서 되돌아보기보다 전 세계 수백만 명의 사람들이 어떻게 그런 상상된 현실을 믿게 되었고, 또 왜 그랬을까를 살펴야 한다. 정책 입안자부터 일반인에 이르기까지 전 세계의 행위자들에게 냉전이 가지는 의미를 삶의 현장과 해당 사회의 역사적 맥락 속에서 재해석하고, 그가 살고 있는 지역에서 2차 대전 이후 다중이 지식 생산과 소통의 다층적 정치에 참여하는 방식을 살펴볼 필요가 있다.[26]

이 책은 해방 공간에서 발생한 다양한 정치사회적 사안과 그것을 지시하고 상징하는 개념이나 용어들이 공적 담론의 영역에서 어떻게 생성 발전 유지되는지, 또는 유통되거나 소비되는지 분석할 것이다. 또 수용이 되었든 저항이 되었든 그러한 공적 담론에 대한 대중들의 반응과 대응 양상도 분석할 것이다. 공적 담론의 장(場)은 정치사회적 갈등이 투영되고 그 속에서 합의가 발생, 유지되거나 또는 실패하는 영역이다. 그것은 해당 사회의 모든 구성원들이 서로 대화하거나 또는 투쟁하는 장소이자, 그들 자신의 이해와 가치를 발전시키거나 또는 더 큰 사회적 여론에 영향을 미치기 위해서 경쟁하는 장소다.

담론 정치에 대한 분석은 담론 구성의 원천인 실재하는 현실을 분석의 불가결한 일부로 포섭한다. 또 그것은 현실의 재현 또는 왜곡, 담론 생산과 유통의 기제와 방식은 물론 담론을 실어 나르는 매체, 수용자의 대응 모두를 분석 영역으로 한다. 이 책은 미국과 소련의 대한정책과 점령정책, 한국인 정치 세력과 지도자의 노선과 활동, 지식인의 현실 인식과 참여, 보통사람의 생활감정과 현실 이해를 반영하는 다양한 자료와 매체를 끌어들여 그것들이 공적 삶을 구성하고, 담론의 장에서 서로 경쟁하며 현실의 변화를 매개하는 과정을 살펴볼 것이다.

점령기에 남한 통치를 담당한 점령 당국의 정책, 남한 정치를 이끄는 정당·사회단체와 그 지도자들의 사상과 노선은 담론 정치 분석의 출발점이다. 그것은 정책담당자들의 정책 논리, 정당·사회단체의 개혁 방안과 정책 대안의 형태로 공론장에 유입

되고, 신문 잡지 등 매체들을 통해 생산 유통되며, 여론 세론 민심의 형태, 또는 일상의 실천으로 보통사람들의 생활 현장에 스며들고 전파된다. 이 책은 점령 당국의 정책 논리, 당대 한국 사회의 다양한 개혁 요구와 정당·사회단체가 제출하는 개혁 방안, 지식인의 현실인식, 보통사람들의 삶과 여론이 당대의 주요 현안과 어떻게 만나는지, 또 그것들이 구성하는 점령기 남한 사회의 주요 담론의 내용적 특징과 역사적 성격은 무엇인지 살펴볼 것이다. 이 책은 점령기 남한 사회의 역사적 구조와 상황을 반영하는 핵심적인 사안과 그것을 둘러싼 담론들, 예컨대 언론자유와 민주주의, 민족주의와 공산주의, 반공주의, 신탁통치, 농지개혁, 점령, 냉전 등에 대한 점령 당국, 한국인 정당·사회단체와 지도자, 기자사회와 지식인, 보통사람의 인식과 대응 양상을 담론의 생산·유통기제와 함께 살펴보았다.

미군정과 한국인 기자사회는 점령기 내내 담론 생산과 유통의 측면에서 가장 중요한 역할을 한 활동주체들이다. 1장은 점령 직후 미군정과 한국인 기자사회의 조우를 '언론자유'와 '진보적 민주주의'에 대한 양자의 인식 차를 조선기자협회 결성과 매일신보 정간사태를 통해 살펴보았다. 삼상회의의 「조선에 관한 결정」조항은 연합국 간 이해관계의 조정은 물론 세계 각지에서 표출되기 시작한 반식민지운동에 적절히 대응하기 위해 안출된 연합국 나름의 협상 결과이자 절충안이었다. 그러나 그 조항이 국내에 전달되자 한국인들은 조항 중 '신탁통치'라는 용어에 격렬하게 반응했다. 2장은 그 조항의 국내 전달 이전 미국 언론의 한국 문제 보도경향, 외신의 삼상회의 결정 보도행태와 국내 합동통신사의 석연찮은 보도행태, 국내 신문들의 보도 경위와 그에 대한 미군정의 대응을 세밀하게 살펴보았다.

해방 직후 일제 식민 잔재와 유제 청산의 출발점은 토지개혁이라고 할 수 있다. 남한의 정치세력들은 개혁 대상과 방법에서 차이가 있을 뿐 모두 토지개혁을 강령이나 정책으로 채택했다. 안정적인 점령통치를 위해 미군정도 이 과제를 피해 갈 수 없었다. 3장은 해방 이후 개혁의 핵심 과제였던 토지개혁에 대한 미군정의 구상과 정책이 남한의 정치현실 속에서 어떻게 표류하는지, 미군정의 '농지개혁' 구상과 정책에 대한 조선인 정당 사회단체의 반응과 남한 사회의 여론동향은 어떠했는지, 미군정이 설정했던 농지개혁의 목표가 어떻게 5·10선거를 앞두고 홍보선전용 수단으로 귀결되는지 추적했다.

4장은 미군 '점령'에 대한 당대 지식인과 보통사람들의 생각과 반응을 그들이 미군정에 보낸 편지들을 통해 살펴보았다. 또 이를 일본인과 재일조선인이 맥아더 장군에게 보낸 서한에 나타난 점령에 대한 그들의 생각, 대응과 비교하여 전후 동북아시아에서 미군 점령이 가지는 현실적 위상과 역사적 성격을 살펴보았다.

1947년 후반부터 부상하는 '냉전'에 대한 남한 사회의 인식과 대응은 점령기 담론 정치의 귀결이라고 할 수 있다. 5장에서 정부 수립 전후 남한 지식인 사회의 냉전에 대한 이해와 대응 양상을 분석하여 냉전이 당시 한국 사회에서 가지는 의미를 살펴보았다. 에필로그는 '반공주의'를 매개로 일제 강점기와 해방 직후 '민족주의'와 '공산주의'의 현실적 위상, 반공주의의 역사성을 살펴볼 것이다. 이념·노선과 정치적 역관계의 측면에서 3·1운동 이래 민족주의, 공산주의, 반공주의의 상호관계를 분석하고, 역사적 상황에 따라 반공주의의 정치사회적 의미가 어떻게 구성되는가를 추적할 것이다.

이 책에서 활용한 주요 자료군을 몇 가지 소개한다. 점령기에 담론을 생산하고 유통시키는 데 가장 중요한 역할을 한 것은 신문과 잡지다.[27] 점령기 신문을 보통 정론지(政論紙)라고 일컫는데, 그것은 점령기에 발행된 신문 대부분이 일정한 정치적 성향을 띠거나 특정 정치노선에 의지해서 논조를 펼쳤기 때문이다. 다 그런 것은 아니었지만 신문이 각 정파에 의해 정치적 선전의 도구로 이용되는 경우가 많았다. 미군정도 대민(對民) 홍보와 선전을 위해 자체적으로 『주간신보』, 『농민주보』, 『세계신보』 등을 발행했다. 이 책에서 국내 간행 신문들과 미군정 신문들은 분석 대상이기도 하고, 동시에 당시 생산되거나 유통된 담론의 내용과 실체를 해명하는 데 필요한 자료를 제공하는 중요한 자료원이다. 점령기 주요 신문은 국립중앙도서관, 국사편찬위원회, 네이버 뉴스라이브러리가 제공하는 웹 DB를 통해 대부분 검색과 열람이 가능하다.[28] 점령기에 출간된 잡지들은 당대 지성계의 동향과 현실 인식을 살피는 데 반드시 필요한 자료다. 이 책에서는 『신천지』와 『민성』을 주로 활용했는데 영인본도 있지만 국립중앙도서관에서 온라인으로 열람할 수 있다.

미군정은 공보부장과 한국인 신문기자의 기자회견을 점령기간 내내 거의 매일 개최했다. 회견장은 미군정이 선전하고자 하는 내용을 한국 신문을 상대로 홍보하는 장소였고, 역으로 미군정 관리가 한국 사회의 여론을 탐문하는 장소였다. 미군정은 정보보고서의 형태로 기자회견 내용을 작성하여 보관했는데, 이들 보고서는 양측 인식의 차이와 미군정 측의 홍보·선전 의도를 보여주는 유용한 자료이다. 국내 신문 기사들과 주한미군사령부 정보참모부가 작성한 「일일정보보고(G-2 Periodic Report)」와 「주간정보요약(G-2 Weekly Summary)」, 또 주한미군사령부 군사실 소속 군사관들이 작성한 「사관기장」을 통해 간헐적으로 기자회견 내용을 확인할 수 있다. 「일일정보보고」와 「주간정보요약」은 점령기 남북 각지에서 일어난 정치사회적 사건과 주민들의 여론 동향에 관한 첩보와 정보들을 일자별로 수록하고 있어서 신문과 함께 일차적으로 참고해야 할 자료다.[29]

미군정은 남한의 정치·사회 동향과 관련하여 한국 사회의 여론을 꾸준히 조사하여 정기 보고서를 만들어서 간행했다. 이 보고서들의 여론 조사 방식은 그리 정밀한 것이 아니었지만 한국 사회의 여론 동향 추세를 짐작할 수 있다. 미군정 측 여론 조사 자료로 미군정 공보부가 작성한 주간 보고서 「여론동향(Opinion Trend)」과 「정치동향(Political Trend)」, 그리고 비정기 여론조사 보고서들이 있다.[30] 또 한국여론협회 등 한국인 여론 조사 기관도 해당 시기의 현안을 조사하여 신문 지면을 통해 발표하곤 했는데, 현안에 대한 한국인들의 여론을 이해하는 데 도움을 준다. 여론 조사는 주요 현안에 대한 한국 사회의 반응과 대응을 살필 수 있는 통로이기도 했지만 기자회견과 마찬가지로 여론 조사 결과와 미군정 측 자료, 미군정이 발행한 신문 기사의 연관성을 추적하면 한국 사회의 여론 동향에 대한 미군정의 인식과 대응을 살필 수 있는 기회를 제공한다.

 이 책에서 활용한 한국인, 일본인 서한은 한국과 일본 양 지역의 점령에 관해 해당 지역 식자층과 보통사람의 반응을 실시간으로 보여주는 만큼 살펴볼 가치가 있다.[31] 그것이 특별히 영향력이 있었기 때문이 아니라 보통사람들이 그들 자신의 표현으로 자신보다 영향력이 큰 목소리나 그 시대의 주요 사건들을 향해 어떻게 응답했는지 보여주기 때문이다. 편지들은 개인 또는 집단이 당대의 현안과 일상에 어떻게 반응했는지, 또 그 과정에서 담론의 생성과 전파에 어떻게 참여했는지 여과 없이 드러낸다.[32]

제1장

미군정과
한국 언론의 조우

1. 이묘묵의 명월관 연설

1945년 9월 11일 점령군 사령관 하지(John R. Hodge) 중장이 신문기자들과 회견하고 미군정 시정방침을 발표했다.[33] 미군은 9월 8일 서울에 진주했고, 9일 조선주둔 일본군 사령관과 조선총독부 총독의 항복문서를 접수했다. 9일 미군은 태평양 방면 미육군총사령부 포고 제 1, 2, 3호를 공포했고, 하지 장군은 조선 동포에게 고하는 성명을 발표했다.[34] 9월 10일 아놀드(Archer V. Arnold) 소장과 군정관 해리스(Charles S. Harris) 대령 등 미군 수뇌부 인사들이 조선인 유지 50여 명과 조선 정세와 현안을 두고 간담회를 했다.[35] 미 육군 24군단이 인천항에 입항했을 때 조선건국준비위원회(건준) 대표들이 하지 사령관을 만나러 기함 캐톡틴(Catoctin) 호에 승선했으나 그를 만나지 못한 채 그의 참모들과 얘기를 나누었다.[36] 점령군 사령관 하지가 남한 진주 직후 한국인들과 대면하여 치른 첫 공식 행사는 신문기자들과의 회견이었고, 그 자리에서 시정방침을 발표했다.

  9월 초순 남한에서 발행 중인 신문은 몇 개 되지 않았다. 서울에서 경성일보와 매일신보가 발행되었고, 지방지로 대구일일신문 등이 발행되었다. 경성일보와 대구일일신문은 일문지였고, 연합군의 일본, 한국, 중국 각지 점령 소식을 전달하며 점령군 당국의 입장과 태도에 이목을 집중했다. 두 신문 모두 재조(在朝)일본인이 독자였다. 경성일보와 매일신보는 강점기에 총독부 기관지 역할을 했다. 경성일보의 경우 해방 이후 그 운영과 관리가 미군에게 넘어가기 전까지 취재와 보도의 중심은 일본인 거류민의 안전과 일본으로 무사 귀국을 도모하기 위해 그들에게 정보를 제공하는 일이었다. 국문으로 발행되던 매일신보는 해방 직후 조선인 종업원들이 운영권을 장악하면서 총독부 기관지 역할에서 벗어나 한국인들을 위한 신문으로 거듭나기 위해 새로운 방향을 모색 중이었다.[37]

9월 12일자 매일신보는 1면 전면을 거의 모두 하지의 9월 11일 회견 내용을 소개하는 데 썼고, 해설 기사와 하지에 대한 인상기 등에 2면 절반을 썼다.[38] 매일신보는 매일 2면을 발행했으니 하루치 지면 대부분을 그 기자회견 보도에 할애한 셈이다. 한국인들은 점령군 사령관에게 듣고 싶은 얘기가 한두 가지가 아니었을 것이다. 해설 기사는 "전 민족은 해내해외 어느 곳에 있음을 물론하고 하루바삐 한 덩어리가 되어 자주독립한 민족국가를 완성할 것뿐이 최대의 목적"이고, 그래서 "점령군의 사령관 하지 중장의 발언에 대하야 가장 깊은 주의를 가져야 할 것"이라는 언급으로 시작한다.

해설 기사는 회견 내용을 '(1) 점령지역에 관하여, (2) 조선독립에 관하여, (3) 경제정책에 관하여, (4) 언론자유에 관하여' 네 부분으로 나누어 실었다. 기사는 당시 남한 주민 또는 언론인이 가장 궁금해하던 문제들과 당시 남한 사회가 부딪힌 현안을 네 영역으로 집약했다. 점령지역 문제는 미소 분할점령의 경위, 그 해소 시기 및 방안과 관련한 것이고, 조선독립 문제는 카이로선언의 이행과 관련한 것이며, 경제정책 문제는 인플레이션, 식량 문제 등 해방 이후 남한 사회가 당면한 경제적 혼란의 해결과 관련한 것이다. 일제 강점기에 일상적 언론 탄압, 폭압적 언론 상황을 체험한 언론인들로서 언론자유 문제는 가장 절박한 문제였다.

해설기사 첫머리에 '전민족의 최대 목적이 자주독립한 민족국가 완성'이라고 지적했듯이 네 영역 중 가장 촉각을 곤두세운 것은 분할점령 해소와 독립 문제였다. 기사가 하지의 발언에서 주목한 것은 "나는 기왕의 용어를 빌어 말한다면 조선총독인 셈으로 특히 북위 38도 이남 조선에 있어서 여러 가지 시책을 펴기에 주력하겠다. 행정의 중점은 가급적 속히 조선 정부가 수립되고 조선 사람이 조선을 다스려 주기를 원하는데 있다"라는 대목이었다. 또 조선독립에 관해서는 "카이로회담에서 작정한 것으로 말하면 조선의 자주독립은 곧 되는 것은 아니고, 당분간 어느 정도의 시간을 거쳐 적당한 시기가 도래한 후래야 되리라고 했다. 이 적당한 시기라고 하면 곧 조선 안의 치안이 잘되고 못됨에 달렸다"라는 발언을 강조했다.

하지의 성명은 정부 수립에 대한 조선인의 참여와 지원, 그리고 인내와 자중을 요청하는 원론적 발언이었다. 하지만 자신이 총독과 동등한 권력을 가진 통치권자이고, 독립은 어느 정도 시간을 거친 뒤에 이루어질 것이라는 점을 명확하게 했다. 그의 기자회견을 소개하는 기사 제목들은 '자주국가 수립에 조선의 기능을 충분 발휘', '독립, 자유 촉성은 대동단결과 노력에' 등 기사 작성자 또는 한국 사회의 희망적 사고를 반영했지만, 하지의 정중하지만 고압적인 회견 내용이 암시하듯이 현실의 행로에서 점령군은 미국과 미군정의 대내외 정세 판단, 그들의 정책적 지향에 따라 움직일 것이 분명했고, 점령군의 관점에 따른다면 '조선의 자주독립은 조선 안의 치안이 잘되고 못됨'에 따라 그 시기가 결정되는 문제였다.[39]

하지가 공식 석상에 얼굴을 공개한 것은 9월 11일 기자회견이 처음이었지만, 미군정 관리들이 한국 언론인들과 대면한 것은 그 행사가 처음이 아니었다. 하루 전인 9월 10일 초저녁에 한국 언론인들이 연합국 기자단과 미군정 관리들을 환영하는 모임을 명월관에서 개최했다. 이 모임은 외국기자단환영회가 준비했는데 9월 5일 발기인회가 첫 모임을 가졌고, 국내 신문계 원로와 선배 및 현역 기자들로 초청자 명단을 작성하여 발표했다. 발기인으로 민원식, 이정순, 이원조, 김은우, 남정린, 유해붕, 이윤종, 강영수, 정인준, 마태영, 김정수, 이묘묵이 이름을 올렸다. 국내 신문계 초청자는 100여 명에 달했다.[40]

발기인회가 매일신보 9월 9일 호외에 '연합군기자단 환영회'를 9월 10일 오후 5시 명월관에서 개최한다는 공고를 냈다. 그

공고에 일제 강점기에 조선어 신문을 발행하던 동아일보, 조선일보, 조선중앙일보 선배들의 참석을 바란다는 말을 덧붙였다. 공고는 발기인들이 식민지기 기자사회를 대표할 만한 인물이 아니었음을 암시하는데, 그런 사정을 의식했는지 발기인들은 국내 신문계 초청자 명단에 식민지기에 활동했던 언론사 간부들과 편집인, 기자들을 두루 망라했다.[41]

연합군기자단 환영회는 연합국 기자들뿐만 아니라 미군정 관리들이 다수 참여했다. 환영회를 통해 한 인물이 부각되었고, 그가 이후 미군정과 한국인들 사이에서 중요한 역할을 하게 된다. 하지의 수석 통역이 되는 이묘묵이 바로 그 사람이다. 그는 명월관 행사에서 미군정 관리들과 외국인 기자들을 상대로 영어로 연설했는데, 그 저본으로 보이는 서한이 "주한미군 군사실 문서철"에 남아 있다. 이 문서철은 군사실(軍史室)이 『주한미군사』를 편찬하기 위해 수집한 자료들을 모아놓은 것이다.[42]

편지는 『주한미군사』 1부 3장 "막간극: 1945년 8월"을 집필하기 위한 자료들이 들어 있는 서류철에 있다. 그 서류철은 방첩대(CIC, Counter Intelligence Corps) 등 미군정 정보기구들이 진주 직후 각지의 정치적 상황에 관해 수집한 첩보들을 편철한 것이다. 서류철은 미군이 진주 이전 건준의 활동과 정치적 성격 규명에 초점을 맞추어 정보를 수집했음을 보여준다. 이묘묵의 서한과 점령 초기 미군과 일본군 교섭 과정에서 통역을 담당했던 오다 야스마(小田安馬)의 증언은 군사관(軍史官)이 『주한미군사』에서 해방 직후 상황과 조선인민공화국 관련 내용을 서술할 때 주요 자료가 되었다.

외국인기자단 환영회 발기인회 결성 소식과 연합국기자단 환영회 공고가 각각 매일신보 9월 7일 기사, 9월 9일 호외에 실렸지만 이묘묵의 연설 내용은 한 잡지에 실린 참석자의 회고담 외에는 알려진 것이 없다. 그런데 이 영문 서한은 그 연설의 진의와 이묘묵이 미군정 관리들에게 전달하고자 한 내용을 가감 없이 드러낸다. 서한은 "이하의 자료를 실례를 무릅쓰고 제출합니다. 현재 조선 상황을 이해하는 데 다소 유용할 것입니다"라고 운을 뗀 뒤, 서한 내용이 "양심을 걸고 공평하고 편견 없는 자료"임을 강조하는 것으로 서두를 끝낸다. 1면 상단에 '연희전문학교'(Chosen Christian College)라는 머리글이 타자되어 있는 타자지 8장 분량의 다소 긴 글이다.

서한은 편지글이라기보다 보고서에 가깝고, 이묘묵은 글 앞뒤에서 자신의 글을 '자료(data)'로 명명했다. 글은 네 부분으로 구성되었는데, 각각 "8월 15일 이후의 사태 전개", "조선건국준비위원회", "당면 현안", "조선인이 두려워하는 것과 바라는 것"이라는 제목을 달았다. 글은 전체의 절반가량을 일본 패망 이후 조선이 당면한 문제들, 법과 질서의 유지, 식량 및 연료 확보, 일본인 귀환과 그들의 조선 내 재산 처리, 통화량 증발과 인플레, 재일(在日)조선인 귀환 등 일제의 패망과 총독부의 종전대책으로 빚어진 사회경제적 문제들에 할애했다. 글을 읽어보면 필자가 강조하여 전달하고자 하는 바가 둘째 부분인 "건준"에 집중되었다는 것을 어렵지 않게 알 수 있다. 그 부분은 일본의 무조건 항복 이후 총독부의 2인자 엔도 류사쿠(遠藤柳作) 정무총감이 일본인의 안전을 위해 여운형과 교섭한 사실 등 건준이 조직된 과정을 전달했지만, 사실을 교묘하게 왜곡하여 건준 위원장 여운형과 부위원장 안재홍을 친일파, 공산주의에 경도된 사람들이라고 매도한다.

"조선인이 두려워하는 것과 바라는 것"이라는 제목의 넷째 부분은 글의 결론이라고 할 수 있다. 현재 조선의 사고 경향을 우익과 좌익으로 나눈 뒤 좌익은 잘 조직되어 있고, 선전에 능하며 목적을 이루기 위해 수단과 방법을 가리지 않는 반면 민족주의자들은 이성적이고 신중하게 사태 발전을 지켜보고 있다고 정리한다. 이어서 북에서 내려온 군대가 조선 사회를 공포에 떨게 하고, 조선인들은 빨갱이의 영향력이 새로 태어난 국가에 해를 끼칠 것을 두려워한다고 적었다. 그는 조선인들이 해방자 미국인의 도착을 기다렸고, 기꺼이 미국인에게 협조할 것이라며 조선인들이 "인민을 위한, 인민의, 인민에 의한" 정부를 수립하기를 갈망한다는 말로 서한을 끝맺었다. 소련을 직접 지칭하는 대신 '북에서 내려온 군대'라는 완곡어법으로 표현했지만 글을 읽는 사람들이 그것이 소련군을 의미한다는 것을 모를 리 없다.

'Dear Sir'로 시작해서 '정중히 제출합니다'로 끝나는 이 서한은 말미에 이묘묵의 서명이 있고, 그는 자신의 직함을 코리아타임스 사장으로 적었다. 군사관은 문서 상단에 연필로 "1945년 9월 10일 명월관에서 외국인 기자들을 상대로 한 연설"이라고 기록했고, 작성일인 "9월 1일"에는 물음표를 달아놓았다. 군사실의 9월 10일자 「사관기장(Corps Staff Journal)」에는 "17시 명월관에서 대연회가 있었다. 연회는 최근 조직된 Korean Union Press 구성원들이 주최했는데, 이들은 테일러(Taylor) 빌딩의 전 도메이(同盟)통신 사옥을 점거하고 있다. 이 연회에서 이 박사가 연설했다"라는 사실이 군사관(軍史官)의 '개인적 관찰'이라며 수기로 기록되어 있다. 이 박사는 이묘묵을 가리킨다.[43] 「사관기장」은 군사관이 보고 들은 것을 철해놓은 일종의 주한미군사령부 실록이다. 군사관은 주한미군사령부 참모회의에 배석했다.

환영회 주최자는 임시로 구성된 '외국기자단환영회'였는데, 「사관기장」에는 주최자가 Korean Union Press 구성원으로 되어 있다. 군사관이 주최자를 해방통신 또는 국제통신 구성원들로 오해했거나 아니면 누군가 군사관에게 잘못된 정보를 준 것으로 보인다. 해방 직후 도메이통신 경성 지사에 근무했던 김진기 등이 지사를 인수하여 해방통신을 창설했는데, 그 사옥을 다시 일본군이 접수했다가 미군의 서울 진주 무렵 해방통신에서 분리된 국제통신 구성원들이 재차 점거했다. 국제통신은 이후 연합통신과 통합하여 합동통신이 된다.[44] 해방 직후 신문사, 방송사, 통신사 등 각종 언론기관에서 일하던 조선인 기자, 인쇄공 등 종업원들이 해당 기관을 접수하여 미군정이 진주할 때까지 자체적으로 운영한 시기가 있다. 도메이통신이 해방통신, 국제통신 등의 사원들에 의해 번갈아 점거된 것은 과거 도메이통신에서 일하던 조선인들이 경쟁적으로 통신사 설립에 나섰음을 보여준다.[45]

서한은 아마 9월 1일 작성되어 9월 10일 명월관 연회 이전에 미군정 측에 전달된 것으로 보인다. 서한은 당시 정황으로 보아 공개 석상에서 발표하기 어려운 내용을 포함했고, 명월관 연설은 이 서한과 내용이 달랐을 것으로 추측된다. 외국인 기자들뿐만 아니라 조선인 언론인도 많이 참석한 모임이었다는 점, 건준이 개편되어 조선인민공화국 창설을 선포한 다음날이었다는 점을 감안하면 아무리 영어 연설이라 하더라도 조선인들이 참가한 환영회 석상에서 여운형과 안재홍을 무고하는 연설을 드러내놓고 하기는 어려웠을 것이다.

외국기자단 환영회 발기인의 한 사람으로 명월관 연회에 참석했던 강영수는 1년여 뒤 해방 이후 중앙신문계 동향을 쓴 글에서 이묘묵 연설의 주요 내용을 그의 서한과는 다르게 전달했다. 그는 "발기인 측으로 이묘묵 박사가 일본 제정(帝政)의 철쇄(鐵鎖)에 얽매어서 신음하는 조선 민중의 참상, 특히 태평양전쟁 중 강제징병 강제노역 등을 통해서 본 우리의 수난기록을 상세히 설명하여서 세계여론에 호소하는 바가 있었다"라고 회고했다. 이묘묵의 글은 8·15 이후의 상황을 집중적으로 전했는데, 강영수는 그의 연설이 강점기 조선인이 겪은 참상을 전했다고 달리 적었다. 강영수는 당시 다니엘 파이버가 저술한 영문 서적을 번역한 바 있는데, 그렇다면 이묘묵의 영어 연설을 오해하지는 않았을 것 같다.[46]

이묘묵은 이 서한을 미군정 측에 제출하면서 연희전문학교 교장이었던 자신의 과거 경력을 강조했고, 직함을 '코리아타임스

사장'이라고 표기해서 자신을 언론인으로 소개했다. 미군정 관리들에게 자신을 정치와는 무관한 교육자이자 언론계 대표로 내세웠다. 코리아타임스(*The Korea Times*)는 9월 5일 영문 일간지로 창간되었다. 9월 5일은 연합국기자단 환영회 발기인회가 공개된 날이기도 하다. 이묘묵이 환영회에서 환영사를 한 것이나, 같은 날 창간한 코리아타임스 사장 역시 그였던 것으로 보아 환영회 개최를 조직하는 일련의 과정에서 그가 주도적 역할을 한 것으로 보인다.

코리아타임스는 해방 후 남한에서 창간된 최초의 신문이자 최초의 영자신문이었다. 이튿날인 9월 6일 역시 영문 일간지인 서울타임스(*The Seoul Times*)가 창간되었다. 강점기부터 발행된 경성일보와 매일신보를 제외하면 해방 이후 제일 먼저 가두에 나타난 신문들 가운데 하나가 서울타임스와 코리아타임스였고, 공교롭게도 모두 영자지였다. 한국어 신문으로는 조선인민보가 9월 8일 창간되었다.[47] 영자지는 영문 해독이 가능한 외국인들이나 소수의 조선인들이 독자였을 테고, 숫자로 치자면 외국인 가운데 곧 진주할 미군이 주된 독자가 될 수밖에 없었을 것이다. 당시 언론인들이 주한미군을 독자로 하여 신문을 발간하는 것이 가장 시급한 일이라고 생각했다면 어떤 인식과 태도에서 그렇게 판단했는지 궁금해진다.

서울타임스는 그런대로 일간지 형식의 기사들로 지면을 채웠으나, 코리아타임스는 1호에 "연합군 환영기사와 조선 문화와 역사의 일부를 소개"했다고 한 것으로 보아 주한미군을 예상

독자로 한 홍보지 성격에 가까웠다. 9월 5일 창간호를 발행했다고 알려졌으나, 매일신보는 "연합군 입경의 제일일인 9일부터 제1호를 내었다"라고 보도했다.[48] 매일신보 보도가 사실이라면 9월 5일자 1호는 미군의 서울 진주 이전에 급조한 사실상 호외가 아니었다 싶다.[49] 1호는 "연합군환영사"를 영문, 국문으로 전면에 배치하고, 태극기와 미소영중 4국기를 원색 인쇄한 호화판 4항이었다. 코리아타임스는 부정기적으로 1945년 11월 25일자 5호까지만 발간되었고, 곧 폐간되었다.

이묘묵이 사장, 하경덕이 주간을 맡았으며, 편집위원으로 하경덕, 이묘묵, 백낙준, 오천석, 위원장으로 김영희가 이름을 올렸다. 기자로는 한길수, 이용희, 이성범, 임근수가 이름을 올렸다.[50] 임원과 편집위원으로 이름을 올린 이들은 주로 미국에서 교육받은 학자와 교육자들이었다. 이 신문이 얼마 지속되지 못한 이유로 "간부들 가운데 대다수가 미군정 요직으로 발탁된 데다 재정난까지 겹쳤던 점"을 꼽지만 겨우 5호까지 발행하고 단명한 것이나 허술한 기사 내용을 감안하면 애초부터 지속적 간행을 염두에 두었다기보다 관계자들이 미군정에 접근하기 위해 만든 신문으로 보인다.[51] 『한국신문백년』은 코리아타임스를 '친미적 성격을 띤 신문'으로 평가했고, 서울타임스는 '중립적인 논조를 견지한 신문'으로 평했다. 서울타임스는 꾸준한 사세확장으로 한때 1만 2천 부의 발행부수를 기록했으나, 이승만 정권 수립 후인 1949년 초에 폐간되었다.[52]

연합군기자단 환영회 개최 과정, 코리아타임스 창간 경위나 활동을 보면 이묘묵이 이 두 가지 일에 매우 적극적이었다.[53] 그의 적극성이 통했는지 이묘묵은 당장 환영연 이튿날인 9월 11일 하지와 조선인 기자들의 회견에서 통역을 맡았고, 9월 12일 하지와 정치, 문화단체 대표들과의 회동에서도 통역을 맡았다.[54] 미군정 내에서 이묘묵의 공식 직함은 군정청 관방(官房) 정보과 과장보(科長補)에 불과했지만 점령군 사령관의 수석통역이라는 자리는 공식 직함으로 그 중요도를 따질 수 없다.[55] 미군정은 점령 첫 주에 한국에서 홍보 기능을 수행할 부서로 대민(對民)홍보과(Korean Relation and Information Section)를 설치했다. 대민홍보과는 조선총독부 관방 정보과의 모든 기능을 이어받았는데, 이묘묵이 배속받은 곳이 미군정과 한국인의 접촉을 담당하는 바로 그 부서였다.

당시 세간에서 미군정의 점령통치를 '통역정치'라는 유행어로 일컬었다. 미군정 통치가 시작된 지 얼마 되지 않은 매우 이른 시기부터 이른바 통역정치의 폐단을 비판하고 우려하는 목소리들이 남한 신문과 미군정 자체 여론동향 조사에 나타났다. 친일파 또는 총독부 관리로 일했던 자들이 아무런 여과 과정 없이 군정청 요직에 등용되었고, 이를 매개하는 것이 미군정이 고용한 통역들이었다. 통역정치는 그들이 불러일으키는 폐단과 점령통치의 혼란을 일컫는 용어였다.

미군이 진주한 지 불과 한 달 뒤인 10월 9일 경성변호사회는 "최근 군정청의 인사관계에 있어 애매한 실정을 간혹 볼 수 있는 중 더욱이 모정당인의 책동과 통역인의 참월(僭越)한 행동이 이

곳의 실정에 밝지 못한 군정요인으로 하여금 갈 바를 모르게 하여 건국 조선에 있어 지장을 초래하는 경향이 적지 않음으로 이 같은 실정을 통찰하여 하루라도 빨리 이러한 장해를 제거하여 주기를 건의코자" 아놀드 군정장관에게 건의서를 제출했다. 건의서는 통역정치의 폐단과 특정 정당인사의 군정청 요직 등용 등 편파적 인사의 폐단이 행정 부면뿐만 아니라 법무직원에까지 미쳐 사법독립의 원칙을 파괴하는 것을 비판하며, 그 시정을 요구했다. 건의서는 '통역인과 불순정당인 책동을 배제'할 것을 공개적으로 건의했는데, 건의서를 읽는 사람들이 건의서에서 언급한 불순정당이 한국민주당(한민당)을 가리킨다는 것을 모를 리는 없다.[56]

미군정도 그들이 고용한 조선인 통역관에 대한 남한 사회의 불신을 모르지 않았다. 미군정은 점령 초기에 한국인들이 가장 중요하게 생각하는 문제가 무엇인지 파악하려고 노력했다. 미군정 공보부가 10월 23일 작성한 여론동향 조사보고서에 따르면 당시 한국인들이 가장 우려하는 문제는 (1) 조선을 38도선으로 분할한 사정, (2) 일본인 재산의 구입, 이양, 처분에 대한 미국의 정책, (3) 미군정이 고용한 통역관들에 대한 불신, (4) 통화 문제, 즉 미국이 대체 통화를 발행할지 여부, (5) 물가 폭등, (6) 토지 분배, (7) 군정의 친일파 조선인 고용 등이었다. 나중에 연료와 쌀 부족이 심각한 문제로 등장했지만, 점령 초기에는 조선인들이 심각하게 우려하는 문제에 들어있지 않았다.[57] 여론조사는 통역관들에 대한 불신이나 '군정의 친일파 조선인 고용'이 사회적 논란을 불러일으키는 민감한 정치적 사안이 되었음을 보여준다.

이묘묵이 수석통역이 되는 과정은 미군정기 내내 등장하는 통역정치 폐단의 배경을 이해할 수 있는 전형적 사례이자 그 물꼬를 트는 사건이었다. 이묘묵이 미군정과 연결되고, 하지의 측근이 된 데에는 과거 총독부 일본인 관리들과 그가 맺은 인연이 한몫했다. 그는 1938년 이후 일제가 이른바 사상범과 사상전향자를 관리하기 위해 조직한 대화숙(大和塾)의 일원으로 친일활동을 했다.[58] 그런데 하지의 통역이 된 뒤, 전 대화숙 숙장(塾長)이자 사상검사였던 나가사키 유조(長崎祐三)가 미군 헌병대에 체포된 전 총독부 법무국장 하야타 후쿠조(早田福藏)의 구명을 요청해 오자 그의 석방에 도움을 주었다. 나가사키 유조는 이후 문제가 될 수 있는 이묘묵의 친일기록을 소각했다. 또 미군정은 총독부 영어 통역관 오다 야스마를 통해 많은 통역사를 확보했는데, 그가 이묘묵을 하지의 통역으로 추천했다. 오다 야스마는 미군이 진주하기 이전부터 미24군단과 조선주둔 일본군 사이의 연락을 담당한 일본군 경성연락부에서 근무했고, 미군 진주 직후 몇 달 동안 총독부, 일본군사령부와 미군 사이에서 통역을 담당했다.[59]

미군이 남한에 진주하기 이전까지 조선주둔 일본군과 총독부가 전신으로 미군 측에 조선 상황을 전달할 때 집중적으로 강조한 것은 소련군의 남진에 대한 공포, 조선 내부의 혁명적 정세와 좌익 세력 득세에 대한 경계 의식이었다. 종전 직후만 해도 총독부는 조선 거주 일본인의 안전과 그들의 원만한 일본 귀환을 위해서 반일적이고 합리적인 조선인 세력에게 치안을 의탁한다는 종전대책을 수립했다. 총독부는 그 연장선상에서 여운형과 교섭했으며, 여운형을 중심으로 건준이 출범하자 일시 건준에 치안유지를 맡겼다. 그러나 8월 22일 한반도의 북위 38도선 이남에 소련군이 아니라 미군이 진주한다는 사실을 알게 된 뒤, 총독부는 애초의 종전대책을 철회했다. 총독부는 미군 진주에 대비해서 「조선총독부의 희망사항」(1945. 8. 25)이라는 보고서를 작성했다. 그 핵심은 "조선인의 폭동이 우려되므로 일본 경찰력 및 총독부 행정기구를 그대로 두고 이를 활용할 것"과 "공산주의자들이 미일 간 이간을 꾀할 것이 예상되므로 이에 대처할 것"을 요구하는 내용이었다.[60]

일본군과 총독부가 강조한 내용은 가뜩이나 소련군에 대한 경계의식과 조선 내부 정세의 격화에 불안감을 지닌 채, 진주를 서두르던 미군의 경계의식과 불안감을 한껏 증폭시켰다. 일본군이 미군에게 전한 소련군 남진과 경성 도착 첩보는 혼란한 상황을 핑계로 한 사실상의 정보 조작이었고, 또 조선인들의 관심을 다른 데로 유도하여 일본인들을 보호하기 위한 여론공작 차원의 소동이었다.[61] 그리고 조선 내부 상황을 "공산주의자, 독립운동가, 폭도"들이 초래한 혼란으로 묘사한 것 역시 남한의 정치적 열기와 건준의 활동을 공산주의자들의 선동으로 몰아가기 위한 책략이었다. 이묘묵이 미군정에 전달한 서한에서 강조한 내용은 미군 진주에 즈음해 일본군과 총독부가 세운 대책이 추구한 방향과 일치했다.

그의 서한은 여운형, 안재홍을 친일파이자 공산주의자로 매도하며 노골적으로 비난했다. 이묘묵이 독립운동가 여운형을 총독부의 돈을 받아 친일정부를 수립하려 한 친일파이자 동시에 소련의 지시를 받는 공산주의자라고 얼토당토않게 무고하는 일이 자행되었다. 반면 1938년 이래 활발하게 친일활동을 펼쳤던 이묘묵은 해방 직후 총독부 일본인 관리들의 도움을 받아 1945년 9월 17일 미군정 전속 통역관이 되었다. 그는 하지의 개인 통역이자 '비서실장'이 되었으며, 미군 점령기의 대표적인 문고리 권력이었다. 그리고 그가 발간을 주도한 코리아타임스는 한민당, 연희전문학교, 기독교계 인사들이 미군정 요직으로 등용되는 출발점이었다.[62]

코리아타임스는 발행 주체들이 미군정에 접근하여 자신의 정치적 지위를 확보하고, 점령군의 권력에 편승하여 사적 또는 정파적 이해관계를 실현하는 것이 발간의 주요한 동기였던 것으로 보인다. 해방 직후 발행된 신문들을 일반적으로 정론지(政論紙)로 부르는데, 그것은 그 시기 발행된 신문 대부분이 일정한 정치적 성향을 띠거나 특정 정치노선에 의지해서 논조를 펼쳤기 때문이다. 하지만 코리아타임스의 경우를 감안하면 '정론지'의 어의를 좀 더 확장할 필요가 있다. 특정 정파의 논조를 대변하는 것뿐만 아니라 특정인 또는 특정 집단의 출세와 권력 추구, 또는 이해관계 관철을 위한 도구와 수단으로 언론을 활용하는 것 역시 정론지의 어의에 포함시켜야 할 것이다. 해방 직후 신문의 기능과 역할을 살필 때 주목해서 살펴보아야 할 다른 하나의 요목이다.

2. 미군의 대민 홍보기구 설치

조선의 언론인들이 언론과 매체를 점령군과 조선 사회를 매개하는 주요한 수단이자 통로로 인식했던 것과 마찬가지로 미군 역시 한반도 진주 이전부터 점령군과 조선 사회를 이어줄 대민(對民)홍보의 중요성에 주목했다. 오키나와에 주둔한 미육군 제24군단이 조선에 진주할 것이라는 결정이 군단 사령부에 처음 하달된 것은 1945년 8월 15일이었고, 그때부터 24군단은 점령을 준비하기 시작했다.

8월 27일 사령부 참모회의에서 해리스 장군은 조선에 3개의 군정대를 둘 것이고, 군정은 조선총독부의 7개 부서를 복제할 것이라는 계획을 밝혔다. 이 회의에서 하지 사령관은 참모들에게 점령의 미래에 대해서 잘 모른다고 얘기했는데, 그 무렵만 해도 24군단은 남한 점령과 군정 실시는 알고 있었지만 점령 이후의 상황 전개나 정책 방향에 대해 구체적 전망이나 방침을 상부로부터 전달받지 못한 것으로 보인다. 24군단 사령부는 점령의 미래를 전망할 수 없었지만 점령 후 군정을 펼치기 위해 수행할 임무들에 나름대로 우선순위를 매겼다. 하지 사령관이 8월 31일 참모회의에서 조선인들을 향한 선전활동을 24군단 공보부가 아니라 군정청이 맡고, 군정청이 언론, 방송을 통제하라고 지시한 것에 나타나듯이 진주 이전부터 대민홍보와 언론대책의 필요성과 중요성에 주의를 기울였다.[63]

앞에서 언급했듯이 미군은 남한 점령 첫 주에 조선총독부 관방 정보과의 모든 기능을 이어받은 대민홍보과를 군정청에 설치했다. 대민홍보과는 얼마 지나지 않아 정보·홍보과(Intelligence and Information Section)로 명칭을 바꾸었고, 11월에 다시 공보과(Public Information Section)로 바꾸었으며, 1946년 3월에는 공보부(Department of Public Information)로 격상되었다. 공보부는 산하에 공보과, 여론과 등을 두었다.[64] 점령 초기 미군은 대민홍보과를 조선인들과의 접촉 창구로 공개했고, 조선인 언론인들을 만나기 시작했다.

미군정과 조선 사회의 관계 형성에서 군정 고위층이 조선인 정치 지도자들과의 관계를 담당했다면 대민홍보과는 미군정과 조선 언론의 관계, 일자리를 구하거나 진정 사항을 들고 찾아오거나 과거의 비리를 바로잡으려는 조선인들과의 관계, 조선인 보통사람들과 미군 병사들의 관계처럼 조선인 일반을 상대했다. 초대 과장 헤이워드(Paul Hayward) 중령은 대민홍보과의 임무를 첫째, 조선인과 군정부 간의 연락 구축, 둘째, 군정을 위한 조선인 심사와 부서별 조선인 인력 제공, 셋째, 정보 수집과 전파로 요약했다. 군사관의 표현을 빌리자면 "군정 내 다른 부서들이 탄력을 받을 때까지 대민홍보과는 갑자기 자의식에 눈을 뜨게 된 모든 조선인을 달래고, 이해하고, 만족시키고, 분류하고, 활용하는 역할을 맡았다." 대민홍보과는 조선인과 관계 설정, 조선인을 향한 홍보를 위해 설치되었고, 그 과정에서 얻은 정보들을 군정 각 부서에 제공했다.[65]

대민홍보과는 미군 진주 직후부터 정력적으로 활동했다. 하지 장군이 9월 12일 경성 부민관에서 연설할 때 정당 대표들의 등록을 담당했고, 조선인들로 구성된 자문회의를 설치하기 위해 저명한 조선인 인사들을 면접했다. 대민홍보과로 정치적 소요, 적산 물자의 유용과 횡령, 조선인의 도메이 통신사 점거, 일본인들의 무기 은닉, 조선인 경제학자의 재정 운용 제안, 배급 식량의 확보, 조선인과 일본인 귀환을 위한 수송선의 마련, 공산주의자들에 관한 내부 정보, 소련 군인들이 저지른 만행 등 정세 파악에 필요한 온갖 정보와 시중에 떠도는 이야기들이 쇄도했다. 대민홍보과는 미군이 남한에 진주한 지 일주일만인 9월 14일 아놀드 군정장관에게 조선인 지도자 명부 2건을 제출했다.[66]

대민홍보과는 9월 14일 경성방송국을 접수했고, 방송을 통해 포고 등 군정의 공식 발표를 전달할 수 있는 수단을 확보했다. 대민홍보과와 미군 통신부대가 38도선 이남의 10개 방송국 모두를 9월 16일부터 공동으로 관리하기 시작했다. 대민홍보과가 모든 방송 프로그램을 관장했고, 미군 통신부대는 기술적 문제나 업무와 관련한 부분을 담당했다. 대민홍보과는 군정 각 부서에 조선인들에게 제공할 뉴스를 매일 오후 3시까지 제출하게 했다. 뉴스를 수합하여 한글로 번역한 뒤 등사물로 인쇄하여 매일 오전 10시 기자회견이 열리는 군정청 제1회의실에서 배포했다. 미군정은 9월 14일부터 조선인 기자단과 일일 정례 기자회견을 시작했다.[67] 기자회견은 조선 사회에 미군정이 홍보할 사항을 전달하고, 동시에 기자들과의 만남을 통해 조선 사회의 여론을 수렴한다는 의미가 있다.

대민홍보과는 대민 홍보와 정보 수집, 여론 수렴을 언론에만 의지하지 않았고, 이를 독자적으로 수행할 수 있도록 급속히 조직을 재편하고 확대했다. 책임자가 헤이워드 중령에서 뉴먼(Glenn Newman) 대령으로 바뀐 뒤 10월 중순 대민홍보과는 정보·홍보과로 명칭을 바꾸었다. 정보·홍보과는 정보, 홍보 담당 두 개의 하위부서를 두었는데 각각 여론실(Office of Public Opinion), 공보실(Office of Public Information)로 불리었다. 여론실은 조선인들과 접촉, 여론조사, 조선인 인물정보 작성과 관리, 다른 군정 부서와의 연락 업무 등을 수행했다. 공보실은 홍보물 배포, 뉴스 배급, 라디오방송, 전단 살포, 연설문 작성 등을 담당했다.

여론실은 미군 장교와 조선인들로 구성된 여론조사팀을 운영했고, 조사 내용을 매주 「여론동향(Opinion Trends)」이라는 제목의 보고서로 발행하여 군정 각 부서에 전달했다. 여론실은 정보참모부 등 주한미군 정보기관과의 연락, 수집된 첩보기록의 관리와 정리를 맡았다. 「정치동향(Political Trends)」이라는 제목의 독자적인 정치 분석 보고서도 발간했다. 처음에는 정당이나 지도자들의 성명이나 활동에 대한 사실 위주 기록으로 출발했으나, 시간이 흐르면서 남한에서 일어나는 정치활동의 의미와 중요성에 대한 분석과 해석으로 발전했다.[68]

대민홍보과가 9월 남한에서 처음 활동하기 시작했을 때 인원 편성은 3명의 장교들과 5명의 병사들에 불과했으나, 12월 초 정보·홍보과는 33명의 장교와 49명의 병사, 109명의 조선인을 포함한 매우 큰 기구로 성장했다. 조직의 확대, 인원의 급속한 증가가 이 부서의 중요성을 말해준다. 초대 책임자 헤이워드 중령은 입대 이전 작가였고, 그의 참모로 라하트(William F. La Harte) 소령과 튜크(David B. Tuke) 소령이 배속되었다. 라하트 소령은 이전에 민사업무를 수행한 경험이 없었다.

튜크 소령은 전쟁 발발 이전 필라델피아의 한 신문인 *Evening Public Ledger*에서 근무했고, 신문기자로서 상당한 경험을 쌓았다. 그가 주로 조선인 기자들을 상대했다. 그는 태평양전구로 전속된 뒤 심리전 훈련을 이수하고 제1기병사단의 심리전 장교로 일했다. 미 육군 태평양사령부(AFPAC, Army Forces Pacific)의 심리전부대 지휘관이었던 그는 24군단과 함께 9월 8일 인천에 상륙했다. 헤이워드 중령은 임무에 매우 적극적이었으나 건강 사정으로 일찌감치 업무에서 물러나고 뉴먼 대령이 그의 후임으로 왔다. 뉴먼 대령은 1924년 미 해군사관학교를 졸업했다. 오키나와 전역의 마지막 기간에 태평양 전구로 전속되어 제10군의 제137 대공포부대 지휘관으로 근무했다. 그는 군정에 참가할 것이라는 소식을 듣지 못한 채 조선에 상륙했고, 예상하

지 않았던 홍보 업무를 맡게 되었다.[69]

　미군정은 점령 직후부터 신문과 방송 내용을 꼼꼼하게 검열했다. 검열 임무는 9월 마지막 주에 24군단 정보부로부터 군정청으로 이관되었다. 검열은 총독부에서 일했던 조선인, 일본인 검열관의 도움을 받아 진행되었다. 미군정은 기사 게재를 금지하는 노골적인 사전 검열제도를 실시하지는 않았다. 그러나 조선신문주간회를 통해서 사실상 검열의 효과를 거두는 간접적인 검열제도를 도입했다. 미군정이 문제가 되는 기사를 조선신문주간회와 논의했고, 신문주간회는 위반 내용을 기사 작성자에게 설명하고, 재발 방지를 위해 노력해달라는 요청을 받았다.[70] 조선신문주간회는 9월 23일 아놀드 군정장관의 요청으로 소집된 신문사 사장과 편집인 회의에서 조직되었고, 각 신문사 편집인들로 구성되었다. 회장은 민중일보 사장 장도빈(張道斌), 부회장은 코리아타임스 사장 이묘묵이었다. 매주 일요일 군정청에서 정례적으로 회합을 가졌다.[71] 미군정은 검열제도를 실시하지는 않았지만 각 신문 편집 책임자들과 정례회의를 통해 언론 보도를 통제하거나 영향을 끼치려고 했다.

　미군은 진주 이전부터 한국 내 정세, 특히 정치 상황을 이해하기 위해 정보 수집과 분석에 많은 노력을 기울였다. 24군단 참모진이 남한 진주 명령을 하달 받은 1945년 8월 15일 주둔지인 오키나와에서 확보할 수 있었던 조선에 관한 정보 자료는 1945년 4월 미 육군과 해군이 펴낸 「육·해군 합동조사보고서 75: 조선편(JANIS 75, Joint Army-Navy Intelligence Study of Korea)」이

유일했다.[72] 이 문건은 조선의 정부와 인민, 천연자원, 교통 및 통신, 그리고 전략정보에 필요한 주제들을 포괄하는 유용한 자료였지만 피상적이었고, 조선의 현재 상황을 알 수 있는 실물 정보를 제공할 수 없었다.

24군단은 당장 가용할 수 있는 실제적인 정보를 얻기 위해 8월 18일부터 오키나와에 주둔한 항공사진정찰중대를 이용해서 초기 상륙지점인 인천과 경성의 항공사진을 촬영했고, 다른 한편으로 오키나와 전투에서 생포한 일본군 포로들 중 조선인 포로 700여 명을 집중적으로 심문했다. 이들을 통해 확보한 정보는 보잘 것 없었지만 미군은 심문 자료를 두 건의 짧은 보고서로 정리했다.「포로 심문 보고 요약: 경성, 인천, 부산」,「포로 심문 보고 요약: 조선의 정치 상황」이 바로 그것이다.[73] 보고서 제목이 알려주듯이 그 시점에서 24군단이 가장 알고 싶었던 주제는 초기 상륙지점과 경성에 대한 정보, 그리고 조선의 정치 상황, 두 가지였다.

정보가 부족했지만 24군단 정보참모부장인 니스트(Cecil W. Nist) 대령은 점령군이 앞으로 부닥칠 문제를 간단명료하게 정리한「조선 정부」라는 제목의 보고서를 1945년 8월 31일 배포했다. 보고서 내용을 일부 소개한다.[74]

조선 정부의 전적인 개조를 가로막는 가장 큰 저해 요인은 내재적인 것이다. 조선은 정치적 분파주의 성향과 집단 간의 협력 부족으로 어려움을 겪고 있다. 다른 한편으로 조선은 언어, 문화, 전통의 측면에서 통일되어 있고, 온 나라가 독립을 열망하고 있다.

보고서는 지난 30여 년간 극소수의 조선인만이 국가 운영에 참여했다는 사실을 지적한 뒤 "조선인들은 일본의 통치하에서 이득을 얻지 못했다. 그들은 일본인 지배자들을 경멸하고 증오하며, 은밀하게 또는 공개적으로 일본에 저항했다"라고 덧붙였다. 니스트는 "만약 조선인들이 미군의 통치가 군사적으로 불가피하다는 사실과 조선인들이 성의껏 협조한다면 미국으로부터 우호적이고 협조적인 반응을 얻어낼 것이라는 사실을 알게 된다면 미군에게 협력할 것으로 예상한다"라고 결론을 내렸다.[75]

이 문건은 조선인들의 강력한 독립 열망, 조선 사회의 정치적 분화와 정치세력들 간의 부조화, 일본제국주의에 대한 조선인들의 적개심과 증오의 광범함, 미국과 미군에 대한 우호적이고 협조적인 태도와 반응 등 향후 미군이 남한에 진주한 뒤 겪게 될 상황을 비교적 정확하게 예측했다. 미군은 점령 이전부터 조선 내부 정세에 촉각을 곤두세웠고, 조선 사회의 정치적 분화를 예상했다. 하지만 진주 초기에 여러 정치세력을 통일하려고 노력하기보다 오히려 정치적 분화를 이용하는 정책을 폈다. 진주 직전과 직후 그들에게 조선의 정치정세에 대한 정보를 제공하며 편향된 인식 방향을 제공한 것은 오다 야스마와 이묘묵 같은 인물들이었다. 소련에 대한 경계 의식과 조선 사회 내부의 민족혁명적 열기에 대해 불안감을 떨칠 수 없었던 미군은 그들이 제공한 정보를 중시했고, 그들을 중용했다.

미군이 진주 직후 설치한 대민홍보과는 미군이 조선 사회와 교섭하는 창구였고, 조선 사회의 민심과 여론에 대처하기 위해 설치되었다. 정보 및 여론의 수집과 분석, 조선인들을 향한 홍보대책 마련이 중심 업무였다. 핵심 참모 중 하나인 튜크 소령이 심리전 담당자였고, 부서의 주요 임무 중 하나가 "매주 '심리적으로' 강조해야 할 항목의 개요를 제출하는 것"이라고 한 데서 나타나듯이 대민홍보과(이후 공보부)는 점령기 내내 조선인들을 향해 일종의 심리전을 수행했다.[76]

조선의 언론인들 역시 자신들이 미군과 조선 사회를 이어주고, 조선 사회가 원하는 바를 미군에게 전달해 주어야 한다고 생각했다. 그런데 양자 사이를 비집고 들어가서 점령군에 가장 먼저 접근하여 선수를 친 것은 친일 전력이 있는 정상(政商)에 가까운 인사였다. 명월관에서 개최된 연합국기자단 환영회와 미군정 요청으로 설치된 조선신문주간회 모두 이묘묵이 주도적 역할을 한 것으로 보인다. 미군의 남한 점령 첫 달인 1945년 9월에 일어난 이 일련의 사건들이 미군정과 조선 언론의 만남을 구성하는 서막이었다. 서막에 이어서 이번에는 미군정과 조선인 기자들의 관계 및 장래를 결정하는 일련의 사건이 1945년 10월에 전개된다.

3. 조선신문기자회의 결성

1945년 10월 23일 '전조선신문기자대회'가 서울에서 개최되었다. 1925년 4월 15일 조선인 기자들이 한자리에 모여 '전조선기자대회'를 개최한 이후 일제 강점기 내내 조선인 기자들은 전국적인 규모의 기자대회를 단 한 번도 다시 개최할 수 없었다.[77] 대회는 1925년 이후 20년 만에 조선에서 열린 두 번째 전국 규모의 기자대회이자 해방 이후 최초의 기자대회였다. 대회는 서울에 있는 중앙기독교청년회 대강당에서 개최되었고, 24개 신문사를 대표하여 150여 명 현역 기자와 100여 명 전임(前任) 기자들이 모여들었다. 신문사, 통신사 등 서울 소재 언론기관 대표들, 지방 신문 대표들과 기자들도 참여했다. 이승만, 허헌, 김삼룡 등 주요 정치인들은 물론 미군정 대표로 푸스 대령이 참석했고, 뉴욕타임스, AP, UP 등 외국 언론사 기자들과 문화단체 대표들도 참석했다.[78]

대회는 조선통신사 이종모의 사회로 시작하여 신조선보 양재하의 개회사, 임시집행부 선출, 해방통신사 김진기의 경과보고가 있은 뒤, 의장이 조선신문기자회(기자회)의 결성을 선언했다. 이어 자유신문 정진석의 강령·규약 발표 후 약간의 수정을 거쳐 조선인민보 김정도가 선언문을 낭독했다. 이어서 군정장관 아놀드 소장을 대신하여 참석한 푸스 대령, 뉴욕타임스 기자 존스톤, 조선인민공화국 중앙인민위원회 허헌, 조선공산당 김삼룡의 축사와 이승만의 연설이 있었다. 이승만의 연설은 서울방송국에 의해 중계방송되었다. 계속하여 건국동맹 여운형을 대신하여 여운홍, 조선학술원 윤행중, 조선문화건설중앙협회 이원조의 축사가 있은 뒤 첫째 날 의사를 종료했다.[79]

언론인들이 이날 발표한 선언문에서 '일본제국주의 잔재 청산'과 '국가건설에 대한 제 장애물을 정당히 비판하여 대중 앞에 그 정체를 폭로할 것'을 언론의 사명으로 설정한 점이 눈길을 끈다. '단순한 춘추의 필법'만으로 만족하지 말고 필봉으로 무장해야 하고, '민족적 건설에 한 개의 추진(推進)'이 되고 '민중의 지향을 밝게 하는 거화(炬火)'가 되지 못한다면 '우리의 붓(筆)은 꺾어진 붓이며 연약한 붓이며 무능력한 붓'이라고 규정한 것도 주목할 만하다. 그리고 '참된 민족해방을 위한 역사적 정의를 발양하는 강력한 필봉'을 가져야 하고, '진정한 언론의 자주를 확보함으로서만 민족의 완전한 독립에의 길'이 열릴 것이라고 양자의 연관성을 강조했다. 나아가 엄정중립을 기회주의적 이념으로 치부하고, '전투적 언론진'을 구축할 것을 선언했다.[80]

해방 이후 처음 열린 기자대회에서 기자들은 비판과 감시, 정론, 직필 등 익히 알려진 언론이 추구할 덕목 대신 일제 잔재 청산, 국가건설에 대한 장애물 비판 등을 언론과 언론인의 일차적 사명으로 꼽았다. 강령에서 첫 번째로 내걸었듯이 나라의 완전 독립과 신국가 건설이 일제로부터 해방된 한국 사회의 일차적 목표였을 테고, 언론인들 역시 그러한 시대적 과제로부터 자유로울 수 없었을 것이다. 그것에 덧붙여 언론과 언론인의 실천적 역할을 적극적으로 제시하면서 또 다른 강령으로 언론 자주의 확보를 내건 것이 이채롭다. 어쨌든 기자대회 선언과 강령은 '완전 독립'과 '언론 자주'를 언론의 일차적 사명이자 거스를 수 없는 최고 목표로 선포했다.

이종모의 사회로 속개된 이튿째 대회는 먼저 11명의 전형위원을 선거하고 수일 내에 전 위원을 선출할 것을 결의했다. 토의 사항에 들어가서는 4개의 의안과 기타 사항을 논의했다. 제1호 의안은 작고(作故) 선배 추도회 개최의 건으로 11월 내 개최를 만장일치로 가결했다. 제2호 의안은 민족통일전선에 대한 결의의 건으로 한효(조선인민보), 오창근(해방통신), 이갑기(민주중보, 부산) 등이 '역사적 현 단계에서 우리 민족의 완전통일의 길은 인민의 총의를 반영한 인민공화국의 지지'로써 완수될 수 있다는 의견을 개진했고, 대회는 조선인민공화국을 지지한다는 결의를 가결했다. 제3호 의안인 북위 38도 문제 시급 해결에 대한 결의 건 역시 민족통일전선과 같이 논의되어야 할 것으로 가결되었다. 의안 제4호 태평양 방면 연합군 최고지휘관에 민족해방 감사 결의 건을 가결한 뒤 감사문 작성 등은 집행위원에 일임했다. 그리고 바로 기타 사항으로 (1) 북선(北鮮)에 조사단 파견의 건, (2) 매일신보 자치위원회 지지의 건, (3) 외국에 조선 실정을 정확 신속히 소개할 건 등을 가결한 후 여기에 대한 구체적 실천도 집행위원회에 일임했다.[81]

기자대회 폐막일인 이날 대회에서 기자회는 조선인민공화국 지지를 민족통일전선(통전) 결성의 문제로 파악했고, 분할점령으로 야기된 문제들을 해소하기 위한 북위 38도 문제 역시 통전의 연장선에서 해결해야 할 것이라는 상황 인식을 보여주었다. 의안 1~4호의 토의 사항이 언론인 단체로서 기자회가 추구해야 할 총체적 목표이자 사명과 관계된 것이었다면 기타 토의 사항은 기자회가 당면한 현안이자 실천 과제라고 할 수 있는데, 북위 38도선 이북으로 조사단 파견 외에 매일신보 자치위원회 지지를 결의한 것 역시 눈에 띈다. 기자대회는 '전 신문인이 필봉을 합쳐 매일신보 자치위원회를 지지 성원할 것'을 가결하고, 그 뜻을 담은 성명서를 발표했다.[82]

기자대회의 성명서, 기타 안건을 포함한 토의 사항에서 강조한 현안은 두 가지였다. 기자회가 발표한 〈선언〉과 〈강령〉은 완곡어법으로 애매하게 표현했지만 당시 정세에서 그것이 의미하는 바는 비교적 명확했다. '민족의 완전 독립을 기한다'는 강령은 기자회가 '조선인민공화국을 지지한다'로 읽으면 뜻이 통하고, '언론 자주의 확보를 기한다'는 '매신의 운영권 해결에서 자치위원회의 주장을 지지한다'로 읽을 수 있다. 하나는 당시 남한 사회의 진로, 정치적 형세와 관련한 주요 현안이었고, 다른 하나는 남한 언론계의 진로 내지 미래와 관련해 언론인들이 촉각을 곤두세운 사안이었다. 기자대회는 주요 의안과 기타 안건을 여러 가지 토의했지만, 그 시점에서 둘째 날 토의의 핵심은 누가 보아도 '조선인민공화국' 지지, '매신 자치위원회' 지지였고, 기자대회는 그것을 결의하고 마무리했다.

1946년 연초에 나온 잡지 『인민』 2권 1호에 최일숙이 전국신문기자대회의 성과에 대해 논평했다. 그는 우선 일제의 야만적 탄압으로 한 번도 회합을 가져본 적이 없는 신문인이 전국적 범위에서 한자리에 모이게 되었다는 사실 자체가 획기적이라는 점과 국내적 또는 국제적 현실에서 언론계가 짊어진 책무가 얼마나 중대하고 광범한가를 생각할 때, 대회 개최의 의의가 한층 크다고 지적한다. 그는 선언서 중 '불편부당의 기회주의적 이념의 양기(揚棄)'에 주목했다. 이를 신문인 특유의 정열이 대담하게 발현된 것으로 파악하며 신문인들이 일체의 방관적 태도를 벗어나서 전투적 언론진을 구축하자는 선언으로 발전한 것을 추켜세운다. 특히 그는 토의 안건 중 '민족통일전선 결의의 건'에서 열광적 환호 속에 만장일치로 '인민공화국' 지지를 결의함으로써 〈선언〉의 미온성을 비판하고 대담성과 진보성을 보였다고 평가했다. 그는 기자회가 신문기자들의 총의를 결집한 기관이자 신문인의 전국적 통일체로서 각계에서 결성되고 있는 통전을 솔선해서 조직했다는 의미가 있다며 글을 마무리했다.[83]

필자 최일숙은 일제 강점기에 ML당을 조직하여 국내에서 활동하다 해외로 넘어가 중국 베이징 등지에서 활동하던 한위건, 양명 등의 지도하에 국내에서 조선공산당 재건을 목표로 활동한 조선공산당 공산주의자협의회 관계자의 일원이었다. 그는 신간회 해소와 공산당 재건운동에 관계했고, 전남 지방 조직책으로 활동했다. 1931년 8월 일제에 검거되어 치안유지법, 출판법 위반으로 구속되었다.[84] 1947년 여름에 전국농민조합총연맹 부위원장으로 신문 지상에 소개된 것으로 보아 해방 이후 전국농민조합총연맹 간부로 활동한 것으로 보인다.[85]

최일숙의 글은 기자대회에 대한 사후적 평가였고, 그의 정치적 성향이 일정하게 반영되었다. 그런데 자유신문도 대회당일 「신문기자대회에 기대」라는 제목의 사설을 통해 비슷한 인식을 표명했다.[86] 사설 중 일부를 소개한다.

이 막연한 자유라는 용어가 인간의 절대자유라면 이는 무내용한 술어가 아닐 수 없다. 현재 조선에서 한 개의 신문을 대한다 할지라도 그것이 현실로 그 사회를 지배하는 잔존 세력과 결합한 것이냐 그렇지 아니하면 그와 반대의 대중을 토대로 하는 신문이냐를 분간하지 아니하면 아니 되며 이 잔존한 세력에서 자유로워 용감히 미래 조선의 주인이 되는 대중과 결합할, 그들의 요구에 응(應)하는 신문만이 이 언론의 자유를 획득한 것이라고 볼 수 있는 것이다. 그는 일본제국주의가 남겨주고 간 자기의 남은 세력을 유지(維持)하려는 몇몇 사람에 지배되는 것이 아니오 일국(一國)의 힘과 장래를 형성하는 대중에 봉사하는 신문인 까닭으로 전도(前途) 넓은 자유를 확대할 수 있는 것이다. 오늘 조선의 신문자유란 이러한 의의에서 요구되는 것이다. 그럼으로 신문 기사를 취급(取扱)

하는 기자의 태도에 있어서도 막연한 불편부당(不偏不黨)만 위주가 아니오 이 사회적 임무의 자각(自覺) 없이는 하등 보도의 사명을 다할 수 없는 것이오 도리어 의식적 무의식적으로 반동적 역할만을 다할 위험성이 잇는 것이다. …

그럼으로 오늘 개최되라는 조선전국을 망라한 신문기자대회란 현하 조선의 전민족적 요구가 완전독립에 잇는 만큼 그 촉진(促進)에 힘을 가진 신문기자들의 의식적 단결(團結)이란 의미로 중대한 것이며 그 역할을 다함으로써 신문기자로서의 투쟁능력을 외부에 시현(示現)하는 것으로 세계적 의의를 가진 것이라고도 볼 수 있는 것이다.

위 사설 역시 기자가 현실 개혁을 위해 실천적 역할을 해야 하고, 대중과 결합할 때 언론의 자유를 획득할 수 있다는 입장이다. 당시 자유신문 발행인 겸 편집인은 정진석이었는데 그는 배은수(자유신문), 신현중(조선통신)과 함께 기자대회 소집 준비위원과 강령규약 기초위원을 맡았다.[87] 그런데 언론과 기자의 역할에 대한 이러한 인식은 기자 개인의 정치적 신념과 관계없이 당시 기자들에게 일반적이었던 것으로 보인다. 강영수의 아래 발언은 언론인이 강점기와 해방 직후에 언론의 역할을 어떻게 보았는지 알려준다.

일정의 철쇄에 얽매어서 정치 간여란 염두에도 두지 못하던 조선민중으로서 얼마간 정치와 접촉면을 가졌던 것은 오로지 언론진

뿐이었다. 따라서 조선에 있어서는 정치와 언론이 직접 관련성을 가지고 있는 것이었다. 조선이 일본제국주의를 이탈한 직후 정계에 두각을 나타낸 거물들은 거의 언론계 출신이었다. 건준 위원장 여운형 씨가 전 조선중앙일보 사장이고 동 부회장 안재홍 씨가 전 조선일보 사장이며 한민당 수석총무 고 송진우 씨가 전 동아일보 사장이며 북조선에 있는 조선민주당 위원장 조만식 씨가 역시 전 조선일보 사장이라는 것은 누구나 잘 아는 사실이다. 이리해서 조선민중에게 있어서는 언론계란 일종의 도원경이었다. 일정의 악착스러운 압력 아래 억눌리어 있던 조선민중은 카이로 포츠담 선언에 의해서 일본 항복과 함께 정치적 자유가 약속되는 다음 순간 머리속에 번개같이 떠오른 것이 언론자유에 대한 강렬한 의욕이었다.[88]

강영수는 조선에서 정치와 언론은 직접 관련성을 가진다고 스스럼없이 얘기한다. 그는 정치 간여는 염두에도 두지 못하던 일제 강점기에 언론만이 얼마간 정치와 접촉면을 가졌던 전통을 가졌고, 그 전통과 유산이 해방 이후에도 이어졌다고 본다. 그는 해방 이후 정계 지도자로 나선 인물들이 모두 언론사 사장 출신이라는 점을 정치와 언론의 직접적 관련성의 근거로 들었고, 동시에 언론자유를 정치적 자유와 등치시켰다. 그는 진보적 색채를 가진 기자가 아니었고, 오히려 보수적 색채를 가진 기자였다는 점을 감안하면 기자가 나라의 독립과 현실 개혁을 위해 실천적으로 기여해야 한다는 인식은 진보나 보수의 문제가 아니었고, 강점기부터 이어져 온 기자사회의 일반적 인식이라고 보아도 좋을 것이다.

강영수의 지적대로라면 앞에서 살펴본 기자회의 언론관과 자의식은 결코 해방 이후 갑자기 생겨난 것이 아니다. 1925년 전조선기자대회 당시 대회를 준비한 인사들이나 참가자들은 '절대독립'을 기자대회의 공동 목표로 인식했다.[89] 민족적 억압과 차별이 일상화된 구조, 조선인의 이해를 대변할 변변한 정당 하나 없는 상태, 정치는 없고 통치만 있는 일제 강점기에 조선어 신문은 민족과 민중의 대변자를 자임했고, 기자들은 자신의 필봉이 조선인을 위한 정치적 실천 도구라고 생각했다. 기자로서 그러한 자의식이 해방 이후 그대로 계승되어 기자대회에서 표출된 것은 어쩌면 자연스러운 현상으로 보인다. 1925년 기자대회에서 내건 '절대독립'이라는 목표가 해방 이후 '완전독립'으로 바뀌었을 뿐이다. 그리고 해방이 되었으니 독립을 쟁취하기 위해 기자들의 정치적 자유가 한층 더 강화되어야 하고, 기자들이 현실정치에 보다 적극적으로 개입해야 한다는 입장이다.

미군정은 이러한 조선인 기자사회의 인식에 당혹감을 드러냈고, 크게 우려했다. 기자대회가 있기 1주일 전인 10월 16일 아놀드 군정장관은 군정청 기자단과 정례회견 석상에서 뜬금없이 뉴욕타임스 통신원 존스톤(Richard J. H. Johnston) 기자를 내세워 조선인 기자들 앞에서 "미국 기자의 자유"에 대해 연설하게 했다. 그는 10월 15일 서울에 도착했는데, 도착해서 제일 먼저 한 일이 취재활동이 아니라 아놀드 군정장관의 부탁으로 행한

'언론 자유'에 대한 강연이었다.[90] 아래 인용은 연설의 핵심 부분이다.

> 독자에게 개인이나 단체 정부의 간섭할 권리가 없도록 하는 것이 민주주의 하의 기자의 중대한 권리이다. 민주주의 하의 기자의 중대한 권리는 신문기사 신문인 편집인에게 중대한 책임을 의미한다. 이 책임은 독자에 정중하고 정확한 보도를 하는 데 있다. 자유로운 신문은 외래의 세력을 입으면 그 정중성을 잊어버리는 것이다. … 특별히 기억할 것은 제(諸)위험한 실수를 검토하면 외재적 구속을 받지 않는 것이다.[91]

연설 요지는 기자가 외래세력으로부터 구속을 받지 않고 독립해야 하고, 그것이 기자의 권리이자 책임이라는 것이다. 미국의 사례를 들어 완곡어법으로 포장했지만 기자의 현실 참여를 경계하고 비판하는 내용이다. 존스톤이 외재적 구속으로부터 독립된 기자였는지는 차치하더라도, 어쨌든 그는 미군정이 굳이 그의 입을 통해 조선인 기자들에게 전달하려 한 내용을 충실하게 전달했다. 미군정 고위 당국자들은 조선인 기자들이 주장하는 언론의 자유에 동의하지 않았고, 미군정 시선으로 보면 조선인 기자들이 지나치게 정치적이었을 뿐만 아니라 외래세력에 구속되어 있다. 존스톤은 하지 장군이 좋아한 몇 안 되는 기자 중 하나였고,[92] 1946년 1월 박헌영과의 기자회견 내용을 왜곡 보도하여 남한의 반탁운동을 반소·반공운동으로 몰아가는 데 결정적 역

할을 했다.[93]

하지 장군의 고문이자, 아놀드 군정장관의 특별고문 윌리엄스(George Z. Williams)는 점령 초기에 미군정의 남한 정세 파악에 영향을 끼쳤고, 미군정의 조선인 진보세력에 대한 경계심을 증폭시키는 데 일조했다. 그가 존스턴 연설이 있기 사흘 전인 10월 13일 주한미군사령부 군사관(軍史官)과 행한 인터뷰는 그의 남한 언론에 대한 인식과 태도를 잘 보여준다.[94] 그는 남한에는 오직 '급진파와 민주파' 두 개의 집단이 있을 뿐이고, 신문도 급진 신문과 민주 신문만이 있으며, 중도적이고 편견 없는 신문은 존재하지 않는다고 단언했다. 그는 민주적인 보수주의자들이 분발하여 다른 면을 보여줄 수 있는 신문을 발간하기를 진실로 원한다고 말했다. 그는 남한 신문은 한 신문만 빼고 모두 '무책임한 급진파의 종이쪼가리들'이라고 불렀다.[95]

인터뷰 말미에 군사관은 "윌리엄스 제독은 그가 우익 편이고 힘을 가지고 있다는 것을 잘 알고 있고, 안하무인에다 반대에 비관용적이며, 타인들의 선의의 실수를 인정하지 않는 것처럼 보인다"라는 개인적 인상을 메모로 남겨놓았다. 군사관의 관찰처럼 윌리엄스는 '우익 편'이고, 군정청 고위직을 한민당 출신 인사들로 채우는데 결정적 역할을 했다. 군사관은 그가 한국인 특정 정치세력을 위해 행동하고, 독선적이라는 그 나름의 개인적 평가를 추가했다.[96]

'무책임한 급진파의 종이쪼가리들'이라는 묘사에 드러나듯이 윌리엄스는 당시 남한 언론에 대해 거부감을 보였다. 그는 남한 정치 분류의 연장선상에서 언론을 분류했고, 분류에 이념의 잣대를 들이밀었다. 10월 중순경 간행되던 한국어 중앙지는 매일신보, 민중일보, 신조선보, 조선인민보, 자유신문, 해방일보 정도였다. 신조선보는 좌우 포섭을 편집방침으로 했다.[97] 민중일보는 타블로이드 2면의 일간신문이었다. 발행인 장도빈은 미군정이 주선한 조선신문주간회 회장이었다. 윌리엄스가 무책임한 급진파의 종이쪼가리에서 제외한 한 신문은 존스톤 연설을 보도한 민중일보였을 것이다. 나머지 신문들은 '진보적 민주주의'를 표방했다.

그 무렵 미군정 고위 당국자들도 급진파 대 민주파라는 애매하고 주관적인 윌리엄스의 남한 신문 분류를 공유했다. 그와 군사관의 인터뷰가 있은 지 열흘 뒤에 나온 주한미군사령부 「주간정보요약(G-2 Weekly Summary)」 6호는 보고서 말미에 「조선 언론의 급진적 경향(Radical Tendencies of the Korea Press)」이라는 문서를 별첨했다. 이 문서는 '조선의 신문들이 인민들의 여론을 반영하지 못하고, 단지 정당의 도구 노릇을 하고 있는 것으로 보인다'라고 우려하며, '그들의 일반적 동향을 모두 급진적이라고 할 수는 없지만 대체로 중앙에서 좌측'이라고 평했다. 이 보고서가 실린 「주간정보요약」 6호는 기자대회가 열린 1945년 10월 23일에 나왔다.[98] 이 문서는 정보당국이 남한 점령 이후 최초로 정리한 종합적인 언론동향 평가인 만큼 그 내용을 꼼꼼히 살펴볼 필요가 있다.

「조선 언론의 급진적 경향」의 시작은 해방 이후 남한 언론의 역할과 태도, 성격에 대한 총평이다. 보고서 첫머리부터 남한 언론이 정치적 수단에 불과하다고 평가하고, 기자들의 언론 자유에 대한 인식에 불편한 감정을 드러낸다.

조선은 역사상 처음으로 언론의 자유를 누리고 있고, 여론의 향배가 가장 중요한 관심사가 되고 있다. 그러나 언론이 여론을 반영한다고 할 수는 없을 것 같다. 무엇보다 대중적 정서를 수렴할 수단이 없다. 몰려드는 정보의 홍수를 제한할 수단도 없다. 새로 발행되는 신문들은 순전히 정치적 도구다. 그들은 언론의 자유를 외치지만 그것은 여론을 반영하기보다 여론에 영향을 준다는 의미에서 자유다.[99]

이어서 보고서는 '급진적 신문이 성행하고, 그 신문들의 편집이 더 훌륭하다는 것 또한 의문의 여지가 없다. 특정한 노선에 따라 반복되는 그들의 주장이 대중의 사고에 영향을 줄 수밖에 없다'고 인정한다. 이어서 '조선 인구의 거의 대부분이 사회적 하층이고, 주로 경제적으로 열악한 농민과 노동자'이며, '어떤 형태의 정부가 들어서든 그들이 선거에서 압도적 힘을 행사할 것'이라고 전망한다. 따라서 '어떤 정당도 그들의 비위를 맞출 수밖에 없을 것'이라고 단언한다. 보고서는 조선인의 손으로 운영하는 정부의 조속한 수립, 점령군의 즉시 철수 요구 등 매일신보 보도 사례 몇 건을 언급한 뒤, '보수적이고 교육 수준이 높은 사람들은 이 기사들에 동의하지 않으나 불행하게도 보수적 신문

은 발행 부수나 보급이 제한적이고, 따라서 그런 사람들의 수도 제한적'이라고 지적한다.[100]

보고서의 결론이 의미심장하다. 아래 인용은 보고서의 마지막 단락이다.

오늘날 조선은 급진주의와 공산주의가 성행하고 있다. 현시점에서 사람들은 언론의 선전에 매우 수용적이다. 정치인들이 큰 판돈을 걸고 있다. 그들은 조선에 수립되는 어떤 정부든지 그 정부를 차지하기 위해 결국 노동자와 농민을 장악해야 한다는 것을 잘 알고 있다. 수중에 언론이 있어야 대중을 장악할 수 있는 힘을 가지게 될 것이다. 이는 막을 수 없는 싸움이 될 것이다. 이것은 공산주의와 민주주의의 싸움이고, 그 싸움에서 언론에 대한 정치적 장악력이 승패를 결정할 것이다.

점령 직후 하지 장군은 남한 정세를 '불만 댕기면 즉각 폭발할 화약통'으로 비유하면서 점령군의 처지를 금방이라도 폭발할 화산의 가장자리를 걷고 있는 형국이라고 묘사했다.[101] 일제가 물러간 뒤 온 나라가 혁명적 열기로 들끓었고, 그것은 조속한 독립 요구로 모아졌다. 그 열기에 미군정은 적잖이 당황했다. 미군정은 언론이 그 열기를 부추기고 있다고 여겼다. 정보부는 진주한 지 달포가 지난 시점에서 남한 정세와 언론 상황을 종합적으로 평가하면서 언론에 대한 정치적 장악력이 '공산주의와 민주주의의 싸움'에서 승패를 결정할 것이라는 보고서를 제출했다.

미군정은 조선인 기자들의 언론관과 기자의식을 문제 삼았지만, 사실은 스스로도 언론을 남한에서 여론을 통제하고 장악하기 위한 선전수단으로 이해했다. 보고서는 한국인 대중들 사이에서 점령통치에 우호적인 여론을 형성하기 위해서 남한의 언론 지형을 바꾸어야 하고, 점령통치에 대한 기자의 정치적 간여나 참여를 용인할 수 없다는 입장이다. 미군정의 인식과 행동방침은 보고서가 나온 지 한 달도 되지 않아 매일신보 정간 사태로 모습을 드러냈다.

4. 매일신보 정간 사태

　해방 직후 정국을 주도했던 건준은 최익한, 이여성, 양재하, 김광수 등의 신문위원을 파견하여 총독부 기관지 매일신보를 접수하고, 이를 '해방일보'라는 제목의 건준 기관지로 발행하려고 했으나 일본군에 의해 저지당했다.[102] 이후 매일신보는 자사의 기자, 식자공, 인쇄공 등이 조직한 종업원자치위원회에 의해 발행되었다. 1945년 9월 8일 남한에 진주한 미군은 사령관 하지 장군의 성명을 통해 신문, 방송 등 대부분의 언론사 시설을 접수했다. 매일신보의 경우 미군정에 의해 10월 2일 접수된 후에도 '진보적 민주주의'를 표방한 자치위원회의 영향력 하에 신문이 발행되었다.[103]

　해방 이후 진보적 민주주의를 표방하며 여러 신문들이 발간되었고, 그 당시 창간된 조선인민보, 신조선보, 자유신문, 해방일보, 중앙신문 등은 모두 건준, 조선인민공화국을 지지했다. 민중일보와 같은 보수적 성향의 신문도 창간되었으나 그 영향력은 진보적 민주주의를 표방하는 신문들에 비해 제한적이었다. 이러한 상황이 초래된 것은 해방 직후 진보적 민주주의 계열이 건준, 조선인민공화국 결성 등 정국을 주도하고, 인쇄시설을 선점했기 때문이기도 했지만 미군정 정보당국의 보고서도 인정했듯이, 편집과 취재의 측면에서 진보적 민주주의 계열의 신문들이 보수적 신문보다 한 수 위였다.[104] 미군정은 진보적 민주주의 계열의 신문들이 보도경향을 주도하는 상황을 매우 우려했다.

미군정은 매일신보를 접수한 뒤 이상철을 관리인으로 내세우는 한편, 한국인 주주총회를 10월 25일 열어서 새 간부진을 구성할 것을 종용했다. 군정장관은 과거 총독부가 소유했던 매일신보 주식의 약 3분의 1의 소유권을 계승했기 때문에 주주로서 권한뿐만 아니라 신문사 운영과 관련한 권한도 가졌다. 미군정 공보부장 뉴먼 대령은 매일신보의 재정 건전성이 의문시되고 군정이 투자한 자본이 위험에 처해 있다며 운영진 교체의 정당성을 주장했다.[105] 그러한 상황에서 매일신보 자치위원회는 10월 23일 "매일신보가 어느 정당의 기관지나 개인소유물이 되어서는 안 되며, 전 민중의 요구와 기대에 응할 수 있는 언론기관이 되어야 한다"라는 취지의 성명서를 발표했다. 성명서 내용 중 일부를 인용한다.

一. 현재 조선에서 매신(每新)만한 완비된 우리말 신문기관이 없는 이상 공정한 민중의 기관으로 그 역할을 다하게 하기 위해서는 어느 정당의 기관지나 개인소유물이 되어서는 안될 것이다. 금후 전국적으로 배포할 발행능력을 가진 신문사를 설비하려면 아무리

해도 반년 내지 1년은 요할 것이다.

一. 그러므로 현재 유일무이한 이 기관이 일개 정당 기관지로 독점물이 된다던가 혹은 그에 편향하여 신문의 자주성을 잃게 된다면 민족통일전선 결성을 당면과제로 하는 오늘 전 민중의 복지와 여론의 공정을 위하여 불행한 일이 될 것이다.

이런 견지에서 재건 동아일보는 그 역사와 명예를 위하여 동아일보로 돌아가라. 한국민주당이 신문이 필요하다면 독자적인 기관지를 가지라. 그리하여 항간의 풍설을 일소함이 정정당당치 않을까 한다.[106]

자치위원회가 성명서를 발표한 이유는 동아일보가 복간을 위해서 한민당을 업고 매일신보의 시설을 독점하려 한다는 풍설 때문이었다.[107] 미군정이 한국인 주주총회를 통해 매일신보를 재건키로 한 방침을 결정하자, 중역회는 매일신보의 재건은 어느 개인이나 정당의 소유물이 아닌 전 민중의 요구와 기대에 응할 수 있는 기관으로 할 것, 사장 이하 간부도 그 기대에 부합될 인물을 영접할 것, 회사 운영에도 종업원 자치위원회의 의견을 존중하고 그 협력을 구할 것이라는 의견을 자치위원회에 전했다. 그런 가운데 복간을 준비 중인 동아일보사가 주식을 사모아서 주주총회를 통해 신문지배권을 획득하려 한다든지, 매일신보 주주회가 중역들에게 동아일보의 송진우 등에게 경영을 맡기려 하니 토의하자는 취지의 서한을 보냈다는 풍설 등이 나돌았다.[108] 자치위원회 성명서는 주주총회를 열기로 한 10월 25일

이틀 전에 나왔다. 기자대회의 10월 24일 자치위원회 지지 결의 성명은 그러한 사태의 전개 과정에서 나왔다.

  10월 25일 열린 조선인 주주총회에서 새로운 간부진이 구성되었다. 사장 오세창, 부사장 이상협, 전무 김형원, 상무 이상철, 이사진으로 김기전 하경덕 김법린, 주필 겸 편집국장 이선근이 선출되었다.[109] 그러나 자치위원회는 간부진에 친일파가 포함되어 있다는 이유로 주주총회의 결정을 받아들이지 않았다. 자치위원회가 친일파로 지목한 인물은 부사장 이상협, 전무 김형원, 상무 이상철, 주필 겸 편집국장 이선근 등이다. 자치위원회가 주주총회의 결정을 받아들이지 않자, 미군정은 11월 10일 '재정조사'라는 명분으로 매일신보 정간 처분을 내렸다. 미군이 점령 이후 내린 최초의 정간 처분이었다.

  11월 10일 돌연 매일신보가 정간 당한 뒤 조선일보 사장 방응모가 21만여 원의 보증금을 공탁하고 매일신보 재산관리권을 가지게 되었다.[110] 매일신보 정간에 대해 대부분의 언론, 기자회는 물론 조선문화건설본부 등 문화단체들도 궐기하여 언론자유를 침해하는 행위라고 강력히 비판했다.[111] 매일신보 자치위원회와 기자회는 언론자유를 침해하고 언론을 탄압하는 부당한 행위라고 주장했다. 이에 대해 미군정은 경영 방면에서 재정조사가 필요하다고 변명했다. 하지만 언론계나 일반사회는 재정조사를 신문을 정간시켜 가면서까지 해야 할 일이냐며 미군정의 조치를 끝내 이해할 수 없다는 반응이었다. 미군정이 회사조직의 정비와 재정상태 조사 등을 이유로 신문을 정간시킨 조치라든지, 정간명령을 그 이유도 설명하지 않은 채 구두로 전달한 점, 그것도 주무부서라고 할 수 없는 광공국을 통해 정간조치를 단행한 것 등은 누가 보아도 옹색하고 앞뒤가 맞지 않는 조치였다. 아래 인용한 기사는 미군정의 일방적 조치에 대한 언론계와 남한 사회의 반응, 그리고 미군정 측 변명을 잘 보여준다.

조선 신문계와 또는 사회전반에 큰 충격을 준 매일신보에 대한 정간 문제에 관하여는 조선신문기자회에서 궐기하여 군정당국에 그 부당함을 질문하는 동시에 조선의 언론자유와 또 언론의 민주주의적인 발전을 위하여 정당한 진언을 한 바 있었거니와 12일에 계속하여 13일에도 전기 신문기자회 대표는 군정청에 방문하여 아놀드 군정장관 이하 보도부의 뉴맨 대좌와 회견하고 하루빨리 매일신보가 발간되도록 정중하고 단호한 요구를 하였으며 이날 오후 4시부터는 본사 회의실에서 신문기자회 중앙위원회를 열고 이에 대한 대책을 협의하였다. 일방 군정청 출입기자단에서도 이날 긴급회의를 열고 협의한 결과 신문기자회를 절대 지지하여 동일한 보조로 나갈 것을 결의하는 등 전조선 언론계는 언론자유 확보라는 신성한 신념으로 이 문제를 급속히 해결하고자 궐기하게 된 것이다. 13일의 아놀드 장관의 답변도 역시 마찬가지로 재정문제가 그 원인이요 결코 언론 탄압이 아니라는데 귀착되었지만 재정문제가 당장 정간하지 않고서는 해결될 수 없을 만큼 급박하게 되었는가 하는 것과 또 8월 15일 이후 매일신보를 싸고도는 모정당과 재벌 등의 암약 등 제반 실정을 생각해 볼 때 중간 사람의 불신으로 인하여 매신 문제가 군정청 최고당국자의 귀에 정확히 전달되지 못하고 그 반대로 여러 가지로 중상을 입는 것이 아닐까 하는 염려를 갖게 되는 것이 사실이다. 그러므로 장관의 신중한 처단으로 문제가 급속히 해결될 것을 각계에서도 요망하고 있는 중인데 13일 아놀드 장관은 기자단에 대하여 다음과 같은 대답을 하였다. "매일신보는 그 신문사 간부가 경영할 능력이 없고 또 재정적으로 곤란한 처지에 있었기 때문에 그 발간을 정지시킨 것이다. 군정청에서는 매일신보를 자유 자주적인 신문사로 개조하려고 노력하였다. 그러나 주주총회에서 선출된 간부가 회사조직과 재정에 결함이 있어서 경영하여 나갈 능력이 없다고 해서 이를 정간시킨 것이고, 군정청에서는 이 문제로 말미암아서 조선의 언론자유를 방해하려는 의사는 조금도 없는 것이다. 종업원은 주식회사에 있어서는 고용인에 불과하고 회사 자체의 경영에 대하여서는 간부가 전책임을 져야 한다. 이번 정간은 매일신보사의 재정적 안전을 위하여 명령된 것인데 이 회사가 적당한 경영 상태에 있지 않으면 새로이 완전한 경영기구를 세워야 할 것이고 그런 후에는 신문을 발행하게 될 것이다."[112]

미군정은 매일신보 정간이 특정 기사가 문제가 되어서 언론탄압의 차원에서 행해진 것이 아니라는 점을 강조했고, 재정구조가 건실해지면 재발간을 허가하겠다고 밝혔다. 정간 조치를 내린 직후인 11월 15일 군정청은 조선일보를 매일신보 공장에서 인쇄하기로 했다고 발표했다. 매일신보에 대한 최종 결정을 기다리는 동안에도 언론인들 사이에 군정이 신문사를 보수적인 국민당 지도자인 안재홍에게 양도할지 모른다는 두려움이 전파되었다. 비록 아놀드 장군이 그런 일은 없을 것이라고 보장했지만, 매일신보 건물에서 매일신보 발행 부수를 줄여가며 조선일보 인쇄가 재개되자 언론인들은 또 어떤 일이 발생할지 우려했다.[113]

11월 20일 아놀드 군정장관은 매일신보 재발행을 승인했지만, 매일신보가 문제를 해결하고 계속 운영할 능력이 없는 것 같다고 선언했다. 그리고 군정장관 대리 쉬츠(Josef R. Sheetz) 장군은 매일신보의 반항적인 관리자들을 소집해서 매일신보가 새로운 이사들과 새로운 제호인 서울신문의 명칭으로 운영될 거라는 점을 알려주었다. 쉬츠 장군은 종이 부족으로 조선일보와 동일하게 매일신보의 발행 부수를 10만 부로 제한한다고 설명했다. 매일신보의 발행 부수가 그보다 몇 배는 많았다는 점을 고려한다면 받아들이기 어려운 제안이었으나, 수용하는 것 외에는 다른 대안이 없었다.[114] 매일신보는 11월 23일 서울신문으로 제호가 바뀌어 재발간 되었다.

11월 22일 방응모 대신 하경덕이 재산관리인에 임명되었다. 서울신문의 간부진용은 발행 편집 겸 인쇄인 하경덕, 사장 오세창, 부사장 하경덕, 전무 김동준, 상무 조중환 김무삼, 이사 이원혁, 주필 이관구, 편집국장 홍기문, 감사 윤희순, 고문 권동진 홍명희 등이었다.[115] 자치위원회가 친일파로 지목한 인사들이 제외되었고, 하경덕이 발행 겸 편집인이 되었다. 하경덕은 부사장으로 참여했지만 곧 사장이 되었다. 서울신문을 주도한 것은 하경덕, 홍기문이었다. 2대 사장 하경덕이 경영을, 편집국장 홍기문이 편집과 제작을 맡았다.[116] 하경덕은 한민당 계열이기는 했지만 중간파적 경향을 지닌 인물로 평가되었고, 자치위원회, 출판노조의 영향력이 컸던 상황에서 서울신문은 중도적인 논조를 유지했다.[117] 그리고 매일신보의 인쇄시설을 이용하여 조선일보가 발행되었고, 동아일보도 귀속재산이었던 경성일보사 시설을 이용하여 신문을 발행하게 되었다.[118]

매일신보 자치위원회 성명서나 기자회의 자치위원회 지지 결의는 해방 이후 과거 조선총독부 기관지였던 매일신보의 재건 방향, 특히 회사 운영을 둘러싸고 미군정 측과 사원 자치위원회 측의 구상 및 이해관계가 충돌하는 과정에서 나왔다. 기자회로 대표되는 남한의 기자사회는 매일신보 자치위원회 성명서를 지지하는 결의안을 채택함으로써 자치위원회 입장을 지지했고, 미군정과 자치위원회 양측의 입장이 밀고 당기기를 거듭했다. 사태는 주주총회, 미군정에 의한 매일신보의 정간을 거친 뒤, 간부진 개편, 서울신문으로 제호 변경과 재발간, 매일신보 자치위원회의 '발전적 해소'로 막을 내렸다.[119]

양측의 입장과 논리는 앞에서 인용한 주주총회 결정을 반대하는 자치위원회 성명서와 매일신보 정간 처분에 항의하는 기자들에게 미군정이 자신의 입장을 변호한 기자회견 담화에 잘 드러난다. 기자회는 '매일신보는 전 민중의 요구와 기대에 응할 수 있는 언론기관이 되어야 한다'라는 입장이고, 미군정은 '종업원은 고용인에 불과하고 회사의 경영에 대해서 간부가 책임을 져야 한다'라는 입장이다. 기자들이 생각하는 언론자유는 조선의 완전독립을 위한 실천까지 보장하는 것이었고, 그 실현 형태는 조선인 손으로 만든 조선인민공화국을 지지하는 것이었다. 미군정은 그러한 언론관을 용납할 생각이 없었다.

매일신보 정간사태의 근저에는 미군정의 남한 언론지형 재편 의도, 신문·방송의 소유·운영과 통제를 둘러싼 언론계의 물적·제도적 구조 변화, 기자·직공들과 사주·경영진 사이의 인식과 이해관계의 차이 등이 복잡하게 얽혀 있다. 매일신보가 서울신문으로 제호를 바꾸어 재발간하는 과정에서 일어난 일련의 사태는 언론계의 구조 변화가 앞으로 어떤 방향으로 전개될지 암시하기에 충분했다. 『주한미군사』는 매일신보 사태를 아래와 같이 정리했다.

> 11월 23일에 서울신문은 발행을 시작했고 이 위기는 종료되었지만, 이 사건은 남한 언론과 군정 모두를 각성시켰다. 이 사건은 단지 한 신문사의 문제가 아니었다. 전체 기자들이 하나의 집단으로 행동했고, 마치 자신들의 생사 여부가 달린 것처럼 매일신보를 위해 투쟁했다. 정간과 재발간 사이의 기간에 기자들 전부가 기자회견을 거부하겠다고 위협하거나 또는 미군정에 대한 어떠한 지지도 거부하겠다고 위협했다.[120]

군사관은 매일신보 사태가 한 신문사의 문제가 아니었고, 기자들이 기자사회 전체의 문제로 인식한다는 점을 지적했다. 군사관은 사태의 배경으로 매일신보의 논조가 미군정에 비판적이었다는 점과 이사회에서 군정이 선정한 이사들과 주주들이 선정한 이사들 사이에 갈등이 존재했던 것을 들었다. 군사관은 매일신보가 '거의 노골적으로 군정을 비판했고, 군정이 별 잡음 없이 해결하려는 논쟁적 문제들에 개입'했다고 언급한다.[121] 대표적인 사례가 미군정이 10월 10일 조선인민공화국의 정부 자격 부인 성명을 보도하라는 명령을 각 신문사에 내렸을 때였다. 각 신문은 물론 기자들이 모두 이 명령에 항의했는데, 이튿날 기자회견장에서 매일신보 편집장이 비공식적이지만 기자들의 대변인으로 나섰다.[122] 당시 매일신보가 신문계에서 가진 위상을 반영한다.

매일신보 사태의 실무적 처리를 담당한 것은 미군정 공보부 여론과였다. 여론과 보고서에 따르면 미군정이 매일신보를 정간한 이유는 간부의 경영 능력이나 재정 운용의 문제가 아니었다. 재정조사의 목적은 '외부의 정치적 영향을 밝혀내기 위한 것'이었다.[123] 미군정은 매일 오전에 개최하는 기자회견을 신문을 통해 조선인들에게 정보를 제공하는 수단이자 중대 현안에 대처하는 군정의 활동에 대해 기자들의 동정적인 이해를 구하는 수단으로 간주했다. 그러나 얼마 지나지 않아 기자회견이 더 광범한 중요성을 가지게 되었는데, 기자들이 미군정의 활동에 동정적이지 않았을 뿐만 아니라 군정의 대책이 필요하다고 판단되는 새로운 문제들을 들고 나왔기 때문이다. 여러 차례에 걸쳐 기자들이 공개적으로 미군정에 문제를 제기했고, 미군정은 그들이 언론 자유의 원칙에 입각해서 간섭을 합리화함으로써 심각한 문제를 야기한다고 보았다. 미군정이 보기에 한국 언론은 법적인 측면은 덜 강조하면서 미군정이 수용할 의지나 준비한 내용을 넘어서는 더욱 과감하고 포괄적이며 즉각적인 대책을 선호했다.[124]

미군정은 남한 신문들에 조선인민공화국 부인 성명을 게재하라고 내린 명령이나 매일신보 정간 사태를 반항적이고 통제하기 어려운 조선인 기자들을 굴복시키는 기회로 삼았다. 『주한미군사』는 '미 육군이 당연히 민간인과의 전투에서 져서는 안 되고, 이러한 임무의 상대적 성공 여부는 임무 달성 과정에서 치른 희생에 의해 결정될 것'이라고 적었다. 『주한미군사』는 '이 경우 사안이 명확했고, 남한에서 군정을 확립하고 유지하는 목표는 달성했지만, 공보부장은 기자들과의 신뢰와 우정, 상호협조의 상실이라는 희생을 지불했다'라고 평했다.[125] 미군정은 매일신보 자치위원회나 기자회 등 언론계의 거센 반발, 여론 악화 등으로 자신의 의도를 전적으로 관철하지는 못했으나, 어쨌든 매일신보의 경영구조를 바꾸었다. 또 매일신보와 경성일보의 인쇄시설을 활용해서 조선일보 동아일보 등 우익 계열 신문의 복간을 지원했고, 서울신문은 발행 부수를 줄여야 했다.

매일신보와 경성일보는 '적산'이라고 할 수 있는데, 미군정은 적산의 처분과 관리·운영 권한을 독점하고 이를 행사함으로써 남한 언론계의 물적 기반을 자신에게 유리한 방향으로 재편했고, 또 그것을 우익 언론을 강화하고 확대하는 데 이용했다. 신문은 일종의 장치산업이다. 기자가 아무리 좋은 기사를 쓰더라도 그것을 인쇄할 시설이 없다면 신문은 존립할 수 없다. 동아일보와 조선일보는 1940년 폐간하면서 윤전기를 매각했기 때문에 복간을 위해서는 인쇄시설의 확보가 시급했다. 매일신보 정간사태 과정에서 조선일보 사주 방응모가 매일신보의 재산관리인으로 거명되고,[126] 또 자치위원회가 정간사태의 배후로 동아일보와 한민당을 지목한 데 나타나듯이 양 신문의 복간에 매일신보 정간사태가 어떤 식으로든 연결되었음을 짐작케 한다.

당시 한국에서 매일신보만큼 완비된 국문 인쇄시설을 갖춘 신문이 없었으므로 기자들 입장에서 그 시설과 신문이 개인이나 특정 정당의 소유물이 되어서는 안 되고, 한국 민중 전체를 위해 쓰여야 했다. 매일신보가 주식회사였지만 총독부의 막대한 지원과 보조금으로 운영되며 기관지 구실을 했던 적산이었으므로 조선이 해방된 이상 조선인들에게 돌려주어야 하고, 조선 사회 전체를 위해 활용되어야 한다는 공감대가 그들 사이에 형성되었다. 언론인들은 '유일무이한 이 기관이 일개 정당 기관지로 독점물'이 되는 것도 허용할 수 없었지만, 그 신문이 일개 정당에 편향하여 '신문의 자주성을 잃게' 되는 것을 용납할 수 없었다.

자치위원회 성명서에 나오듯이 풍설의 진원이 동아일보와 한민당이었는데, 한민당은 '건준 반대, 임정 봉대'를 내걸고 창당했고, 친일 지주·자본가의 정당이자 과거 부일협력자들이 대거 참여했다.[127] 또 동아일보 지국이 곧 한민당 지부라는 세론처럼 동아일보는 해방 이후 한민당 기관지로 간주되던 신문이었다.

이러한 사정이 매일신보 경영권 변동에 대한 조선인 기자사회의 경계심을 한층 강화시켰다. 1925년 기자대회 당시에도 동아일보의 타협적 민족주의는 대회를 준비하거나 대회에 참가한 이들에게 경계 대상이었는데,[128] 해방 이후 동아일보 경영진과 한민당이 보여준 정치적 행보는 조선인 기자사회의 우려를 한층 더 증폭시켰다.

해방 직후 한국 사회가 가장 먼저 해결해야 할 역사적 과제 중 하나는 일제 식민지 지배구조의 청산이었다. 그 출발은 일제가 조선을 지배하고 착취하기 위해 만들고 유지했던 온갖 장치들을 해체하거나 한국인 손에 돌려주는 것이었다. 식민지 지주제의 청산과 고율 소작료의 폐지, 일본 독점자본의 초과이윤을 보장해 주던 각종 제도와 관습의 폐지는 물론 일본 독점자본이 조선에 이식한 회사·공장의 환수, 그리고 일제 식민지 통치 기구의 해체 및 일제의 지배와 억압을 실행하거나 보장했던 각종 기구들의 철폐 또는 한국인들의 필요에 따른 재건이 필요했다. 조선인 상대의 매일신보, 재조(在朝)일본인을 위한 경성일보는 조선에서 일제의 식민통치와 지배를 유지하는 데 반드시 필요한 기구 중 하나였고, 일제의 지배 이념과 사상, 식민정책의 홍보와 조선인 황민화에 앞장섰던 중요한 장치였다. 매일신보, 경성일보의 소유권과 운영권의 귀속 문제는 해방 직후 언론인들이 가장 중시했던 문제 중 하나였다.

그런데 매일신보 자치위원회가 주주총회의 결정을 반대할 때 새로 선출된 간부진에 친일파가 포함되었다는 이유를 내건 것을 주목할 필요가 있다. 자치위원회가 주주총회에서 새로 선임된 임원진을 반대한 것은 경영진에 친일파가 포함되고, 자치위원회의 편집과 경영 참여 요구가 받아들여지지 않았기 때문이었다.[129] 자치위원회가 매일신보를 운영하며 나름대로 식민지 지배구조를 청산하려던 노력이 미군정의 개입으로 사실상 불가능하게 되자, 매일신보 내에서 그나마 사원들의 목소리를 확보하는 방안이 간부진에서 부일협력 전력을 가진 자들의 임용을 제외하는 것으로 축소되었다. 자치위원회는 새로 구성된 간부진에 일제 식민지배에 참여했던 인사들의 과거 친일행적을 들어 새 운영진 임용을 저지하고, 계속 운영권을 지키려 했다. 그리고 미군정이 정간 처분을 통해 신문사를 압박하자 타협책으로 운영진을 부분적으로 변경하고, 자치위원회를 해소하는 차원에서 사태를 마무리했다.

매일신보 정간 사태는 해방 이후 언론 분야에서 조선인 언론인들의 식민지 지배구조 청산을 위한 자체적 노력이 좌절되었음을 보여준다. 다른 한편으로 언론계의 친일유제 청산 문제가 언론기관의 식민지 지배구조 청산에서 언론인들의 과거 친일 전력 논란으로 넘어갔음을 의미한다. 언론인의 친일 전력 문제는 언론인의 정치적 성향을 불문하고 어떤 언론인도 결코 자유롭지 않은 상태였다. 미군정이 발행한 주간신문 『농민주보』의 한 사설은 "조선 사람으로서 진심으로 친일한 사람은 하나도 없을 것이고, 또 그와 반대로 가면 또는 형식으로라도 친일하지 않은 사람도 하나도 없을 것"이라며 일종의 '전 민족 공범론'을 내세웠다.¹³⁰ 미군정이 '물타기식' 논리로 한국 사회의 친일파 청산 요구를 비웃었지만, 역으로 그런 논리를 공공연하게 주장할 정도로 친일전력 문제는 미묘했고, 강점기에 활동했던 기자들치고 이 문제로부터 자유로운 사람은 흔치 않았다.

매일신보가 서울신문으로 제호를 바꾸어 재발간한 1945년 11월 23일을 전후하여 우익 청년단체들이 뿌린 아래 전단이 당시 사정을 보여준다.¹³¹

> 여등(汝等) 언론인들은 8월 15일 전까지 일본제국주의의 인류 살육전을 이론적으로 정당화시키기에 모든 광분하였으며 왜노(倭奴)의 전쟁살인 철학을 합리화시키기에 모든 정력을 제공하던 매일신보와 경성일보에 있던 도배(徒輩)로써 급작스러히 황색선동 신문사에 입사하여 무슨 낯짝으로 민족반역자를 운운하며 진보적 지식인연한 태도를 위장하려 하느냐! 반성하라! 만일에 반성하지 않는 경우에는 우리 청년들의 의권(義拳)이 너희들에게 날라갈 것을 공약하는 바이다.

동아일보와 조선일보도 1930년대 후반에 일제의 황민화정책과 침략전쟁 확대를 공개적으로 지지하며 부일협력의 길에 나섰지만, 1941년 조선총독부에 의해 강제 폐간되었다는 사실이 그나마 가림막이 되어 주었다.¹³² 그러나 매일신보와 경성일보에서 일했던 언론인들은 이들 신문에 기사를 썼다는 사실 자체로 친일 부역 혐의에서 자유로울 수 없었다.¹³³ 전단 작성자인 우익 청년단체는 그러한 사정을 자신들의 정치적 목적을 위해 기민하게 활용했다.

매일신보 정간 사태는 한 신문의 문제가 아니었고, 미군정과 남한 언론 전체의 문제였다. 남한의 기자사회나 미군정이나 모두 그 점을 알고 있다. 그리고 조선인 기자들이 나라의 완전 독립에 실천적으로 기여하는 것이 자기 역할이라는 입장에서 미군정 정책과 활동에 대해 비판을 멈추지 않는 한, 또 미군정과 조선인 기자사회 양측이 각자의 사고방식을 고집하는 한 이러한 사태는 언제라도 재발할 수 있었다.

미군정이 매일신보 정간 사유로 제시한 재정조사는 핑계일 뿐이었다. 미군정은 발단에서 귀결에 이르는 전 과정에서 이 사태를 비판적이고 통제하기 어려운 기자들을 길들이는 기회로 간주했다. 다른 한편으로 매일신보 정간 사태를 거치며 점령기 내내 지속되는 언론의 기본구조가 만들어졌다. 한편에서 진보적 민주주의를 표방하는 신문사가 정간과 속간을 반복하거나 제호를 변경해 가며 자신의 논조와 역할을 이어갔고, 다른 한편에서 동아일보, 조선일보, 한성일보처럼 매일신보와 경성일보 등 귀속재산의 인쇄시설을 활용하여 간행되는 우익 언론이 자리를 잡았다.

한국 사회 자체의 힘으로 식민지 유제와 잔재를 극복할 수 없게 되자, 신탁통치 파동 이후 전개된 역사가 보여주듯이 미소의 대립, 그리고 미국의 봉쇄정책이 좌우 분열과 대립의 틀 속에서 한국 사회에 관철될 수 있는 조건이 형성되기 시작했다. 1945년 연말과 1946년 연초의 신탁통치 파동은 외신 가짜뉴스로부터 시작되었고, 그것을 남한 사회에 전달하고 확산하는 데 국내 통신사가 큰 역할을 했다. 외국 군대의 점령 하에서 진원(震源)을 알 수 없는 뉴스들이 범람했고, 남한 언론은 자기정체성과 역할을 수립하는 데 혼란을 겪었다.

5. 기자사회와 '진보적 민주주의'

매일신보와 경성일보는 강점기 조선에서 발행한 신문들 가운데 가장 좋은 시설과 장비를 갖추었을 뿐만 아니라 많은 조선인 기자들이 그곳에서 일했다. 또 1940년 동아일보와 조선일보가 폐간된 뒤 양 신문사 기자들 대부분이 매일신보와 경성일보에 합류했다.[134] 두 신문사에서 일했던 기자들 가운데 상당수가 해방 직후 새로운 신문 창간에 나섰다. 자유신문은 매일신보의 전 편집국장 정인익, 사회부장 이정순, 정치부장 이원영, 기자 배은수, 마태영, 최영준, 김창문 등 매일신보 출신이 주축이 되어 창간했다. 조선인민보의 초대 사장 김정도, 2대 사장 홍증식, 편집국장 김오성 외에 김정록, 유중렬, 한상운, 고재두, 문철민, 민두식, 김주천, 고제경, 한효, 임화, 손수진, 유병묵 등이 과거 경성일보에 있었다.[135]

  매일신보와 경성일보, 동아일보와 조선일보 기자들은 강점기에 조선인 기자사회를 구성하는 주요한 토대였다. 그들은 식민지 조선의 지식인사회를 형성한 주요 구성 부분이기도 했다. 그들은 일제 식민지라는 민족적 억압구조 하에서 조선인의 처지와 현실에 분개했고, 민족적 이해관계를 대변하는 문필가로서 자기 정체성을 형성했으며, 나라의 독립과 해방을 위한 실천 활동에 음으로 양으로 관계했다. 그들의 지식인적 속성이나 그들이 조선 사회에서 가지는 정치사회적 지위와 행동양식으로 인해 일제에게 늘 관찰, 감시 대상이자 억압 대상이었다. 특히 일제의 조선 통치가 파시즘적 폭압구조로 치달리는 상황에서 기자와 문필가는 일제가 사상적으로 전향시켜야 할 일차적 목표물이었다. 그리고 민족해방운동이 모두 지하로 내려갈 수밖에 없었던 일제 말기의 국내 상황을 감안한다면 지식인 또는 기자들이 글을 통해 일제에 공개적인 저항을 모색하기는 힘들었다. 다른 한편으로 붓을 꺾지 않는 한 문필가로서 생존하기 위해 기자 직업을 영위할 수밖에 없었다.

강영수는 해방 직후 정치 일선에 나선 여운형, 안재홍, 송진우, 조만식 등의 지도자들이 강점기에 신문사 경영에 관계했던 사장들이었다는 점을 강조했지만, 기자집단은 지방사회에서도 주민들의 여론을 조직하거나 사회운동을 이끄는 등 중요한 역할을 했다.

3·1운동 이후 조선의 도(道), 부(府), 군(郡), 읍(邑), 면(面), 리(里)에 이르기까지 각급 행정단위별로 거의 모든 지역에서 다종다양한 주민 집단행동이 전개되었다. 이러한 집단행동 중에서 각급 행정단위 전체 주민의 의사를 결집하고, 그것을 실행 또는 관철하기 위한 방편으로 주민대회가 빈번히 열렸다. 주민대회

를 주도한 인사들은 지역유지라고 할 만한 사람들이었는데, 주로 공직자, 경제인, 신문지국, 운동가들이었다. 주민대회는 지역주민이 식민행정 당국과 만나는 자리였고, 지역의 주도적 인물이나 집단이 지역주민과 긴밀하게 결합하는 공간이었다. 주민대회를 조직한 주도층에 해당 지역의 유력자라고 할 수 있는 공직자, 경제인과 함께 신문지국이 포함된 것이 눈길을 끈다.[136] 동아일보, 조선일보, 조선중앙일보, 중외일보 등 조선어 신문지국들이 해당 지역 주민대회 주도층 가운데 하나였던 사실, 지역별로 신문지국과 기자단체가 민중 계몽을 위해 다양한 활동을 펼쳤던 사실은 기자사회가 지방사회에서 여론을 형성하거나 조직하는 데 중요한 역할을 했음을 보여준다.

1920~1930년대에 지역별로 조선인 기자단체 결성이 활발했고, 이들 조직이 당대 사회운동의 지역적, 전국적 조직망 형성에 중요한 역할을 했다는 사실 또한 강점기 기자집단의 정치사회적 역할 이해에서 빼놓을 수 없다. 지역별 기자단체의 활동이 충분히 해명되지 않아서 기자단체의 전국적 분포 등 그 전모와 활동이 제대로 밝혀져 있지 않다. 그러나 기왕에 밝혀진 사례들을 살펴보면 지방사회에서 조선인 기자단체들이 지역사회의 현안을 사회 문제로 부각시키고, 지역민의 이해관계를 대변했다.[137]

경북 지역의 경우 안동기우단, 상주기자동맹, 경동기자동맹, 금릉기자구락부 등 각지의 기자단이 지역 내 사회 문제를 지역 내외에 적극적으로 알리는 언론활동을 펼쳐서 사안을 이슈화하고, 그 시정을 도모했으며, 그러한 활동 과정에서 도 단위 기자단체인 경북기자동맹을 결성했다. 경북기자동맹은 결성 이후 도단위 청년단체인 경북청년연맹의 결성을 뒷받침했다. 또 신문지국을 운영하거나 지국기자로 활동한 인물들이 대부분 지역 대중운동이나 사회운동 주도층과 겹치는 것에서 알 수 있듯이 기자단은 해당 지역 사회운동과 긴밀한 연계를 가졌다.[138]

조선어 신문과 조선인 기자들은 강점기에 조선 사회를 위한 일종의 정치적 대변자 역할을 했다. 발행인, 편집인, 기자 등 모든 언론인이 신문 지면을 통해서 일종의 정치행위를 했던 셈이다. 그들에게 민중을 계몽하고 조선인 사회를 위한 여론을 창달하는 것은 존재 이유이자 역할이었다. 강점기 이래 기자사회의 전통과 역할 인식에 익숙한 기자들이라면 불편부당한 중립적 논조의 강조나 기자들이 현실과 거리를 두어야 한다는 태도는 쉽사리 납득할 수 없거나 받아들이기 어려운 사고방식이었다.

강점기 언론계와 기자사회의 존재방식과 역할을 감안한다면 언론인의 친일경력 논란은 실은 그가 어느 신문사 소속인지로 따질 일이 아니다. 각 신문의 역사적 역할과 신문사에서 일했던 발행인, 편집인, 기자 개개인의 활동은 분리해서 보아야 한다. 개인에 대한 평가는 그가 부일협력 활동에 실제로 참여했는지 여부, 참여했다면 자발성과 강제성, 적극성과 소극성 여부를 따져서 판별해야 할 사안이었다. 하지만 언론계의 친일경력 논란은 부일협력 활동에 대한 과거사 정리와 청산 차원에서 이루어지지 못했다. 기자들은 독립국가 건설이라는 명제 앞에서 부일협력 행위에 대해 반성 이상의 청산 활동을 조직할 수 없었다.

그리고 언론계의 친일 유제 청산이 좌절되자 친일경력 논란은 외국 군대의 점령 하에서 정치적 선동과 파쟁의 새로운 도구가 되었다.

해방 직후 일선에서 활동한 기자들의 압도적 다수가 '진보적 민주주의'를 지지했고, 신문들 역시 그러했다.[139] 당시 언론계의 진보적 민주주의 표방에 대해 가장 먼저 떠오르는 질문은 '민주주의'와 '진보적 민주주의'는 어떻게 다른지, 민주주의에 '진보적'이라는 수식어를 덧붙임으로써 기자사회 또는 당대인들이 드러내고 싶어 한 한국 민주주의의 성격과 내용적 특징은 무엇인지 등일 것이다. 그런데 기왕의 해방 직후 신문 연구는 이 용어가 당대의 상황과 맥락에서 어떤 의미를 가지고, 어떻게 사용되었는지 살펴보는 대신, 진보적 민주주의가 어떤 정치세력과 이념을 대표하는지, 또는 어떤 정파와 연관성을 가지는지 신문의 성향 분류를 앞세웠다.

김민환은 표방한 이데올로기나 정치적 입장에 따라 해방 직후의 신문을 공산주의 계열, 자유주의 노선, 진보적 민주주의를 표방한 진보적인 중간노선의 신문들로 분류했다. 최민지는 신문 논조를 분석하여 이승만과 한민당을 지지하는 우익 반공지, 좌우 중간노선을 지향하는 신문과 진보적 민주주의를 표방하는 중립지, 남로당계의 좌경지로 나누었다. 송건호는 이승만, 김구, 한민당 등을 지지하는 우익 반공지, 좌우 중간노선을 지향하는 신문, 그리고 좌경지로 삼분하며 좌경지는 남로당계와 진보적 민주주의를 표방한 좌경 중립지로 구분했다.[140]

박용규는 당시 신문들의 이념적 성향을 극우의 동아일보와 대동신문, 우익의 조선일보와 한성일보, 중도의 서울신문과 자유신문, 좌익의 조선인민보와 독립신보, 극좌의 해방일보와 노력인민으로 나누었다. 그는 극좌와 극우, 좌, 우익지는 정치세력과의 관계도 분명하고, 이념적 성향도 비슷하지만, 중도지 또는 좌, 우익지의 일부는 특정한 정치세력의 직접적인 영향력 하에서 신문을 발행하지 않았다고 본다. 즉, 중도지나 좌, 우익지의 일부가 중간파, 좌, 우파의 입장을 직접적으로 대변하지 않고, 신문사 나름의 입장에 따라 비교적 중도적인 논조를 보였으며, 그러한 신문들의 부수가 극좌 극우 경향의 신문 부수보다 많았다고 지적한다.[141]

김민환, 최민지는 진보적 민주주의를 표방한 신문들을 중간노선의 신문으로 보았고, 송건호는 좌경 중립지로 분류했다. 박용규는 정치세력이나 이념성향과 직접 관련된 신문들과 그렇지 않은 신문들을 먼저 구분한다. 그는 해방 직후 신문들이 대체로 일정한 정치적 성향을 띠지만 현실 정치와 직접적인 연결을 가지지 않고 거리를 두며 나름의 자율성을 추구한 신문과 기자들이 있다고 본다. 기왕의 연구는 대체로 진보적 민주주의를 중간노선 내지 중도좌파 계열의 신문으로 파악하거나, 신문의 정치성향과 직접 연결시키지 않은 채 기자사회 나름의 독자성과 고민을 반영한 것으로 파악한다. 이러한 연구자들 사이의 차이는 진보적 민주주의라는 용어 자체가 정치적 성향으로나 이념적으로나 모호함과 애매함을 가졌던 것에서 비롯되었다.

해방 직후 언론사 연구가 신문 성향 분류를 중시한 것은 당시 각 정치세력 사이의 정치적, 이념적 대립이 첨예했고, 또 신문들이 일정하게 다양한 정치세력의 입장을 대변하던 정론지적 성격을 띠었기 때문이다. 하지만 '진보적 민주주의'라는 용어에 담긴 실체적 내용이나 당대의 맥락과 용례를 분석하지 않은 채, 이를 신문 성향 분류의 지표로 삼는 것은 역사주의적 접근방법이라고 할 수 없다. 그러한 접근방법은 선험적 판단을 전제한 것이거나, 사후적 일반화라는 비판에서 자유로울 수 없을 것이다.

진보적 민주주의라는 용어를 해방 직후 한국 사회에 처음으로 유행시킨 것은 조선공산당(조공)이었지만, 이 용어가 좌익의 전유물은 아니었다. 조공이 1945년 8월 하순에 발표한 '8월 테제'는 진보적 민주주의를 신국가 건설의 원칙으로 제시했다.[142] 박헌영은 조공 대표로서 1945년 11월 30일 서울중앙방송국을 통해 정견을 발표했다. 그는 방송 연설에서 민주주의를 형식에만 그칠 것이 아니라 생활내용을 갖춘 진정한 민주주의로 만들어야 하고, 우리 민족 전체 생활분야, 즉 정치적, 사회적, 문화적, 정신적 각 방향에서 구 사회제도를 개혁해야 한다며 구체적으로 조선민족의 완전독립, 토지개혁, 언론 집회 결사 신앙의 자유, 남녀동등의 선거·피선거권의 확보, 8시간 노동제 실시, 국민개로(皆勞)에 의한 민족생활의 안정, 특히 근로대중생활의 급진적 향상 등의 기본적 문제를 해결한 구체적 내용을 가진 실질적 민주주의의 실현이 필요하다고 주장했다. 그의 연설은 진보적 민주주의에 대한 논의의 토대를 제공했고, 이 용어를 대중화시키는

데 기여했다.[143]

그런데 극우로 분류되는 대동신문도 1946년 2월 7일자 사설에서 대한민국임시정부(임정)야말로 진보적 민주주의를 진정으로 수행할 수 있는 정치세력임을 강조했다. 사설은 진보적 민주주의는 '자본주의의 자유방임주의적 폐단을 수정하며 공산주의의 독재적 억압성을 개량하여 우리나라의 특색을 가미한 정치적, 경제적, 사회적 정책을 의미'하는데, 임정만이 그것을 실행할 자격이 있다고 주장한다.[144] 대동신문조차 임정을 내세워 진보적 민주주의라는 용어의 전유를 시도할 정도로 극좌부터 극우까지 모든 정치세력이 이 용어를 경쟁적으로 사용했다.

조선일보는 1945년 11월 29일자 사설에서 조선의 현 단계에서 구체적으로 적용될 민주주의의 진정한 의미를 규정해야 한다며, 그를 위해 사회적 기반으로서의 봉건적 세력과 일본제국주의의 잔재를 일소하는 것이 시급하고, 모든 진보적 세력을 이 일점(一點)에 집중하는 것이 현 단계의 민주주의적 투쟁이라고 주장했다. 사설은 근대 시민사회가 부르짖은 사상적 무기로서 민주주의와 현 단계 조선 사회에 적용될 민주주의를 구분했고, 진보적 민주주의 원칙을 해방 이후 조선이 당면한 정치사회적 현안의 해결책으로 간주했다. 동아일보도 12월 8일자 사설에서 한민족이 확고부동한 민족의식을 가진 민족단일체라는 이념만 확립된다면 계급적 대립 문제, 기타 사회 문제는 진보적 민주주의 원칙에 의한 국가의 사회경제정책으로 해결할 수 있다고 썼다. 한민당 수석총무인 송진우도 조선일보 속간(續刊)을 축하하며

'실정에 비추어 진보적인 민주주의를 표방하고 진실한 여론을 환기하고 정확한 보도의 사명을 다하야 자주독립 촉성에 기여'하라는 축사를 보냈다.[145]

정파별로 이해방식이나 강조점이 달랐고, 지시하는 내용이 사용자에 따라 명확하지 않은 경우도 있지만 신문 사설들에서 보듯이 해방 직후 '진보적 민주주의'는 일상의 용어로 두루, 그리고 널리 사용되었다. 진보적 민주주의를 다룬 신문과 정파들이 모두 이 용어로 당시 조선 사회가 추구해야 할 개혁의 내용을 구체화하고, 그것을 추진하기 위한 이념적, 사상적 토대로 삼으려 했으며, 그 개념을 전유하기 위해 경쟁을 벌였다.

용어에 대한 이해방식의 다양성과 강조점의 차이를 감안하면서 내용상 공분모를 찾아보자면 제 세력 통합을 통한 독립국가 수립, 일제 잔재 청산과 봉건제도 개혁, 화급한 민생 구제와 근로대중의 생활 향상 등을 들 수 있다. 적어도 정치사회 개혁에 이러한 내용을 포함해야 한다거나, 이러한 개혁 조치를 거부할 수 없다는 인식이 사회적으로 공유되었다. 그리고 해방 이후 조선이 추구할 개혁은 영미식 자본주의나 소련식 공산주의 어느 하나에만 의지해서 해결할 수 없다는 공감대를 엿볼 수 있다.

신문 사설이나 정치가의 발언에서 언급되는 '진보적 민주주의'의 용례는 거의 항상 '민족통일전선(통전)' 또는 '제 세력 통합'과 같이 사용되었다. 조선일보는 11월 27일자 사설에서 조선인민공화국 측과 민족주의 진영의 합치와 통일전선 결성을 촉구했고,[146] 앞에서 인용한 11월 29일자 사설도 거듭 모든 '진보적 세력이 힘을 합쳐 민주주의적 투쟁을 전개'할 것을 촉구했다. 박헌영도 11월 28일 내외 기자들과 회견에서 진보적 민주주의 달성을 위해 정당 통일뿐만 아니라 대중단체의 통일도 이루어야 하고, 정치세력뿐만 아니라 대중적 기초 위에서 통전을 결성할 것을 재차 강조했다.[147] 그 당시 귀국한 홍진, 김성숙 등 임정계열 지도자들도 한결같이 정치세력의 통합을 강조했다.[148]

해방 직후 이른 시기부터 진보적 민주주의에 입각한 통전 결성과 독립국가 건설이 정계, 언론계는 물론 한국 사회 전반적으로 광범한 공감대를 형성했지만, 한편으로 이를 막아서는 분열주의적 행태 역시 일찍부터 작동했다. 미군 진주 직후 이묘묵이 미군 측에 전달한 서한은 여운형과 안재홍 등 건준 지도자들을 노골적으로 친일파, 공산주의자로 비난했다. 앞에서 언급한 대동신문 사설은 '공산당은 순사상적 각도로 보아 진보적 민주주의를 정치상에 실시할 자격이 없다'라고 단언했다.[149] 이묘묵이 은밀하게 미군정에 접근했다면, 1946년 2월 초에 발표된 대동신문 사설은 공개적으로 공산당은 진보적 민주주의를 실시할 수 없다고 선언하기에 이르렀다.

『주한미군사』는 조선인 기자들이 '도시 인구의 주요 계층의 동향을 파악하고, 마찰이 발생할 가능성이 있는 지점을 빠르게 찾아냈다. 그들은 종종 비판과 질문으로 기자회견을 주관하는 미군 장교들을 시험했지만, 의도 자체는 일반적으로 건설적이었다'라고 평했다. 그리고 '기자회의 대다수 회원들은 진보주의자로 자칭했지만, 이들을 급진주의자 또는 공산주의자라고 칭하는 사람들도 있다'라고 썼다. 군사관만 해도 기자들이 조선 사회의 문제점을 잘 파악하고 있으며, 건설적 의도에서 미군정을 비판한다고 평가했다.[150]

군사관은 겉으로 나타난 기자들의 태도와 그들의 역할과 기능을 구분해서 파악했지만, 군정 고위층의 판단은 그렇지 않았다. 공보부장 뉴먼 대령은 '반항적이고 통제하기 어려운 기자들을 굴복시키는 것이 가장 먼저 해결해야 할 문제'라고 지적했다.[151] 또 윌리엄스나 미군정 정보당국은 남한 언론계에 급진주의와 공산주의가 성행한다고 선언했다. 미군정은 「조선 언론의 급진적 경향」 보고서에서 언급했듯이 '조선 인구의 거의 대부분이 사회적 하층이고, 주로 경제적으로 열악한 농민과 노동자'라는 것을 알고 있다. 그럼에도 그 보고서는 그들을 위한 개선책 마련보다 대중을 장악하기 위한 언론 통제의 시급성을 강조했다.[152]

주목할 것은 미군정이 급진적 언론과의 대결을 공산주의 대 민주주의라는 이념적 대결로 치환했다는 점이다. 이러한 치환의 전제는 미군정이 남한 정계의 정치적 대립 양상을 점령 직후부터 공산주의 세력 대 민주주의 세력 또는 좌우 대립이라는 정파적 구분으로 양분했고, 또 양분하기를 원했다는 것이다. 그리고 미군정이 통치 과정에서 추구한 것은 좌우 구분에 따라 일방에 대한 견제와 탄압, 다른 일방에 대한 지원과 육성이었다. 이러한 접근방법은 해방 직후 한국 사회가 진보적 민주주의에 공감대를 가지며 그 실현을 위해 좌우 통합과 통전을 강조했던 것과 대비된다.

진보적 민주주의는 해방 직후 향후 조선 사회가 나아갈 방향을 가리키는 일반적 수사로 통용되었다. 그 용어는 뚜렷하고 구체적인 이념적 지표와 기의(記意)를 가졌다기보다는 한국 사회가 채워 넣어야 할 정치적, 경제적, 사회적, 문화적 내용과 정책을 가리켰다. 즉, 그러한 표현이 사회적으로 통용되고 의미를 가지기 위해서는 새 나라 건설 과정에서 실천을 통해 채워 넣어야 할 내용들이 중요했다. 그러나 진보적 민주주의는 실천적으로나 이론적으로나 그것이 지향하는 내용을 채워나가는 과정을 제대로 가져보지도 못한 채, 점령 당국에 의해 선험적으로 급진주의 또는 공산주의로 치환되었다. 미군정이 당혹하고 우려한 것은 진보적 민주주의라는 용어 또는 이념 때문이었다기보다, 남한 사회의 전반적인 민족혁명적 분위기에서 기자들이 자신의 언론 활동을 독립국가 수립을 위한 정치적 실천과 연결시키며 대중과의 연대를 강조했고, 그들이 여론의 향배에 실제적으로 영향을 미쳤다는 점이었다.

일제의 패망과 조선의 해방은 기자들이 문필가이자 지식인으로서 자기 역할을 수행할 수 있는 새로운 기회를 가져다주었다. 그들은 조국의 완전독립이라는 시대적 사명감을 가지고 언론 활동에 뛰어들었다. 그러나 외국 군대의 점령, 특히 미·소 양군의 분할점령이라는 사정으로 인해 기자들이 자신의 사명감을 행동으로 옮기기 위해서는 남과 북의 서로 다른 조건과 상황에 적응해야만 했다. 매일신보 정간 사태에서 보듯이 남한의 경우 언론인들이 그 점을 깨우치는 데 그리 많은 시간이 필요하지 않았다.

모스크바 삼상회의 결정의 국내 전달과 그로부터 비롯된 신탁통치 파동이 한국 사회의 정치적 대립구도를 그 이전의 민족 대 반민족에서 좌우 대립으로 전환하는 데 중요하게 작용했다. 그리고 매일신보 정간 사태는 언론인 손에 의한 언론계의 친일 유제 청산이 좌절되었음을 보여주는 상징적 사건이었다. 미군정은 사태의 전개과정에서 한국 언론에 적극적으로 개입할 수 있는 물리적 힘과 수단을 과시했고, 한국 언론은 미군정의 실력 행사를 비판하며 목소리를 높였다. 하지만 신문 발행을 위해서는 기자들이 미군정의 방침을 전면 거부할 수 없었고, 양측이 타협할 수 있는 범위에서 절충안을 받아들일 수밖에 없었다. 이후 미군정은 우익 언론 지원책을 물리적으로 관철시켜 나갔고, 한국 언론은 미군정 언론정책의 틀과 언론통제 속에서 자신의 역할을 지속할 수 있는 방안을 모색해야 했다.

제2장

모스크바 삼상회의 결정의
국내 전달과 신탁통치 파동

1. 모스크바 삼상회의 결정의 국내 보도 전말

누군가를 위하여 정보는 조작되고 있으며, 그 정보를 믿은 대중의 행동 결과만이 역사적 사실로 남는다고 하는, 이 무서운 상황은 조금도 달라진 게 없지 않느냐 말입니다.
— 코미찌쇼보오 편, 『나가사끼 시장에게 보낸 7,300통의 편지: 천황의 전쟁책임 문제를 둘러싸고』(도쿄, 1989)에 수록된 58세 세무사의 편지[153]

단재 신채호는 '묘청의 난'을 조선 역사 최대 사건의 하나로 꼽았지만, 1945년 말 1946년 초 신탁통치 파동은 한반도 정치지형을 바꾼 한국현대사 최대 사건 중 하나다. 한국인들은 반탁운동을 통해 자신들의 독립열망을 과시할 수 있었지만 그것은 원치 않았던 심각한 파장과 영향을 한국현대사에 가져왔다. 신탁통치 파동의 동력은 반탁운동이었는데, 반탁운동은 1945년 연말 동아일보 등 국내 신문들의 '가짜뉴스'를 시발로 했고, 1946년 1월 중순 박헌영-존스톤 회견 왜곡보도로 이데올로기적, 정치적 성격이 재차 강조되었으며, 1월 하순 타스(Tass)통신이 모스크바 삼상회의 협상 내용을 공개함으로써 수그러들었다. 흥미롭게도 신탁통치 파동의 기승전결에 해당하는 이 세 사건은 모두 언론 보도를 매개로 이루어졌다. 그리고 이들 보도는 신탁통치 파동의 전개, 방향, 성격을 규정하는데 결정적 역할을 했다.[154]

세 사건은 단순한 우연이라고 보기에는 석연치 않은 점이 한두 가지가 아니다. 세 사건 관련자들의 언동을 추적해보면 이 사건들이 독립된 사건의 우연적 조합이 아니라 서로 연관을 맺고 있음을 발견하게 된다. 앞의 두 사건에 대해서는 그 당시부터 모략설이 제기되었고, 이후 모략을 해명하려는 시도가 있었지만 그 전말과 배후의 많은 부분이 여전히 의혹으로 남아 있다.[155] 사건의 성격상 행위 주체들의 연루를 '확정할 수 있는 결정적 자료'를 찾기는 거의 불가능할 것이다. 하지만 시야를 넓혀 사건 전개과정, 관련자들의 활동을 예의 분석하고, 새로 발굴한 자료들을 교차 검토하면 의외의 성과를 얻을 수 있다. 기존 연구들은 한국인 정치세력들 사이의 상호관계에 초점을 맞추어 신탁통치 파동을 분석했다.[156] 하지만 미군정과 소련도 신탁통치 파동의 중심에 있었던 만큼 이들에게 신탁통치 파동이 어떤 의미를 가졌는지 시야를 확대해서 보면 파동의 성격은 다른 의미를 가지게 된다. 분석 범위를 국내외 언론으로 확대하되, 세 건의 언론 보도를 매개로 해서 신탁통치 파동의 배경과 전말, 그 역사적 의미를 살펴보자.[157]

1945년 말 삼상회의 결정의 한국 관련 내용이 국내에 보도

되자 국내에서는 반탁운동이 거세게 일어났다. 1945년 연말과 1946년 벽두에 남한에 몰아닥친 반탁투쟁의 열풍과 신탁통치 논쟁은 남한 정치에 좌·우 대립이 확연하게 자리 잡는 계기가 되었다. 신탁통치 파동 이후 국내의 정치적 대립의 성격이 크게 바뀐다는 점에서 이 기간은 해방 직후 정치사를 가르는 하나의 획기였다.

신탁통치 파동에서 가장 먼저 해명해야 할 것은 삼상회의 결정의 국내 전달과 확산 과정이다. 모스크바에서「조선에 관한 결정」이 공식 발표되기 이전에 국내에서는 삼상회의에서 소련이 5년간의 신탁통치를 주장했다는 '가짜뉴스'가 날아들어 확산되기 시작했다. 동아일보를 필두로 하여 서울신문, 조선일보, 신조선보, 민중일보, 자유신문, 중앙신문 등의 중앙지, 대구시보, 민주중보와 같은 지방지도 이 기사를 보도했다. 당시 통신 시설이 미비하여 합동통신은 우체국에 가서 전보를 보내는 방식으로 지방 신문들에 기사를 송신했다. 다만 부산과 대구는 전용 전신선을 이용할 수 있었다.[158] 부산의 민주중보가 해당 기사를 합동통신에서 전화로 수신했다고 언급한 것으로 보아 대구시보와 민주중보는 전화로 기사를 수신한 것으로 보인다.[159] 지방지 사례에 나타나듯이 합동통신이 꽤나 적극적으로 해당 기사를 보급하려고 애쓴 흔적이 있다. 열거한 국내 신문들은 모두 12월 27일자로 이 기사를 보도했고, 기사 편집은 다소 차이가 있지만 모두 동일한 기사 내용을 전재했다. 아래 인용문은 동아일보 기사 전문이다.

「소련은 信託統治 주장, 미국은 卽時獨立 주장, 소련의 구실은 38선 分割占領」

모스크바에서 개최된 3국외상회담을 계기로 조선독립문제가 표면화하지 않는가 하는 관측이 농후해가고 있다. 즉 번즈 미 국무장관은 출발 당시에 소련의 신탁통치안에 반대하여 즉시독립을 주장하도록 훈령을 받았다고 하는데 삼국간에 어떠한 협정이 있었는지 없었는지는 불명하나 미국의 태도는 '카이로선언'에 의하여 조선은 국민투표로써 그 정부의 형태를 결정할 것을 약속한 점에 있는데 소련은 남북 양지역을 일괄한 일국신탁통치를 주장하여 38선에 의한 분할이 계속되는 한 국민투표는 불가능하다고 하고 있다. [워싱턴 25일발 합동 지급보(至急報)][160]

다음 인용한 국내 신문들의 제목과 지면 배치에서 알 수 있듯이 이 기사를 보도한 국내 신문들은 대체로 '신탁통치'라는 단어와 미·소의 입장 차이를 강조했다. 국내 신문들은 이 기사를 4단 크기 머리기사로 다루거나 2단 정도로 처리했고, 동아일보와 신조선보가 다른 신문들보다 더 큰 활자를 사용하여 제목을 강조했다. 이 외신 기사는 합동통신이 수신한 것으로 되어 있는데 합동통신이 어떤 제목으로 국내 신문들에 기사를 보급했는지 궁금하다. 국내 신문들 가운데 서울신문과 대구시보는 '신탁통치'를 제목에 반영하지 않아서 눈에 띈다.

동아일보 1면 우측 4단 머리기사: 소련은 信託統治 주장, 소련의

구실은 38선 分割占領, 미국은 卽時獨立 주장. 외상회의에 논의
된 조선 독립문제

신조선보 1면 우측 4단 머리기사: 朝鮮問題 表面化, 蘇聯은 信託統
治說, 美國은 卽時獨立을 主張. 注目되는 三國外相會議

자유신문 1면 우측 4단 머리기사: 蘇는 信託統治를, 美는 卽時獨立
主張? 外相會議서 조선문제 표면화

대구시보 1면 우측 2단 머리기사: 조선독립문제에 대한 미소 양국
의 견해, 3국외상회의에서 표면화

조선일보 1면 중앙 2단: 조선의 독립은 어데로, 독립, 신탁론 대립?
미국은 즉시독립을 주장

서울신문 1면 중앙 2단: 我 獨立問題 表面化. 美, 卽時 實現 주장,
소, 國民投票 不可能視

중앙신문 1면 중앙 2단: 蘇聯은 信託統治, 美國은 卽時獨立 主張

민중일보 1면 중앙 2단: 三國外相會議에 朝鮮問題, 蘇는 信託統治
를 美, 卽時獨立 主張

동아일보 기사는 모스크바 삼상회의 당시 미·소 양측 입장과 주장을 정반대로 보도했을 뿐만 아니라 결정서 내용과 전혀 다른 가짜뉴스였다. 이 기사는 반탁운동을 격화시키는 도화선이 되었을 뿐만 아니라 이후 며칠간 모스크바 삼상회의와 그 결정 내용에 대한 국내 신문의 보도 태도와 방향을 결정했다. 당시 외신을 취급하던 국내 주요 통신사로는 합동통신(合同通信)과 조선통신(朝鮮通信)이 있다. 합동통신(KPP, Korean Pacific Press)

은 우익 성향이 강했고, 외신제휴사는 AP(Associated Press)통신이었다. 조선통신의 외신제휴사는 UP(United Press)통신이었다. 조선통신은 모스크바 삼상회의 결정을 빨리 보도하지 않았다 하여 좌경사(左傾社)로 낙인찍혔다고 한다.[161]

모스크바 삼상회의 결정이 국내로 전달되는 과정에서 발생한 이 왜곡보도에 대해서는 그 당시부터 국제적 모략이라는 주장이 제기되었고,[162] 이후 일부 연구자들이 배후가 있었거나[163] 최소한 당시 언론기관을 통제했던 미국의 고의적인 방조가 있었을 것이라고 분석했다.[164] 이러한 문제제기는 정황적 근거에 입각한 주장 차원에 머물고 말았지만 최소한 기사의 출처와 취재, 전달 과정을 추적할 필요성을 제기한다. 이 의혹을 해명하는 것은 미소공동위원회(미소공위)에 임하는 미국의 태도와 입장을 이해하는 데에도 중요하다.[165]

군정청 공보부가 간행하는 「정계동향」 14호(1945. 12. 29)는 "미국이 즉시독립을 원한 반면 소련은 신탁통치를 주장했다는 합동통신사(KPP)의 기사 배포가 강력한 반소 감정을 일으켰다"라고 적었는데, 이 내용은 신탁통치 소동을 정리한 미군정 보고서 「신탁통치(Trusteeship)」 초고에 그대로 반복되었다.[166] 또 이 원고의 수정원고와 최종원고는 이 문장 앞에 『성조지(Stars and Stripes)』 12월 27일자에 "번즈(James F. Brynes) 미 국무장관은 소련의 신탁통치안에 반대하여 즉시독립을 주장하도록 훈령을 받고 모스크바로 향했다는 기사가 있다. 그다음 날 합동통신사는 미국이 즉시독립을 원한 반면 소련은 신탁통치를 주장했다는

기사를 전파했다"라고 적었다.[167]

12월 27일 동아일보 기사의 출처를 구체적으로 지목한 것은 이 「신탁통치」라는 보고서 수정원고와 최종원고가 유일하고, 후일 미 육군 군사감실(Office of the Chief of Military History)의 요청으로 호그(Leonard C. Hoag) 박사가 집필한 「주한미군정사」도 이 서술 내용을 그대로 반복했다.[168] 보고서 「신탁통치」 수정원고와 최종원고는 합동통신사가 오보 내용을 전파했다는 서술의 전거로 「정계동향」 15호를 들었는데 이는 14호의 오기(誤記)다. 호그 박사의 「주한미군정사」도 이러한 오류를 반복한 것으로 보아 호그 박사는 「정계동향」을 보고 앞 내용을 집필한 것이 아니라 「신탁통치」 수정원고나 최종원고를 보고 집필한 것이 틀림없다.[169]

동아일보 가짜뉴스 기사의 출처와 국내 전파 과정을 미국 측 문헌을 통해 정리하면, 모스크바 삼상회의에 대한 가짜뉴스가 국내에 전달된 직후 미 군정청 공보부 정보보고서 「정계동향」이 가짜뉴스의 국내 전파자로 합동통신사를 지목했고, 이후 주한미군사령부 군사관의 한 명으로 보이는 「신탁통치」 집필자가 '비공식'이라는 전제를 달아서 성조지를 가짜뉴스의 출처로 지목했다. 동아일보 등 국내 신문 27일자 기사의 출처가 국제통신사가 아니라 성조지였다는 지적은 이 가짜뉴스 소동이 모략이었다면 그 모략의 주체를 짐작케 하는 중요한 사실이다. 국내 신문의 가짜뉴스를 모략이라고 주장했던 논자들 가운데 한 사람은 이를 "국제적 통신기관이 오랫동안 준비해가지고 착수한 모략"이라고 주장했고,[170] 다른 한 사람은 "일(一) 통신기자의 모략적 관측보도"라고 명명했지만[171] 만약 기사의 출처가 성조지라면 모략의 주체가 '일 통신기자'나 '국제적 통신기관'이 아닐 가능성이 있다.[172]

국내 신문의 가짜뉴스는 발신지가 워싱턴으로 되어 있지만 그 취재원은 일본이 거의 틀림없다. 미군정 보고서「신탁통치」가 기사 출처로 성조지를 지목했지만 필자가 확인한 바에 의하면 기사 출처는 태평양 방면 미국 군인들을 위해 일간으로 발행하던『태평양성조지(Pacific Stars and Stripes)』1945년 12월 27일자였다.[173] 보통 외국통신사로부터 받은 외신기사는 '발신지, 보도일자, 발신사, 수신사'를 밝히는 것이 관행인데, 합동통신사가 발신사를 밝히지 못한 것은 이 기사를 워싱턴의 통신사로부터 수신한 것이 아니라 태평양성조지에서 인용했거나 다른 취재원으로부터 얻었기 때문이다. 동아일보와 국내 신문들은 '워싱턴 25일발'로 기사를 내보내 발신지를 워싱턴처럼 보도했으나, 발신사나 기사를 작성한 기자의 이름을 명기하지 않았다.[174]

태평양성조지는 12월 27일, "평화협정 체결에 가로놓인 난관을 종식시키기를 희망한다"라는 제목으로 1면 우측 상단에 외신 종합 기사를 내보냈다. 이 기사의 주요 관심은 모스크바 삼상회의에서 유럽평화협정의 타결 가능성이 있는가 하는 점이었고, 한국 관련 기사는 이 내용의 중간에 한 단락 끼어들어 있다. 태평양성조지 기사는 한국 관련 내용이 들어감으로써 구성과 배열이 매우 어색하게 되었다. 우선 전체 기사의 초점은 유럽 문제인데, 한국 관련 기사가 유럽에 대한 기사를 내용적으로 중간에서 끊어버렸고, 한국 관련 기사는 앞, 뒤 기사와 내용적 연관성이 별로 없다. 또 전체 기사는 외신종합으로 되어 있는데 비해 한국 관련 내용은 기사 작성자 이름을 명기한 것도 다른 내용과 균형이 맞지 않는다. 한국 관련 기사의 필자는 UP통신의 헤인젠(Ralph Heinzen) 기자였다.[175] 국내 신문들의 기사는 태평양성조지 기사의 한국 관련 내용을 그대로 번역, 전재한 것이다.

필자가 확인한 바로는 헤인젠의 기사는 미국의 유력 일간지인 뉴욕타임스, 워싱턴포스트, 월스트리트저널 어디에서도 취급하지 않았다. 뉴욕타임스는 모스크바 삼상회의가 열리는 기간 동안 AP통신이나 UP통신을 통해 회의 진행 경과와 회담장 주변 동정, 번즈 미 국무장관, 베빈(Ernest Bevin) 영 외상, 몰로토프(Vyacheslav M. Molotov) 소 외상의 일정과 반응을 차분하게 전했을 뿐이다. 또 모스크바 삼상회의 개최 하루 전인 12월 15일 런던발 기사로 모스크바 삼상회의의 주요 의제들과 논점들을 점검하면서 포괄적인 협정이 필요하다는 점을 지적했고,[176] 12월 23일 일요일판에는 "미해결과제들이 유럽의 지평선을 덮고 있다"라는 제목으로 전후 유럽의 미해결 과제들이 모스크바 삼상회의에서 해결될 수 있을지 우려 섞인 전망을 담은 장문의 해설 기사를 내보냈다.[177]

모스크바 삼상회의 개최 이후 결정서가 발표되기까지 뉴욕타임스가 다룬 한국을 주제로 한 기사는 네 꼭지인데 모두 남한의 국내 정치 동향에 관한 것이었다. 네 개의 기사는 12월 18일,

20일, 23일, 27일 보도되었다. 세 개의 기사는 뉴욕타임스 통신원 존스톤(Richard J. H. Johnston)이 작성한 것이고, 나머지 하나는 기사 집필자를 명기하지 않았으나 서울로부터 무선 송고(送稿) 기사인 것으로 보아 이 기사 역시 존스톤 기자가 작성했을 것이다. 존스톤은 이후 한국 내 반탁운동이 반소·반공운동으로 발전하는데 일조했던 사람이다. 그가 작성한 기사들은 1945년 말의 사태 전개와 관련해 일정한 암시를 줄 수 있으므로 검토가 필요하다.[178]

존스톤의 한국 관련 기사에서 주목할 것은 이승만의 입을 빌리는 형태를 취했지만 이미 모스크바 삼상회의 결정이 전달되기 이전 시점에서 한국인의 반소태도와 국무부에 대한 비판적 태도를 소개했다.[179] 존스톤은 한국인들이 모스크바 삼상회의 결정에 온 신경을 집중하고 있다는 사실을 두 차례나 전했다.[180] 그는 12월 중·하순의 남한 정치동향을 구체적으로 전하면서, 임정계열이 힘을 얻고 있지만 서울에 활동을 주력하고 있는 상태이고, 지방에서는 하지가 12월 12일 조선인민공화국의 정부 자격을 부인했음에도 불구하고 여전히 조선인민공화국이 세력을 떨치고 있다고 적었다. 그는 마치 예언자처럼 국내 신문의 가짜뉴스가 있기 하루 전인 26일 보낸 기사에서 전국적 대표성을 갖추려는 임정계열과 조직적으로 앞서 있는 조선인민공화국계열의 '궁극적 충돌'을 예상했다.[181]

뉴욕타임스는 모스크바 삼상회의 결정이 전달된 12월 28일에 가서야 결정서 전문의 소개와 함께 1, 4, 5, 12면에 걸쳐 결정 내용, 그 성과와 의미를 자세히 보도했다. 모스크바 삼상회의 결과에 대한 논평을 요구하는 기자들의 질문에 대해 트루먼 대통령이 논평을 번즈의 귀환 후로 미룰 정도로 미국 정부 고위층의 모스크바 삼상회의 결정에 대한 초기 반응은 신중했다. 또 뉴욕타임스의 한국 관련 조항에 대한 보도는 4대국의 5년 미만 신탁통치 하에 운영될 '조선민주주의임시정부'의 수립, 미소공동위원회에 의해 분할점령으로 야기된 문제들 해결을 그 골자로 했으며 결정 내용을 비교적 정확하게 반영했다.[182]

대체로 모스크바 삼상회의 기간 이전 또는 기간 중 미국 언론은 모스크바 삼상회의에서 미국, 영국, 소련의 전시 협조관계가 복원되어서 2차 대전 전후 처리 문제들을 원만하게 해결할 수 있을 것인지 기대 반 우려 반의 분위기를 전달하는데 치중했다. 그리고 동유럽 문제, 이란 문제, 원자력 기술의 공개 및 공유 문제, 일본 점령에서 소련의 참여 확대 문제 등이 주요한 쟁점으로 부각되었고, 한국 문제 해결은 이들 문제보다 덜 중요하게 취급되는 분위기였다. 그렇다고 본다면 태평양성조지의 헤인젠 기사는 미국 국내 독자들을 고려한 것이라기보다 동북아시아 내지 한국을 고려하고 쓴 기사였을 가능성이 크다.[183]

태평양성조지에 헤인젠이 쓴 기사는 미국 대한정책의 기조에서 멀리 벗어났기 때문에 미국의 대한정책을 이해하고 있는 기자라면, 또 사실 보도를 중시하는 미국 언론의 보도 자세를 감안한다면 당연히 의문을 제기하고 기사 내용을 확인했을 것이다. 태평양전쟁 발발 이래 한반도 신탁통치안은 미국 정부의 확고한

정책이었고, 미국 언론은 이러한 정부의 전후 해결책을 널리 홍보했다. 그렇다면 이렇게 미국 정부의 정책이나 미국의 여론 동향과 동떨어진 기사가 집필된 의도는 무엇이고, 만약 의도적인 왜곡기사였다면 왜곡의 주체는 누구인가? 이 기사의 집필자는 헤인젠일 수도 있고, 태평양성조지 측일 수도 있다. 이 기사는 태평양성조지 편집진이 한국 관련 기사를 포함한 모스크바 삼상회의 관련 외신기사들을 짜깁기하여 외신종합으로 내보낸 것이다. 이 과정에서 헤인젠의 이름이 도용되었을 가능성도 배제할 수 없다.[184]

헤인젠은 1930년대부터 프랑스 파리를 중심으로 유럽에서 활동하던 UP통신 특파원이었다. 그는 1944년 3월 유럽에서 미국으로 귀환했고,[185] 귀환 후에는 전쟁 전문가로 행세하면서 분석기사도 집필했지만[186] 뉴욕시 인근 부인회에서 강연이나 하면서 소일했던 것으로 보인다.[187] 유럽에서 오랜 특파원 경력으로 보건대 그는 유럽 전문가였으며, 2차 대전 전문가로 불릴 만도 했지만 동아시아와는 별 인연이 없었다. 그런 그가 어떻게 한국 문제에 대한 기사를 집필하게 되었는지 의문이다. 그는 동료들 사이에서 '악명 높은 날조전문가(notorious faker)'로 통했으며, '상상력으로 벽면 가득 기사를 채울 수 있는 사람'이라는 평가를 받았다.[188]

동아시아에 대해서는 문외한이고, 동료들 사이에서는 날조기사로 유명했던 한 특파원이 쓴 정확성과 신뢰도가 떨어지는 기사를 아무런 검증 없이 합동통신사가 국내 신문사에 배포했고,

국내 신문들 역시 아무런 검증과정 없이 이 기사를 보도한 셈이다. 그렇다면 다음으로 분석해야 할 것은 합동통신의 기사 입수 경로다. 합동통신사가 이 기사를 보급한 날짜, 제휴 통신사도 아닌 UP통신에서 이 기사를 수신한 경위 등에 대한 확인이 필요하지만 이 또한 지금 시점에서는 해명하기가 쉽지 않다. 만약 이 기사의 출처가 태평양성조지였다면 합동통신은 어떻게 12월 27일자 태평양성조지를 구해서 같은 날짜에 국내 신문들이 그 기사를 보도할 수 있게 했는지 해명해야 한다.[189]

합동통신사는 이 기사를 외신기사로 위장했고, 미군정 보고서는 이 기사의 출처를 태평양성조지로 지목했지만, 보도 날짜를 비교해보면 이 기사의 출처는 태평양성조지가 아니었을 가능성이 농후하다. 왜냐하면 해당 기사는 태평양성조지 12월 27일자에 실려 있고, 이 신문은 일본 도쿄(東京)에서 발행되었는데, 동아일보는 조·석간을 모두 발행했다고 하더라도 당시 운송 수단과 출판 기술을 감안한다면 도쿄에서 발행한 신문 기사를 서울에서 받아 보고, 같은 날짜에 그 기사 가운데 일부를 재편집하여 국내 신문들이 간행하는 것은 물리적으로 불가능했을 것이다. 이 기사는 사전에 도쿄의 태평양성조지 편집실이나 서울의 합동통신사에 확보되어 있다가 12월 27일 이전에 국내 신문사에 보급되었다고 보아야 한다.[190] 일반적으로 석간신문은 발행일을 그 이튿날 날짜로 표기하여 보도하는 것이 당시 국내 언론의 관행이었다. 동아일보 12월 27일자 기사는 사실상 그 전날인 12월 26일자 석간이었고, 그런 면에서 해당 기사를 국내에서

가장 먼저 보도한 것은 동아일보였다.[191]

이런 추리를 뒷받침하는 것이 앞에서 인용했던 「신탁통치」라는 미군정 보고서이다. 이 보고서는 가짜뉴스 기사가 태평양성조지에 실린 날짜를 12월 27일로 적었던 반면, 합동통신사가 이 기사를 배포한 날짜는 그다음 날인 28일로 적었다. 보고서의 필자가 태평양성조지와 동아일보의 기사를 확인하고 해당 내용을 썼는지 알 수 없지만, 이 보고서의 필자는 도쿄의 기사가 서울에 전파되기까지 적어도 하루라는 시간이 필요하다고 생각했던 것이다.[192]

기사의 출처가 태평양성조지가 아니고 사전에 누군가에 의해 태평양성조지와 합동통신사에 배포되었다면 그 제공자는 누구이고, 제공 의도는 무엇인가? 여기서부터는 자료와 근거를 확보하지 못했기 때문에 누구인지 확정할 수 없지만 추론은 가능하다. 그 제공자는 최소한 합동통신을 통해 한국에 기사를 전파할 수 있는 위치에 있어야 하고, 동시에 태평양성조지에도 같은 기사를 게재할 수 있어야 한다. 합동통신의 전신은 일제 강점기의 도메이(同盟)통신이었다. 미군정은 이 통신사를 11월 초에 접수했고, 국제통신으로 이름을 바꾸어 운영했다. 그러나 곧 경영난 때문에 연합통신과 합하여 합동통신이 되었다. 이 기사를 국내에 전파한 합동통신 주간 김동성(金東成)은 이승만과 밀접한 관계였다. 그는 이승만 정권에서 초대 공보처장(1948. 8~1949. 8)을 지냈다.[193] 합동통신 주간 김동성이 이승만과 가까운 사이였다고 하나, 이승만이나 김동성이 도쿄와 서울에서 동시에 기사를 내보낼 수 있다고 볼 수는 없다. 그러기 위해서는 일본과 한국에서 동시에 정보의 흐름을 파악하고, 그것을 활용할 수 있는 능력을 갖추어야 하는데 당시에 그런 능력을 갖춘 조직은 미군정이나 도쿄의 맥아더 사령부밖에 없다. 즉, 이 기사의 작성과 배포에는 도쿄의 미 육군 극동군사령부와 서울의 주한미군사령부가 조직적으로 관련되었던 것이 아닐까?[194]

이 기사가 국내의 통신사와 신문사를 통해 그렇게 신속하게 확산된 것은 미군정이 방조와 묵인 이상으로 깊이 개입했으리라는 추측에 무게를 더한다. 당시 미군정은 검열제도를 시행했고, 특히 남한에서 외부로 나가는 보도기사는 사전에 철저히 검열했다. 뒤에서 살펴보겠지만 미군정은 타스통신이 모스크바 삼상회의에서 신탁통치 제안자가 미국이라는 사실을 보도했을 때, 기사를 사전검열을 통해 통제했다가 남한 언론으로부터 언론 탄압이라는 비판을 받았다.[195] 미군정은 1945년 10월 국무부 극동국장 빈센트의 신탁통치 발언에 대해 한국인들이 거세게 반발했던 것을 잘 알고 있고, 신탁통치 문제가 남한 정치에서 가지는 가연성(可燃性)과 폭발력을 잘 알았지만 이 기사에 대해서는 아무런 제재를 가하지 않았다.[196]

미군정은 1945년 가을 이래 신탁통치가 국내 정국에 미칠 파장을 우려하며 국무부를 향해 신탁통치라는 용어 대신 다른 용어를 사용할 것과 나아가 신탁통치 구상 자체의 변경을 요청했다. 하지의 시도는 모스크바 삼상회의까지 계속되었으나, 신탁통치 자체의 수정은 국무부에 의해 받아들여지지 않았다.[197]

사태의 전개를 주시하던 미군정은 모스크바 삼상회의가 막바지에 접어들자 미국이 신탁통치안을 제안했다는 사실이 가져올 정치적 곤경을 예상하고, 미국에 쏟아질 비난의 방향을 소련으로 돌리려 했을 가능성이 있다.[198]

 미군정은 반탁운동이 격화하자 상부에 우려를 전달했다.[199] 그러나 미군정은 국무부에 모스크바 삼상회의 결정의 정문(正文)을 보내달라고 요청했을 뿐 국내 신문들의 가짜뉴스 보도 진위를 확인하는 조치를 취하지 않았다. 미군정은 이 왜곡보도를 해명할 필요성을 느끼지 않았던 것이다. 오히려 미군정은 이 무렵 한국에 신탁통치를 강요하고자 한 것은 소련이며 따라서 소련이 이에 대해 비난받아야 한다는 믿음을 한국인들 사이에 조장시키려 노력했고, 국무부도 비슷한 태도를 취했다.[200]

2. 남한 언론의 외신 보도 의혹

2010년대 전반 이후 어느 시점에서 UP통신의 후신인 UPI통신사가 앞의 가짜뉴스 원본 격의 기사를 웹(Web)상에서 공개했다.[201] 필자가 동아일보 기사를 중심으로 모스크바 삼상회의 「조선에 관한 결정」의 국내 보도를 둘러싼 의혹과 미군에 의한 기사 조작 가능성을 제기한 이래 이 문제와 관련한 국내 학계와 언론계의 논란은 동아일보 기사의 보도가 국내 최초인가 여부, 또 그 기사 내용이 모스크바 삼상회의 결정을 왜곡한 것은 맞는 만큼 동아일보가 왜곡에 얼마나 책임이 있는가를 두고 공방을 벌였다.[202] 동아일보는 뒤늦게 공개된 UP통신 기사 원본을 들어 해당 기사가 왜곡보도가 아니라는 점을 재차 강조했다.[203]

모스크바 삼상회의 결정의 국내 보도와 관련해서 필자가 제기한 논점은 모스크바 삼상회의 결정 기사를 합동통신이 배포했고, 그 기사의 출처가 UP통신이 아니라 태평양성조지거나 그 기사의 보급에 미군이 개입했을 수 있다는 의혹이었다. 따라서 동아일보 기사의 국내 최초 보도 여부나 동아일보의 기사 왜곡 여부와 방식을 둘러싼 논란은 필자의 손가락이 달을 가리키는데, 손가락 끝이 가리키는 달은 쳐다보지 않고 손가락만 주목한 셈이라 굳이 개입할 필요를 느끼지 못했다. 그러나 UP통신 기사 원본의 공개는 필자의 논지를 재점검할 필요성과 기회를 제공했다.[204]

UP통신 기사 원본은 없던 기사가 새로 만들어진 것 같지는 않다. 1945년 12월 28일 중국의 『신보(申報)』도 이 기사를 보도한 것으로 보아서 그 원본이 뒤늦게 발견되었음을 짐작할 수 있다.[205] UP통신 기사 원본, 태평양성조지, 중국의 신보, 동아일보의 해당 기사 내용은 미묘하지만 무시할 수 없는 차이점을 지니고 있고, 또 편집방식도 상이하다. 네 건의 기사 본문을 비교해서 그 내용과 편집방식의 차이점 등을 구체적으로 살펴볼 필요가 있다.[206]

(1) "Independence of Korea is being urged," By United Press, 1945.12.25.

WASHINGTON — A program for the independence of Korea may emerge from the conference of Big Three foreign ministers at Moscow, some circles here believed tonight.

Secretary of State Byrnes went to Russia reportedly with instructions to urge immediate independence as opposed to the Russian thesis of trusteeship.

Korea at present is divided into two zones — Russian and

American — with the boundary extending along the 38th parallel. There are no indications thus far that the Big Three have reached any conclusions.

U. S. position

The American position is that Korea, long under the heel of Japan, was promised independence in the Cairo declaration two years ago. Meantime, some 43 Korean political parties have amalgamated their interests in a central committee which is led by a "provisional government" headed by Kim Koo. There also is a minority movement which called itself the "people's republic" until a recent crackdown by Lt. Gen. Hodge.

Both groups are opposed to the trusteeship plan and both are demanding unification of Korea by elimination of the military zones.

Under the Cairo declaration, Korea was to be permitted to choose its form of government by national plebiscite, this to be accomplished by regrouping all the political factions behind the two major groups.

The United States, in keeping with State Department policy, has declined to recognize either of the groups as a legal government pending the plebiscite. Both China and

France, however, have recognized the Korean Provisional Government which was formed in Seoul in 1919 but has been existing in exile in China.

The military division of Korea split the Russian-occupied northern industrial half from the American-occupied southern agricultural half. In their zone, the Russians have turned over much of the local civil administration to the Korean Committee of Liberation, an organization of Korean Communists formed in Russia a year ago.

There reportedly has been little liaison between the two zones since Korea's liberation. <u>Russia has proposed a single-nation trusteeship</u> over the combined zones which would make the rich farms of the south available to the industrialized north for a definite period before the plebiscite.

At present, the two-zone system prevents political groups on either side of the 38th parallel campaigning in the other zone and it has been <u>Russia's thesis that a national plebiscite is impossible so long as the division continues.</u>

(2) "Big 3 works On Treaty Plan, Hopes To End Impasse On Peace Settlement," *Pacific Stars and Stripes*, By Combined Press Service, 1945.12.27.

MOSCOW—Advisers and experts Wednesday worked on the

draft agreement reached by the foreign ministers of the Big Three high-lighted by a compromise accord on the procedure for drafting the European peace settlement according to AP.

Informed sources said the three foreign ministers planned another meeting before adjournment. Hope was offered under the agreement on procedure reached Moscow for the ending of the impasse over the peace treaties which caused the collapse of the five-power foreign ministers' conference in London last October.

In Washington Ralph Heinzen, UP correspondent, reported informed quarters believed that a program for independence of Korea may emerge from the Moscow conference.

It was pointed out that Secretary of State James F. Byrnes went to Russia with instructions to urge immediate independence of Korea as opposed to the Soviet thesis of trusteeship, UP said. The American position is that Korea be promised a plebiscite to choose its own form of government under the Cairo declaration.

It was noted, the UP story continued, that Russia has proposed a single nation trusteeship over the combined zones of occupation which would make the rich farms of the south available to the industrialized north for a definite period of time before the plebiscite.

38th Division

At present, UP said, the 38th parallel divides Korea and the Russians take the position that a national plebiscite is impossible as long as the division is continued.

AP reported the Moscow announcement by the Big Three said they had agreed that peace terms with Germany and its European satellites would be dictated by the Big Four "except in cases where other members of the United Nations will be invited to take part in decisions on questions which concern them."

Terms Submitted

The announcement said terms will be submitted to conference representatives of 21 nations not later than May 1, 1946. It added the deputies of the Five Power council of foreign ministers will resume work in London.

The Big Three conferees asked France and China to give approval to the agreement.

In Rome Premier Alcide Gasperi, commenting on the Moscow conference announcement that work would be resumed on drafting a peace treaty for Italy, said Italy received the news "with relief and renewed hope."

(3) 「소련은 信託統治 주장, 미국은 卽時獨立 주장, 소련의 구실은 38선 分割占領」, 『동아일보』 1945. 12. 27.
123쪽 인용문 참고

(4) 「미국과 소련 한국 문제 상의」, 『신보』 1945. 12. 28.
[합중사 워싱턴 25일발 통신] 정보가 빠른 사람이 전해 온 오늘의 소식: 한국의 독립계획에 관하여 모스크바 외교부 장관회의에서 협의가 있을 것이라고 한다. 소식통은 또 미국 국무경 베르나스가 모스크바로 갈 때 정부의견서를 가지고 갈 것인데, 소련이 제출한 신탁통치를 반대하고 즉시 한국의 독립을 실현시켜야 한다는 주장이 들어 있을 것이라고 했다. 현재까지는 세 강국이 다른 결론을 내렸다는 그런 증거는 나타나지 않고 있다. 미국의 입장은 카이로선언에 근거하여 한국에서 민중투표를 실행하는 것을 허락해야 한다는 것으로, 민중투표를 통해 자율적으로 정부를 선택하는 형식을 취하자는 것이다. 관찰가들은 소련은 이미 미소 점령구를 합병하고 한 부서에서 신탁을 책임지고 민중투표를 진행하기 전에 일정한 기간 동안 남방의 비옥한 토지에서의 생산물과 북방의 공업물자와 상호간 무역을 하게 하는 것이 어떠냐고 주장했다. 그럼에도 불구하고 현재 북위 38도선이 한국을 두 부분으로 갈라놓고 있고, 또 소련은 이것을 경계선으로 하여 계속 분단 상태로 둘 것을 주장하고 있기 때문에 전민투표는 불가능할 것으로 본다.

인용문에 나타나듯이 UP통신은 1945년 12월 25일 기사를 발신했고, 태평양성조지와 동아일보 등 국내 신문들은 12월 27일자로, 중국 신보는 12월 28일자로 기사를 보도했다. UP통신 기사 원본, 태평양성조지, 동아일보, 신보의 모스크바 삼상회의 결정 기사에서 우선 비교할 것은 기사 제목과 편집 방식이다. UP통신 원문은 "한국 독립을 설득 중", 태평양성조지는 "세 외상 강화계획을 작성, 평화 정착을 위해 난국 타개를 희망", 그리고 신보는 "미국과 소련 한국 문제 상의"라는 제목을 택했다. UP통신 제목은 한국의 즉시 독립을 원한다는 미국 정부의 의도를 강조했고, 신보 역시 미국과 소련이 한국 문제를 협의한다는 사실을 제목에서 드러냈다. 동아일보의 "소련은 信託統治 주장, 미국은 卽時獨立 주장, 소련의 구실은 38선 分割占領"이라는 제목은 한국 독립 문제에 대한 미국과 소련의 서로 다른 입장, 특히 소련이 신탁통치를 주장한다는 점을 강조했다.[207]

태평양성조지에서 한국 관련 기사는 중간에 한 단락 끼어들어 있고, 어찌 보면 억지로 끼워 넣은 듯한 인상을 준다. UP통신 원문이나 이를 받아서 보도한 신보, 동아일보와 달리 태평양성조지만 다른 기사들에서 전혀 언급하지 않은 UP 통신원 헤인젠을 한국 관련 기사의 출처로 지목한 것도 이례적이다. 태평양성조지는 뒤늦게 공개된 UP통신 원본과 다른 출처로부터 이 내용을 가져온 것일까? 또는 태평양성조지와 미군 당국은 UP통신 원본이 작성된 경위에 대해 지금은 알 수 없는 어떤 정보를 가지고 있었던가? 태평양성조지 기사가 한국 관련 내용의 출처로 굳이 헤인젠을 지목한 이유가 무척 궁금하지만 현재 시점에서는 확인

할 길이 없다.²⁰⁸

　동아일보 기사는 '워싱턴 25일발 합동 지급보'라는 크레딧을 달고 있다.²⁰⁹ 그런데 UP통신 원본, 태평양성조지, 신보 어디에도 '지급보(至急報, URGENT)'라는 표기가 없고, 동아일보를 비롯한 국내 신문들에만 나타나는 것으로 보아 수신사인 합동통신이 넣은 것으로 보인다. 발신사가 표기하지 않았는데 수신사인 합동통신이 특별히 기사의 긴급성을 강조한 것이다. 독자가 서로 다를 테니 발신사와 수신사가 기사 내용을 파악하여 각자 다른 기사 제목을 뽑을 수 있고, 외신의 경우에는 그 필요성이 더욱 커질 것이다. 하지만 '지급보', '특보' 등의 표기는 발신사가 표기하는 것이 일반적인데 이 기사의 경우 오히려 수신사인 합동통신이 '지급보'로 표기했다. 사실 이 기사는 아직 모스크바삼상회의 결정에 관한 공식 발표가 이루어지지 않은 상태에서 작성한 일종의 추측보도인데 합동통신이 굳이 '지급보'라는 표식을 달아 기사를 보급한 이유가 무엇일까?²¹⁰

　번역된 기사 내용도 꼼꼼히 살펴볼 필요가 있다. 원로 언론인 유승삼은 신보를 제외한 세 건의 기사를 분석하여 몇 가지 문제점들을 지적했다.²¹¹ 먼저 UP 원본의 첫 문장부터 "may emerge from", "some circles here believed" 등을 사용하여 서술 내용이 부정확할 수 있음을 암시하듯이 시작한다. 합동통신 기사는 한 술 더 떠서 직역을 하지 않고 "~표면화 하지 않는가 하는 관측이 농후하여 가고 있다"라고 주관적인 견해를 섞어 의역했다. 일반적으로 국내 통신사가 외신 기사를 받아 번역해서 국내 언론사에 전할 때는 직역을 원칙으로 하는데 합동통신 기사는 외신 번역의 관행을 벗어난 과장된 번역이고, 의혹을 살만큼 번역자의 의도와 시각이 들어가 있다.[212]

외신 기사의 일부만을 번역하거나 게재할 때는 앞 문장부터 차례로 필요한 분량만큼 선택하는 것이 보통인데, 합동통신 기사는 특이하게도 여기저기서 내용을 따와 단 두 문장으로 짜깁기했다. 인용한 UP 원본 기사 가운데 밑줄 친 부분이 합동통신이 짜깁기 한 부분인데, 합동통신 기사는 얼핏 보아도 원본기사에 비해 매우 소략하고, 번역이 주관적이고 자의적으로 이루어졌다. 합동통신이 계약도 안 한 외국통신사 기사를 무단 번역하면서 여러 가지로 이례적인 과욕을 부렸다. 또 UP 원문에서 태평양성조지가 짜깁기한 대목과 합동통신이 짜깁기 한 대목이 유사하다는 것도 우연의 일치라고 할 수만은 없는 수수께끼다.[213]

합동통신 기사 중 '카이로선언에서 국민투표로 한국을 독립시킨다는 원칙을 밝혔다'는 내용과 '남북이 두 개로 갈라져 있어 통일된 국민투표가 현실적으로 불가능하다'는 내용은 UP의 원문은 물론이고 태평양성조지에서도 별도의 단락으로 나눠져 있다. 두 내용은 주제와 언급 주체가 다르며 언급된 시점도 다르다. 다른 문장에서 별도로 언급해야 할 성질의 것이다. 그런데 합동통신은 이곳저곳에서 짜깁기 한 뒤 "미국의 태도는~ 있는데 소련은~"이라며 등위 접속사로 연결시켜 미국과 소련을 억지로 대립시켰다. 마치 미국과 소련이 같은 문제에 대해, 같은 시점에 서로 다른 의견을 제시한 듯 오해를 할 수 있게 두 내용을 한 문장 안에 가져다가 등치시켰다. 실수가 아닌 것 같고, 합동통신 측의 자의적인 의도가 엿보인다.[214]

　네 건의 기사 내용 분석을 종합하면 UP 기사 원본도 부정확한 사실 또는 잘못된 사실에 기초한 엉성한 원고였고, 근거를 뚜렷하게 제시하지 않은 추측보도였다. 태평양성조지와 합동통신이 전한 기사는 그나마 수신한 원문 기사를 충실하게 전달하거나 직역하지 않은 채 자의적으로 짜깁기한 기사였고, 합동통신 기사는 태평양성조지의 기사 내용을 그대로 번역하여 전제했다고 해도 무방할 정도로 유사하다. 오히려 중국에서 간행된 신보가 UP 기사 원문을 태평양성조지와 동아일보보다 충실하게 전달했다. 또 태평양성조지는 뜬금없이 동아시아 사태에는 무지하고 동료들 사이에서 이른바 날조 전문가로 소문난 한 미국인 언론인을 기사 원본도 제시하지 않은 출처로 지목했다. UP 기사 원본의 공개는 의혹을 가라앉히기는커녕 오히려 증폭시킨다.[215]

　무엇보다 UP통신 기사 원문에 명백한 오류가 있음에도 아무런 검증을 거치지 않은 채 보도한 것이 가장 궁금하다. 이 기사는 1946년 1월 하순 모스크바에서 타스통신이 한반도 신탁통치를 제기한 것은 미국이었고, 소련이 즉시독립을 제안했다는 삼상회의 회담 내용을 공개함에 따라서 오보, 왜곡, 또는 조작 중 어느 하나였음이 보도한 지 채 한 달도 되지 않아서 밝혀졌다. 하지만 발신사인 UP통신은 물론이고 수신사인 태평양성조지나 합동통신이 그러한 사실을 과연 몰랐을까?[216]

　기사에서 전체 논지를 관통하는 사실적 전제로 활용된 '카이로선언에서 국민투표로 한국을 독립시킨다는 원칙을 밝혔다'는 내용도 사실무근이자 허위기술이고, 이 기사가 발표된 시점에서는 이미 카이로선언의 내용이 한국인들에게 널리 알려졌다. 카이로선언의 내용을 알고 있음에도 이 기사를 전달하고 보도했다면 이는 의도적으로 가짜뉴스를 전파한 셈이다.[217]

UP통신, 태평양성조지나 합동통신, 동아일보 어디에도 해당 기사의 내용과 신뢰도를 사실에 비추어 검증할만한 기자나 편집인이 없었을까? 왜 그들은 기사의 진위를 검증하려는 시도를 하지 않았을까? 아니면 합동통신은 물론 합동통신이 전달한 기사를 보도한 국내 신문들이 모두 1945년 10월 하순부터 간헐적으로 전달되던 신탁통치 관련 외신 보도에 예민하게 반응하며 신탁통치만은 막아야 한다는 희망회로(wishful thinking)를 작동한 것인가? 또는 이 일련의 과정에 다른 정치적 고려가 있었나? UP통신, 태평양성조지는 별도의 분석이 필요해보이고, 이하에서는 이 기사를 국내에 보급하는 데 결정적 역할을 한 합동통신의 당시 외신 보도 양상과 대응 방식을 구체적으로 살펴보자.[218]

1975년에 간행된 『합동통신 30년』은 신탁통치안 보도를 자사의 첫 번째 주요 활동으로 기술했다. 다소 길지만 해당 부분을 인용한다.[219]

> 12월 27일 밤 야근을 하던 외신국장 백남진은 통신부 차장 최한식이 던져준 워싱턴 발 AP통신 카피를 들여다보다가 놀라운 뉴스를 발견했다. 이 기사가 바로 신탁안 보도였다.

남상일 전홍진 원경수 백남진 등은 구수회의를 열고 이 기사를 보도할 것인가 보류할 것인가를 검토했다. 이때 좌경 조선통신은 UP의 탁치보도를 좌익정당의 압력으로 유보키로 결정한 직후였다. 평소 조선통신의 전체주의적 뉴스통제관에 반대해온 합동제작진은 민족의 장래를 또 한 번 외세에 의하여 좌우당하게 될지도 모르는 중대뉴스를 방치할 수 없다고 판단, '이유여하를 불문하고 유보란 있을 수 없다. 28일 1편(便)에 보도한다'는 방침을 굳혔다.
합동이 신탁안을 보도하자 정계 언론계 할 것 없이 반대의견으로 들끓었다. 미군정 당국은 당황하여 하지 중장 휘하 24군단의 보도부장을 합동으로 보내 AP통신의 원문을 요구했고, 공산당기관지 조선인민보의 사장 홍증식(洪增植)은 '중대 기사를 임의로 보도한 것은 잘못'이라고 엉뚱한 항의를 해왔다.
합동의 보도이후 매사에 대립하던 좌우익이 이 탁치안 만은 똑같이 반대하고 나섰을 때 취재부장 원경수는 한국통신사상 처음인 논설기사(당시는 '계도기사'라고 불렀다)를 썼다.

"신탁통치안에 대하여 좌익도 우익도 모두 반대하니 이제부터는 좌도 없고 우도 없지 않은가. 따라서 신탁의 새 굴레를 벗기 위해서는 사상을 초월하여 단결, 닥쳐올 어려움을 극복해야한다."

그날부터 며칠 동안 좌우 양쪽의 항의와 비난이 합동 경영진을 괴롭혔다. '좌도 없고 우도 없다'는 말이 있을 수 있느냐는 것이었다. 조선인민보의 홍 사장은 합동을 찾아와 책상을 치며 따졌다. 원경수는 이 논설을 내보낸 뒤 얼마 안 있다가 합동을 떠났다.

인용문에 따르면 합동통신은 12월 27일 밤에 외신국장 백남진이 통신부 차장 최한식으로부터 건네받은 워싱턴발 AP통신 신탁안 기사를 남상일(상무이사), 전홍진(편집국장 대행), 원경수(취재부장) 등 편집국장 및 각 부장들, 심지어 상무이사까지 참여하여 보도 여부를 검토한 뒤 28일 1편으로 보도했다.[220] 당시 합동통신은 하루에 세 번 기사를 내보냈는데 그중 첫 번째 기사 송출에 이 기사를 포함시켰다. 서술 내용이 사실이라면 신탁안 기사를 배포하기 전에 합동통신은 편집국장은 물론 각 부장들과 상무이사까지, 합동통신의 주요 인사들이 모두 참여한 회의를 통해서 보도 여부를 논의한 뒤 최종적으로 보도 결정을 내렸다. '이유여하를 불문하고 유보란 있을 수 없다'고 판단했다는 것인데 불문에 붙인 '이유여하'가 과연 무엇이었을까? 이 기사의 신뢰도와 진실성 검증도 '이유여하'에 들어 있었을까? 이유여하를 불문한 것은 기사의 가치와 신뢰도보다 정치적 고려가 선행되었다는 의미였을까?[221]

12월 27일 밤 합동통신 편집국 주요 인사들과 경영진 일부 인사까지 참여해서 보도 여부를 논의했다는 '워싱턴발 AP통신 신탁안 기사'는 국내 신문들이 보도한 외신 기사들을 보건대 '워싱턴발'이 아니라 '모스크바발'이다. AP통신 문서관에 보관된 1945년 12월 25일~29일 사이에 나온 모스크바 삼상회의와 한국 신탁통치에 관한 기사는 모두 7건 가운데 모스크바발로 보도한 기사는 『요크 디스패치(The York Dispatch)』와 『엠포리아 가제트(The Emporia Gazette)』의 기사인데, 두 신문에서는 '런던발'로 되어 있다. AP 문서관에서 수집한 기사들을 날짜순으로 나열하면 아래와 같다.[222] 괄호 안의 지명은 해당 신문이 발행된 곳이다. 24일자 기사는 민간통신사인 합동통신 창립을 전하는 내용이고, 27일자 기사 중 『요크 디스패치』와 『엠포리아 가제트』가 모스크바 삼상회의에 관한 전반적 관측을 보도했고, 그 가운데 한국 문제를 '신탁통치위원회' 설치로 소개했다. 『타임스 트리뷴』은 임정의 반탁 입장을 전한다. 28일자 『디트로이트 프리 프레스(Detroit Free Press)』는 모스크바 삼상회의 결정서 전문을 실었고, 29일자 기사는 신탁통치안이 한국에 보도되면서 한국인들이 크게 실망했다는 내용이다.[223]

The Capital Times, 1945. 12. 24 (Madison, Wisconsin)
　"Free Press is begun in Korea"
Fort Worth Star-Telegram, 1945. 12. 24 (Fort Worth, Texas)
　"Korean Celebration"
The York Dispatch, 1945. 12. 27 (York, Pennsylvania)
　"Accord is announced on Atomic question"
The Emporia Gazette, 1945. 12. 27 (Emporia, Kansas)
　"Big Three Agree on A-bomb"
The Times Tribune, 1945. 12. 27 (Scranton, Pennsylvania)
　"Korea Protest Delay"

Detroit Free Press, 1945. 12. 28(Detroit, Michigan)
"Complete text of communique telling results of Big Three Moscow Conference"
The Bee, 1945. 12. 29(Danville, Virginia)
"Korea folk dismayed by trusteeship"

국내에 27일자 AP통신 모스크바발로 소개된 기사는 모스크바 삼상회의 결정을 신탁통치안으로 소개했는데 앞의 기사들 가운데 비슷한 내용을 보도한 것은 『요크 디스패치』와 『엠포리아 가제트』다. 두 신문의 발행지는 각각 미국 펜실베이니아주 요크시와 캔자스주 엠포리아시다. 두 기사는 런던발로 소식통들의 말을 전하는 식으로 모스크바 삼상회의 결정 내용을 추측한 일종의 추측보도이고, 모두 모스크바 삼상회의에서 이루어진 원자탄에 관한 합의를 제목으로 뽑았다.[224]

이 점을 감안하면서 국내 신문들의 27일 AP통신 기사 보도 양상을 살펴보자. 동아일보는 이 기사를 12월 29일 "신탁통치제 과연 실시, 외전이 전하는 막사과(모스크바) 회담내용, 4국 통치위원회, 금후 5개년 계속"이라는 제목으로 1면 4단 머리기사로 내보냈다. 12월 29일자 국내 신문들은 모스크바 삼상회의 결정과 관련해서 '모스크바 27일 AP 합동통신' 기사와 '워싱턴(화성돈) 27일 UP 조선통신' 기사를 동시에 보도했다. 전자는 모스크바 삼상회의 결정 전반을 소개하면서 그중 조선과 관련한 결정을 '신탁통치위원회' 설치로 소개했다. 반면 후자는 삼상회의 결정문 중 "조선에 관한 결정"을 전문 소개했고, '조선 임시정부 수립'이 중심 내용이었다. 조선일보는 AP 기사를 1면 중앙에 3단 기사로 실었고, 신조선보는 1면 전면에 '신탁통치 반대'를 큰 활자로 강조했지만 모스크바 삼상회의 결정에 관한 기사는 UP 기사를 1면 4단 머리기사로 배치했다. 동아일보도 UP통신 기사를 실은 것으로 보아 삼상회의의 "조선에 관한 결정"을 숙지했을텐데 굳이 '신탁통치'를 강조하는 AP 기사를 머리기사로 배치했다. 아래에 2건의 기사를 모두 인용한다.[225]

「신탁통치제 과연 실시. 외전이 전하는 막사과 회담내용, 4국 통치위원회, 금후 5개년 계속」, 『동아일보』 1945. 12. 29.

[막사과 27일 AP 합동] 27일로써 종결을 본 3국 외상회의에서 다음의 결정을 보았다고 관측되고 있다.

일. 소련, 미국, 영국 급 중국에 의한 일본 관리제의 실시 4개국 이사회는 전회 일치제를 채용하는 최종결정권을 이사회가 잡든지 맥아더 대장에게 그 이상의 권한이 부여되는지는 불명이다.

일. 원자력 관리 문제에 관해서는 일월 개최의 국제연합 총회에서 토의될 제안이 채택되었다고 한다.

일. 조선에 미, 소, 영, 중의 4개국의 신탁통치위원회가 설치된다. 동(同)위원회에는 5년 후에는 조선이 독립할 수 있다는 관측 하에 5년이라는 연한을 부(附)한다. 미, 소 양국은 남북 조선 행정의 통일을 도모하기 위하야 양 지구 군정 당국의 회의를 개최한다.

「임시정부 수립 원조, 민주적 정당단체를 망라」,『조선일보』1945. 12. 29.

[화성돈 28일 UP발 조선통신] 작야(昨夜) 삼국외상회담에 관한 보도에 의하면 조선 임시정부를 수립하여 조선 내의 산업, 교통, 농업, 문화의 발전에 대한 필요한 대책을 할 것을 결정했다고 한다 그 내용은 다음과 갓다.

일. 조선 임시정부의 수립을 원조하고 그에 적당한 준비공작을 하기 위하야 남부조선의 미군사령관 대표와 북부조선의 소군 사령관 대표로써 공동위원회를 설치할 것이다.

이. 모든 제안을 작성하는데 있어서는 동위원회는 조선의 민주주의적 각 정당과 사회단체와 협의할 것이다. 동위원회의 결정은 미소 양국 정부의 최후결정에 압서 소미영중 정부에 제출하여 검토를 바들 것이다.

삼. 또한 공동위원회는 조선 임시정부와 조선내의 민주주의정당의 참가하에 신탁통치 원조방침을 강구하고 조선민중의 정치적 경제적 사회적 발전을 도모하고 민주주의적 자치정권의 발전과 조선의 국가적 독립을 조성할 것이다 공동위원회의 제안은 조선 임시정부와 협의하여 미소영중국정부에 제출하여 최고 오개년간의 사개국의 조선신탁통치에 관한 최후 결정을 짓는데 자(資)할 것이다.

사. 조선주둔군사령관 대표는 압흐로 2주간 이내에 회합하여 남북조선 공통의 긴급한 문제와 행정경제방면의 항구적 조절방침을 강구할 것이다.

『합동통신 30년』은 27일 수신한 AP통신 기사를 '워싱턴발'로 소개했지만 그 무렵 '27일 AP 합동'으로 국내 신문에 배포된 '탁치안' 기사는 '모스크바발' 뿐이고, AP 문서관을 통해 확인한 기사는 '런던발'이다. 이중삼중의 혼란이다.『합동통신 30년』의 해당 내용은 "좌경 조선통신은 UP의 탁치보도를 좌익정당의 압력으로 유보키로 결정한 직후였다"라는 문장과 대비되어 서술되었는데, 같은 날 국내에 소개된 '워싱턴발 UP 조선통신' 기사는 신탁안이 아니라 '조선 임시정부 수립'이 주요 내용이었다. 이제는 잘 알려져 있듯이 정작 장안에 신탁통치 파동을 몰고 온 기사는 '워싱턴 25일 합동 지급보'였고, 이 기사가 아마『합동통신 30년』이 언급한 '조선통신이 보도를 유보한 UP의 탁치보도'였을텐데,『합동통신 30년』은 이 사실을 외면한 채 합동통신이 신탁안을 워싱턴발 AP 기사로 보도함으로써 정계, 언론계 할 것 없이 반대의견으로 들끓었다고 기록했다. 그러한 서술 내용은 구술자의 기억 착오 내지 혼란일 수도 있으나 하여튼 앞뒤가 맞지 않고 사실과도 부합하지 않는다.[226]

『합동통신 30년』창설기 부분은 전적으로 당시 근무했던 사원들을 면접해서 집필했는데, 김동준(전무이사), 남상일(상무이사), 이관구(부사장), 유재명(취재부원), 홍종겸(통신부장)의 구술에 의존했다. 합동통신은 1945년 12월 20일 연합통신과 국제통신이 합병하여 발족했는데 당시 이관구는 국제 측 김동성, 남상일과 가까운 사이었고, 연합 측 민원식 사장과도 교분이 있던 터라 양측의 합병을 거중 조정하여 성사시켰다. 하지만 그가 부사장에 취임한 것은 1946년 4월 27일이었다. 김동준 역시 같은 날 전무이사로 취임했다. 그렇다면 1945년 연말의 사정을 알 수 있는 인사는 남상일, 유재명, 홍종겸이었는데, 남상일은 1945년 12월 27일 신탁안 보도를 논의한 회의에 참석한 것으로 되어 있다.[227]

당시 국내 통신과 신문의 모스크바 삼상회의 관련 보도를 지켜보며 여론동향을 예의 주시했던 주한미군사령부는 남한 사회를 신탁통치 소동으로 몰고 간 기사로 특별히 UP통신과 AP통신의 28일자 오보를 지적했다.[228] UP통신 오보는 아마 '워싱턴 25일 UP 합동 지급보'를 이를테고, AP통신 오보는 '모스크바 27일 AP 합동'을 이를텐데 합동통신은 두 건의 오보에 모두 간여했고, 『합동통신 30년』의 서술 내용이 어느 오보를 가리키는 것인지 현재 시점에서는 확인할 길이 없다. 『합동통신 30년』의 서술 내용이 '워싱턴 25일 UP 합동 지급보'를 의미한다면 합동통신 측은 왜 제휴사도 아닌 UP통신 기사를, 그것도 '지급보'로 내보냈는지, '모스크바 27일 AP 합동'을 의미한다면 왜 발신지를 달리 서술했는지, 또 왜 그 전에 배포한 '워싱턴 25일 UP 합동 지급보'에 대해서는 아무런 설명이 없는지 해명해야 한다. 당시 합동통신은 AP수신용 단파수신기를 2대 가지고 있을 뿐이었고,[229] UP통신 제휴사가 아니었는데 '워싱턴 25일 UP 합동 지급보'를 어떤 경로로 수신했는지도 무척 궁금하다.

12월 27일을 전후한 시점에서 합동통신이 한국 관련 외신으로 국내 신문에 전달한 다른 기사들도 구체적으로 분석할 필요가 있다. 1945년 12월 27일자 국내 신문들이 보도한 합동통신의 미국발 한국 관련 외신은 '워싱턴 25일 UP 합동 지급보'만이 아니다. 두 건의 기사가 더 있다. "朝鮮分占은 不當, 獨立은 美中이 公約, 三十八度線에 對한 美紙 報道"라는 제목의 기사는 '합동 특보'로 되어 있고, "三十八度線의 責任者는 누구, 美 센티넬紙의 論評"이라는 제목의 기사는 수신사가 없지만 조선일보는 이 기사를 12월 25일자 지면에 게재하며 '합동통신'으로부터 받은 것으로 기록했다. 전자는 미국 『오덴스버그 저널(Ogdensburg Journal)』에, 후자는 『포트웨인 뉴스센티넬(Fort Wayne News-Sentinel)』에 실린 기사다.[230]

합동통신이 12월 27일 이전에 국내에 전달한 미국발 외신으로 27일 지면을 장식한 기사는 모두 세 건이고, 한 건의 '지급보', 한 건의 '특보', 크레딧을 달지 않았으나 25일 조선일보가 합동통신이 배포한 것으로 지목한 또 다른 한 건이 있다. 신조선보는 12월 27일 세 건 전부, 동아일보, 조선일보, 자유신문, 민중일보, 중앙신문, 민중주보는 지급보와 특보, 공업신문은 특보를 실었다. 동아일보, 조선일보, 공업신문은 12월 25일에 또 다른 한 건의 기사를 실었다. 지방지인 영남일보는 12월 28일에 이 기사를 실었다. 합동통신은 12월 27일자 국내 신문들에 지급보와 특보를 배포했고, 12월 25일자 동아일보, 조선일보, 공업신문에 또 다른 한 건의 기사를 사전에 배포했으며, 신조선보와 영남일보는 뒤늦게 또 다른 한 건도 보도했다. 다음에 특보와 또 다른 한 건의 기사 원문과 번역문을 소개한다.[231]

「조선의 분점(分占)은 부당, 독립은 미 중이 공약, 38도선에 대한 미지(美紙) 보도」, 『자유신문』 1945. 12. 27

[합동특보] 철벽 조선의 삼십팔도선에 대하야 미국 내의 여론은 자못 놉하가고 있는데 뉴육 『오탠스벌그 쩌날』지는 이즈음 "철벽이 갓어온 비애(悲哀)"라는 표제로 삼십팔도에 관하야 다음과 갓튼 요지의 보도를 했다. 구주가 분할되어 철벽이 있는 것과 갓치 소국 조선도 분할되어 철벽이 있다. 이 철벽은 삼십팔도선인데 삼십팔도 이북은 소군이 점령하고 이남은 미군이 점령하고 있다. 이 부자연한 분할점령으로 인하야 조선의 경제는 분립되어 일대위기에 직면하고 있는데 독일이 이러한 상태에 빠져 있다면 그것은 당연하다고 보겠으나 조선에 있어서의 이러한 상태는 정당하다고 할 수 없다.

카이로회담에서 장개석 씨와 서구 연합국은 당연한 조선의 독립을 선언했다. 그러나 38도선의 분할점령은 테헤란 얄타 포쓰담 각 회의에 있어서 아무도 승낙한 것은 아니다. 조선에 각 정당은 누가 38도선을 결정했는가를 알고저하며 또한 조선의 급속한 독립을 요구하고 있는데 이것은 당연한 요구이다. 조선의 독립은 미국과 중국이 약속한 것이다.

"Iron Wall Brings Misery," *Ogdensburg Journal*, 1945. 11. 6.

Allied victory has become a curse to Korea in two short months. Our bland, wartime way of settling things in the round and with great elan, again is being paid for in human misery.

This ancient, independent land lost its independence and its free culture when the eastward drive of Russian imperialism collided in 1905 with Japan. Geographically, Korea is a dagger pointed at the heart of Japan. With the defeat of Russia, Japan took over.

At the Cairo conference with Chiang Kaishek, the Western Allies announced independence for Korea "in due course." But somewhere along the line, nobody will admit whether at Teheran, Yalta or Potsdam, a wholly artificial division was made.

Russia was permitted to occupy the portion of Korea north of the 38th parallel. The United States was to occupy Korea below the 38th parallel. The industries, power plants and coal mines of Korea are north of the 38th parallel. The farm land is in the south.

Korea's economy has always been integrated and the two regions interdependent. But just as the iron wall divided Europe, so has another iron wall divided this little land.

Russia will not deal with the south. Coal desperately needed there is not being shipped. Rolling stock is sent north and never comes back. At, the same time, farm products needed badly in the north are surplus in the south.

Starvation, cold, complete economic paralysis are, for Korea, the wages of victory. We can excuse such conditions in Germany by saying it serves them right. There is no such defenes in Korea.

Forty-three parties in Korea have demanded to know who fixed the 38th parallel as the dividing line, and who divided the country, anyway. They certainly deserve an answer. They also demand immediate independence. China and the United States have promised it.

「38도 책임자는? 미국 뉴스 센티넬 지(紙)의 논평」, 『조선일보』 1945. 12. 25.

[합동통신] 조선독립촉성중앙협의회에서는 과반(過般) 미 국무성에 대하야 조선의 당면한 최중대 문제인 38도선의 급속철폐를 요청하는 동시에 양분 점령에 대한 책임소재를 추궁한 바 잇섯는데 이 문제에 대하야 미국 인디아나주 호-트 웨인 시의 뉴-스 센티넬 지는 과반 "책임자는 누구"라는 표제로 대략 다음과 갓튼 논평을 게재하고 이 38도선에 대한 책임자는 스타린 처칠 루스벨트의 3씨라고 결론을 지엿다.

조선독립촉성중앙협의회는 38도선에 관한 책임자와 이에 대한 연합국의 명확한 성명을 요구하고 잇다. 이 요구에 대한 명확한 성명이 연합국으로부터 조선에 제시될런지는 잘 알 수 없으나 사실은 언제나 사실대로 폭로되는 것이다.

알타회담에서는 만흔 비밀협정이 루스벨트, 처칠, 스타린 3거두 간에 체결되였는데 이 비밀협정을 싸돌고 독일 항복 전 금년 3월 초 화성돈에서는 여러 가지 풍설이 유포되고 있었다. 즉 이 풍설은 소련이 대일참전의 대상으로 조선과 만주, 내몽골을 가질 것이라든가 또는 소련이 몬트로 조약에 의하야 토이기 통할 하에 있는 다다넬스 해협에 관하야 모종의 약속을 바닷다는 등의 것인데 이 풍설은 기후(其後)의 발생된 사실에 의하야 전연 배반되고 마럿다. 그 후에 사실은 무엇인가. 즉 소련은 현재 만주의 경제권을 장악햇고 중공은 실질적 지배권 획득에 광분하고 잇는데 이에 대해서 미영은 방관 태도를 취하며 빈 비밀만 지키고 잇다.

또 소련은 조선의 절반을 점령하고 있는데 미 점령군이 철퇴하게 된다면 소련은 남부 조선까지도 주저 없이 점령할 것은 틀림없다. 현재 내몽골은 평온 상태를 지속하고 있으나 다다넬스 문제는 어떠케 전개되고 있는가. 크라미아회담이 종료된 지 1개월 후인 금년 3월 20일 소련은 돌연히 1925년에 성립된 소(蘇) 토(土)우호조약의 폐기를 선언하고 동시에 교전국 선박의 해협 통항을 금지하는 모트로 협정은 토이기가 참전하지 안흔 이상 폐기할 것이라고 주장하며 포쓰담 회의에서는 열강국과 비밀 혹은 불문협정이 이미 성립된 듯한 암시를 보히며 다다넬스 해협의 완전지배를 요구햇다. 이와 마찬가지로 조선에 대하야 분할 점령책임자에 관한 명확한 성명이 있을 때까지는 이에 대한 결론은 이후에 발생하는 사실에 의하야서만 매즐 수 박게 없으나 이 조선에 관한사실의 암시로서 결론을 나린다면 38도선의 책임자는 스따린 처칠 루스벨트

3씨라고 할 수 있다.

"Who Was Responsible?," *The Fort Wayne News-Sentinel*, 1945.11.20.

The Central Committee of Korea, in a resolution calling for an end of the Russo-American occupation of their country, said: "we desire to know, who was responsible for this situation. We ask you for a clear statement of fact, so important to determine the fate of Korea."

We doubt, of course, whether Korea will ever get "a clear statement of fact" from the United Nations, to whom the resolution was addressed.

But facts have a way of emerging.

Many secret agreements were made at Yalta, among Roosevelt, Churchill, and Stalin. One of them was the apportionment of three votes each to Russia and the United States in the United Nations assembly—a secret agreement that was kept secret for 47 days.

As early as March of this year, before either the German or Japanese war was over, it was freely rumored in Washington that other secret Yalta agreements provided:

That Russia should have Korea, Manchuria, and inner Mongolia, as the price of Russia's entry into the war against

Japan.

And, that Russia had been promised the Dardanelles, which are now technically under Turkish control, subject to the provisions of the Montreux convention.

The rumors were vigorously denied, of course, as one would have expected they would be.

But what happened? The Russians now have economic control of Manchuria, and the Communists are rapidly endeavoring to take over complete physical control. Neither the British nor the Americans are trying to stop them. At least if they are, they're keeping it a secret.

Russia hits completely taken over half of Korea, and will no doubt take over the rest of it as soon as the American occupational forces withdraw.

The situation in Inner Mongolia is fairly static, but what's this about the Dardanelles?

On March 20 this year; a little more than a month after the Crimean conference ended, Russia abruptly denounced the Russo-Turkish treaty of friendship, of 1925, and began demanding abrogation of the Montreux convention, which kept ships of belligerents from passing through the straits, so long as Turkey was not involved in war.

At Potsdam, Russia flatly demanded complete control of

the Dardanelles, indicating that at least she had previously reached some sort of secret, or unwritten, agreement with the other powers.
So until "a clear statement of fact" is given to the Koreans; about who is responsible for selling her country out to the Russians, one can only arrive at conclusions on the basis of subsequent events.
The event indicate, as conclusively as events can, that those responsible were Messers. Stalin, Churchill and Roosevelt.

표1은 합동통신이 국내 언론에 전달한 모스크바 삼상회의 관련 외신 보도 경위를 정리한 것이다. '특보'는 오덴스버그 저널에 1945년 11월 6일 실렸고, 또 한 건의 기사는 포트웨인 뉴스센티넬에 1945년 11월 20일 실렸다. 두 신문사는 모두 AP 제휴사였고, AP가 두 신문사 기사의 배포 권한을 가졌다. 하지만 두 기사의 보도 일자가 모두 11월 30일 이전이라면 합동통신이 이 기사들을 어떻게 입수했는지 궁금해진다. 앞에서 언급했듯이 합동통신은 연합통신과 국제통신이 합병하여 1945년 12월 20일 창립총회를 개최했고, 12월 24일부터 본격적으로 업무를 시작했으며, 주한미군사령부의 정식 인가를 받은 것은 12월 27일이었다.[232]

합동통신이 AP 제휴사가 된 것은 전신인 연합통신이 1945년 11월 30일 AP통신과 맺은 제휴계약으로부터 비롯되었는데,[233]

표1 합동통신의 모스크바 삼상회의 관련 기사 보도 경위(1945. 12)

	워싱턴발 합동 지급보	합동 특보	합동 보급 포트웨인 뉴스센티넬지 기사
발신 외신	UP	AP	AP
발신일/보도일	1945. 12. 25.	1945. 11. 6.	1945. 11. 20.
원(元)보도 해외 언론사	UP	오덴스버그 저널	포트웨인 뉴스센티넬
수신사	합동통신 (* 외신 제휴사 AP)	합동통신	합동통신
국내외 신문사 보도일	태평양성조지(27일), 신보(28일), 동아일보(이하 모두 27일), 신조선보, 자유신문, 조선일보, 서울신문, 중앙신문, 민중일보, 대구시보	동아일보, 신조선보, 조선일보, 자유신문, 민주일보, 중앙신문, 민중주보, 공업신문 (모두 27일)	동아일보, 조선일보, 공업신문(이상 25일), 신조선보(27일), 영남일보(28일)
특징	사후적으로 공개된 UP 원문에 충실한 기사는 신보(상하이)이고, 국내 신문들은 모두 태평양성조지 기사와 동일	합동통신이 AP통신과 제휴 계약을 맺기 이전에 보도된 기사	합동통신이 AP통신과 제휴 계약을 맺기 이전에 보도된 기사

어떻게 11월 6일과 20일에 보도된 기사를 합동통신이 입수할 수 있었을까? AP통신이 보도한 지 30~50일이 된 기사들을 친절하게도 뒤늦게 별도로 편집하여 12월 25일 전후에 전송하지는 않았을 것이다. 합동통신이 두 기사를 배포하며 크레딧에 제휴사인 AP통신을 드러내지 못하고 '합동통신'만 드러낼 수밖에 없었고, 기사에서도 시제를 드러낼 때 '이즈음', '과반(過般)' 등의

애매한 수식어를 쓸 수밖에 없었던 이유가 있다.[234]

두 기사의 내용과 기사 가치도 살펴볼 필요가 있다. 오덴스버그 저널은 미국 뉴욕주 오덴스버그에서 발행되는 지역신문이다. 당시엔 8면 발행이었고, 1면에 국제뉴스와 미국 내 주요 정치, 사회, 경제 현안들을 싣고 나머지 지면들에 각종 뉴스, 해당 지역 소식과 광고로 지면을 채운 일종의 소식지 역할을 겸한 신문이었다. 오덴스버그는 지금은 인구 1만여 명 남짓이고, 1940년대의 인구는 지금보다 많았지만 1만 6천여 명 남짓이었다. 세인트로렌스강을 사이에 두고 캐나다 온타리오주와 마주한 국경 소도시다.[235] 해당 기사는 한국에서 외신으로 전달되기 약 50일 전에 보도되었다. 왜 합동통신은 12월 25일 전후에 군이 미국의 한 소도시에서 50여 일 전에 발행한 지역 소식지의 한국 관련 기사를 '특보'로 국내 신문에 배포한 것일까?[236]

'특보' 기사를 오덴스버그 저널 기사 원문과 비교하면 앞의 '워싱턴 25일 합동 지급보'처럼 기사를 순서대로 직역하지 않은 채 짜깁기해서 번역했음을 알 수 있다. 인용한 기사 원문의 밑줄 친 부분이 번역한 부분이다. 번역 기사 제목은 조선의 분할점령이 부당하고, 미국과 중국이 카이로선언에서 독립을 공약했다는 취지를 강조했다. 본문 번역은 원문의 서술 순서와 상관없이 원문의 뒷부분을 번역 기사 앞부분에 배치하는 등 필요한 부분을 적절히 취사선택하여 짜깁기했다. 의도적인 오역도 눈에 띈다. "카이로회담에서 장개석 씨와 서구 연합국은 당연한 조선의 독립을 선언했다"라는 문장의 원문은 "At the Cairo conference with Chiang Kaishek, the Western Allies announced independence for Korea 'in due course.'"인데, 카이로선언의 핵심이자 신탁통치를 염두에 둔 '적절한 절차를 거쳐(in due course)'라는 어구를 번역에서 생략했다. 원문이든 번역이든 두 기사는 소련의 세력 확장이 미국과 중국이 약속한 한국의 독립을 가로막고 있다고 강조한다.[237]

포트웨인 뉴스센티넬은 포트웨인시에서 발행되었다. 포트웨인(Fort Wayne)은 미국 중서부 인디애나주에 있고, 현재 인구는 27만 명 정도이지만 1940년은 11만 8천여 명, 1950년은 13만 3천여 명 정도였다. 인디애나주 동북부에 있으며, 주에서 주도 인디애나폴리스 다음으로 큰 도시다. 시카고, 디트로이트, 클리블랜드 등 대규모 공업 도시와 비교적 가깝고 교통이 편리하여 일찍부터 제조업이 발달했다.[238] 이 신문은 전국지는 아니지만 인디애나주에서는 상당한 독자를 가진 중견지였다.[239]

합동통신 번역문은 포트웨인 뉴스센티넬 기사 원문을 대부분 번역했으나 번역 기사와 원문 사이에는 기사의 취지나 해석 방식, 용어 선택에서 미묘하지만 의미심장한 뉘앙스의 차이가 있다. 우선 원문 기사 제목은 "누구에게 책임이 있나?"였지만, 국내 신문들은 이를 '38도선 책임자'로 번역해서 제목부터 '38도선 분할'을 강조했다. 원문 기사는 이른바 '얄타밀약'의 내용을 미국이 러시아의 대일전(對日戰) 참전 대가로 한국의 절반, 만주, 내몽골을 러시아에게 넘겨준 것으로 추측하고, 이어서 포츠담회담 이후 소련이 다르다넬스해협을 통제하며, 또 2차 대전 종전 이후 만주를 경제적으로 통제하고, 한국의 절반을 점령한 것을 예로 들어 얄타밀약을 기정사실화 한 뒤 미국이나 영국 모두 소련의 이러한 행동을 멈추게 하려고 하지 않는다며 밀약을 공개할 것을 미국 정부에 촉구한다.[240]

원문 기사는 한국을 소련의 세력 확장 사례의 하나로 인용하면서 사실상 트루먼 정부에게 대소(對蘇) 강경책을 촉구한다. 그런 면에서 제목에서 묻고 있는 책임자는 사실은 미국의 민주당 정부를 의미한 것으로 보이는데, 국내 신문은 이를 '38선 분할'의 책임 소재를 묻는 질문으로 바꾸었다. 원문 앞부분의 'The Central Committee of Korea'가 독립촉성중앙협의회를 지칭한 것으로 보이기는 하나 정확하게 어느 기구를 의미하는지 분명하지 않다. 하여간 번역 기사는 독립촉성중앙협의회의 활동을 기사 도입부에 길게 배치함으로써 미국 신문의 논평 기사가 마치 독립촉성중앙협의회 활동으로부터 연유한 듯한 인상을 만들어 낸다.[241]

1945년 9월 이후 시기의 포트웨인 뉴스센티넬과 오덴스버그 저널에서 'Korea'로 기사를 검색할 때 가장 많이 나오는 기사는 2차 대전에 참전했다가 귀향하는 해당 지역 군인들 소식이었지만, 포트웨인 뉴스센티넬은 오덴스버그 저널에 비해 상대적으로 더 자주 한국 관련 기사를 실었다. 앞에서 인용한 기사와 비슷한 분량의 한국 관련 논평을 1945년 10~11월에 포트웨인 뉴스센티넬에서 세 편 더 찾을 수 있다. 기사들 제목과 보도 일자를 정리하면 다음과 같다.[242]

George E. Sokolsky, "These Days(요즈음)", 1945. 10. 12

Louis F. Keemle, "Korea's Demand for Freedom Differs from Other Requests(한국의 자유 요구는 다른 나라의 요구들과 다르다)", 1945. 10. 22

"Condoning the Conquests(정복을 묵인)", 1945. 11. 8

첫 번째 논평의 필자인 소콜스키(George E. Sokolsky)는 유명한 언론인이자 중국 전문가로 매카시즘의 창시자 매카시(Joseph McCarthy)의 조언자로 널리 알려졌다. 1893년에 미국에서 태어난 러시아계 유대인으로 부친이 랍비(유대교 성직자)였다. 그는 러시아 2월 혁명이 일어나자 케렌스키 정권을 지지하며 러시아로 갔으나, 볼셰비키가 정권을 장악한 뒤 1918년 3월 러시아에서 추방당했다. 그는 1918년부터 1932년까지 중국에 머물며 언론 활동을 했고, 장제스, 쑹메이링 등과 교유했으며, 해외의 은행가들과 국민당 정부 장관들을 연결해주는 중개인 역할을 했다. 14년간의 중국 체류는 미국 귀환 후 그를 중국 전문가로 만들었다. 1935년 귀국 이후 반공주의자로 활동했다. 동료의 표현을 빌리자면 열렬한 러시아 혁명 지지자가 열렬한 반동으로 변한 경우였다.[243]

귀국 이후 미국의 전국제조업자협회(National Association of Manufacturers)를 지지했다. 그는 1940년부터 「요즈음」이라는 기명 칼럼을 미국 전역의 여러 신문들에 연재했다. 칼럼은 주로 정치, 외교, 반공주의를 다루었다. 앞의 논평도 한국 문제를 소재와 주제로 하여 소련의 확장을 비난하고 미국이 이를 막지 못한다며 트루먼 정부를 비판한다. 1948년부터 1962년 사망할 때까지 미국 유대인반공연맹의 총재로 재직했으며, 1948년경부터 매카시를 공개적으로 지지했다.[244] 두 번째 논평의 필자인 루이스 킴리는 2차 대전 중 UP통신에서 전쟁 분석가이자 통신원으로 활동한 경력이 있다. 세 번째 논평 기사는 무기명인데 포트웨인 뉴스센티넬 편집국에서 작성한 것으로 보인다.[245]

세 편의 글은 한국 문제와 관련해 일정하게 공통의 논조를 편다. 특히 논리나 예시가 비슷하고, 앞에서 인용한 두 건의 논평과도 유사하다. 요약하면 소련이 2차 대전 종전 이후 동유럽, 소아시아, 중국, 한국 등 세계 곳곳에서 세력을 확장하고 있다, 미국과 영국이 이를 용인하는 것을 보고 얄타회담과 포츠담회담에서 밀약이 있었다는 소문이 무성하다, 미국 정부는 지금이라도 밀약을 공개하고 소련의 세력 확장을 저지해야 한다, 소련의 확장을 막지 못하면 불행을 초래할 것이고, 미국 정부가 그것에 책임을 져야 한다고 주장한다. 논평들은 미국 정부의 보다 강경한 반소·반공정책을 촉구하며, 단호하고 거침없는 미국의 외교정책 천명만이 소련의 '정복'을 막을 것이라고 선언한다. 이 글들은 소련의 행동을 '정복', '약탈', '탐욕', '도둑질' 등의 자극적인 용어와 '스탈린과 그의 러시아·몽골·아시아 부족'이라는 인종주의적 표현을 사용하는 것에 주저하지 않는다.[246]

그리고 한국의 분할점령은 소련의 확장을 증명하는 전형적 사례로 간주된다. 이 글들은 카이로선언에서 미국과 중국이 한국 독립을 약속했는데 얄타와 포츠담에서 이를 무효화시키고 소련에 한국을 팔아넘겼다는 인식을 전제로 카이로선언과 얄타회담, 포츠담회담의 한국 관련 결정을 서로 배치되는 것으로 이해한다. 카이로선언에 'in due course'를 집어넣은 것도 미국이고, 북위 38도선 분할점령을 제안한 것도 미국이었다. 그러나 이 논평들은 사실을 왜곡해가며 얄타·포츠담 밀약설을 공공연하게 주장하고, 트루먼 정부 공격에 한국독립 문제를 추가했다.[247]

앞의 기사들에 나타나듯이 포트웨인 뉴스센티넬은 미국 민주당 정부의 대소정책을 신랄하게 비판하며 반소·반공정책을 선도했다. 편집국 성향도 그랬고, 공공연하게 반소·반공주의를 주창하던 소콜스키의 「요즈음」이라는 칼럼을 정기적으로 연재했다. 이 신문은 1940년대 말에서 1950년대 전반 미국 사회에 매카시즘이 대두했을 때 매카시즘을 지지하는 기사들을 빈번하게 실었다.[248]

합동통신이 1945년 12월 27일을 전후하여 국내 신문에 배포한 외신들은 1945년 가을 미국에서 민주당 정부에 보다 강경한 대소정책을 촉구하며 반소·반공 입장을 선동하던 신문들로부터 비롯되었다. 합동통신이 배포한 기사들이 한국인들의 신탁통치 반대 정서를 자극하고 확산하는데 큰 역할을 했지만 그 기사들의 진위와 신뢰도는 제대로 검증되지 않았다. 이 기사들은 한국 사회에 반탁운동을 몰고 왔고, 반소·반공의 분위기를 확산하는 데 중요한 계기로 작용했다. 결과를 놓고 보면 합동통신은 한국인들의 신탁통치 반대 정서를 매개로 반소·반공주의를 선전

하던 일부 미국 언론에 연동하며 한국 사회에서 반소·반공 분위기를 형성하는 데 일조한 셈이다.[249]

합동통신이 그러한 미국발 기사들을 입수 또는 확보하는 과정은 매우 석연치 않았다. 또 기사들의 신뢰성과 진위를 검증하려는 노력을 기울이지 않은 채 기사들을 배포하고 확산하는 데만 급급했다. 왜 그랬을까? 당시 국내 통신사들이 해외의 주요 국가에 통신원들을 파견해서 직접 뉴스를 수집할 수 있는 상황은 아니었을테고, 국제 뉴스를 전적으로 외신에 의존할 수밖에 없는 상황이었다. 하지만 최소한 기사의 진위와 신뢰성을 검토하는 것이 언론인이 해야 할 첫 번째 임무인데 외신을 국내 신문들에 배급한 통신사든 국내 신문사든 그 어느 곳에서도 전혀 그러한 노력을 기울이지 않았다. 아니면 해방 직후 한국 사회의 혼란은 언론계도 예외가 아니었고, 외신 기사를 검증할 수 있는 역량을 미처 갖추지 못해서 벌어진 일일까?[250]

해방 직후 한국인들이 한결같이 조속한 독립을 원했고, 미 국무부 극동국장 빈센트가 1945년 10월 한반도 신탁통치안을 언론에서 공개한 뒤 한국인 정치세력들이 모두 공개적으로 반대 입장을 표명한 것에서 알 수 있듯이 한국 사회에 팽배한 신탁통치 반대 정서를 먼저 감안해야 할 것이다. 하지만 합동통신이 배포한 '25일 워싱턴발 지급보', 국내 신문에는 12월 25일과 27~28일 보도된 '특보'와 또 한 건의 기사는 합동통신이 공식적으로는 도저히 확보할 수 없는 외신 기사들이었다. 합동통신이 이 외신 기사들을 어디서, 어떻게 구했는지 해명해야 한다. 또 국내 신문에 29일 보도된 '27일 모스크바발 AP' 기사의 경우 AP 문서관에 남아 있는 기사는 모두 '런던발'로 되어 있는데 왜 기사의 발신지를 바꾸어서 보도했는지도 궁금하다. 그리고 합동통신이 외신기사들을 원문 그대로 직역하지 않고, 내용을 짜깁기 편집해서 보도했는데 그러한 짜깁기 편집의 의도도 해명해야 할 것이다.[251]

합동통신의 업무 개시일은 1945년 12월 24일이었는데 업무 시작 이후 가장 먼저 한 일 중의 하나가 한국 문제를 매개로 반소·반공을 선동하는 미국발 두 건의 논평 기사와 워싱턴발 모스크바 삼상회의 결정 기사를 제대로 검증하지 않은 채 국내에 배포한 것이었다. 합동통신의 창립에 주도적 역할을 한 것은 이승만 정부의 초대 공보처장 김동성이었고, 그는 미군정의 적극적인 지원을 받았다. 그는 창립일에 사원대회에서 "편집국장이 '이렇게 하라'고 지시하면 국원들은 '예스'만을 말하라고 훈시, 일사불란한 규율을 강조"했다.[252]

합동통신의 의혹에 찬 활동에 초점을 맞추어서 이 통신사와 기사들을 배포한 기자들이 언론과 언론인으로서 제 몫을 다하지 못했다고 비판할 수 있다. 하지만 해당 기사들이 한국 사회에 신탁통치 파동을 몰고 왔고, 반탁운동을 통해 반소·반공주의를 확산하는 계기를 제공했다는 점을 염두에 둔다면 합동통신의 행위를 당시 한국 사회의 정세 변화에서 가지는 의미, 역할과 관련하여 살펴보아야 하고, 또 기사 출처였던 미국 사회의 언론 동향이나 정세 변화와의 연관성 속에서도 살펴볼 필요가 있다.[253]

1945년 12월 27일을 전후하여 합동통신이 보도 일자가 한참 지난 외신기사들, 그것도 반소적 태도와 주장으로 트루먼 행정부를 비판하는 주장들과 모스크바 삼상회의의「조선에 관한 결정」을 마치 동일한 기사 묶음처럼 취급하면서 같은 날짜에 보급했다. 모스크바 삼상회의 결정 관련 기사는 미군정 정보당국이 그 출처를 태평양성조지, 보급처를 합동통신으로 지목했고, 남한 신문에 보급한 미국발 외신기사는 합동통신이 정상적인 경로로는 도저히 수신할 수 없는 기사들이었다. 기사들은 마치 보도지침이라도 있었던 것처럼 신탁통치라는 특정 용어, 반소(反蘇)적 태도와 입장을 강조했다. 합동통신이 전한 외신기사는 미국의 전국지 등 유수한 신문에서는 찾아볼 수 없고, 중앙 정치로부터 멀리 떨어져 있던 중소 도시에서 발간한 신문들이었다.

　그 기사들 내용은 당대 미국 국내정치 동향의 일면을 엿볼 수 있는 것들이었다. 기사들은 독자들에게 2차 대전 이후 소련의 전 세계적 차원의 세력 팽창에 대한 의구심과 공포심을 증폭시키며 트루먼 정부에 대소 강경책을 촉구하는 것들이었다. 기사들에서 한국은 소련 팽창의 하나의 실례로 간주되었다. 필자들은 자신의 주장을 합리화하기 위해 분할점령을 위한 38도선 획정 책임자로 소련을 지목하거나, 카이로선언에서 미국과 중국이 독립을 공약했다는 등 사실 왜곡도 마다하지 않았다.

　2차 대전 종전 이후 미국 사회는 급격한 경기 위축, 군대 제대자의 귀환과 실업자 증가, 특히 여성 노동력의 급격한 축소 등 사회 문제가 급증했다. 그러한 변화는 종전까지 미국 사회를 지탱해온 노동조합과 육체노동자들, 소수 인종, 종교적 소수파, 농민, 도시 지식인 연합에 입각한 뉴딜 자유주의(New Deal liberalism)를 약화시키고, 반공주의를 주요 내용으로 하는 미국 국가주의(American nationalism)를 점차 강화시키는 현상을 초래했다.[254]

다른 한편으로 전후 질서의 구축을 둘러싼 미국, 영국, 소련 및 유엔의 역할, 그리고 미·영·소 3국 사이의 관계 설정과 그 속에서 미국의 역할을 둘러싼 논의 또한 활발하게 진행되었다. 그런데 합동통신이 보급한 외신 기사들은 2차 대전 종전까지 연합국의 일원으로서 미국과 소련이 유지해왔던 협조 노선을 공격하며 미국의 대소 대결정책을 촉구하는 관점에 서있고, 논의 지형에서 가장 오른쪽에 위치한 주장들이었다. 그 기사들은 당시 미국 사회에서 주도적인 견해가 아니었으나 정치권에서 공화당 극우파가 트루먼 행정부의 외교정책을 공격할 때 상투적으로 활용하던 논리들을 그대로 실어 날랐다.

모스크바 삼상회의의 「조선에 관한 결정」은 2차 대전 전후 처리 문제의 일환으로서 한국 문제 처리 방식을 공식화한 최초의 국제적 합의였다. 그런데 그 결정의 국내 보도는 한국인들이 그 결정을 제대로 검토하여 대안을 마련할 새도 없이 일방적으로 왜곡된 외신 기사들을 국내 통신사가 가짜뉴스로 만들어 보급하는 방식으로 이루어졌다. 통일독립국가를 건설할 나름의 전망에 들떠 있던 한국인들은 당황스러움과 흥분에 휩싸인 채로 혼란스럽게 국제사회의 역학관계 및 그 작동방식과 조우해야 했다.

3. 미군정의 대응과 언론공작

주한미군사령부가 모스크바 삼상회의 결정 내용을 워싱턴으로부터 공식 통보 받은 것은 1945년 12월 29일 오후였다.[255] 하지만 이미 27일부터 남한에서는 모스크바 삼상회의에서 소련이 5년간의 신탁통치를 주장했다는 가짜뉴스가 날아들어 확산되기 시작했고, 이에 자극 받은 한국인들의 신탁통치 반대 여론이 비등했다. 신문 등 언론을 통해 분출되기 시작한 반탁 열풍은 시위, 철시, 동맹 휴학 등 대중운동으로 급속히 발전했고, 걷잡을 수 없이 번지는 반탁운동의 열풍에 미군정도 아연 긴장했다.[256]

당시 군정청 공보부는 한국인 여론동정을 관찰해서 주간 단위로 보고서를 작성했다. 미군정은 모스크바 삼상회의 결정의 국내 전달 이후 반탁투쟁이 절정에 달했던 연말연시 며칠 동안 한국인들의 여론에 촉각을 곤두세웠다. 공보부는 사태 전개를 주시하면서 일지를 작성했고, 표 2와 같이 하루 단위로 이름을 붙여주었다.[257]

표2 1945년 말, 1946년 초 신탁통치 파동 일지

날짜	명명	비고
1945. 12. 28.	오보의 날	결정적 오보는 하루 전에 있었고, 이 날은 정당, 사회단체 지도자들의 반탁 성명이 잇따름
1945. 12. 29.	해명의 날	하지와 아놀드가 기자회견, 한국인 정치지도자들과 면담을 통해 모스크바 삼상회의 결정의 진의를 설명하고 자제를 요청
1945. 12. 30.	암살의 날	한민당 수석총무 송진우 피살
1945. 12. 31.	우익 시위의 날	반탁운동 최고조에 달함
1946. 1. 1.	도전과 취소의 날	중경임정의 정부수립운동이 미군정 제지로 저지 당함
1946. 1. 2.	평온의 날	
1946. 1. 3.	좌익 시위의 날	좌익은 반탁에서 '삼상회의 결정 총체적 지지'로 입장 선회

출전:「정계동향(Political Trends)」15호, 1946. 1. 5, 한림대학교 아시아문화연구소,『주한미군 정보일지』부록, 1990, 38~41쪽. 비고는 해당 날짜의 보고서 내용을 참고해 필자가 작성.

미군정이 워싱턴으로부터 모스크바 삼상회의 결정 내용을 공식 통보 받은 12월 29일 이전까지 미군정도 한국인들과 마찬가지로 외국통신사 보도를 통해 모스크바 삼상회의 결정을 접했다고 한다. 하지는 특히 UP통신과 AP통신의 28일자 오보를 지적했다.[258] 또 하지 장군과 군정장관 아놀드는 29일 기자회견과 정치지도자 영수회담을 열어 한국인을 진정시키고, 언론의 오보를 지적하면서 모스크바 삼상회의 결정 내용을 해설해주기 위해 노력했다.[259]

미군정은 반탁 열기의 폭발적 분출에 매우 당황했다. 오보 사건 발생 후 주한미군사령부 정보부와 군정청 공보부 등 미군정

각 부서가 한국인 정치지도자들의 동정과 여론동향을 예의 추적했을 뿐만 아니라 사후에 신탁통치안의 국내 전달이 몰고 온 소동의 전말에 대해 「신탁통치」라는 제목의 보고서를 작성했다. 이 보고서 역시 미군정 당국을 오보의 희생자처럼 묘사했고, 제때 정보를 전해주지 않은 국무부를 비난했다.[260]

미군정은 한국인들의 반탁 열기에 당황하면서 긴장 속에 1945년 연말과 1946년 연초를 보냈다. 하지만 석연치 않은 것은 미군정이 워싱턴을 향해 자신을 오보의 희생자로 주장하면서도 정작 어떻게 그런 가짜뉴스가 가능했는지 전혀 추적하지 않았다는 점이다. 또 그 오보가 전달된 뒤 반탁운동이 조직되고 반탁열기가 대중들 사이에 전파되는 속도가 미군정을 긴장시킬 정도로 신속하고 광범했다는 점도 주목해야 한다.[261]

1945년 말과 1946년 초의 반탁운동은 남한 정치에 커다란 영향을 미쳤다. 이 시기 우익 진영 일반, 그중에서도 김구를 중심으로 한 대한민국임시정부 세력은 반탁운동에 가장 적극적으로 참여했다. 또 대대적 선전작업을 통해 반탁운동을 확산한 것은 한민당의 기관지로 일컬어지던 동아일보였다. 우익은 조선공산당이 1946년 1월 3일 '삼상회의 결정의 총체적 지지'로 입장을 선회한 뒤, 신문을 앞세워 신탁통치 주창자는 소련이며 모스크바 삼상회의 결정을 찬성하는 공산주의자는 소련의 앞잡이이자 매국노이고, 반탁운동은 즉시독립을 위한 애국운동이라는 등식으로 선전활동을 전개했고, 반탁운동을 반소·반공운동으로 몰아갔다.[262] 한민당은 반탁의 깃발 뒤에서 친일파라는 비난을 피했고, 자신들의 정치적 복권을 꾀할 수 있었다는 점에서 어느 면에선 가장 큰 수혜자였다. 우익은 반탁운동으로 좌익과의 세력 불균형을 일시적으로 만회할 수 있었다.[263]

반탁운동은 해방 이래 좌익에 비해 조직적 열세를 면치 못했던 우익이 득세하고, 존스톤의 예언처럼 우익이 '전국적 대표성'을 가지도록 하는 데 결정적 역할을 했다. 하지만 우익의 세력 만회가 우익 내 모든 분파에게 동일한 의미를 가졌던 것은 아니고, 반탁운동이 우익에게 미치는 영향은 세력별로 미묘한 차이가 있다. 이러한 차이는 우익 내부의 성향 차와 주도권 다툼, 미군정의 남한 정계개편 구상 및 우익세력 통합 구상으로부터 비롯되었다.[264]

하지 장군은 모스크바 삼상회의 결정 전달 이후에도 반탁 입장을 견지했지만 공개적으로 반탁을 지지할 입장이 아니었기 때문에 새로운 논리의 개발이 필요했고, 그의 반탁 입장을 은밀히 개진할 수밖에 없었다. 하지만 그렇다고 해서 미군정이 반탁운동을 무한정 허용한 것도 아니었다는 점을 주목할 필요가 있다. 미군정은 반탁운동이 군정에 대한 반대운동, 또는 좌우 어느 정치세력이든 한국인들이 주도하는 독자적인 정부수립운동으로 발전하는 것을 용납하지 않았다. 이 점은 미국의 반탁 입장을 분석할 때 간과해서 안될 것 중의 하나이다.[265]

김구를 중심으로 한 임정은 1945년 말의 반탁운동을 임정법통론(臨政法統論)에 입각한 정부수립운동으로 연결시켰다. 이후 우익의 임정 추대운동은 항상 반탁운동과 연결되어 실행되었다.[266] 모스크바 삼상회의 결정이 국내에 알려지자 임정의 주도로 '신탁통치반대국민총동원위원회'가 결성되었다. 이 위원회의 9개조 '행동강령'에는 '임정의 절대수호'와 '외국군정 철폐' 요구가 들어있다. 이 위원회의 주관으로 열린 12월 31일의 반탁시위대회는 "3천만 전 국민이 절대 지지하는 대한민국임시정부를 우리의 정부로서 승인함을 요구"하는 결의문을 채택했다. 미군정 여론조사 보고서 「정계동향」이 '우익 시위의 날'로 명명했던 12월 31일 반탁운동은 최고조에 달했다. 이날 국민총동원위원회는 전국 총파업을 결의했고, '국자(國字) 1·2'호 포고를 발표해서 정권 접수를 선언했다. 임정의 내무부장 신익희는 국자 제1호와 제2호 포고문에서 "현재 전국 행정청 소속의 경찰 기구 및 한인 직원은 전부 본정부 지휘 하에 예속케 함"을 선포했다.[267]

　미군정은 적잖이 당황했고, 임정의 기도를 쿠데타로 규정하면서 단호한 태도로 저지했다. 하지는 1946년 1월 1일 김구를 만나서 "자살하겠다고 날뛰는 그를 겨우 진정시켜, 반탁시위가 군정에 대해서가 아니라 신탁통치에 반대하기 위해 행해졌다는 것을 라디오 방송을 통해 밝히도록 설득했다." 그 자리에서 하지는 "나를 속이면 죽여버리겠다"라고 김구를 위협했다.[268] 면담 직후 김구를 대신하여 임정 선전부장 엄항섭은 방송을 통해 국민들에게 파업을 중지하고 일터로 돌아갈 것을 요청했다. 엄항섭은 자신들의 행동은 신탁통치에 반대하는 것이지 군정에 반대하는 것이 아님을 천명했다.[269] 반탁운동의 절정에서 경찰 장악을 통해 과도정부를 수립하려던 임정의 기도는 결국 라디오 방송을 통한 정부 수립 선언이 발각되고, 미군정이 경찰과 임정의 접촉을 저지함으로써 무위로 돌아갔다.[270] 임정은 방송을 통해 미군정의 체면을 세워주었고, 미군정 역시 장래 유용하게 이용할 수도 있는 임정 지도자들의 체면을 더 이상 손상시키지 않는 선에서 그들의 기도를 포기하게 만들었다.[271]

이 일화에서 주목할 것은 하지가 김구를 위협하면서 강조한 내용이다. 하지는 반탁운동 자체를 문제 삼은 것이 아니라, 반탁운동이 미군정을 향한 것이 아니라는 점을 홍보하는데 주의를 기울였다. 미군정은 이 사건을 계기로 임정의 법통성과 정부로서의 위상을 한층 단호하게 부인했다. 미군정은 이후 '임정의 해체와 새로운 정당으로의 재편' 계획을 적극적으로 추진했다.[272]

반탁운동을 거치며 남한에서는 반탁=반소, 친소=찬탁이라는 등식이 성립되었으며, 좌우 대립이 본격화되었다. 미군정은 1945년 말, 1946년 초의 반탁운동을 계기로 국내에서 찬·반탁 대립구도를 좌우 대립구도와 결합시킬 수 있었다. 미군정은 찬탁=친소=매국, 반탁=반소·반공=애국이라는 대립구도를 의도적으로 확대했는데 그 대표적 사건이 박헌영과 존스톤의 기자회견이었다. 이 사건은 뉴욕타임스 통신원 존스톤이 박헌영과 기자회견한 내용을 윤색하고, 미군정이 이를 의도적으로 확대함으로써 박헌영과 조선공산당에게 크나큰 정치적 타격을 입힌 사건이었다.[273]

박헌영-존스톤 회견 사건에서 주목할 것은 이 기사가 국내 언론에서 취급되는 경위와 존스톤이 이 사건에서 맡은 중심적 역할이다. 표3은 이 사건을 미군정 측 자료와 당시 신문을 토대로 일지식으로 재구성한 것이다.[274]

기자회견 내용은 「일일정보보고」 1월 8일자, 존스톤 메모, 서울에서 발행하던 영자신문 서울타임스 1월 18일, 23일자 기사, 조선인민보 1월 6일자 기사를 통해 확인할 수 있다. 존스톤이 영어로 질문한 내용은 두 가지다. 하나는 소련 단독 신탁통치에 대한 것이었고, 다른 하나는 한국의 소연방 가입 가능성이었다.[275] 이 질문에 대해 박헌영은 영어로 답변했는데, 전자에 대해서는 적극적인 반대를 표명하지 않았고, 후자에 대해서는 현시점에서는 불가능하고 10년, 20년 이후에나 가능할 것이라는 취지로 답변했다. 하지만 존스톤 메모는 박헌영이 소련에 의한 일국 신탁통치안과 궁극적으로는 소연방에 가입할 것이라는 명백한 제안을 했다는 뉘앙스를 담았다.[276]

박헌영은 자신의 소연방 발언은 완전독립을 주장하기 위한 것이라고 해명했으나, 그를 비난하는 아우성이 그의 해명을 삼켜버렸다. 전후 맥락을 감안하건대 그는 한국이 사회주의 노선을 따라 발전할 것이라는 그의 정치적 견해와 신탁통치안을 원칙적으로 지지한다는 입장을 밝혔다. 존스톤 기자가 언급한 내용은 그의 정치적 성향을 반영한 것이지만 신탁통치 문제를 극히 예민하게 받아들이던 정세에서 미군정 당국도 인정했듯이 박헌영처럼 노회한 정치가가 존스톤 기사처럼 그렇게 부주의하게 발언했는지는 의문이다.[277]

표3 존스톤의 박헌영 기자회견 사건의 경과(1946.1)

날짜	사건 경위
5	박헌영, 내외신 기자들과 회견. 12명의 한인 기자와 7명의 외국인 기자 및 군정 관계자가 참여.
6	하지 장군, 주한미군사령부 정례참모회의에서 정보부장 니스트(Nist)에게 존스톤의 기사, 특히 송신 허가 되지 않은 존스톤 기자의 메모가 매우 흥미롭다고 주의를 환기시킴. 이 참모회의에 참석했던 군사관 킵(Albert Keep)은 인터뷰에 참석했던 미군 장교가 존스톤이 박헌영의 발언을 완전히 곡해하여 써놓았다고 발언했음을 같은 날짜의 「사관기장」에 남김. 공보국의 뉴먼 대령조차 이 보도의 진위를 의심하여 이를 스노(Edgar Snow) 기자에게 확인했음. 스노는 이 인터뷰에 참석하지 않았으나 박헌영의 견해가 아닐 것이라고 단호하게 말함.
6~7	조선인민보, 자유신문, 중앙신문, 신조선보, 서울신문, 조선인민보 등 국내 신문에 박헌영 인터뷰 기사가 보도되었으나 위의 내용은 다루어지지 않음.
8	「주간정보요약(G-2 Weekly Summary)」17호는 소련 일국에 의한 신탁통치를 원하고 10년 내지 20년 이내로 소연방에 가입이 가능하다고 암시했다(hint)는 박헌영 회견내용을 간략히 소개. 「일일정보보고(G-2 Periodic Report)」는 기자회견 내용을 요약하면서, 남한 언론이 이 문제를 실제 성명보다 상당히 밋밋하게 다루었으며, 소련 단독신탁통치나 일정 기간 유보 후 소연방 가입에 대한 언급이 없다고 지적.
15	샌프란시스코(桑港) 방송이 '소련 일국의 신탁통치를 희망하는 동시에 10-20년 내에 조선이 소련의 일연방화를 한다'는 취지의 박헌영 담화 내용을 방송. 같은 날 발행한 「주간정보요약」18호는 「주간정보요약」17호에서 소개한 기사는 한국 신문에서 일체 기사화되지 않았다고 지적.
16	동아일보, 대동신문 등 우익 계열 신문들은 일제히 샌프란시스코방송의 보도 내용을 싣고, 박헌영을 격렬하게 공격.
17	조선공산당, 존스톤의 왜곡을 항의하는 성명 발표.
18	존스톤 기자, 박헌영과 회담 경위에 대해 기자 회견. 박헌영이 회견 기사의 취소를 원한다면 직접 뉴욕타임스에 요청해야 할 것이라고 발언. 박헌영의 요청으로 만났고, 그가 기사의 취소를 요청했으나 그의 말을 잘못 알아듣지 않았다고 하여 존스톤이 이를 거절했다 함. 존스톤은 박헌영이 재성명을 발표하겠다고 하여 그의 재성명을 받아서 다시 뉴욕타임스에 타전했다고 말함. 뉴욕타임스는 존스톤의 17일 서울발 기사로 박헌영 사건을 왜곡된 형태로 처음으로 간략하게 소개. 그 부분을 소개하면 "박헌영은 '어제' 미국 언론과 회견했고, 소련 일국의 조선 신탁통치에 대해 아무런 반대가 없다고 말했다. 박헌영은 이 발언을 좌익 언론에 해명하면서 그의 발언이 와전되었고, 그는 언어 장벽(language difficulties)의 희생자라고 말했다."

날짜	사건 경위
19	박헌영 기자회견에 참석했던 한국인 기자 12명이 왜곡을 해명하는 공동성명 발표.
20	군정청 공보부는 「정계동향」 17호에서 '박헌영 폭탄'이 가져온 여파를 게재.
22	「주간정보요약」 19호는 박헌영의 부인에도 불구하고, "이 소식은 전파되고 사실로 받아들여졌다"고 쓰고, "1월 20일에 이르러서는 그 회견 내용의 진위는 중요하지 않았다. 한국 신문들은 공동의 신탁통치보다 일국 신탁통치를 훨씬 덜 좋아하는 것이 분명하다"고 씀.
26	「정계동향」 17호의 저자 버치(Leonard Bertsch) 중위는 그 기사가 존스톤이 정확하게 박헌영의 발언을 보도했다는 인상을 주는 만큼 다음 호에 존스톤의 보도는 거짓이었다는 정정기사를 써도 좋겠느냐고 공보국장 뉴먼 대령에게 문의. 뉴먼 대령은 안 된다고 말했고, 그냥 놓아두라고 말함.

    표3에서 주목할 것은 이 기사의 정치적 이용가치에 제일 먼저 주목한 사람이 하지 장군이었다는 점, 그 후 미군정 정보당국이 그 기사의 향배에 신경을 곤두세웠다는 점, 미군정도 왜곡기사임을 내부적으로 자인한 기사가 열흘이나 지난 시점에서 다시 언론의 조명을 받게 된 것은 샌프란시스코방송 보도가 큰 역할을 했기 때문이라는 점, 미군정은 왜곡기사를 차단하거나 시정할 수 있는 기회가 여러 번 있었음에도 불구하고, 거짓보도의 확산을 오히려 방조했다는 점, 정작 앞의 기사는 뉴욕타임스에는 실리지도 않았고, 남한에서 문제가 되어서야 비로소 기사화되었는데, 그때도 존스톤 기자는 이 사건의 핵심 당사자로서 이 왜곡보도를 적극적으로 해명하지 않았고, 왜곡을 방치했다는 점이다.[278]

    샌프란시스코 방송은 보도되지도 않은 기사를 방송함으로써 이 회견 내용에 잠잠하던 국내 언론을 자극했고, 국내 우익계열 신문들은 이 기사를 산사태처럼 쏟아냈다.[279] 신문들은 존스톤의 논조를 확대 과장함으로써 박헌영과 공산당에 대한 비난을 강화했고, 박헌영의 정적들은 그의 목에 30만 엔의 현상금까지 걸었다.[280] 박헌영의 신망은 이 사건으로 몹시 손상되었다. 그는 좌익들 사이에서까지 구제불능의 친소주의자로 알려지게 되었다. 존스톤은 박헌영을 다시 만났을 때, 이 기사가 뉴욕타임스에 실리지 않았음에도 불구하고, 기사 정정은 뉴욕타임스사에 하라고 거짓말을 했다. 그는 한국인들이 기사의 게재 여부를 확인할 수 없는 사정을 이용해서 그의 윤색된 기사를 기정사실로 만들었고, 또 그 책임을 천연덕스럽게 뉴욕타임스 본사로 미루었다. 그리고 하지, 주한미군사령부 정보부와 공보부는 막상 기자회견 직후 국내 보도에서는 문제가 되지 않았던 기사를 열흘 가까이 지난 후 윤색된 내용 그대로 국내에 보급 확대하는 역할을 했고, 그 기사가 국내 여론에 미치는 파장을 지켜보았다.[281]

주한미군사령부 군사실이 편찬한 『주한미군사』는 존스톤 기자회견이 "(미군정이) 공산주의자들과의 협조관계를 끝맺게 하는 시초가 되었다"라고 서술했으나[282] 사실은 존스톤이 박헌영과 회견을 왜곡하고, 미군정이 재차 의도적으로 왜곡보도를 널리 유포함으로써 공산당은 소련의 괴뢰라는 인식을 확산했다. 미군정과 존스톤은 뉴욕타임스의 권위를 빌려 정작 보도되지 않은 기사를 국내에서 기정사실로 만들었고, 그 기사가 국내에 확산될 때는 정체불명의 샌프란시스코 방송이 큰 역할을 했다.

방선주는 이 사건을 미국 신문계에서 간혹 볼 수 있는 '의도적 오보'가 작용한 것으로, 또 한국인들의 반탁운동으로 곤욕을 치르던 미군정이 묘수(妙手)를 친 것으로 평가했다.[283] 이 기술은 사건의 배경과 의도를 정확하게 지적했지만, 한편으로 미군정은 반탁운동의 정치적 효과를 만끽했고, 반탁운동의 수혜자였다는 점을 간과했다. 공산당이 반탁 입장에서 모스크바 삼상회의 결정 지지로 방향을 선회한 데에는 소련의 입김이 작용했고,[284] 이러한 방향 선회를 주시하던 미군정은 박헌영-존스톤 회견을 여론공작 차원에서 적극 활용함으로써 국내의 반탁운동을 반소·반공운동으로 각인하는 데 큰 역할을 했다.[285]

미군정과 남한 우익이 반탁운동의 수혜자였다면 소련과 남한 좌익은 그 피해자였다. 박헌영-존스톤 사건은 누가 보아도 미군정의 여론공작임이 분명했다. 하지만 반탁운동의 열기가 남한을 휩쓸고 있는 상태에서 남한의 좌익 세력이 이 문제를 정면 대응하기에는 역부족이었다. 조선공산당은 성명을 통해 존스톤의 왜곡에 항의했고, 또 박헌영의 해명과 기자단 성명을 통해 진상을 밝힌 것 외에는 달리 대응할 방법이 없었다. 이 문제에 대한 정면 대응은 모스크바로부터 나왔다. 1946년부터 소련 외무성 부상 로조프스키(Solomon A. Lozovsky)[286]의 지시에 따라 스몰렌스키라는 필명으로 한국 문제에 대한 소련 언론 기사를 전담하다시피 한 외교관 출신 페투호프(V. I. Petuhov)[287]는 자신의 저서에서 당시 소련 정부의 상황인식과 대응을 아래와 같이 요약했다.[288]

모든 책략은 다음과 같은 분명한 목적을 추구했다. 조선에서 반동적인 친미분자들에게 대중성을 보장해주고 반대로 모스크바 결정을 지지하는 좌파 민주정당 및 조직들을 궁지로 모는 것이다. … 이러한 상황에서 소련 정부는 남조선에서 미군정의 통제 하에 거짓정보를 유포시키는 반동신문들의 의도적인 보도를 폭로하기 위해 모스크바 결정의 조선문제 논의에 관한 진실을 해명할 조치를 취하지 않을 수 없었다.[289]

조치는 타스통신을 통해 나왔다. 타스통신은 1월 22일 미군정이 남한 언론의 반소선전을 허용했으며, 모스크바 삼상회의 결정에 대한 반대를 고무한다고 비난하는 1월 19일 평양발 급보를 내보냈다. 이 보도는 남한주둔 미군사령부의 태도가 미국도 참여한 모스크바 삼상회의 결정에 반대하는 반동세력의 시위를 고무하는 입장을 취했다는 점에서 놀라운 것이라고 덧붙였다. 타스 보도는 김구와 이승만 사이비정부의 도발행위는 모스크바 삼상회의를 반대하고 있을 뿐만 아니라 한국에서 내전을 시작하고 소련에 대한 적대감을 고취시키는 것을 목표로 한다고 공격했다. 이 보도는 모스크바발 AP통신으로 타전되었고, 뉴욕타임스는 1월 23일자로 이 보도를 자세히 취급했다.[290]

이 보도는 김구와 이승만의 반탁운동을 내전의 신호탄이자 소련에 대한 적대행위로 몰아부치고, 반탁운동의 정치적 의도를 모스크바 삼상회의 결정을 무효화시키려는 것으로 해석했다. 1월 22일자 타스통신 보도는 평양발 급보라는 현지 취재 형식을 취함으로써 소련 당국이 직접 미군정을 비난하고 나서는 형식을 피했지만, 그 내용은 미군정을 직설적으로 비판했다. 타스통신은 소련 당국의 견해를 반영하는 창구였지만, 어쨌든 소련이 비난의 형식과 수준을 정치적으로 고려한 흔적이 보인다.[291]

흥미 있는 것은 1월 22일자 타스통신 보도에 대한 미국 측 반응이다. 미국 정부 차원에서는 이 보도에 대해 아무런 논평을 내지 않았는데, 뜻밖에 맥아더(Douglas MacArthur) 장군 대변인이 타스통신을 비난하고 나섰다. 1월 23일자 도쿄발 AP통신에 의하면 맥아더 장군 대변인이 타스통신 보도를 "연합군최고사령부의 신용을 실추시키려는 명백한 계획이고, 이는 현재의 점령정책과 점령통치에 변화를 강요하는 것"으로 규정했다.[292] 즉, 남한은 하지 중장의 직접 통치 아래 있지만 동시에 맥아더의 관할 하에 있는 만큼 하지에 대한 비난은 일본인들 사이에서 맥아더에 대한 불신을 초래하려는 계획의 일환이라는 논리였다.[293]

1월 22일자 타스통신 보도가 노련하게 소련 당국의 연루를 피하면서 미군정을 비난했다면, 맥아더 사령부는 직접 나서서 타스통신 보도를 일종의 날조이자 맥아더에 대한 음해로 맞받아쳤다. 타스통신 보도가 미군정을 겨냥한 점을 감안하면 맥아더 사령부의 이러한 과잉반응은 의구심을 불러일으킨다. 맥아더 사령부가 직접 나서서 강력하게 대응함으로써 하지를 원호하고 그의 입장을 강화시켜 주려 했다는 추측이 가능하지만, 다른 한편으로 신탁통치 파동의 배후에는 미군정뿐만 아니라 맥아더 사령부도 개입한 것이 아닌가 하는 추측도 가능하다. 그러자 타스통신은 1월 24일자로 모스크바 삼상회의에서 신탁통치 제안자가 미국이었다는 사실을 모스크바발로 공개했다. 이에 대해 1월 25일 맥아더 사령부는 23일자 AP통신에서 타스통신을 비난한 대변인은 맥아더 '사령부'의 대변인이긴 하지만 맥아더 '장군'의 대변인은 아니라고 해명하는 옹색한 촌극을 연출했다.[294] 사태가 미·소 간 외교 문제로 비화할 조짐이 보이자 맥아더 사령부는 타스통신 보도에 대한 비난행위와 맥아더의 연관성을 끊는 식으로 대응했다.[295]

1월 22일자 타스통신 보도에 대한 미군정 반응은 어땠는가? 하지는 이를 '근거 없는 비난'으로 일축했고, 자신이 언론과 표현의 자유를 장려한 것이 오해를 받은 것 같다고 반응했다. 그는 이 문제를 상부의 사령부와 의논하지 않았고, 타스통신은 아마 보고서 전문이 아닐 것이라고 덧붙였다. 미군정은 이 보도가 기본적으로 사실이 아니고, 하지 장군과 미군정에 대한 야비한 공격이라고 반응했다. 미군정은 남한에서는 기자들의 취재가 자유로운데 반해 북한에는 기자들이 접근할 수 없음을 지적함으로써 남한 지역의 언론 자유를 강조했다. 또 타스통신 보도의 취재원이 소련 대표단일 것이라고 암시함으로써 이 보도가 정치적 의도를 가졌음을 은연중 내비쳤다. 하지만 미군정은 이 문제가 남과 북의 분할 때문에 빚어진 것이라며 타스통신의 비난에 대해 정면대응을 삼갔다. 미군정은 이 보도 때문에 긴장했음이 역력했다. 우선 미군정은 이 기사가 남한에 보도되는 것을 막았다. 하지는 남한의 언론 자유를 강조했지만 이 기사의 보도를 통제

함으로써 남한의 언론 자유 역시 구호에 불과하다는 것을 행동으로 증명했다.[296]

이 문제에 대한 뉴욕타임스와 타스통신의 핑퐁식 대응 보도는 마치 체스 게임을 보는 것 같다. 22일 타스통신의 미군정 비난 기사에 대해 뉴욕타임스는 앞에서 살펴본 맥아더의 반박 기사를 1면에 실었고, 그 기사에 이어서 하지의 부인 기사를 2면에 실었다. 뉴욕타임스는 여기에 머물지 않고, 같은 날 18면에 "한국의 두 강대국"이라는 해설 기사를 내보냈다. 이 기사는 타스통신의 공격을 현재 서울에서 진행 중인 미·소 양군 대표자들 간의 협상을 위해서나 극동지역에서 미·소관계를 위해서, 또 한국 문제의 신속한 해결을 위해서 좋지 않은 징조로 파악했고, 이 공격을 사실무근으로 생각한다고 못박았다. 또 현재 기자 교류를 막고 있는 38도선을 개방해서 남한에 러시아 통신원을 파견할 뿐 아니라 북한도 미국 기자를 받아들일 것을 소련에 요청했다. 이 기사는 분할선을 제거하는 것이야말로 한국 문제를 신속하게 해결할 수 있는 가장 중요한 문제라고 결론을 맺음으로써 미군정이 이전부터 주장했던 바를 옹호했다.[297]

그러나 하지가 우려했듯이 22일 타스통신의 미군정 비난은 전부가 아니었다. 22일자 타스통신이 뉴욕타임스에 보도된 것이 23일이고, 그 기사에 대한 맥아더의 반박과 하지의 부인이 실린 것이 24일이었다. 타스통신은 모스크바 현지 시간으로 24일 밤에 라디오 방송을 통해 모스크바 삼상회의에서 신탁통치의 원래 제안자가 미국이었다며 미국 측 제안 내용과 협상 전말을 자세하게 공개했다. 타스통신은 미국 측 제안이 신탁통치가 수립될 때까지 행정권을 행사할 통일시정기구를 양군 사령부가 설치하는 것이었으며, 민주주의적 조선 임시정부 수립의 시급성을 인정하지 않았다는 점, 4강대국에 의한 신탁통치를 실시하되 그 기간도 10년까지 연장할 수 있었다는 점을 강조했다.[298]

뉴욕타임스는 1월 25일자로 24일자 타스통신 보도를 내보냈다. 뉴욕타임스는 24일자 런던발 UP통신으로 9면에 이 기사를 내보냈고, 아무런 논평을 달지 않은 채 간략한 사실 보도로 처리했다. 또 23일자 맥아더의 타스통신 비난 기사는 맥아더와 무관하다는 해명성 보도가 이 기사를 바로 이었으며, 한국에서 좌우 파쟁이 격화하고 있다는 존스톤의 24일자 기사가 그 뒤를 이었다.[299] 마땅히 다뤘어야 할 한국 내 반응을 다루지 못한 것은 24일자 타스통신 보도 역시 남한에서는 미군정 통제로 보도되지 않았기 때문이다. 뉴욕타임스의 이러한 태도는 22일자 타스통신 보도에 대해 맥아더의 반박과 하지의 부인을 1, 2면에 내보냈던 것과 비교하면 한층 풀이 꺾인 것이다.[300]

타스통신과 뉴욕타임스 쌍방의 보도는 각각 하루도 되지 않는 짧은 시간 안에 이루어졌다. 당시 소련 정부는 한국 문제에 대한 미국의 반응을 주로 뉴욕타임스 보도를 통해 확인했는데,[301] 뉴욕타임스 논조를 예의 주시하던 소련 정부는 22일자 타스통신 보도에 대한 맥아더와 하지의 반응을 보고 모스크바 삼상회의 협상과정 공개라는 초강수로 반격했다. 22일자 보도가 평양발 급보의 형식을 취한 둘러치기였다면 24일자 보도는 소련 정부가 전면에 나서 직격탄을 날린 꼴이었다. 맥아더와 하지가 사실을 부인한다면 이 사안을 외교 문제로 삼겠다는 의지를 보임과 동시에 남한에서 반탁 선전의 근거를 없애버린 결정타였다.[302]

24일자 타스통신 보도는 막후협상 내용을 당사국의 사전 양해 없이 공개했다는 점에서 외교관행과 어긋나는 대단히 예외적인 행동이었고, 양국의 외교관계를 손상시킬 수도 있었다. 소련의 반격은 여기에 머물지 않았다. 남한에서는 미군정의 언론통제로 타스통신 보도들이 공개되지 않았다. 그러자 미소 양군 대표자 회의 참석을 위해 서울에 와 있던 소련 대표 시티코프(Terentyi Shtykov)는 26일 기자회견을 자청해서 24일자 타스통신 보도 전문을 발표했다. 이것은 시티코프가 서울에 온 뒤 처음으로 가진 기자회견이었다.[303]

앞에서 미소 양측의 언론보도를 통한 공방을 체스 게임에 비유했지만 이번 게임은 소련의 완승으로 끝났다. 타스통신을 통한 소련의 공격은 하지와 맥아더를 궁지에 빠트렸다. 만약 사태가 확대된다면 하지와 맥아더는 큰 타격을 입을 것이 분명했다. 이 공방에서 주목할 것은 미국 측 당국자들의 반응이다.[304]

먼저 미국 정부는 타스통신 보도 기사들에 대해 침묵으로 일관했다. 공개적 대응은 애치슨(Dean G. Acheson)이 타스통신 보도가 사실이라는 것을 확인해준 것이 유일했고, 그때에도 10년의 신탁통치를 주장한 것이 아니라 5년의 기간이 만료하면 경우에 따라 이 문제를 재고할 것이라는 궁색한 변명조였다.[305] 미국 정부가 아무런 항의표시를 할 수 없었다는 것은 미군정이 반탁·반소 선전을 허용하고 반탁운동을 고무했다는 사실을 포함하여 타스통신 보도들을 사실상 인정한 셈이다. 또 미국 정부는 하지와 미군정의 공작 차원의 활동을 잘 몰랐기 때문에 대응하고 싶어도 제대로 대응할 수 없었다.[306]

1월 23일 스탈린(Joseph Stalin)과 주소 미국대사 해리먼(Averell Harriman)의 면담 내용은 이러한 추리를 뒷받침한다. 그 자리에 소련 외무장관 몰로토프(Vyacheslav M. Molotov)도 배석했다. 그 만남은 해리먼이 이임 인사차 스탈린을 예방(禮訪)하는 자리였지만,[307] 스탈린은 자리에 어울리지 않게 항의조로 남한의 반탁운동 이야기를 끄집어냈다. 스탈린은 한국에서 온 전문을 해리먼에게 읽어주었는데, 그 내용은 현지 미국 대표들이 신탁통치 결정이 폐기되어야 한다고 주장하고, 소련만이 굳이 신탁통치를 고집한다는 내용의 기사들이 한국 신문에 보도되어 왔다는 것이다.

스탈린은 러취(Archer L. Lerch) 군정장관이 혼란의 장본인이라고 주장했다.[308] 러취의 정치적 성향과 재한 시 활동을 보면 소련의 주장은 일리 없는 것도 아니었다. 미소공위 소련 측 대표단의 일원이었던 레베데프(Nikolai G. Lebedev) 소장은 러취를 가리켜 '전형적인 미국 파시즘의 대표자'라고 평했지만,[309] 미군정 내 대표적인 자유주의적 관리였던 번스(Arthur C. Bunce) 역시 기회 있을 때마다 국무부에 러취와 같은 강경한 극우성향 관리들을 적절히 제어해줄 것을 요청했다.[310] 러취는 남한 정치에 관한 한 우익에게 모든 책임을 맡겨야 한다고 생각했고, 이승만이

나 한민당과 가까웠다.[311]

스탈린과 해리먼의 대화에서 보다 주의해서 보아야 할 것은 스탈린이 혼란의 장본인으로 현지 군정장관을 구체적으로 지목했다는 점과 해리먼이 외교적 수사로 포장된 완곡어법을 사용했지만 한국주재 미국 대표단의 소행이 미국 정부 차원의 대응이 아니라고 반응했다는 점이다. 스탈린이 미국 정부를 연루시키지 않은 채 반탁선동의 배후로 러취를 지목했다면, 해리먼 역시 현지 대표의 의견은 정부 의견이 아니라고 답변하여 미국 정부가 개입하지 않았다는 사실을 암시했다.[312]

해리먼은 남한의 사태 전개를 잘 몰랐거나, 이 문제로 미국 정부가 외교적 책임을 지게하고 싶지 않았던 것이다. 해리먼의 답변에 이어서 스탈린은 그렇다면 소련 정부는 소련이 유일하게 신탁통치를 지지하고 있다는 발표를 부인하는 조치를 취하겠다고 대답했다. 노회한 스탈린은 해리먼으로부터 24일자 타스통신 보도에 대한 사전양해를 얻은 셈이다. 한 가지 덧붙일 것은 해리먼은 스탈린과 대화 내용을 모스크바를 떠난 뒤 뉴델리에서 군 계통으로 맥아더를 경유해서 국무장관에게 보냈다. 해리먼은 맥아더도 이 전문을 참고할 필요가 있다고 판단했다.[313]

의외의 사실은 맥아더 사령부의 반응이다. 맥아더 사령부는 타스통신 22일자 보도에 대해서는 강공으로 허세를 부리다가, 24일자 보도에 대해서는 갑자기 태도를 바꾸어 꼬리를 내리는 태도를 보였다. 관련자들의 태도와 정황으로 보건대 맥아더 사령부도 신탁통치 파동에 어떤 식으로든지 관여했을 것이라고 짐작되지만, 이러한 태도 변화가 무엇을 의미하는지, 맥아더 사령부는 남한의 신탁통치 파동을 어떻게 보았는지, 또는 파동에 어느 정도 연루되었는지 앞으로 분석해야 할 과제다.[314]

하지와 미군정은 이 모든 소동의 한가운데 있었고, 소련 정부까지 나서서 대응할 수밖에 없게 만든 장본인이었다. 타스통신의 첫 보도부터 미군정은 긴장하는 기운이 역력했다. 첫 보도가 나가자 하지 발언에 나타나듯이 미군정은 이 문제를 상부와 연결시키지 않은 채 현지 차원의 문제로 축소하는 태도를 보였다. 하지는 처음에는 사실무근을 주장했으나, 타스통신의 두 번째 보도가 나오자 공개적인 대응을 포기했다. 대신 그는 미친 듯이 날뛰면서 국무부와 육군부에 타스통신 보도 내용의 진위를 묻는 전문을 타전했다.[315] 본국으로부터 보도내용이 사실이라는 답변을 듣자, 하지는 타스통신 보도로 미군정이 입은 정치적 손실은 국무부가 자신에게 제때에 정보를 주지 않고, 점령 이래 자신의 신탁통치 반대 건의를 무시했기 때문이라며 사태의 책임을 국무부에 떠넘겼다. 하지는 이 전문을 합동참모본부를 경유하여 국무부에 보냈는데, 이런 행동으로 보건대 이 전문은 일종의 해명성 발언이었다.[316]

또 하지는 1월 28일 맥아더에게 자기가 물러나서 상황을 바로잡을 수 있다면 기꺼이 '희생양'이 되겠다는 전문을 보냈다.[317] 하지는 자기가 책임을 지고 물러나겠다는 의사를 밝힌 것이지만 사실은 자신이 저지른 일들을 은폐하고 체면을 살리기 위한 연출에 가까웠고, 사태의 책임을 언론 보도와 국무부로 떠넘긴 것이나 마찬가지로 궁색하기는 마찬가지였다. 하지 전문에 대해 국무부는 모스크바 삼상회의에 참석한 미국 대표단에게 하지의 요청을 그때그때 전달했으며, 하지는 모스크바 삼상회의에 임하는 미국 입장을 사전에 숙지했다며 하지의 불평에 대해 오히려 불쾌감을 표시했다.[318] 그 당시 국무부는 주한미군사령부를 맥아더 장군 관할로부터 독립시켜 국무부와 직접 연결시키는 방안을 모색했고, 하지에게 보낼 고위 정치고문을 물색했다.[319] 국무부는 하지 때문에 소련으로부터 외교적 망신을 톡톡히 당한 터라 그러한 생각은 한층 절실했을 것이다.[320]

타스통신 보도로 미국은 심각한 정치적 도덕적 타격을 입었다. 반탁운동이 가지고 있던 반공·반소여론의 조성, 우익의 정치적 입지 강화라는 정치적 효과는 그 근거가 사라지게 되었다. 미군정은 신탁통치 파동이 시작되면서 일시 남한에서 정치적 우위를 점할 수 있었으나 타스통신 보도로 그 지위마저 도로 상실했다. 그 당시 미군정에 의해 실시된 여론조사는 미국의 명백한 표리부동함이 드러남으로써 그 위신이 바닥에 떨어졌음을 보여주었다.[321] 모스크바 삼상회의 결정 이후 미소 대표가 미소공위 협상 테이블에 앉기까지 미국과 소련은 총성 없는 외교전쟁을 벌였고, 신탁통치 파동의 발단에서 귀결까지 한국인을 상대로 물밑에서 숨 가쁜 언론 공작과 여론전을 펼쳤다.[322]

4. 신탁통치 파동

미군정의 대응은 드러난 현상만을 놓고 보면 모순으로 가득 차 있다. 미군정 자신은 반탁 입장을 견지했지만 반탁운동을 매개로 한 임정의 정부수립운동을 단호하게 저지했다. 다른 한편 박헌영-존스톤 기자회견에서 보듯이 반소·반공 여론을 조성하기 위해 반탁선전을 조작하는 짓도 서슴지 않았다. 그렇다면 미군정의 반탁은 어떤 반탁이고, 그 성격은 무엇인가. 미군정은 과연 진정으로 반탁을 지지했는가? 당시 상황에서는 모스크바 삼상회의 결정에 의한 신국가 건설이 유일한 현실적 방안이었다 할지라도 남한 대중의 정서는 좌익이 반탁에서 모스크바 삼상회의 결정 지지로 선회한 것을 용납하지 않았다. 이것은 대중적 정서가 강렬한 독립 욕구에 이끌렸음을 증명하는 것인데, 그렇다면 미군정의 반탁은 한국인의 반탁과 궤를 같이 했는가? 아니라면 미군정의 반탁은 한국인의 반탁과 어떻게 다르고, 어떤 관계에 있는가? 반탁은 한국인에게나 미군정에게나 그 나름의 역사성을 가졌다. 모스크바 삼상회의 결정에 포함된 신탁통치 계획은 미군정과 한국인들 모두에게 결코 '마른 하늘의 날벼락'이 아니었다. 양자는 모두 신탁통치안을 잘 알고 있었을 뿐만 아니라 오래 전부터 그 안에 대해 나름대로 대응해왔다.[323]

　모스크바 삼상회의 이전 미군정의 반탁 입장은 국무부에 대해 자신의 의견을 개진하는 정도의 소극적인 것이 아니었다. 미군정은 남한 점령 이래 국무부의 신탁통치안을 대체할 수 있는 대안을 발전시켰고, 모스크바 삼상회의가 다가오자 한국인의 반탁 의사를 대변할 수 있는 보다 대표성을 갖춘 기구를 설치함으로써 국무부의 신탁통치안을 거부할 수 있는 실질적 근거를 확보하려 했다. 미군정은 모스크바 삼상회의 개최 이전 어떻게 하든지 한국인의 반탁 의견을 집약할 수 있는 한국인 대표기관을 만들고, 이곳으로 모든 한국인 정치세력을 집결시키고 싶어 했다. 이러한 미군정 구상을 매개한 것이 이승만과 독립촉성중앙협의회였다. 그 무렵 군정장관 아놀드는 심지어 박헌영까지 만나서 미군정이 구상하는 국무회의(State Council) 설치 구상을 강요했다. 그 자리에서 아놀드는 조선공산당을 포함한 여러 정치세력의 연합체를 통해 국무회의를 만들지 않으면 연합국 회의에서 후견제를 도입할 것이라고 반협박조로 박헌영을 회유했다.[324] 이러한 미군정 측 계획은 1945년 10월 이래 미군정이 발전시켜온 과도정부 수립 구상의 연장선상에 있다. 랭던(William R. Langdon)의 정무위원회안에 잘 나타나듯이 미군정의 과도정부 수립 구상은 남북 양 지역의 점령기구를 통합하는 중앙행정기구를 설치하고, 이 행정기구를 관리할 한국인 정무기구를 선출하며, 이들이 장차 군정을 떠맡는다는 계획이었고, 이렇게 설치된 과도정부에서는 우익의 비례적 우세가 관철되어야 했다.[325]

모스크바 삼상회의 결정이 국내에 알려진 뒤, 하지는 자신의 반탁 입장을 공개적으로 천명할 수는 없었지만 한국인 지도자들을 설득할 때 은근히 자신의 반탁 입장을 과시했다. 세모(歲暮)에 김구를 설득하여 임정 추대운동을 그만두게 만들면서 하지는 신탁통치를 실시하지 않을 수도 있다는 번즈 장관의 언질을 강조했고, 이것은 김구를 설득하는 데 유효했다.[326] 또 하지는 조만식 아들을 포함한 몇 명의 중개인을 통해 평양의 조만식과 직접 연락해왔는데, 1월 중순 조만식이 하지에게 조언을 요청해오자 하지는 '미소공위에서 임시정부를 수립하는 문제에 대해서는 전적인 지지를 보내지만 신탁통치와 같이 명확하지 않은 문제에 대한 결정은 미소공위에 의해 구체적인 결정이 있을 때까지 미결 상태로 두어야 한다'는 입장을 전달했다.[327] 하지가 조만식의 반탁 입장을 잘 알고 있었다는 것을 염두에 둔다면 사실상 반탁에 대한 동의였다. 실제로 하지는 한국인들을 향해 회의나 신문 발표를 통해 신탁통치가 최소화되거나 또는 필요 없도록 모스크바 삼상회의 결정 실행을 위한 협조를 당부했다.[328]

미군정은 모스크바 삼상회의 결정의 국내 전달 이후 야기된 반탁선전과 반탁운동을 방조함으로써 그것이 남한 정치에 미치는 효과를 십분 활용했다. 반탁운동이 반소여론을 조성하고, 남한에서 우익의 정치적 입장을 강화하는 한 미군정에게 결코 해로울 것이 없었다. 이는 적절히 이용한다면 미래의 미소공위 회담에서 미국 입장을 강화해줄 수 있었다. "흥미 있는 것은 반탁 소동으로 빨갱이와 백파가 균형을 이루게 되었고, 양쪽이 다 우리에게 도와달라고 우는 소리를 하게 되었다"[329]는 하지의 지적처럼 우익은 반탁운동으로 좌익과의 세력 불균형을 일시적으로 만회할 수 있었다. 하지의 지적이 암시하듯이 이러한 사태는 미군정으로서도 바람직했다.

모스크바 삼상회의 이후 하지의 반탁은 그 강조점이 이전과 달랐다. 하지가 과도정부 수립 구상을 제안했을 때 반탁 입장은 남한 또는 한반도 전체의 정치적 역학관계를 고려했을 때, 신탁통치안이 한반도에서 미국의 주도권과 이해관계를 관철시킬 수 있는 적절한 방안이 아니라는 방법론적 효용성에 대한 회의에 초점이 있었다. 이때 미군정의 반탁은 국무부에게 신탁통치안의 비현실성을 비판하기 위한 근거로 활용되었고, 역으로 신탁통치는 한국인을 미군정의 정부 수립 구상으로 끌어들이기 위한 협박수단이었다. 반면 모스크바 삼상회의 이후 그의 반탁 입장은 반탁운동의 반소·반공운동으로서의 효과에 대한 강조로 초점이 이동했다.[330]

그렇다면 미군정의 반탁과 한국인들의 반탁은 어떤 차이가 있는가? 한국인에게도 반탁은 해방 이후 돌출한 것이 아니라 그 나름의 역사를 가지고 있다. 해방 이전 미국 정부의 한반도 신탁통치안은 해외의 한국독립운동가들에게 잘 알려져 있었고, 중경 임정은 신탁통치안의 다른 표현인 이른바 국제공관론(國際共管論)이 제기될 때마다 반대 입장을 명백히 밝혔다. 김구는 카이로선언의 '적당한 절차를 거쳐(in due course)'라는 문구에 대해 일본이 붕괴될 그 시간에 독립을 얻지 못하면 '역사적 전쟁'을 계속할 것이라고까지 반응했다.[331]

해방 이전만 해도 반탁운동은 한국인의 독립열망을 모아내고 과시하는 차원에서 독립운동의 일환이었다. 해방 이후 반탁운동에 나타난 일반 대중의 정서는 여기에서 멀리 벗어나지 않았다. 연말의 반탁운동은 엄청난 대중적 호응을 얻었고, 1946년 1월 3일 조선공산당이 모스크바 삼상회의 결정 지지로 방침을 전환하기 이전만 해도 좌우는 일치해서 반탁을 외쳤다. 하지만 미국과 소련이라는 외세의 강력한 규정력 하에서 한국인 반탁운동의 의미도 변질되었다. 해방 이전만 해도 반탁은 외세 간섭을 거부하는 독립운동의 영역에 있었다. 이때 주된 대립항은 한국인 대 외세였으며, 모스크바 삼상회의까지 신탁통치안의 주창자는 미국이었다. 하지만 신탁통치 파동을 거치면서 반탁은 전혀 다른 의미를 띠게 되었다. 반탁의 대상이 달라지고, 반탁운동의 성격이 변질되었다.[332]

모스크바 삼상회의 결정이 국내에 전달되자 미소의 강력한 원심력에 의해 한국인의 반탁정서가 분화했고, 한국인 반탁운동의 이면에는 다양한 정치적 의도가 복류(伏流)했다. 우익은 전반적으로 반탁운동을 반소·반공운동으로 몰고 가면서 좌익에 대한 세력 열세를 만회하려 했다. 또 김구와 임정은 해방 이전부터 추구했던 '역사적 전쟁'을 재개했고, 이를 임정의 정부수립운동으로 발전시켰다. 하지만 이때의 전쟁은 초점이 반외세 일반이 아니라 반소·반공으로 바뀌었고, 반탁은 임정의 정부수립운동, 즉 임정세력의 정권 획득을 위한 수단으로 그 의미가 축소되었다. 결과적으로 그 전쟁은 미군정에 의해 좌절되었다. 한국인들의 반탁운동은 이제 반제·반외세 독립운동의 영역이 아니라 한국인 내부의 세력 다툼의 일환, 특히 좌우대립과 반소운동을 반영했다.[333]

외형적인 구호상의 공통성에도 불구하고 한국인과 미군정이 추구하는 반탁의 성격이 전혀 달랐다는 점에서 이 시기 미군정의 반탁은 일종의 정치적 곡예였다. 미군정의 반탁 태도는 한국인들과 러시아인들, 심지어는 워싱턴 국무부를 향해 각각 다른 정치적 함축과 이미지 연출을 노렸다. 하지만 그 실현 기반은 취약했고, 반탁을 통해 미군정이 얻을 수 있는 효과가 경우에 따라서는 독약이 될 수 있었다. 미군정은 반탁운동을 통해 반소·반공의 효과를 극대화시키되, 이것이 한국인의 독립 요구로 발전하는 것을 차단해야 했다. 하지만 미군정 입장에서 볼 때 우익의 임정 추대운동은 반탁운동이 독약이 될 수 있음을 보여주었고, 미군정은 임정의 정부수립운동을 단호한 태도로 저지했다. 또, 미군정의 정치적 곡예는 타스통신의 두 차례 보도만으로도 타격을 입는 취약한 기반 위에서 이루어졌고, 그 정치적 입장은 한국 내에서 확고한 지지기반을 얻지 못했다.[334]

결론적으로 미군정의 반탁 입장은 반탁운동에 반영된 한국인의 독립 열망에 진정으로 동조했기 때문에 나온 것이 아니었다. 반탁운동은 미군정의 정치적 목표를 실현해줄 수 있는 수단이었을 뿐이고, 그것이 반소·반공운동과 결합할 때만 의미가 있었다. 반탁운동이 미군정이 동기 부여한 이외의 영역으로 확대될 때, 즉 한국인의 독립 열망과 반외세 정서로 비화할 때에는 오히려 단호히 견제해야 할 대상이었다. 미군정은 반탁운동이 가진 정치적 효과에 주목해 반탁 입장을 표출했지만 신탁통치 자체에 대해서는 반대 입장을 가지고 있었다기보다 사실은 찬성 입장을 가지고 있었다. 하지는 공식적인 자리에서는 자신도 한국인들의 즉각적이고 완전한 독립을 지지하는 입장이라고 천명했지만, 만약 한국인들에게 독립을 주게 되면 그들은 2년 내에 소련에게 먹히고 말 것이라고 참모들 앞에서 자신의 속생각을 털어놓았다.[335] 이후 미소공위 회담을 준비하면서 작성된 문건들은 하지를 비롯해 미국 대표단이 한반도에서 소련의 영향력을 구축하기 위해서는 신탁통치안 또는 위장된 다른 형태의 통제책이 필요하다고 생각했음을 보여주었다.[336]

　모스크바 삼상회의 결정이 국내에 전달되기 시작하면서 시작된 신탁통치 파동은 타스통신의 모스크바 삼상회의 협상과정 공개로 일단락되었으나 1945년 말과 1946년 초의 탁치 파동 이후 한반도의 정치지형은 근본적으로 변화했다. 그리고 이러한 국면전환이 한국현대사에 갖는 의미는 심중했다.[337]

　모스크바 삼상회의 결정이 한국에 부과되면서 우리 역사에 남긴 가장 커다란 부(負)의 유산은 한반도의 정치지형을 좌우대립 구도로 재편한 것이다. 남한에서 신탁통치를 둘러싼 파동은 미소 대립이라는 국제정치적 기준이 밖으로부터 부과되면서 빚어낸 마찰음이자, 민족 내부로부터의 파열음이었다. 그 기준은 우리 민족의 역사발전 과정에서 자연스럽게 생성된 것이 아니었고, 외부로부터 이식되었으며, 그 과정에서 작위적인 공작이 난무했다.

제2차 세계대전의 종결 이후 전후 처리 문제를 둘러싸고 연합국 간 이해관계의 상충이 나타나기 시작하고, 다른 한편으로 세계 곳곳에서 탈식민지 움직임이 조직화되면서 연합국 중심의 전후 문제 처리 방식에 대한 비판과 저항 기운이 일기 시작했다. 모스크바 삼상회의는 전후 처리의 일반적 원칙 및 지역별 처리 방식에 대해 연합국 간 합의를 도출하고자 했으나 이를 위해서는 연합국 간 이해관계의 조정은 물론 세계 각 지역에서 표출되기 시작한 반식민지운동에 적절히 대응해야 했다. 모스크바 삼상회의의 「조선에 관한 결정」은 이 양자를 해결하기 위해 안출한 연합국 나름의 협상 결과이자 절충안이었으나 막상 그것이 적용될 한반도에서 격렬한 반응을 초래했다.[338]

모스크바 삼상회의 결정이 국내에 전달되기 직전 국내 정국은 임정의 귀국으로 정치세력 통합 논의에서 임정의 역할이 주목받던 시점이었다. 미군정의 지원하에 독립촉성중앙협의회가 우익 주도의 정치세력 통합을 시도했으나 한계에 부딪혔고,[339] 임정이 귀국하자 정치세력 통합에서 임정의 역할이 주목받던 시점이었다.[340] 합동통신이 1945년 12월 25일 전한 포트웨인 뉴스센티넬 기사 중 'Central Committee of Korea'가 독립촉성중앙협의회를 지칭한다면 미소 양국의 분할점령 종식을 요구했다고 전

한 결의서는 아마 독립촉성중앙협의회가 11월 4일 발표한 결의서일 것이다.[341]

그런데 그 결의서는 독립촉성중앙협의회의 정치세력 통합 논의에 참여했던 공산당과 인민당을 오히려 통합 논의로부터 떠나게 만들었다. 공산당은 결의서 발표 이전에 자신들이 참여하지 않은 채 작성이 이루어진 것을 비판하고, 친일파, 민족반역자를 제외한 민족통일전선 결성을 결의서에 포함할 것을 요구했다. 독립촉성중앙협의회를 주도한 이승만 일파는 이 요구를 받아들이지 않은 채 결의서 발표를 강행했고, 공산당은 이 사건을 계기로 독립촉성중앙협의회의에 더 이상 참여하지 않을 것을 선언했다.[342] 임정의 귀국은 통합 논의를 재개할 수 있는 명분과 기회를 제공했으나 모스크바 삼상회의 결정의 국내 보도와 그것이 일으킨 파문은 더 이상의 논의를 불가능하게 만들었다.[343]

1945년 연말의 국내 정국은 정치세력 통합 논의가 재개되어 통합의 물꼬를 만들어내느냐 아니면 분열되느냐 그 기로에 있었다. 모스크바 삼상회의 결정 보도로 야기된 신탁통치 파동은 통합 논의를 무산시키고 정치세력의 분열을 현실화시키는데 결정적 역할을 했다. 앞에서 분석한 합동통신 배포 기사들은 아직 냉전이 형성되기 전이지만 미국 국내 정치를 남한 내 정치로 고스란히 옮겨오는 역할을 했고, 반탁을 매개로 국내에 반소·반공 분위기를 확산했다. 소설가 이태준은 자유신문에 기고한 평론 "먼저 진상을 알자"에서 이 소동이 한국 사회에 몰고 온 부정적 여파와 그 성격을 걱정스레 진단했다.[344]

사실은 8월 15일의 해방부터가 유감인 것이다. 우리 자력으로는 일본을 조선 전토에서는커녕 제주도 하나에서도 축출 못하지 않았는가? 물론 우리 지도자들의 해내 해외 지상 지하의 혈투를 모르지는 않는다. 그러나 조선 독자의 독립전쟁으로가 아니요 세계의 민주주의 대 팟쇼의 전쟁으로 결정된 것이며, 조선 독자의 독립이기보다 세계 민주주의 건설로서의 조선 독립인 것이다. 만일 강대국 중에 이 민주주의를 간판으로 '민주주의 조선' 건설에 정신적(특히 민족분열)인 것이나 어떤 음모가 있다면 이는 거족적으로 항거하지 않으면 안될 것이요 또 대내적으로 우리 동포 자신들이 파괴적인 편당심(偏黨心)으로 너는 친소파니 너는 친미파니 그러니까 너는 매국노니 하는 등 이런 정신적 테러는 민족분열의 자멸행동이니까 3천만 서로가 신중한 자기비판과 자기반성이 필요하다 생각한다.

이태준은 모스크바 삼상회의 결정에 대해 새삼스럽지만 현실적인 평가 위에서 이 결정이 한국 사회에서 독립에 필요한 정치적 통합을 저해하고 오히려 민족분열로 이어지지 않을까 노심초사한다. 그는 심지어 친소파와 친미파를 나누고, 어느 한쪽을 매국노로 매도하는 것을 정신적 테러로 규정하고, 그것은 민족분열의 자멸행동이라고 경고한다. 불행하게도 그의 우려는 현실이 되었고, 이후 한국 사회는 그의 말을 빌리자면 '정신적 테러로 인한 민족분열의 자멸행동'에 장시간 시달리게 되었다.[345]

제3장

미군정 농지개혁 구상의
전개와 그 귀결

1. 미군정 농지개혁 구상의 원형

일제의 압제로부터 해방된 한국 사회에서 봉건적인 토지소유 제도와 식민지 지주제를 철폐하기 위한 토지개혁은 결코 피해 갈 수 없는 과제였다. 토지개혁은 친일파 청산과 함께 해방 직후 한국 사회가 당면한 가장 큰 역사적 과제 중 하나였다. 일제의 식민 유제와 잔재를 청산하는 작업은 크게 인적 청산과 물적 청산으로 나눌 수 있다. 인적 청산의 핵심 과제가 매국노(national traitor), 부일협력자(collaborator), 친일간상배와 모리배(profiteer)를 처단하는 것이라고 한다면 물적 청산의 핵심 과제는 토지개혁이었다. 토지개혁은 인구의 절대 다수가 농민이고, 또 그 대부분이 소작농인 상황에서 토지소유권을 경작자에게 이양하여 농촌의 봉건적 사회경제관계를 극복하고, 농업 경영의 합리화와 농촌의 민주화, 근대화를 이룩하기 위한 필수 과정이었다.

남한에 진주한 미군도 안정적인 점령통치를 위해 이 과제를 결코 피해 갈 수 없었다. 당시 남한의 모든 정파들 역시 개혁의 대상과 방법에서 차이가 있을 뿐 한결같이 토지개혁을 강령이나 정책으로 채택했다. 즉, 과수원과 임야를 포함한 모든 토지를 대상으로 할 것인가 아니면 전답 위주로 농지만을 대상으로 할 것인가, 일본인 기업과 지주 소유 토지를 대상으로 할 것인가 아니면 한국인 대지주의 토지도 포함할 것인가, 무상 또는 유상으로 몰수할 것인가, 무상 또는 유상으로 분배할 것인가, 민족반역자의 토지를 몰수할 것인가 등이 쟁점이었지 한국의 어느 정치세력도 토지개혁 자체를 거부할 수는 없었다. 심지어 친일관료와 지주, 자본가의 정당으로 간주되던 한국민주당조차 정책으로 '토지 제도의 합리적 재편성'을 내세웠고, '유상매상(有償買上), 유상분배(有償分配)' 원칙을 제시했다.[346]

그러면 미군정은 토지개혁에 대해 어떠한 정책 구상을 가지고 있었을까? 미 국무부는 미군 점령 초기부터 주한미군사령부에 농지개혁을 적극 권고했다. 그리고 미군정은 1946년 2월 27일 군정장관 직속으로 국무부 파견 전문가들로 구성된 농지개혁법 기초위원회를 발족했으며, 「38선 이남에 있는 일본인 농업재산의 매각에 관한 법안(Proposed Ordinance for Sale of Japanese Agricultural Property South of 38 North Latitude)」을 작성 중이었다.[347] 러취(Archer Lerch) 군정장관이 성안 중인 법안을 1946년 3월 7일 언론을 통해 '군정청 특별발표' 형식으로 공개했다. 주요 내용이 일본인 소유 농지를 해당 농지 소작인들에게 현물 장기 분할상환 방식으로 불하한다는 것이었다. 즉, 귀속재산(적산) 불하의 형식으로 일본인 소유 농지를 방매하겠다는 것

이다.[348]

　그런데 미군정의 그 계획은 점령기 내내 실현되지 못하다가 1948년 3월에야 신한공사 소유 농지를 매각하는 형식으로 소작농들에게 분배되었다. 1946년 3월만 해도 금방이라도 실현될 것 같던 일본인 소유 농지 불하가 2년이 지난 1948년에야, 그것도 미군정이 남한 단독선거를 한창 준비 중이던 시점에서 급히 법령 제정을 통해 실현되었다. 미군정이 구상한 농지개혁정책의 실행 과정은 미국의 점령통치가 한국 사회에서 구체적으로 어떤 사건들을 매개로, 어떻게 전개되었는지 그 과정과 실체를 조명할 수 있는 실물자료다. 이 글은 미군정의 일본인 소유 농지 불하를 통한 농지개혁의 부분적 실행이 지체된 배경과 이유를 당시 정치사회적 상황, 그에 관한 미군정 측의 인식과 대응을 중심으로 추적하고자 한다.[349]

　미군정은 진주 직후인 1945년 10월 5일 군정법령 제9호로 소작료 3·1제(소작료를 전체 수확량의 3분의 1 이하로 제한)를 공포하여 식민지 지주제 아래서 고율소작료에 시달리던 소작농들의 부담을 경감해주었다. 그것은 조선에서 처음 있었던 소작료 제한조치였으나 고율소작료를 가능케 한 종래의 봉건적 토지소유제를 해체한 것은 아니었다. 그리고 미군정은 1946년 2~3월에 국무부에서 파견한 경제고문단과 협력하여 일본인 소유 농지를 소작농들에게 유상으로 분배할 계획을 수립했다.

　미군정이 구상한 농지개혁 구상을 이해하기 위해서는 먼저 1946년 3월 7일 발표한 러취 군정장관의 특별발표를 살펴볼 필요가 있다. 그 핵심은 일본인 소유 농지와 도회지 주택, 소규모 상사(商社)를 조선인에게 방매한다는 결정이다. 미군정은 일본인 소유 농지를 해당 농지를 경작하던 소작농들에게 유상 분배하여 자작농을 창정하겠다는 정책을 공개 발표했는데 그 전문을 인용하면 다음과 같다.

군정청 특별발표

조선 군정장관 아처 러취 소장은 조선 내에 있는 이전 일본인 소유의 모종 재산을 조선인에게 방매를 허가하는 법령을 발포하리라고 금일 발표하였다. 농지소유자는 농지를 경작하지 아니하면 안 된다. 그럼으로 이번 조치는 장래의 부재지주에 의한 많은 폐해를 제외할 것이다. 그리고 토지대가는 농작물로써 적당히 지불할 수 있는 것이다. 토지가 소수인의 수중에 들어가지 않도록 방침을 취함으로써 다수의 소작농이 자작농이 될 수 있을 것이다. 러취 소장은 말하기를 농지를 농부에게 방매하는 것과 도회지 주택 및 소규모의 상사기관 방매에 관한 방침은 불원 발표될 것이다. 이전 일본인 소유의 재산 특히 농지 처분에 관해서는 수개월 동안 미군정 당국에서 고려하였다. 조선에 있는 일본인 농지를 각 조선인 농부에게 그들이 해당 농지를 경작하는 동안에 용이하게 매득할 수 있을 만한 범위 내에서 이를 방매하려는 계획을 미군 당국에서 세우고 있다. 875,000에이커나 되는 이전 일본인 소유 농지를 방매하는 근본목적은 토지 없는 조선인 소작농으로 하여금 자작농이 되도록 도와주는 것이 될 것이다. 그리고 이러한 계획은 남부 조선에 있어서 35만 세대나 되는 소작농 반소작농가로 하여금 대가를 농작물로 지불하는 장기상환 방법으로써 농토를 장만할 수 있도록 할 것이다. 군정청에서는 조선인 명사들과 농업경제고문 뻰스 박사 및 그 간부들과 긴밀히 협의하여 이전 일본인 소유의 재산 방매에 대한 방침의 세목을 작성하고 있는 중이다. 도회지 주택 기타 소규모의 상사기관 방매에 관하여도 역시 많은 관심을 가지고 있다. 미군 당국에서는 도회지 주택을 조선 각 도시에서 집이 없는 가족에게 방매하려는 복안을 가지고 있다. 소규모의 산업기관을 방매하는 것은 조선인의 실업(實業) 활동을 자극하여 이 나라의 경제를 발전시킬 것이다. 군정청에서는 여사(如斯)한 산업기관을 조선인이 운영하는 것은 국가경제를 순전한 조선적 토대 우에 수립하는 첫걸음이 되리라고 믿고 있다. 차등의 방매는 용이하게 지불할 수 있는 장기상환 방법으로 즉시 실시될 것이다. 이 방침은 군정청이 조선의 정치경제의 장래에 관한 시정을 조선 국민의 전통과 습관에 맞도록 하여 장래 조선 정부로 하여금 지장과 곤란이 없이 차 시정방침을 그대로 답습할 수 있도록 하기 위하여 조선에 있는 미군정 당국에서 연구하여온 방침이다. 대규모의 산업기관 및 도매기관의 방매에 관하여는 금번 발표에는 포함되지 아니하였다. 그러나 여사한 기업을 국영으로 할 가능성에 대해서는 일반적으로 연구 중에 있다.[350]

미군정은 러취 소장의 특별발표가 있은 지 이틀 뒤에 재차 미국무부가 파견한 경제고문단과 군정청 기자단의 기자회견 형식으로 일본인 소유 농지 방매를 재천명했다. 주한미군경제고문단(Official of Economic Advisor to the Commanding General USAFIK) 또는 국무부 경제사절단(The Department's Economic Mission)으로 불린 이 고문단은 경제전문가들의 집단으로 단장 번스, 구호 문제 담당 스트롱(Gordon Strong), 무역 노동 담당 키니(Robert A. Kinney), 로스(John R. Ross) 등 11명이었다. 고문단 성원들 가운데 단장 번스가 중요하다. 그는 미국 재무부 관리로 국무부에 파견되었고 공식적인 지위는 아니었으나 공사급으로 미군정에 파견되었다. 일제 강점기에 6년간 함흥, 원산 지역에서 YMCA운동을 한 바 있고 한국어를 유창하게 구사했다.[351] 미국인 기자 게인(Mark Gayn)이 1946년 10월항쟁 직후 남한을 방문하고 그때의 경험을 견문기 형식으로 『일본일기』에 남겼다. 그에 의하면 "번스는 한국 문제를 사회적, 경제적 세력의 맥락에서 보았고, 한국인에 대해서 진정한 애정을 보여준 최초의 사람이며 소련의 위협이 아니라 사회적 개혁을 강조했던 첫 번째 인물"이었다.[352]

번스 박사가 이끈 이 경제고문단의 사명은 (1) 조선 실정을 있는 그대로 파악할 것, (2) 그 실정을 연구 분석하여 상세히 보고할 것, (3) 미군정을 보좌할 것, 세 가지였으나 이들의 재한 활동에서 가장 중요한 것은 귀속농지[353] 매각 방안, 이른바 '번스안'을 이들이 주도하여 만든 것이다. 경제고문단의 기자회견 중 농지개혁 관련 내용을 소개하면 다음과 같다.

미 주둔군 사령관 하지 중장의 경제고문으로 지난달 중순부터 내조 중인 뺀스 사절단과 군정청 기자단은 9일 오전 10시 제1회의실에서 회동한바 동 사절단을 대표하여 고든 스트롱 씨와 로버트 키니 씨는 다음과 같이 각각 담화하였다. …

키니 씨는 이번 처음으로 착수한 사업은 일본인 소유의 토지 87만 5천 에이커를 약 35만 명 소작인에게 방매하기로 한 것이다. 그 구체적인 방법은 다시 법령으로 제정 발표될 것인데 소작농이 자작농으로 자립할 수 있도록 농산물로서 그 대가를 장기에 상환케 하였다. 그간 조선 농촌의 실정을 보면 1910년 이래 자작농이 줄어가고 그 반면에 소작농과 일본인 소유의 농토가 늘어갔다. 1943년 남조선 200만 농가 중 51%가 소작농, 23%가 반소작농, 14%가 자작농 2%가 기타소속으로 되어 있다. 이번 농토 방매로 자작농을 30% 이상으로 늘릴 예정이다.[354]

이 기사는 1946년 3월의 시점에서 미군정이 남한의 토지개혁 또는 농지개혁에 관해 어떤 구상과 정책을 가지고 있었는지 잘 보여준다. 우선 국무부가 파견한 번스 경제고문단과 미군정은 1946년 2월 중순부터 일본인 소유 농지를 소작농들에게 방매하는 방식으로 해당 농지의 소작농을 자작농으로 만드는 방안을 협의했고, 그 농지에서 생산하는 농작물을 장기상환 하는 방식의 농지개혁 방안을 마련했다. 미군정 역시 신한공사 농지 불하라는 비슷한 방안을 구상했다. 군정청 농무부장 이훈구(李勳求)는 1945년 11월에 토지 문제에 대한 대책을 묻는 질문에 "군정청에서는 종래 금융조합을 통하여 실시해 왔던 자작농 창정사업을 계속 실행하겠고 또 신한공사로 하여금 그 소유토지를 해방하여 자작농 창정에 관한 사업을 실행케 할 계획이다. 즉 공정한 요율로 장기에 걸쳐서 토지의 원가를 소작농이 지불할 수 있을 계획을 세우려는 것이다. 그래서 과거 동양척식회사는 조선농민을 착취하는 기관이었지만 이 신한공사는 금후 조선농민을 위해서 그 존재가 있게 된 것이다"라고 답했다.[355] 동양척식회사를 계승한 신한공사 농지를 소작농에게 유상 분배하여 자작농을 창정하려는 계획을 공개한 것이다. 이훈구의 발언을 감안하면 번스안은 번스 사절단이 독자적으로 고안한 것이라기보다 미군정도 준비하던 안이었다.

번스안은 조선인 지주의 토지는 개혁 대상에 포함하고 있지 않은 만큼 미군정 입장에서 볼 때 조선인 지주층의 반발이나 저항으로부터 자유로운 방안이었다. 반면 고율 소작료에 시달리는 것은 조선인 지주의 땅을 부쳐 먹던 소작농들이라고 해서 예외는 아니었다. 오히려 소작농의 숫자가 일본인 지주 소유 토지보다 훨씬 많았던 만큼 그들의 불만을 어떻게 해소할 것인지가 커다란 과제로 남았다. 당장 남한 사회의 여론이 이러한 부분적인 토지개혁에 어떻게 반응할지, 그리고 그로부터 제기되는 여론의 압력에 어떻게 대응할지도 큰 부담이 될 수 있었다.

점령 당국은 점령 이래 1946년 3월 시점까지 남한에 존재하는 모든 소작농을 자작농으로 만드는 전반적 농지개혁, 일본인 소유와 조선인 소유의 소작지를 모두 대상으로 하는 농지개혁 대신 과거 일본인 소유 농지에 한정한 토지 문제 해결 방안을 구상해왔다. 키니의 발언에 의하면 분여농가 수는 35만 호로 고문단이 파악한 남조선 농가 200만 호 중 17.5% 정도가 농지를 분배받고, 그렇게 되면 전체 농가 중 자작농이 30% 이상으로 늘어날 거라고 예상했다. 앞 기사는 미군정이 일제의 조선 강점 이후 소작농이 크게 증가했고, 농촌에 만연한 소작제가 어떤 폐해를 불러일으키는지 잘 알고 있으며, 농지개혁이 시급하다는 점 또한 이해하고 있음을 보여준다.

미군정은 과거 일본인이 소유했던 농지를 소작농과 자소작농에게 장기 현물상환 방식으로, 즉, 적산 불하의 형식으로 매각함으로써 농지개혁을 부분적으로 실시할 계획을 발표했고, 그 계획을 실시하기 위한 법령을 제정 중이었다. 미군정은 동시에 도회지에서는 과거 일본인 소유 주택을 장기상환의 방식으로 방매하여 주택난을 해소하겠다는 구상도 발표했다. 한편 조선인 대지주의 소유 농토에 대한 처리 방안을 묻는 기자들의 질문에 대해 러취 군정장관은 "그것은 군정청에 소유권이 없으므로 처리할 수 없고 장래 조선 정부 수립 후에 해결될 것이다"라고 답했다. 또 일제 강점기의 동양척식회사를 계승한 신한공사의 소유 농토도 소작농에게 불하되는가 묻자 불하된다고 답했다.[356] 3월 12일 군정청 농무국장 이훈구도 일본인 소유의 토지는 개인이거나 회사이거나 불문하고 일체를 조선인 소작농에게 장기상환 방법으로 매각하게 될 것임을 밝혔다. 그는 "일본인 농지는 소농가에 방매하는 것이 아니고 정확히 말하면 15년 동안의 시

험기간을 두어 아무 고장 없이 잘 경작하면 그 경작인에게 그대로 주는 것"이라고 부언했다.[357]

앞 기사들을 통해 1946년 2, 3월에 미군정이 구상한 농지개혁안을 요약하면, 첫째, 이 구상이 수개월간 연구되었다는 언명에서 짐작할 수 있듯이 미군정은 점령 직후부터 이미 개혁의 필요성과 중요성, 긴급성을 이해하고 나름대로 대책을 마련 중이었다. 둘째, 진주한 지 6개월이 지난 뒤에 부분적이나마 일본인 소유 농지 불하 계획을 수립하고 발표할 수 있게 된 데는 번스 사절단의 내한이 중요한 계기가 되었다. 셋째, 번스가 주도한 이 방안은 조선인 지주 소유 토지를 포함하는 전면적인 토지 문제 해결의 첫 단계로 계획되었고, 미군정은 농지개혁에 대해 단계적 접근방식을 구상했다. 넷째, 이 방안은 조선의 토지 소유관계의 봉건성과 불평등성을 모두 해결하는 것은 아니었고, 일부 소작농을 일부 자작농으로 만드는 일종의 '자작농 창정계획'이었다. 그리고 미군정은 이 방안이 부분적이고 불철저한 개혁이라는 점을 구상 단계부터 잘 알고 있다.

러취 군정장관은 3월 15일 귀속농지 처리는 군정청, 또는 장래의 조선 정부가 직접 소작농·자소작농을 상대로 추진할 것이고, 매각된 농지는 15년간 전매할 수 없게 할 것이며, 상환기간 중 군정청 대행기관과 지방농회를 통한 경영 지도를 실시할 것이라는 내용의 구체적 실행방안까지 공보부 특별성명 형식으로 재차 발표했다.[358] 이 발표는 "조선인 소농가에게 방매한 전(前) 일본인소유 농지가 대지주의 손에 들어가지 않도록" 할 것이고,

"여하한 부로커 중간상인 또는 대지주도 이 농지 방매에 있어서 분배 운영 또는 관리하는 데 참가하는 것을 허락하지 않을 것"이라는 점을 강조했다. 러취 군정장관의 이 성명은 일본인 소유 농지 불하에 대한 남한 사회의 비판과 반발을 의식한 것이었다.

2. 미군정 여론조사

1946년 3월 7일과 3월 15일 군정장관의 특별 발표와 성명의 내용은 앞에서 언급한 「38선 이남에 있는 일본인 농업재산의 매각에 관한 법안」, 이른바 번스안에 모두 들어있다.[359] 미군정은 그것을 법령으로 제정하여 당장이라도 실시할 듯이 발표했으나 그로부터 3개월여의 시간이 흐른 뒤인 1946년 6월 25일 미군정은 돌연 이 구상의 실시를 '조선인 여론' 때문에 보류한다며 철회했다.

군정청에서는 지난번 법령으로 일본인 소유 경지를 농민에게 매도하기로 하되 10년 또는 15년간 장기에 걸쳐서 농작물로써 댓가를 상환시키기로 하였던 바 요지음 공보국을 통하야 조선인의 이에 대한 희망이 여하한가를 조사한 바 있었는데 이 결과에 대하야 25일 러취 장관은 기자단과의 회견석상 다음과 같이 말하였다.
이 문제에 대한 조선인의 여론을 알고저 하야 (1) 농민에게 무상 분양을 희망하는가, (2) 유상으로써 장기 작물 상환을 희망하는가,

(3) 조선임시정부가 수립될 때까지 보류하기를 희망하는가의 세 가지로 설문하야 조사한 결과 80%가 임정 수립까지 보류키를 희망하야 이의 정책을 여론에 호응해서 매매는 보류키로 하였다. 언제든지 이 문제는 조선인 전체의 희망하는 대로 하려고 한다.[360]

러취는 보류의 이유로 '80%가 조선임시정부 수립까지 보류키를 희망'한다고 했는데 미군정이 행한 일련의 여론조사 자료를 토대로 먼저 그 근거를 살펴보자.

미군정 공보국이 1946년 3월 5일부터 11일까지 일주일 동안 일본인 소유 농지 방매에 대한 남한 사회의 여론을 가두조사 형식으로 조사했다. 그 결과가 「농지 처분, 산업과 기타 자산의 국유화에 대한 한국의 여론조사」라는 제목의 보고서로 3월 12일 제출되었다. 미군정은 이후에도 이 문제에 대한 한국인의 여론 동향에 계속 관심을 기울였다. 표4~표7은 러취 군정장관이 일본인 농지 분배 구상을 처음 발표한 3월 7일 전후 시점에서 그 구상의 보류를 천명한 6월 하순 사이에 실시한 주요 여론조사 4건을 요약한 것이다.[361]

다음 표에서 먼저 눈에 띄는 것은 첫 번째 여론조사(표4)가 실시된 시점이다. 이 여론조사의 경우 조사가 이루어진 시점이 3월 5일부터 11일 사이였고, 조사 지역은 서울과 근교 경기도 지역이었다. 보고서 제출일은 3월 12일이었다. 조사는 1946년 3월 7일 러취 군정장관의 특별발표 전후에 이루어졌고, 결과보고서 제출은 특별발표 닷새 후였으며, 보고서가 제출된 사흘 뒤

표4 농지 처분, 산업과 기타 자산의 국유화에 대한 한국의 여론
(1946.3.12. 발표)

단위(%)

조사 항목		사업가·전문직	노동자	농민	경기도	남한 전체
일본인 소유 귀속농지 처리	미군정하 매각	12	17	19	17.5	18.3
	미군정하 분배	7	17	14	14.5	14.5
	한국 정부 수립 후 처리	81	66	67	68.0	67.2
한국인 대지주 소유 농지 처리	필요	54	66	69	66.3	67.8
	불필요	46	34	31	33.7	32.2

출처: 주한미군사실 문서철, Box 29, Bureau of Public Opinion, "Survey of Korean Public Opinion on the Disposition of Farmlands and the Nationalization of Industry and other Properties", 1946.3.12.

표5 농지 처분에 대한 한국 여론 조사(1946.5.15. 발표)

단위(%)

조사 항목		전국
일본인 소유 귀속농지 처리	미군정하 매각	22.0
	미군정하 분배	20.6
	한국 정부 수립 후 처리	57.4
한국인 대지주 소유 농지 처리	미군정하 매각	19
	미군정하 분배	17
	한국 정부 수립 후 처리	64

출처: 보고서명 Korean Public Opinion on the Disposition of Farmlands.

인 3월 15일 러취는 번스안의 구체적 내용을 특별성명 형식으로 재차 발표했다. 여론조사를 시작한 시점은 러취가 일본인 소유 농지 처분 방안을 발표하기 이전인데 왜 조사 결과가 나오기 전에 미군정은 이 방안을 발표한 것일까? 특히 미군정의 구상과

표6 농지 처분에 대한 경기도 여론조사(1946. 5. 23. 발표) 단위(%)

조사 항목	일본인 소유 귀속농지 처리			한국인 대지주 소유 농지 처리		
	미군정하 매각	미군정하 분배	한국 정부 수립 후 처리	미군정하 매각	미군정하 분배	한국 정부 수립 후 처리
사업가·전문직	9	5	8	12	9	12
노동자	12	27	8	7	8.5	5
농민	79	68	84	81	82.5	83

조사 항목		경기도
일본인 소유 귀속농지 처리	미군정하 매각	7
	미군정하 분배	16
	한국 정부 수립 후 처리	77
한국인 대지주 소유 농지 처리	미군정하 매각	10
	미군정하 분배	7
	한국 정부 수립 후 처리	83

출처: 보고서명 Public opinion in Kyonggi-do relative to the Disposition of Farmlands.

다른 결과가 나올 수도 있을 텐데 굳이 한국인의 여론동향을 확인하기도 전에 특별발표를 했는지 궁금하다. 이 여론조사를 보며 떠오르는 첫 번째 의문이다.

여론조사 결과가 나온 뒤 미군정 당국자들은 보고서를 바로 열람할 수 있었을 것이다. 3월 12일의 첫 번째 결과에서 보듯이 여론조사에 응한 한국인들 가운데 67.2%가 일본인 소유 농지를 한국 정부 수립 뒤에 처리해야 한다고 응답했다. 그런데 왜 러취는 굳이 3월 15일 재차 성명을 발표하여 강행의지를 내비쳤을까? 여론조사 시점과 관련하여 떠오르는 두 번째 의문이다.

표7 농지 처분 여론조사(1946. 6. 4. 발표)

단위(%)

조사 항목		전국
일본인 소유 귀속농지 처리	미군정하 매각	16
	미군정하 분배	27
	한국 정부 수립 후 처리	57
한국인 대지주 소유 농지 처리	미군정하 매각	15
	미군정하 분배	10
	한국 정부 수립 후 처리	75

출처: 보고서명 Korean Public Opinion on the Disposition of Farmlands, 1946. 5. 15.

3월 15일 성명은 이 여론조사 결과에서 밝혀진 내용을 염두에 둔 것 같기도 하다. 러취의 성명에는 "귀속농지 처리는 군정청, 또는 장래의 조선 정부가 직접 소작농·자소작농을 상대로 추진할 것"이라는 문안이 있다. 3월 7일 발표와 달리 일본인 농지 처리의 주체를 '군정청, 또는 장래의 조선정부'로 이원화했는데 그렇다면 군정청은 이 여론조사 결과를 인지한 상태에서 두 번째 성명을 발표한 것으로 볼 수 있다.

그리고 러취 군정장관은 3월 19일 기자회견 석상에서 아래와 같이 귀속농지 매각을 한국 정부 수립 때까지 연기할 수 있음을 시사했다.

질문 많은 정당들이 일본인 재산(적산) 매각을 한국 정부 수립 때까지 중단해야 한다고 제안한 것에 대해 군정은 어떻게 생각하는가?

답변 군정장관은 정당들이 정말 그렇게 생각하는지 의문이고, 자신의 생각으로는 지금 농지를 경작하는 사람에게 매각하는 것은 적절하고 환영받을 것이라고 느낀다. 매입 조건은 매우 관대하다. 장기간에 걸쳐 매입 대금을 상환하게 될 것이다. …
군정장관은 이것이 경제 회복에 좋은 출발이 될 것이라고 생각한다. 자신은 이것이 한국인들의 욕구를 충족시킬 것이라고 믿는다. 그러나 만약 한국인들이 현재 귀속농지가 매각되는 것을 원하지 않는다면 군정은 한국 정부가 수립될 때까지 매각을 연기하고자 한다. 그러나 군정의 관점에서 보류는 경제 회복을 늦추는 것이다.[362]

미군정은 스스로 귀속농지 불하를 선언한 지 보름도 되지 않아 연기 의사를 내비쳤다. 미군정이 가두조사 형식의 여론조사를 본격적으로 시행한 것은 1946년 3월이었다. 그러나 점령군 당국은 이미 1945년 늦가을부터 청취조사 형식의 여론조사를 벌였고, 그 과정에서 토지개혁이 가지는 역사적 중요성이나 토지개혁에 관한 한국인들의 열망을 확인할 기회가 있었다. 공교롭게도 첫 번째 조사는 한편으로는 미군정이 일본인 소유 농지를 불하하겠다는 결정을 발표한 시점에, 다른 한편으로는 북한에서 토지개혁 법령을 발표하고 실행하기 시작한 시점에 이루어졌다.

3월 12일에 발표된 여론조사는 모두 네 개 설문으로 이루어졌다. 첫째, 일본인 소유 귀속농지 처리, 둘째, 한국인 대지주 소유 농지의 처리, 셋째, 산업 국유화, 넷째, 토지 국유화가 그것이다. 이 조사는 서울과 서울 주변 지역의 2,647명을 대상으로 이루어졌다. 표본 집단은 사업가·전문직 928명, 노동자(농장노동 제외) 930명, 농부 789명이었고, 이들을 통해 얻은 조사 결과를 실제 경기도 인구 중 사업가·전문직, 노동자, 농부 비율 10 : 40 : 50에 맞게 가중치를 적용하여 얻은 수치를 경기도 주민의 여론을 대표하는 것으로 간주했다. 같은 작업을 한 번 더 해서 남한 전역의 인구를 대표하는 수치를 산정했다. 이 경우 남한 인구 중 사업가·전문직, 노동자, 농부 비율을 3 : 25 : 70으로 상정했다. 경기도 여론이나 남한 전체 여론이나 모두 보정을 거쳐 얻어진 수치다.

결과는 보정을 거쳤지만 조사가 농촌 지역이 아니라 서울과 인근 지역에서 이루어졌고, 표본 집단도 노동자와 사업가·전문직이 농민보다 훨씬 많은 이상한 조사다. 인구 구성에서 농민이 70~80%에 달하고, 또 농민 거주지는 주로 농촌인데 이 조사는 서울과 인근의 도회지 주민들 중에서 표본을 추출했다. 농지개혁에 가장 직접적 이해관계를 가진 것은 농민, 그것도 소작농 또는 토지 없는 농민이고, 그런 면에서 농지개혁 관련 여론조사의 1차적 표본은 농민, 그중에서도 소작농이나 무전농민이어야 했을 텐데 그런 이해관계나 맥락을 전혀 고려하지 않은 채 조사가 실시되었다. 조사 결과를 구체적으로 살펴보면 귀속농지 처분을 한국 정부 수립 후로 미루어야 한다고 응답한 비율이 사업가·전문직에서 81%로 가장 높고, 농민 67%, 노동자 66% 순이다.

한국인 대지주의 농지를 해당 경작지 소작농들에게 분배해야 하느냐는 질문에 대해서 67.8%가 분배 필요성을 인정했고, 농민 69%, 노동자 66%, 사업가·전문직 54%가 그 필요성을 인정했다. 조사가 수행된 서울을 비롯한 경기도 지역은 66.3%, 그 수치를 보정한 남한 전체는 67.8%가 필요성을 인정했는데, 이러한 수치들은 토지 문제 해결에 대한 당대 남한 사회의 계급·계층적 대응 양상이나 지역적 대응 양상을 보여준다. 아무래도 농촌 지역을 포함한 남한 전체의 비율이 서울을 포함한 경기도 지역보다 높았고, 분배 필요성을 묻는 설문에 대해서는 농민과 노동자가 사업가·전문직보다 15%가량 높았다.

「농지 처분, 산업과 기타 자산의 국유화에 대한 한국의 여론조사」는 한국인 대지주 소유 농지의 분배에 찬성한 이들에게 다시 그 농지를 유상 또는 무상으로 분배해야 할지 묻고, 반대한 이들에게 그 농지를 정부가 인수할지, 아니면 대지주의 손에 남겨두어야 할지를 물었다. 전자의 경우 남한 전체의 여론은 유상분배가 75.9, 무상분배가 24.1%였다. 유상분배의 경우 농민 80, 노동자 65, 사업가·전문직 54% 순이었다. 한국인 대지주 소유 농지를 유상분배 해야 한다고 응답한 응답자들의 비율이 농민에서 가장 높고, 사업가·전문직에서 가장 낮은 것이 이채롭다. 한국인 대지주 소유 농지의 분배를 반대한 이들 중 그 토지를 정부가 인수해야 한다고 응답한 비율은 농민 79, 노동자 76, 사업가·전문직 70% 순이었고, 남한 전체로는 78%였다.

이 여론조사는 산업 국유화에 대해서도 물었는데 그 결과는 다음 표8과 같다. 문항은 "당신은 다음 정책 중 어느 것을 선호하십니까?"를 묻고, "(a) 모든 주요 산업의 정부 소유, 다른 재산

표8 '산업 국유화' 관련 미군정 여론조사 결과(1946. 3. 12)

단위(%)

	전문직·사업가	노동자	농민	경기도	남한 전체
(a)	41	28	36	33.3	34.1
(b)	14	27	21	22.7	22.3
(c)	32	31	35	33.1	33.9
(d)	13	14	8	10.9	9.7

들은 제외, (b) 주택, 가구 등 전적으로 사적인 재산을 제외한 모든 재산(산업, 토지, 건물, 기계, 광산, 기업 등)의 정부 소유, (c) 정부가 모든 주요 산업을 통제하나, 소유하지는 않음, (d) 주요 산업을 정부가 통제하거나 소유하지 않음" 네 항목 중 하나를 택하는 방식이었다.

표8에 따르면 남한 주민의 90% 이상이 어떤 식으로든 주요 산업을 정부가 소유하거나 통제해야 한다고 응답했다. 주요 산업 국유화에 대해 전문직·사업가의 여론 비중이 가장 높고, 모든 재산의 국유화에 대해서는 노동자의 여론 비중이 가장 높으며, 정부에 의한 통제 항목의 경우 농민의 여론 비중이 가장 높은 것이 눈에 띈다. 남한 사회가 전반적으로 주요 산업 국유화에 찬성하는 입장이지만 국유화 대상이 주요 산업인가 주요 자산인가, 국유화 방식이 소유인가 통제인가에 따라 계급·계층별로 조금씩 다른 반응을 보였음을 알 수 있다.

이 여론조사의 마지막 설문은 "당신은 다른 재산들을 제외하고 모든 농지를 정부 소유로 하는 것을 선호하십니까?"였다. 이 설문에 '그렇다'로 응답한 비율은 농민 48, 노동자 56, 사업가·전문직 43% 순이었고, 경기도는 50.7, 남한 전체는 49.9%였다. 노동자의 응답률이 가장 높다. 조사 결과는 농지의 정부 소유에 대해 '그렇다'와 '아니다'가 절반씩이다.

미군정 공보부는 보고서 말미에 조사 결과를 다음과 같이 요약했다. "설문은 한국인들의 기본적인 경제적 신조를 확인하기 위한"것이었다. 그 결과는 첫째, 대부분의 사람들이 미군정이 귀속농지를 판매하지 말고 그 소유권을 한국 정부가 수립되었을 때 넘기기를 원하고, 둘째, 한국인 대다수가 한국인 대지주 소유 농지를 나누어서 소작농들에게 판매하는 것을 선호하며, 셋째, 한국인 대지주 소유 농지를 소작농들에게 분배하는 것을 반대하는 대부분이 그것의 정부 소유를 선호하고, 넷째, 재산의 정부 소유와 통제를 묻는 설문에서 사람들의 견해가 나뉘지만 명백한 다수는 최소한 정부의 대규모 산업 소유를 선호하며, 다섯째, 마찬가지로 정부의 농지 소유에 대해 한국인들의 견해가 반반으로 나뉜다고 요약했다. 보고서는 이 시점에서 대다수 한국인들이 정부가 통제하는 경제를 선호하고, 상당수가 전적으로 정부 소유를 지지함을 알 수 있다.

미군정 공보부가 이어서 실시한 여론조사 표5와 표6은 각각 5월 15일과 23일에, 표7은 6월 4일 결과보고서가 제출되었다. 모두 일본인 소유 농지와 한국인 대지주 소유 농지의 처리 시기와 주체, 방식을 묻는 조사다. 표5는 제출일 이전 2주간 전국적 범위에서, 표6는 조사 일시 불명이고 서울과 문산, 인천 등지에서, 표7은 5월 24일에서 31일 사이에 전국적 범위에서 농촌 지역과 도회지 지역으로 나누어 조사를 실시했다. 응답자 수는 표5 738인, 표6 3,486인, 표7 1,438인으로 표6이 가장 많고, 표5가 가장 적다. 표5와 표7은 전국적 범위의 조사이고, 표6은 표4와 마찬가지로 서울과 인근 경기 지역에서 실시되었다. 표5와 표7은 전국적 범위의 조사지만 표본이 그리 크지 않고, 표6도 표4와 마찬가지로 응답자 중 농민이 가장 적다.

표5는 3월 초에 첫 여론조사가 있은 뒤 약 2개월 후에 실시되었고, 표5~표7은 모두 5월에 조사가 진행되었다. 미군정이 첫 여론조사 결과를 받아든 지 두 달이나 지난 뒤에야 다시 여론조사를 실시한 이유를 알 수 없으나 표5~표7 세 보고서는 결론에서 모두 3월의 첫 여론조사 결과가 일관되게 반복된다는 점을 강조한다. 미군정은 그 이후에도 7월 중순까지 두 달 동안 대략 열흘 간격으로 같은 설문 항목을 계속 조사했다. 표4~표7에는 들어 있지 않으나 미군정 공보부가 펴낸 「여론동향」은 16호(1946. 6. 22)부터 19호(1946. 7. 18)까지 연속하여 일본인 소유 농지와 한국인 대지주 소유 농지 처리에 관한 여론조사 결과를 실었다. 1946년 7월 중순 이후에도 미군정은 농지개혁에 관한 여론조사를 간헐적으로 실시했다.

흥미 있는 것은 표4~표7에서 보듯이 일본인 소유 농지의 처분을 한국 정부 수립 후로 미루자는 의견의 비율이 서울과 경기도만 조사했을 때보다 전국 단위 조사에서 낮아지고, 사업가·전문직의 경우 다른 계층보다 한국 정부 수립 후로 미루자는 의견이 더 높은 비율을 차지한다. 표5, 표7은 전국적 범위로 실시한 조사인데 서울과 인근 지역을 조사한 표4와 표6보다 한국 정부 수립 후로 미루자는 의견이 10~20%가량 낮다. 상대적으로 농민층의 의견이 더 많이 반영되었을 전국 단위의 여론은 당장 처분하자는 의견이 더 높고, 그 자신 부재지주거나 지주층의 의견에 가까울 것으로 여겨지는 사업가·전문직은 어쨌든 한국 정부 수립 후로 미루자는 의견이 더 많다. 이러한 수치의 차이는 지역별, 계층별로 토지개혁의 시급성에 대한 인식이 달랐음을 보여준다.

미군정은 점령 초기에는 청취조사(Opinion Sampling Trip) 위주로 남한 사회의 여론을 수집했고, 1946년 2~3월경부터 가두조사(街頭調査) 방식의 여론조사를 본격적으로 실시하기 시작했다. 청취조사가 대면(對面)으로 한국인의 의견을 직접 듣는다는 이점이 있지만 청취 대상 숫자가 제한된 반면 조사원을 동원한 가두조사는 설문조사 위주의 대규모 조사로 결과를 계량하는 것이 가능했고, 또 같은 설문으로 조사를 반복함으로써 여론의 추이를 살필 수 있다는 이점이 있다. 미군정은 이를 통해 특정 조사 대상과 항목들을 체계적이고, 정기적으로 추적했으며, 정책 수립에 필요한 기초자료들을 얻었다. 미군정 공보부는 1946년 2월 하순부터 자신들이 수집한 한국 사회의 여론을 「여론동향(Opinion Trend)」이라는 제목의 정기 보고서로 펴내기 시작했다.[363]

정기조사를 통해 미군정이 꾸준히 확인한 항목들은 첫째, 쌀값을 중심으로 한 물가 변동, 둘째, 미군정정책에 대한 만족도,

셋째, 농지개혁(귀속농지 또는 한국인 대지주 농지 처분), 산업국유화, 노조 선호도 등 경제적 이슈, 넷째, 매체 선호도, 특히 미군정 발행 주간신문 『농민주보』와 『주간신보』에 대한 선호도 조사 등이었다. 미군정정책에 대한 반응은 북한 사회의 소련군에 대한 반응과 비교를 염두에 둔 것이 많았고, 이북 동정과 그에 대한 여론의 추이도 지속적으로 관심을 가진 주제의 하나였다. 귀속농지 처분 등 토지 문제 해결은 미군정이 지속적으로 관심을 가진 여론조사 항목이었다.

  미군정은 귀속농지 매각을 중심 내용으로 하는 첫 번째 농지개혁 관련 공식 여론조사에서 농지개혁의 필요성이나 개혁의 방향을 묻는 질문은 생략한 채 개혁 대상 중 귀속농지와 한국인 대지주 소유 농지의 처리 시점과 처분 방법을 설문으로 구성했고, 이러한 항목 구성은 이후 조사에서 그대로 유지되었다. 미군정의 토지개혁 구상은 토지 문제 해결 대상을 귀속농지와 한국인 대지주 소유 농지에 한정했다는 것을 알 수 있다. 그리고 토지 문제를 산업과 자산의 국유화 문제와 연관시켜 조사한 것도 흥미롭다. 북한은 1946년 8월에 주요 산업 국유화 법령을 발표했고, 미군정의 첫 번째 가두조사 표4가 실시될 무렵 북한에서는 토지개혁이 한창 진행 중이었다. 미군정이 그 시점에서 국유화 문제를 조사에 포함한 것은 식민유제를 극복하는 데 필요한 경제개혁 조치에 관한 한국인들의 여론을 의식하면서 조사를 실시했음을 짐작케 한다.

  설문은 사실은 귀속농지 처분 시기와 주체, 그리고 처분 방법을 한 문항으로 합친 이상한 구성이다. 합리적인 문항 설계라면 토지개혁이 되었든 귀속농지 처리가 되었든 전체적인 개혁의 방향과 그에 대한 지지 여부를 먼저 물은 뒤 그 결과에 따라 차별적으로 처리 방식을 묻는 것이 순서일 것이다. 그런데 이 조사들은 앞부분을 생략한 채 남한의 농지들을 일본인 소유와 조선인 소유로 나눈 뒤 그것들을 미군정 하에서 지금 할 것인가 아니면 미래에 한국 정부 수립 후에 할 것인가로 바꾼 다음, 지금 한다면 무상 분배로 할 것인가 유상 분배로 할 것인가를 같은 항목에서 묻고 있다. 귀속농지 처분의 경우 누가, 언제 이것을 실시할 것인가에 질문의 초점이 있음을 어렵지 않게 알 수 있다. 범주와 성격이 전혀 다른 질문들을 조합하는 것은 문항 설계에서 경계하고 피해야 할 일이지만 설문들은 그에 대한 고려 없이 처분의 주체와 시점에 관한 확인을 일차적 과제로 삼았다.

  네 건의 조사에서 결과보다 주목해야 할 것은 설문 항목의 내용적 적실성, 추출된 표본의 대표성, 조사 방식의 적절성 문제이다. 일본인과 한국인 소유 농지 처분에 관한 앞의 조사들은 추출된 표본과 조사 방식이 과연 적절했는지 고개를 갸웃거리게 만든다. 토지개혁 또는 귀속농지 처분의 1차적인 이해 당사자는 지주와 소작농이다. 일본인 소유 농지는 대부분 미군정이 신한공사를 설치하여 관리했고, 그 처분에 관해서는 미군정의 의지가 실질적으로 가장 중요했다. 마찬가지로 중요한 것이 귀속농지를 경작하는 소작농의 견해일 텐데 앞의 여론조사들은 정작 그들보다 전문직·사업가, 노동자 중에서 더 많은 표본을 추출했다. 그것도 서울과 근교의 경기도 지역에서 조사를 실시했는데 당시 서울은 농촌사회와는 전혀 다른 사회경제적 환경에 있고, 서울과 근교 지역의 주민들이 농촌사회의 여론을 대표한다고 말하기는 어렵다.

　지역적, 공간적 대표성의 문제 외에도 실제 조사 인원수에서 사업가·전문직과 노동자가 농민의 두 배 이상이다. 보고서는 이를 경기도와 남한의 인구 구성 비율에 따라 보정했다고 적었지만 지역적 대표성과 함께 표본 추출에서 심각한 문제를 안고 있다. 그 시기 가두조사의 기술적 제한성을 감안해야겠지만 서울과 근교 지역에서, 또 농민의 두 배가 넘는 다른 사회계층을 표본으로 추출한 이유를 이해하기 어렵다. 미군정의 여론조사 실시 의도가 귀속농지 분배를 염두에 둔 것이 아니라, 이 문제에 대한 남한 사회 전체의 반응을 측정하기 위한 것이었다고 볼 수 있다.

　주한미군사령관 하지 장군도 표본의 대표성 문제를 눈치챘는지 5월 15일자 보고서(표5)의 여백에 "러취 장군, 전적으로 농민들만을 대상으로 조사할 것을 제안합니다"라는 지시사항을 적고 있다. 5월 24일에서 31일까지 일주일간 전국적으로 조사했다는 6월 4일의 보고서(표7)는 아마도 하지 사령관의 지시 때문에 이루어진 조사였을 것이다. 그러나 이 조사도 농민의 인구 구성을 표본 추출에 적용한 것이 아니라 단지 표본을 공간적으로 도시와 농촌 지역으로 나누어 추출했고, 이로 보아 5월 15일 보고서와 비슷하게 각지의 조사원들이 해당 기간에 작성한 조사

보고서를 단순히 도시와 농촌으로 나누어 재분류한 것이 아닌가 싶다.

 이 여론조사들이 가진 조사방식의 문제점은 당대에도 비판의 대상이 되었다. 해방일보 3월 15일자 기사는 3월 13일 오후 경성 역전에서 있었던 가두조사의 예를 들며 군정청 여론조사원이 응답자에게 무상분배 항목은 제대로 알려주지 않은 채 자작농 창정 쪽으로 대답을 유도하여 주변에 모인 군중의 지탄을 받았다고 전한다. 이 기사는 군정청이 농토 문제에 대한 진정한 여론을 들으려면 직접 농민에게 들으라는 충고로 기사를 마무리했다.[364] 조사를 주관하고 실시하는 여론조사과도 서울에서 수행하는 조사가 우경화로 귀착되는 현상을 잘 알고 있다. 공보부가 1946년 3월 31일 작성한 비망록 「여론 현황」은 그러한 현상의 이유를 아래와 같이 적었다.

 서울에서 군정이 행하는 여론조사들이 우경화로 귀착되는 데에는 몇 가지 이유가 있다. 조사원들은 지시사항과 상관없이 그들이 대표하는 군정에 우호적인 사람들을 만나고 말을 걸기를 좋아하는 경향이 있다. 그리고 응답자는 보통 겸손하거나 두려워하는 경향이 있다. 그들은 정부에 대한 공포와 불신을 완전히 떨쳐버리지 못했다. 덧붙여야 할 것은 서울에는 주요 우익 조직들이 있고, 서울 사람들은 국가적 부의 많은 부분을 차지하며, 또 서울에는 북에서 온 보수적인 피난민들이 많다.[365]

공보부는 이 무렵 서울에서 실시한 여론조사가 표본 추출에서 결함이 있고 그 결과도 편향적이라는 사실을 잘 알고 있다. 공보부의 1946년 3월 31일자 보고서「서울의 정치동향 통계분석」은 여론조사과가 서울에서 실시한 두 개 여론조사를 편집한 것이다. 첫 번째 조사는 3월 16일에서 21일 사이에 1,908명을 조사했고, 이어서 두 번째 조사는 3월 22일에서 29일 사이에 2,269명을 조사했다. 응답자는 대략 농부 12, 노동자 42, 사업가·전문직 46%였다. 보고서 작성자는 "이 여론조사가 의심할 나위 없이 우익 쪽으로 편향"되었다고 평가했다. 조사원들이 총 4,177인을 조사했는데, 그 가운데 농부가 501인, 노동자가 1,754인, 사업가·전문직이 1,922인이다. 앞에서 분석한 3월 12일자 보고서가 가진 표본 추출의 불균형성을 이 조사도 그대로 반복하고 있다. 이 시기 미군정이 행한 가두조사 방식의 여론조사가 가진 문제점을 알 수 있고, 또 그러한 조사관행이 일반적이었음을 짐작할 수 있다.[366]

다른 한편으로 대부분의 한국인이 귀속농지 분배의 보류를 원한다는 여론도 지방과 농촌사회로 들어가면 반드시 그렇지 않다는 것을 미군정도 인지했다. 해방일보가 문제를 제기한 3월 13일자 경성 역전의 조사에 대해서 공보부 여론조사과 과장 로빈슨(Richard D. Robinson) 중위는 자신의 보고서에 아래와 같이 의미심장한 내용을 남겼다.

3월 13일, 서울에서 1,050명에게 최근 군정이 발표한 일본인 소유 농지 판매에 관해 의견을 물었다. 이 질문에 50%는 '비우호적'이라고 대답했고, 19%는 잘 모르겠다고 했다. 나머지 단지 31%만이 우호적인 반응을 나타냈다. 3월 12일 서울에서 행해진 이전 조사에서는 67.5%의 사람들이 장차 수립될 한국 정부로 이 문제를 넘기는 것을 선호했다. 불행하게도 시골에서 이 설문에 대한 여론은 지나치게 흩어져 있고 믿음직하지 않아서 어떤 명백한 결론을 낼 정도의 기반을 형성하지 못했고, 다만 이 주제에 관한 여론이 나뉘고 심지어는 소작농 사이에서도 그렇다는 것을 확인할 수 있을 뿐이다.[367]

해방일보 기사는 3월 13일 경성 역전에서 행한 미군정의 여론조사에서 조사원이 귀속농지 처리에서 현물상환 방식의 유상 분배를 지지하는 비율이 높게 나오도록 답변을 유도한 조사방식의 문제점을 비판한 것인데 로빈슨은 3월 13일의 조사 결과가 3월 12일 조사와는 다르고, 시골 지역에서 이 설문에 대한 여론은 서울과 많이 다르다는 점을 암시한다. 실제로 1946년 3월 31일자 「여론동향」 5호는 "귀속농지를 소작인에게 판매하는 것에 대해 대다수 지방에서 다소 우호적 반응이 나왔다"고 보고했다. 또 "서울을 제외한 모든 지역의 여론은 조선인 대지주 땅도 똑같이 한국 정부 수립 이후로 미루지 말고 즉시 분배할 것을 원한다"고 적었다.[368]

여론조사 자료를 분석할 때는 설문 결과 분석에 앞서 설문 내용을 먼저 분석해야 한다. 설문 내용을 통해 조사자의 문항 설계

목적과 조사 의도를 짐작할 수 있기 때문이다. 미군정의 귀속농지 관련 여론조사에서 우선 눈에 띄는 것은 용어의 선택이다. 이 보고서들은 당시 한국인이 일반적으로 사용한 '토지개혁(land reform)' 대신 '농지 처분(disposition of farmlands)'이라는 용어를 선택했다. 당시 북한은 일본인 소유 토지와 한국인 지주 소유 토지 가운데 5정보 이상의 토지를 몰수하여 경작자에게 분배하며 이를 '토지개혁'이라 불렀고, 여기에는 농지 이외에 산림과 임야, 과수원 등도 포함되었다. 남한은 정부 수립 후 한국인 지주의 농지 가운데 3정보 이상의 농지를 유상 매입하여 경작자에게 유상 분배했는데 이를 '농지개혁'이라 불렀다. 토지개혁과 농지개혁이라는 서로 다른 용어는 개혁 대상의 차이를 반영한다. 남한의 농지개혁이 농경지를 분배 대상으로 삼았다면 북한의 토지개혁은 분배 대상으로 농경지 외에 과수원은 물론 산림과 임야까지 포함했다.

네 차례 여론조사 설문 결과로 다시 돌아가면 우선 눈에 띄는 것은 귀속농지나 한국인 지주 소유 농지나 그 처분을 모두 한국 정부 수립 후로 미루자는 의견이 많았다. 3월 15일자 특별성명에서 러취는 그러한 의견이 80% 이상이라고 했지만 앞 네 건의 조사는 57~77% 사이의 수치를 나타냈다. 귀속농지의 경우 6~7월의 「여론동향」에서도 한국 정부 수립 후로 미루자는 의견이 대체로 60% 전후를 기록했고, 서울, 경기 지역이 이외 지역보다 높게 나타나는 경향도 지속되었다.[369] 어찌 보면 조사자의 설문 취지와 의도를 조사 결과가 그대로 반영한 느낌이 없지 않다.

앞 네 건의 귀속농지와 한국인 대지주 소유 농지 처분에 관한 여론조사는 설문 구성이나 조사 방식이 매우 허술하고 문제가 많다. 또 토지 문제 해결에 대한 한국 사회의 여론을 이해하려는 시도라기보다 미군정의 정책적 의도를 사전 또는 사후 점검하기 위한 것이었다. 이러한 사정 때문에 이 조사들을 전적으로 신뢰하기는 어렵지만 조사에 드러난 추세는 참고할 만하고, 조사가 의도한 바를 읽어내는 데에는 지장이 없을 듯하다.[370]

미군정은 3월 7일 귀속농지 방매 방침을 발표하기 전에 서울 지역에서 이른바 적산 처분에 관한 여론조사를 실시했다. 그리고 그 조사에서 응답자의 75%가 압류한 일본인 재산의 소유권을 미군정이 보관하다가 장래 수립될 한국 정부에 넘기기를 원한다는 점을 확인했다. 같은 여론조사에서 한국인 지주 소유 토지를 소작농들에게 분배해야 한다는 응답자가 75%에 달했고, 또 대다수가 토지 분배에서 소작농들에게 무상분배 하는 것보다 유상분배 하는 것을 선호한다는 점도 확인했다. 이 보고서는 "서울 주민 중 다수가 일본인 소유 농지의 처분에 관해 군정청이 발표한 정책을 선호하지 않는 것"으로 보인다고 적었다.[371]

앞에서 살펴본 네 건의 여론조사도 이 여론조사처럼 미군정이 귀속농지를 처분하는 것에 대한 한국인들의 비우호적 반응을 확인시켜 주었다. 여론조사 결과들을 미군정 당국자들은 어떻게 읽고 평가했는지, 그리고 미군정이 왜 번스안을 보류할 수밖에 없었는지 구체적으로 살펴보면서 이 여론조사들의 의미를 정리해보자.

여론조사과에서 일하던 로빈슨이 1946년 4월 초에 이미 이후의 여론조사 결과를 예상하기라도 한 듯이 귀속농지 처리의 연기를 제안하는 보고서를 상부에 제출했다. 보고서 제목이 「38선 이남의 일본인 소유농지 매각령에 대한 예상 가능한 반대들」인데 제목부터 남한 주민들이 미군정의 일본인 소유농지 매각에 반대할 것이라는 점을 사전에 예상하고 있고, 그렇다면 그 뒤 5월에 세 차례 더 실시한 여론조사는 미군정이 예상한 결과를 확인하고 해당 계획의 유보를 합리화하기 위한 것에 불과했다.[372]

보고서는 조선의 모든 정당과 정파가 토지개혁의 절실한 필요성에 동의한다는 것을 확인하면서 논의를 시작한다. 그 이유는 "봉건적 상태에 있는 조선이 동시에 민주주의 국가가 될 수 없음은 자명한 진실"이기 때문이다. 그러나 목적은 매우 고상하지만 미군정이 토지개혁을 시작하기에는 여러 가지 반대 요소들이 있고, 장래 조선 경제의 구조를 구축할 중요한 결정을 시행하기 위해서는 최소한 하나의 중요한 대안을 고려해야 한다고 주장한다.

반대 요소 중 하나는 군정이 미래의 한국 정부에 소작농들에게 경지를 매각할 것을 의무 지울 권한을 가졌는가 여부이고, 다른 하나는 최근 가뜩이나 미군정의 권위가 실추하고 있는데 분배해야 할 토지의 산정부터 최종 분배에 이르기까지 누가 그것을 주도할 것이며, 판정에 불만을 품은 자들이 소송을 제기하면 그것을 어떻게 감당할 것인가 등 실제 분배 과정에서 일어날 복잡한 문제들이었다. 전자는 법적 권한 문제이고, 후자는 미군정이 개혁을 실시했을 때 부딪힐 행정적 어려움과 관리상 제기되는 실무적 문제들이었다. 그러나 정작 미군정이 토지개혁 실시를 주저하고 연기한 보다 현실적인 이유는 또 다른 요소인 한국인들의 반응 때문이었다.

한국인의 반응을 정리한 부분은 "남한 주민 중 50%에 가까운 사람들이 점령군이 철수하자마자 한국에서 내전이 일어날 것을 예상하는 것이 명백해 보인다"는 문장으로 시작한다. 보고서는 내전이 개혁을 파괴하거나 바꿀 것으로 예상할 수 있기 때문에 미군정이 선언한 장기간의 개혁에 한국인들의 관심이 적을 수밖에 없고, 내전이 발생하지 않는다고 할지라도 한국 정부가 미군정이 시작한 계획을 지지하고 끝까지 진행하리라 확신할 수 있을지 되묻는다. 그리고 일본인 소유 농지 처분 계획이 1935년에 일본인들이 행한 조선인 자작농 창정사업과 유사한 것도 이 계획이 지지를 받지 못하는 이유라고 지적한다. 농민들이 보기에 일제의 자작농 창정사업은 그들의 토지에 대한 노예 상태를 연장하려는 또 다른 방법이었을 뿐이다. 그렇다면 농민들이 군정의 최근 발표를 비뚤어진 시선으로 보는 것도 별로 놀랄 일이 아니라는 것이다.

많은 한국인들이 점령군 철수 후 내전이 일어날 것이라고 응답한 여론조사는 앞에서 언급한 「서울의 정치동향 통계 분석」에 그 결과가 실렸다. 이 조사에서 응답자의 55%가 '한국의 내부 안정성에 대한 고려 없이 미군과 소련군의 즉각적인 철수'를 선호했고, 더 놀라운 것은 그 가운데 42%는 소련군과 미군의 철수 이후 내전이 있을 것이라고 믿었으며, 72%는 그럼에도 불구하고 양측 군대의 즉각적인 철수를 선호한다고 응답했다. 로빈슨은 시골 지역의 여론조사도 같은 태도를 보인다며 이 모든 것에서 예측할 수 있듯이 미군정에 의한 그 어떤 장기간의 토지개혁 계획도 한국인들로부터 미적지근한 반응을 받을 것이라고 예측한다. 이 시기 미군정이 행한 여론조사들은 한결같이 미군정 정책의 안정성과 지속성에 대한 한국인들의 신뢰가 매우 저조한 상태임을 인정했다.

보고서는 이러한 이유들로 미군정이 더 이상 귀속농지 매각이라는 토지개혁정책을 추진하는 것은 극히 현명하지 못하다고 정리했지만, 그렇다고 군정을 수동적인 역할로 격하시켜버릴 필요는 없다며 대안을 제시했다. 그 대안은 새 한국 정부에 한국의 잠재적인 중산층이자 진정한 민주주의의 성공적 운영을 위해 필요한 계층인 농지 소유자 계층을 늘이도록 토지개혁 계획을 가능한 한 빨리 시작하라는 강력한 권고안을 주어야 한다는 것이다. 보고서는 가능한 변형들을 아래와 같이 정리했다.

a. 일본인 소유 농지를 소작농에게 장기간 현물 상환 방식으로 판매하는 것은 이미 고려중이고,
b. 'a'에 덧붙여, 정부가 한국인 대지주의 농지를 구입하고 소작농이 그것을 장기 상환 방식으로 구매,

c. 일본인 농지를 소작농들에게 무료로 또는 명목상의 지불 금액만 받고 분배,
  d. 일본인 재산과 한국인 대지주 재산을 모두 정부가 구입 또는 몰수한 뒤 소작농들에게 분배,
  e. 정부가 유상 또는 무상으로 모든 농지를 국유화.[373]

앞에서 나열한 '가능한 변형들'은 사실은 당시 한국 사회에서 제기되는 다양한 토지개혁안을 미군정 나름대로 유형별로 정리한 것이다. 단순화시키면 개혁 대상을 일본인 소유 토지와 한국인 대지주 소유 토지로 나누고, 분배할 토지를 정부가 유상 매입할 것인가 아니면 무상 몰수할 것인가로 나눈 뒤, 분배 방식을 유상 매각할 것인가 아니면 무상 분여할 것인가로 경우의 수를 나누었다. 로빈슨은 이러한 실현 가능한 대안들이 각자 자신의 주장을 강력하게 펼치며 경쟁하고 있으나, 문제의 정치적 측면을 결코 간과해서는 안된다고 강조한다. 그가 이해하는 '정치적 측면'은 서로 다른 토지개혁안이 한국인 각 정파, 정치세력들의 정치적 계획이나 행동방침과 어떻게 연결되어 있는지 현실적으로 타산해야 하고, 그것에 입각해서 미군정이 그것들 가운데 가장 바람직한 대안을 선택하거나 또는 만들어서 새 한국 정부가 그것을 실행하도록 해야 한다는 의미다.

구체적으로 만약 토지가 국유화된다면 새로 설립된 한국 정부가 그 처분권을 가지고 인민들을 좌지우지 할 수 있을 텐데 그 정부의 민주적 의지와 성실성을 사전에 보장받을 수 없을 것이

라고 보았다. 반면에 만약 토지가 장기상환 방식으로 판매된다면 좌익 급진주의 세력은 즉각적인 토지개혁을 약속함으로써 그 상황을 활용할 것이고, 이는 소작농의 지원을 얻어 새로 설립될 민주정부에 반하는 성공적인 혁명으로 이어질 수 있다. 만약 일본인 소유 토지들만 분배된다면 이 역시 마찬가지 결과를 초래할 것이다. 보고서는 따라서 새 한국 정부가 모든 인민의 지지를 얻고, 급진 좌익 세력의 방해를 저지하며, 동시에 성공적인 민주국가에 필수적인 중산층을 만들기 위한 유일한 방법은 귀속농지와 한국인 부재지주의 땅을 소작농들에게 무료 또는 일종의 명목상 가격으로 공정하게 즉각 분배하는 것이라고 결론을 내린다.

이 보고서는 1946년 봄에 토지개혁과 관련하여 미군정이 처한 진퇴양난의 상황을 솔직하게 털어놓았다. 미군정은 3월 초에 과거 일본인이 소유했던 귀속농지를 장기 현물상환 방식으로 매각하는 방안을 내놓았다. 하지만 토지개혁안으로서 그 방안이 가진 불철저성과 실행주체인 미군정에 대한 한국 사회의 신뢰가 극히 저조했던 사정으로 인해 제대로 시행도 해보지 못한 채 발표 후 바로 그 방침을 거두어들일 수밖에 없는 난감한 처지에 빠졌다.

하지만 보고서는 토지개혁의 정치적 측면을 고려한다면 장차 수립될 한국 정부를 실행주체로 하여 개혁을 실시해야 하고, 한국 정부가 추진할 대안을 미군정이 마련해야 한다고 주장한다. 보고서는 일본인 소유 토지만 분배해서는 한국인들을 결코 만족시킬 수 없을 것이고, 한국인 대지주 소유 토지를 포함한 모든 부재지주 토지를 소작농들에게 보다 유리한 조건으로 분배해야 한다는 입장이다. 보고서는 미군정이 장래에 한국 정부가 수립되자마자 토지는 밭갈이하는 농민에게 줄 것이라는 점을 선언하게 만드는 것이 유일한 대안이며, 그 조치만이 급진 좌파들의 선동을 방지하고 민주주의에 필수적인 중산층을 만들어낼 것이라고 단언한다.

보고서는 미군정이 처한 상황과 현실을 적나라하게 보여주며 미군정의 귀속농지 처분 방식의 농지개혁안이 가진 문제점과 한계를 한국인 상대 여론조사에 기반하여 솔직하게 인정하고 대안을 제시한다. 보고서는 토지개혁 방침과 방안이 개혁 실행의 출발점이 될 수 있지만 그것보다 더 중요한 것은 누가 개혁의 추진 주체가 되어 개혁을 실행할 것인가라는 사실을 함축적으로 보여준다. 한국 사회에서 다양한 토지개혁안이 제기되어 서로 경쟁했고, 한국인 다수는 미군정이 실행 주체가 되는 농지개혁을 원하지 않았다. 거기에다 당시 남한 사회가 마주한 경제적 곤란, 미군정과 군정의 경제정책에 대한 한국 사회의 낮아질 대로 낮아진 신뢰가 미군정의 귀속농지 처분 반대 여론을 형성하는데 일조했다.

미군정이나 조선인 정당, 정파들이나 모두 식민지에서 갓 벗어난 한국 사회가 새로운 민주주의사회를 만들기 위해서는 봉건상태로부터의 해방이 필요하고, 그 첫걸음이 토지개혁이라는 것을 인정했다. 그러나 그 개혁의 실현은 그것을 절실히 원하는 농민의 바람과 상관없이 점령 당국이 고려하는 정치적 효과와 실시 과정에서 예상되는 어려움에 따라 실행 시기가 저울질되었다. 미군정은 토지개혁의 중요성과 긴급성을 무시할 수 없었고, 식량 위기로 미군정에 대한 신뢰와 인기가 극히 저조한 상태에서 북한의 급진적 토지개혁과 대비되는 온건한 귀속농지 처리를 실현할 수 있는 기회와 동력을 마련할 수 없었다.

3. 농지개혁 유보의 현실적 사정

미군정이 일본인 소유 농지 매각 방안을 발표하고 보름도 되지 않아 실시 유보 방침을 내비친 1946년 3월 점령 당국은 식량위기로 커다란 곤경에 처했고, 한국 사회에서 미군정에 대한 지지 역시 바닥으로 떨어졌다. 당시 식량부족 사태의 책임을 물어 해당 부서 관리의 목숨을 위협하는 협박편지 한 통이 미군 정보당국의 서신 검열 과정에서 발견되었다. 아래 인용문은 서울 욱정(旭町), 현재의 회현동 1가에 살던 강철봉이 서울시 군정청 농상공부 부장에게 보낸 3월 26일자 편지 일부다. 이 편지가 당시 남한 사회가 직면한 식량위기 상황을 잘 드러낸다.

> 식량문제와 관련해 한 가지 제안을 하고자 하오. 당신은 쌀 부족으로 인해 서울 시민들이 일주일 이내에 전부 굶어죽게 생겼고, 그리고 그것이 전부 당신 때문이라는 것을 알고 있는가? 최고가격제를 철폐하고, 쌀을 매점매석한 자들이 감춰둔 쌀을 내놓게 하시오. 그렇게 하면 사람들이 일주일 안에 자유롭게 쌀을 얻게 될 것이오.

당신의 결정을 라디오 방송으로 알리시오. 그렇게 하지 않으면 당신과 당신의 가족들은 죽음을 면치 못할 것이오. 나는 당신 주소를 알고 있소. 당신도 잘 알고 있듯이 우리 삼천만 동포는 하나같이 나처럼 쌀을 배급받기를 원하고 있소. 심지어 일제 치하에서도 최고가격제가 발효되자마자 나는 1939년 4월 하순 이래 매일 정량의 쌀을 배급받았소.[374]

1946년 3~4월 식량위기가 절정에 달했고, 식량부족 현상은 1946년 내내, 심지어는 점령기 전 기간에 걸쳐 지속되며 지역에 따라 간헐적으로 위기상황을 연출했다. 전국 각지에서 점령 당국을 향해 식량배급을 요구하는 시위가 끊이지 않았고, 서울, 부산, 대구, 광주, 대전 등 시·도별로 각 동 동회장과 정당 사회단체 대표들이 모여서 식량긴급대책회의를 조직하는가 하면 심지어 굶주린 사람들이 직접 식량창고를 습격하는 사태가 빈발하는 등 그야말로 민심이 흉흉했다.[375] 흉흉한 민심을 고려하더라도 이 편지는 한편으론 험악하고 다른 한편으론 절박하다. 편지는 담당 관리에게 목숨 내놓고 일하라고 협박한다. 동시에 식량위기로 아사자들이 속출할 것이라고 경고하며, 또 조속한 쌀 배급을 서울 시민뿐만 아니라 삼천만 동포 모두가 원하고 있다며 절박함을 감추지 않는다.

　식량부족 사태는 갑자기 닥친 것이 아니었고, 미군정도 사태를 잘 알고 있다. 편지 검열을 담당한 미군 민간통신첩보대는 2월 하순 쌀 부족 현상에 대한 불만이 계속되고 있으며, 보통

사람들이 생존하기에 충분한 쌀을 얻을 수 없음을 불평하고 많은 사람이 기아 상태에 있음을 말해주는 여러 통의 편지를 검열했다. 서울 신설정에 사는 이상호가 2월 18일 자유신문사에 보낸 아래 편지는 전형적인 사례다.[376]

> 심지어 일제 통치하에 있을 때도 우리는 하루 두 홉 반의 쌀을 배급받았다. 그러나 이제 조선은 해방되었다. 작년에 충분한 쌀을 수확했음에도 불구하고, 사람들은 쌀을 구할 수가 없고 기아선상을 헤매고 있다. 우리가 목숨을 부지하려면 최소한 일본인이 우리에게 배급하던 쌀의 절반은 주어야 한다. 정치가들은 이 상황에 도대체 무관심하다. 우리는 그들이 어떻게 살고 있는지, 또 어떻게 식량을 확보하고 있는지 궁금하다.

미군정 정보보고서들은 이미 2월 초부터 서울의 쌀 부족 사태가 심각하며 모든 신문이 군정의 우유부단한 정책을 공개적으로 비난하고 있다고 연일 경고음을 냈다. 앞의 편지는 식량위기의 원인으로 쌀의 매점매석을 꼽고, 사재기로 사라진 쌀이 풀린다면 당장이라도 식량위기가 해결될 것이라고 진단한다. 편지들은 식량위기와 관련해 점령군이 취한 대책 또는 무대책에 대해 노골적인 불신을 드러낸다. 두 편지 모두 미군의 점령통치가 일제 때보다 못하다고 야유한다. 심지어 민간통신첩보대의 보고서는 편지 검열 업무에 필수적인 한국인 직원들조차 쌀을 구할 수 없는 어려움을 호소하면서 2월 26일 첩보대장에게 편지를 보내 월말까지 쌀을 구해주지 않는다면 다른 직장을 알아볼 수밖에 없다고 얘기했다는 사실을 적었다. 식량 부족 사태가 군정기구를 유지할 수 없을 정도의 위기 상황을 초래했고, 미군의 점령통치는 남한 진주 이후 최대 위기에 봉착했다.[377]

당시 신문들은 1945년이 풍년이었다는 것을 상기시키며 귀환동포의 귀국으로 인구가 갑자기 크게 늘어난 것을 고려하더라도 식량의 절대적 부족 때문에 기아 사태가 초래된 것이 아니라는 점을 지적한다. 식량부족 사태가 자연재해나 생산량 부족으로 초래된 현상은 아니라는 것이다.[378] 그렇다면 그 많던 쌀이 도대체 어디로 간 것일까? 식량위기의 원인과 배경은 무엇이고 당시 상황에서 어떤 현실적 타개책이 가능했을까?

미군이 진주하기 이전 여운형의 주도로 결성된 건국준비위원회(건준)는 짧은 기간이었지만 식량 문제에 대해 나름의 뚜렷한 대책과 전망을 가지고 식량배급을 준비했고, 또 그 정책을 유지했다. 여운형은 8월 15일 조선총독부 정무총감 엔도 류사쿠와 회담하면서 정치·경제범 석방과 함께 3개월간의 식량을 확보해줄 것을 가장 중요한 요구사항으로 제출했다. 건준은 미군정이 수립된 뒤에도 군정청 농림부장에게 식량대책안을 건의했다. 건준의 식량대책은 성공적이었으며, 미군정이 1945년 10월 식량배급 통제체제를 해제하기 전까지 식량은 비교적 안정적으로 공급되었고 쌀값도 안정적으로 유지되었다.[379]

그런데 미군이 진주한 지 한 달 뒤인 1945년 10월 5일 일반고시 1호로 '미곡의 자유시장' 건을 공포했다. 이 법안의 공포는 일제가 1942년 이후 실시하던 식량통제정책과 해방 이후에도 그대로 유지되던 식량배급제를 폐지함을 의미했다. 이 조치는 가뜩이나 심상찮던 물가등귀 현상을 가속화시켰고, 시장에서 쌀 품귀 현상을 초래했다. 해방 직후 물자 유통은 급격한 생산의 위축 속에서 전시 비축물자의 방출에 의지했다. 그런데 해방 전후 조선총독부의 조선은행권 남발, 해방 이후 미군정의 통화팽창정책으로 통화량이 급증하여 물자는 급속히 고갈되거나 사장되는 한편 물가는 천정부지로 치솟았다. 그 과정에서 지주와 상인들이 쌀을 매점매석하기 시작했다. 시장에서 쌀이 사라지자 소비자들은 돈이 있어도 쌀을 살 수 없는 심각한 상황에 부딪혔다.[380]

쌀값이 치솟자 미군정은 1946년 1월 1일부터 쌀 한 말에 38원을 넘지 못하도록 최고가격제를 실시했다. 이 조치는 쌀값을 잡기보다는 상황을 더욱 악화시켜 시장에서는 쌀이 사라지고 불법거래만 부추기는 역효과를 초래했다. 당시 신문들은 애국심을 환기하는 것으로 쌀의 사재기를 막지는 못할 것이라며 당국의 조치를 비웃었다. 식량배급제가 폐지된 뒤 11월부터 나타나기 시작한 식량 부족 사태와 식량 위기 현상은 1946년 1월부터 본격화해서 3월에는 주민들을 일상생활 유지가 어려운 상황에 빠뜨렸다. 1946년 초 도매 쌀값은 한 가마니당 1월 1,800원, 2월 3,000원, 3월 5,800원이었고, 소매 쌀값 역시 한 말에 1월 180원, 2월 320원, 3월 600원으로 천정부지로 치솟았다.[381]

미군정은 식량부족 사태를 해결하기 위해 1월부터 배급을 실시하겠다고 발표했으나 수집미가 없는 상황에서 예정된 배급을 할 수 없었다. 1월 8일 서울 시청 앞에 천여 명의 군중이 모여 쌀 시위를 하는 등 사태가 심상찮게 돌아가자 마침내 미군정은 1946년 1월 25일 법령 45호로 '미곡수집령'을 공포했다. 스스로 자유시장정책의 실패를 인정하고, 뒤늦게 1945년산 추곡 공출을 시도했으나 공출 목표량 550만여 석의 12.4%를 겨우 수집할 수 있었다.[382]

당시 신문들은 식량위기의 주요 원인으로 대지주, 모리배의 매점매석과 함께 일본으로 쌀 밀수출을 꼽았다.[383] 사실 두 현상은 서로 연결된 것이기도 했다. 경상도에서 쌀 기근이 특히 심했던 지역은 귀환동포가 쇄도한 부산 외에 경주, 포항, 울산 등 동남 해안 지대였고, 이들 지역은 쌀 일본 밀수출이 활발했던 지역이기도 했다. 쌀의 일본 밀수출은 공공연하게 자행되었다. 심지어 일본의 재일조선인연맹 오사카 지부가 1946년 1월 23~24일 양일간 개최한 회의에서 고국의 굶주리는 동포들을 위해 조선으로부터 쌀 밀반입을 막을 것을 당면한 활동 목표의 하나로 제시할 정도였다. 미군정은 식량위기가 격화하자 쌀의 지역 외 반출을 금지하는 등 공출을 강화하기 위한 조치들을 취했으나 그러한 조치를 비웃기라도 하듯 점령기 내내 미군정 정보보고서들은 쌀의 밀반출을 빈번하게 보고했고, 정부가 수립된 이후인 1949년, 1950년까지도 쌀 밀수출은 계속되었다. 해마다 햅쌀이 나오는 가을이 되면 쌀 밀반출을 방지하기 위해 해안경비대는 해안 순찰과 경계를 강화해야 했다.[384]

그 당시 쌀은 조선, 중국, 일본 3국 사이에 진행된 밀무역에서 조선산 상품으로는 가장 경쟁력이 있고, 수요도 많았다. 또 일본이나 중국에서 쌀을 팔아 다른 필수품 또는 사치품을 밀수입해 오면 몇 배의 이익을 남길 수 있는 매력적인 상품이었다. 모험적인 선주나 생계형 밀수업자가 쌀 밀반출에 나섰을 수도 있지만 그 경우 식량위기에 주는 영향은 그리 크지 않았을 것이다. 쌀 밀수출로 가장 많은 이득을 보는 자는 출하할 수 있는 쌀을 넉넉하게 가진 대지주나 농민들이 등으로 져다 파는 쌀을 사서 긁어모을 수 있는 매집상들, 즉, 모리배들이었고 여론 지탄 대상이 된 것도 그들이었다.[385]

   1945년산 추곡 수집에서 낭패를 본 미군정은 1946년산 하곡 수집부터는 지방행정기관뿐만 아니라 경찰, 우익단체, 때로는 무장한 미군 병사들까지 동원하여 가택수색과 검문, 검색과 처벌 등의 강압적 방법을 사용하여 곡물을 공출했다. 하곡은 일제도 공출을 삼갔던 만큼 하곡 수집과 공출에 동원된 강압적 방법은 점령군과 농민 사이에 긴장감만 높였고, 농민들은 10월항쟁으로 자신의 불만을 표출했다. 미군은 10월항쟁의 원인을 조사하기 위해서 사후에 대구지역 저명인사 19명을 개별적으로 인터뷰했는데, 그들은 군정의 양곡수집정책, 비효율적인 쌀 배급, 공출 과정에서 경찰이 보여준 임의적이고 잔인한 수법, 배급 과정에서 경찰과 관리의 부정과 부패 등 미군정 식량정책의 실패를 우선적으로 지적했다.[386]

   미군정 공보부가 3월 말에 작성한 여론조사 보고서는 미군정이 당시 남한의 식량위기를 얼마나 심각하게 보았는지 잘 보여준다.

이용가능한 모든 출처의 정보가 서울의 식량 상황이 위기 단계로 가속도를 붙이고 있다고 결론을 내렸다. 암시장 쌀값이 계속 치솟고 있다. 신문은 시민들의 자살과 절망 이야기를 싣고 있고, 극소수를 제외한다면 대부분의 사람들이 공황 상태에 있다. 이러한 사실은 군정청 아무 부서에서나 조선인 직원들을 붙잡고 물어보면 알 수 있는 일이다.

한국인은 기본적으로 평화로운 사람들로 그들의 역사 내내 그래왔다. 그들은 고통에 익숙하고, 개인적 공황으로 집단폭동을 일으키지는 않는다. 그러나 그들은 이미 미국인 공동체라면 통제하기 어려웠을 단계로 넘어갔다. 현재 소요는 일반적이다. 겉으로는 고요한 수면 아래로 대중적 불만이 널리 퍼져 있다. 여론 지표는 앞으로 있을 전례 없이 심각한 폭풍을 예보하고 있고, 이것은 아무리 강조해도 지나침이 없다.

이러한 상황에서 정치동향에 대한 대중들의 관심을 측정하려고 시도하는 것은 노력의 낭비다. 대중은 오직 식량에만 관심이 있다. 그 사실 자체가 가장 중요한 정치동향이다.

…

대중은 기아를 군정 탓으로 돌린다. 군정이 권력을 독점하고 있고, 유일하게 인민에게 양식을 제공할 능력이 있으며, 또 그에 대해 전적으로 책임을 져야 한다고 본다.

미군정이 그 책임에 더 적절하게 응할 때까지 생각할 수 있는 모든 영역에서 미군정의 모든 노력이 부정될 것이다. 미국의 위신과 미국에 우호적인 정파들에 대한 기대가 영구적이고 회복할 수 없는 손상을 입고 있다.[387]

이 보고서는 '한국인들이 오직 식량에만 관심이 있고, 그 사실 자체가 가장 중요한 정치동향이며, 군정이 식량위기를 해결할 때까지 미군정의 모든 노력이 부정될 것'이라고 적었다. 이런 상황이라면 미군정의 귀속농지 매각 계획이 한국 사회에서 지지를 얻기란 매우 힘들 수밖에 없다.

공보부 여론조사 과장 로빈슨은 귀속농지 매각 계획의 유보를 제안하면서 "많은 한국인들이 북한에서 발표한 것과 다른 토지개혁 계획을 남한에 시행하는 것의 타당성에 의문을 품고 있다"라고 지적했다.[388] 당시 실시된 북한의 토지개혁이 미군정의 귀속농지 매각 계획과 비교되며 남한 사회에서 여론의 주목을 받고, 그것이 남한 토지개혁의 방향과 방안에 대한 논의를 증폭시킨 것도 미군정이 자신의 계획을 계속 밀고나갈 수 없게 만든 주요한 요인이었다.

미·소 양군 사령부가 1946년 3월부터 양측 간에 서신 교환을 공식적으로 시작했다. 양군의 분할 점령으로 중단되었던 남과 북의 서신 교환이 다시 시작되었다. 미군은 북한에서 온 편지들을 배달하기 전에 모두 검열했다. 미군은 자신들이 중개하는 편지들을 통해서 38선 이북에서 일어난 일들과 그에 대한 주민들의 반응을 살폈다. 민간통신첩보대가 편지 검열을 주도했고, 미군은 그렇게 추적한 북한 사회의 동정 가운데 주목할 만한 사항을 주한미군사령부 정보부가 작성한「일일정보보고(G-2 Periodic Report)」에 매일매일 기록했다. 보고서의 한 항목을 차지한 "인접지역정보요약(Summary of Intelligence in Adjacent Areas)"이 바로 그것이다.[389]

민간통신첩보대의 서신 검열을 분석한 고바야시 쇼메이의 연구에 의하면 그 시기 북한에서 온 편지들은 북한의 곤란한 생활과 사회에 대한 불만을 드러내지만 동시에 사회개혁의 착실한 진전을 언급했다. 북한의 곤란한 생활과 사회적 불만의 발신원은 지주나 자본가 등이었으나 그들의 고통이 남한에 전해지면 전해질수록 북한의 민주개혁이 순조롭게 진행되고 있음을 남한 사람들에게 알리는 셈이 되었고, 역설적으로 북한 사회의 고통이나 불만의 목소리가 친일파 청산이나 토지개혁도 이루어지지 않은 채 정치나 경제가 대혼란에 빠져 있는 남한 주민들에게 희망의 목소리가 되었다는 것이다. 고바야시는 북한에서 온 편지가 사회개혁에 대한 불만이 적힌 것이든 직접적으로 사회개혁의 진전에 대해 서술한 것이든 간에 북한에서 진행 중인 사회개혁의 매력을 남한 사람들에게 보여주는 '전시효과'의 역할을 했다고 보았다.[390]

1946년 3~4월의 "인접지역정보요약"에서 가장 주요한 관심사항은 단연 북한의 토지개혁에 관한 소식이었다. 3월 5일자 「일일정보보고」 167호 보고서가 주한미군 방첩대(CIC)의 미확인 보고로 북한 여러 지역에서 지방 인민위원회 위원들이 지주를 쫓아내고 있다는 첩보를 처음 전했고, 3월 14일자 175호 보고서는 북조선 임시인민위원회가 3월 5일 평양에서 개최되었으며, 소련군 점령지역에서 일어난 사건 중 가장 혁명적 사건의 하나인 토지개혁 법령이 발효되었다고 전했다. 보고서는 서울에서 발간되는 『자유신문』 3월 12일자 기사로 소개된 「북조선 토지개혁에 관한 법령」 전문을 영역해서 첨부했다.[391]

이어서 4월 10일자 198호 보고서는 이북에서 이남으로 보낸 편지 몇 통의 검열 내용을 인용하여 이북 사람들의 토지개혁에 대한 반응을 가감 없이 전했다.

최근 입수되어 검토된 38선 이북에서 온 여러 통의 편지들 가운데 가장 많이 언급되는 주제는 토지개혁 법령의 발효다. 그 법령을 찬양하는 3월 16일자의 한 편지는 "마침내 공산당이 가장 강력한 정당이 되었고, 농민들은 해방되었다. 부자들이 권좌로부터 쫓겨났다. 우리 노동자들은 새로운 자유에 환호한다"고 적었다. 3월 19일자 다른 한 편지는 "성취된 것 중에서도 가장 중요한 것은 토지개혁 법령의 시행이다. 우리 혁명 과정에서 가장 먼저, 그리고 다른 무엇보다 앞서서 이루어야 할 과업이다. 토지개혁은 어떤 정부라도 피해 갈 수 없는 과제다"라고 했다. 반면 환호하지 않는 사람들도 있다. 38선 이북에 거주하는 한 부유한 조선인은 3월 20일 서울에 있는 그의 아들에게 쓴 편지에서 "지주로서 나는 많은 어려움에 직면해 있으며 어떻게 살아가야 할지 두렵다. 나는 돈도 없고 땅도 뺏겼다. 게다가 그들이 그 법령에 따라 내 집을 몰수한다면 내가 어떻게 살아갈 수 있겠니? 그들은 만약 그 집이 공산주의자의 소유라면 몰수되지 않을 것이라고 말한다. 네가 인민당 당원이니 그들에게 너의 당원증을 보여주면 인민당이나 공산당이나 도긴개긴이므로 내 집을 몰수하지 않을 것이다. 가능한 한 빨리 이리로 오너라!"라고 말했다.[392]

이북에서 시행된 토지개혁에 관해 단편적 소식들을 전했을 뿐이지만 보고서를 작성한 미군 당국이나 편지 작성자들이나 토지개혁이 지닌 역사적 의미, 그것의 현재적 의의와 효과를 진지하게 전달한다. 우선 미군은 토지개혁 법령이 발효되었다는 소식을 접하자마자 소련군의 북한 점령 이후 일어난 가장 혁명적인 사건으로 평가하기를 주저하지 않는다. 편지 발신인 가운데 한 사람도 토지개혁을 가장 중요한 혁명적 성취라고 지적한다. 다른 한 사람은 농민 해방, 권좌로부터 부자들 축출, 공산당의 가장 강력한 정당으로의 부상을 토지개혁이 가져온 정치사회적 효과로 요약했다.[393]

편지 몇 통에 불과하고, 그것도 미군정이 검열 과정에서 주목한 내용만을 단편적으로 전했지만 당시 한국인들이 놓인 역사적 상황과 맥락, 그리고 북한 주민들이 각자의 정치적 성향이나 사회경제적 지위에 따라 토지개혁에 어떻게 반응하는지 알 수 있다. 해방 직후라는 시기는 개인 신상의 변화가 나라와 사회의 변화와 직결되었으며 그로부터 자유로울 수 있는 사람은 없었다. 이북의 토지개혁이 일으킨 반향은 어쩌면 점령기에 미군이 마주한 최초의 '북풍'이라고 할 수 있다. 그렇다면 미군정은 북에서 불어온 이 바람, 식민지 상태로부터 갓 벗어난 한국 사회를 관통하는 이 역사적 과제에 어떻게 대응했을까?

당시 남한을 오간 우편물을 검열하고 작성한 미군 정보보고서들은 1946년 3월 이래 미군 점령정책에 대한 불만이 늘고 있다는 사실을 우려했는데, 4월 13일자 「일일정보보고」 201호 보고서가 발췌한 서울에서 38선 이북의 친구에게 보내는 3월 8일자 편지가 그 전형적 사례다.

> 북조선에서 토지개혁을 비롯한 정치적 개혁이 이루어지고 있다는 소식을 들었소. 난 그 모든 것들에 관해서 꼭 알고 싶네. 여기 남조선은 일제하에 있을 때보다 나아진 것이 별로 없소. 다만 총독부가 군정청으로 바뀌었달까. 심지어 치안마저 일제 때보다 열악하다네.[394]

3월 5일자 정보보고서가 방첩대가 수집한 첩보의 형식으로 이북에서 토지개혁이 시작된 정황을 포착했지만 남한 신문에 그 사실이 처음 언급된 것은 3월 12일로 법령 공표 일주일 만이었다. 미군 정보보고서는 남한 신문 중 자유신문에 실린 법령 전문을 영역하여 별첨했고, 조선공산당 기관지격으로 서울에서 발행되던 해방일보 역시 3월 12일 북한에서 토지가 분여되었다는 소식을 전했다. 자유신문은 평양에서 간행된 조선신문 3월 6일자 기사를, 해방일보는 북조선공산당 공식 기관지인 정로(正路) 기사를 전재하는 형식으로 보도했다. 남한 신문들은 두 신문의 보도를 시작으로 앞서거니 뒤서거니 이북의 토지개혁 소식을 기사로 쏟아냈고, 많은 신문이 남한에서도 하루빨리 토지 문제가 해결되기를 바란다는 취지의 사설을 실었다. 미군 정보당국이 발췌한 앞의 편지는 발신일이 3월 8일인데 그렇다면 이미 이남 신문에 보도되기 이전부터 이북의 토지개혁 소문이 남한에 유포되기 시작한 셈이다.[395]

북한의 토지개혁은 3월 5일 법령 공표 뒤 바로 시작되었고 "토지는 밭갈이하는 농민에게!"라는 구호 아래 한 달이 채 안 되는 기간 안에 신속하게 마무리되었다. 몰수 대상은 일본 국가, 일본인, 그리고 일본 단체의 소유지, 민족반역자와 월남자의 토지, 5정보(1정보=3천 평=9,917m^2) 이상의 지주 토지였다. 몰수한 토지는 집집마다 가족의 수와 노동력에 따라 분배했다. 토지개혁의 목표는 봉건적 소작제도의 해체였고, 5정보 미만을 소유한 지주라도 소작을 주는 토지는 모두 몰수했다. 5정보 이상을 소유한 지주는 토지뿐 아니라 모든 재산을 몰수한 뒤 다른 지역으로 이주시켰다. 토지개혁 결과 집집마다 평균 1.63정보(약 4,890평)의 땅을 가지게 되었고, 북한 사회의 계급적 역관계와 소작농 등 영세농민의 사회경제적 지위가 크게 변했다. 토지개혁은 북한 당국에 대한 주민의 지지를 확대하고 강화하는 중요한 계기가 되었다.[396]

남한에서는 좌익이고 우익이고 모든 정치세력이 북한에서 실시된 토지개혁에 원칙적으로 찬성하는 입장이었고, 그에 대한 비판을 거의 들을 수 없었다. 남한의 신문들은 1946년 3~5월에 북한의 토지개혁과 그것이 이룩한 성취에 대해 우호적 기사를 다수 보도했다.

「劃期的 土地改革, 農民에 福音 北鮮 土地改革令」,『조선경제신보』, 1946. 3. 25.

「말보다도 실천이 제일」,『자유신문』, 1946. 4. 4.

「사설: 국민의 대표」,『현대일보』, 1946. 4. 13.

「토지개혁령 중 산림에 관한 결정」,『현대일보』, 1946. 4. 16.

「세계의 동향: 알바니아의 토지혁명(중) 근착 시카고썬지에서」,『현대일보』, 1946. 4. 20.

「토지개혁은 올흔 일이다 순정 이북 수만 학도 결의」,『현대일보』, 1946. 4. 24.

「정치형태는 인민주권 토지 문제 등 토의 열렬. 전국인위대표대회 성황」,『현대일보』, 1946. 4. 25.

「몰수 100만 정보, 북조선 토지개혁 총결정서」,『자유신문』, 1946. 4. 29.

「토지개혁의 역사적 의의」상·중·하,『현대일보』, 1946. 4. 26, 27, 29.

「칠십여 만호에 분여, 북조선 토지개혁의 결산」,『공업신문』, 1946. 4. 30.

「북조선 토지개혁 총결과. 총 경작면적 이백만 정보 중 몰수 토지는 46%」,『현대일보』, 1946. 4. 30.

「북조선 토지개혁 정산표」,『현대일보』, 1946. 5. 4.

「북조선 토지개혁 총결과, 총 경작면적 이백만 정보 중 몰수 토지는 46%」,『조선경제신보』, 1946. 5. 11.

「전농 확대위원회에서 토지개혁안 등을 가결」, 『중앙신문』, 1946. 5. 13.

　이 기사들은 북한 토지개혁 법령의 내용과 실시 결과를 구체적으로 소개했고, 북의 토지개혁이 이룩한 성취와 그것이 농촌 경제와 농민 생활에 끼친 영향을 긍정적으로 평가했으며, 북한 농민들의 토지개혁 지지 여론을 전하면서 남에서도 하루빨리 토지개혁을 실시해야 한다는 점을 결론으로 제시했다. 또 농민들의 전국적 조직인 전국농민조합총연맹, 전국인민위원회 대표자 대회 등은 토지개혁을 조선인들이 스스로 결정하여 실행해야 한다는 점을 강조했다.
　미군정이 귀속농지 처분 계획을 발표한 시점은 북한이 토지개혁령을 발표한 직후였다. 그런데 미군정 측 구상은 여론의 지지를 받지 못했고, 언론의 반응도 우호적이지 않았다. 미군정이 여론조사를 통해 자신의 구상에 대한 남한 사회의 여론동향을 예의 주시하던 3월과 5월 사이에 남한의 신문 지면에서 초점이 된 것은 미군정의 농지개혁 계획이 아니라 북한의 토지개혁이었다. 식량위기로 인해 미군정에 대한 불신이 남한 사회에 팽배하고, 북한 토지개혁의 급진성과 미군정 농지개혁 계획의 소극성이 대비되어 언론의 주목을 받았던 것이 미군정이 자신의 농지개혁정책 실행을 유보하게 만든 상황적 이유였다.
　한편 남한의 정치세력들도 그 이유는 서로 달랐지만 표면적으로는 미군정의 농지개혁 구상에 대해 한결같이 반대 입장을 표명했다. 각 정치세력의 반응은 이 사안에 대한 남한 사회의 이해 방식과 인식 방향을 이해하는데 도움이 되는 만큼 구체적으로 살펴볼 필요가 있다.

한민당 주석 김병로는 상점, 건물 등의 일본인 재산 처분은 일정한 조건 하에 처분하는 것에 찬성하나, "농지의 처분은 중요 국책에 관계되는 것이므로 지금대로 보류하였다가 앞으로 수립되는 조선 정부에서 처리함이 타당하다고 생각한다"고 입장을 표명했다.[397] 임정 계열의 한독당 부당수 명제세도 "원래 일본인의 재산이란 우리의 고혈(膏血)의 결정임으로 이를 환원함에 있어서는 마땅히 빼앗기고 착취당한 불쌍한 동포에게 돌려주어야 할 것이다. 그리고 이 문제는 방금 우리 자주정부가 수립될 것이니 토지고 건물이고 일체를 우리 정부로 하여금 처리하게 되기를 희망한다"는 입장을 밝혔다.[398] 같이 우익으로 분류되지만 두 당은 일본인 재산 처분의 구체적 내용과 관련해 서로 의견이 달랐다.

인민당의 이여성 씨는 인민당은 "조선 내 일체의 재산과 산업에 대해서 민주주의적 계획경제의 방법으로서 운영될 것"을 주장하므로 "이번 군정청에서 일본인 재산의 처리 방법에 대하여 아무 원칙도 없고 아무 계획도 없이 자유방임적으로 방매를 허한다는 것은 모리배의 도량을 자극하고 재산의 편재(偏財)를 촉진하는 결과를 짓게 될 것임으로 우리는 그것을 매우 우려하고 재산과 권익을 처리하는데 있어서는 철두철미 공정한 민주주의적 원칙에 입각하여 그것의 공정한 분배로 말미암아 인민의 공

동복리가 생겨나도록 하여야 할 것이다. 군정당국의 특별한 고려가 있기를 바란다"고 부탁했다.[399]

조선공산당 중앙위원회는 3월 20일 중앙위원회를 개최하고 담화를 발표했다. 담화는 "미소공동위원회가 금일을 기하여 그 역사적 회합이 열리는 이때 우리 당은 하루라도 속히 통일적인 임시 민주주의정부 수립에 적극 전력하는 동시에 이 정부는 남부 조선에서도 북조선의 해결과 동일한 민주주의적 진보적 방법으로 토지개혁을 단행하여야 할 것을 선언"했다.[400]

조선신민당도 3월 22일 토지정책에 관해 성명을 발표했다. 그중 미군정 측 안과 북조선 토지개혁령과 관련한 내용은 다음과 같이 요약할 수 있다. 첫째, 양적 비중으로 볼 때 일본인 소유 토지의 해결보다 조선인 지주 소유 토지의 해결이 훨씬 중요하고, 조선인 지주 소유 토지의 처분방법 여하에 농민의 운명이 달렸으며, 그것이 실로 민주경제의 지반이 될 것이다. 따라서 일본인 소유 토지 문제만 해결하면 토지 문제의 대부분이 해결되는 것처럼 속단해서는 안 된다. 둘째, 그 처분방법으로서 우선 일본인 소유 토지 처분을 사적 매매에 방치한다면 그 총가격이 실로 10억 원을 초과할 것이며 그 결과는 자작농이라기보다도 항구적 채무노예로 전화되기 쉬울 것이다. 그럼으로 그 처분권은 불원에 수립될 조선 신정부에 맡겨주는 것이 적당한 조치로 생각된다. 셋째, 북조선임시인민위원회에서 발표한 토지개혁에 대하여 원칙적으로 찬동하나 기술적 조치 방법에 있어 고려를 요할 점이 있다. 경제정책 일반이 상호연관성을 가진 것인즉 그 시행

시기와 경작능력 없는 토지소유자의 생활보장 문제 등이며 남조선에서는 용인할 최소한도 면적도 북조선과는 좀 달리 고려할 필요가 있을 듯하다.[401]

민주주의민족전선(민전)은 3월 9일 제1차 토지농업문제연구회를 개최하고 토지 문제 해결에 대한 민전 측 안 마련을 위해 본격적 논의에 들어갔다. 이튿날인 3월 10일에는 군정청이 발표한 일본인 소유 농지 처분을 통한 자작농 창정안에 대해 담화를 발표했다. 민전은 "토지 문제의 평민적 해결은 우선 일본인과 민족반역자로부터 몰수한 토지를 농민에게 무상으로 분배하기를 요구한다. 반봉건적 영세경작농에 있어서는 소위 자작농도 외국에서 보는 바와 같은 '소농' 혹은 '자작농민'을 형성할 수 없는 것이다. 자작농 창정안과 같은 이러한 안으로써 토지 없는 농민에게 토지를 갖게 할 수 있다고 생각한다면 그것은 일개 망상"이라는 취지의 논평을 발표했다.[402]

전국농민조합총연맹은 3월 18일 상임위원회를 개최하여 전 일본인 소유 토지, 주택 매매 문제, 신한공사 문제 등의 긴급한 당면 문제에 대한 구체적 의견을 진술한 제의문(提議文)을 군정장관에게 전달했다. 그중 군정 발표 자작농 창정안에 대해서는 "전 일본인농토의 15년간 농작물 연부상환 방법은 다년간 봉건적 비경제적 착취관계에 의한 궁핍은 전연 여력이 없고, 연부상환과 재생산을 위하여 일부 지주와 고리대금을 이용케 할 위험을 주고, 실제에 있어서 일제에게서 해방된 덕택을 얻지 못하는 것이므로 우리는 농토는 농민에게 주어 생산을 활발하게 하여야

되고 농촌의 피폐를 구하여야 할 것"이라는 의견을 제시했다.[403]

　미군정의 3월 7일자 특별발표는 일본인 소유 농지를 포함한 일본인 재산 처리 문제와 관련해 제 정치세력들이 어떤 식으로든지 자신의 입장을 정리해서 발표하지 않을 수 없게 만들었다. 앞에서 보듯이 한민당과 임정 계열의 한독당, 인민당은 당 지도부에 속한 인물들이 입장을 발표했고, 공산당과 신민당은 당의 입장을 발표했다. 통일전선체인 민전과 농민의 이익을 대변하는 전국농민조합총연맹 역시 조직적으로 대응했다.

　각 정치세력의 입장을 살펴보면 우선 모든 정치세력들이 미군정의 일본인 소유 농지 방매를 반대하고, 새 한국 정부 수립 후에 일본인 소유 농지를 처분해야 한다는 입장이다. 마침 미소공위가 3월 20일 서울에서 개최되었고, 미소공위 협의를 통한 새 정부 수립에 한국인들의 기대가 모아졌던 만큼 그러한 입장은 당연한 것처럼 여겨졌다. 한독당 부당수 명제세도 그러한 기대를 표명했고, 공산당은 미소공위가 개최되는 날 담화를 발표하여 미소공위를 통한 임시정부 수립과 그 정부에 의한 남한 토지개혁 실시를 공개적으로 요구했다. 또 제 정치세력의 반응은 토지 문제 해결에서 가장 중요한 것은 개혁 방안이 아니라 개혁의 주체 문제였다는 것을 드러낸다

　한민당이 일본인 재산 중 건물, 상점과 농지를 나누어 전자의 처분에는 찬성하나 후자의 처분은 한국 정부 수립 후로 보류를 요구했다는 점이 눈길을 끈다. 반면 한민당을 제외한 모든 정치세력이 농지를 포함하여 일본인 재산 처분을 새 정부 수립 후로

미루어야 한다는데 동의했다. 그들은 적산이 '우리의 고혈'이므로 '빼앗기고 착취당한 불쌍한 동포'에게 돌려주어야 한다는 입장이다. 우익 세력으로 분류되던 한독당도 다른 정치세력과 의견이 같고, 이 문제에 대해서는 한민당과 달리 단호하다. 일본인 재산 처리에 관한 김병로의 언급은 지주, 자본가 정당으로 간주되던 한민당의 경제적 이해관계는 물론이고 정치적 입장을 드러냈으며, 이 사안이 단순히 귀속농지 처분 문제가 아니라 적산 처리의 본질 및 그 방향과 관련한 문제라는 것을 보여준다.

조선공산당은 토지개혁의 주체로 미소공위를 통해 수립될 전 조선 임시정부, 개혁 방안으로 북한에서 실시 중인 토지개혁령을 제시했다. 신민당 역시 북한의 토지개혁령을 모델로 삼았으나 남한의 농촌 사정에 맞추어 기술적 조정이 필요하다는 의견이다. 한독당과 인민당은 원칙적 입장을 천명하는 수준이었지만 미군정의 귀속농지 처분 방안, 특히 방매에 대해서는 부정적이었다. 민전과 전국농민조합총연맹 역시 장기 현물상환 방식의 방매에 대해서 부정적이었다. 미군정 측 방안에 대한 부정적 인식은 당시 농촌의 사회경제적 역관계나 소작농의 경제적 조건에 비추어서 현실성이 없다는 판단에 입각해 있다.

대표적 우익 신문의 하나로 간주되던 한성일보는 미군정이 귀속농지와 일본인 재산 방매 방침을 발표한 뒤 2회에 걸쳐 "일본인 재산 매매와 우리의 견해"라는 제목으로 각 정파의 입장을 소개했는데, 동시에 미군정식 농지개혁 방안에 대한 논평을 실었다. 이 논평의 필자인 한성일보 주필 이선근은 러취 장관의 자작농 창정 방안에 대해 원칙적으로 찬의를 표하면서도 첫째, 분양가의 가격과 기준, 둘째, 관리와 추진의 주체 선정, 셋째, 농지의 재편성과 영농방법의 지도 여하를 어떻게 할 것인지가 성패의 결정적 요소가 될 것이라고 지적했다.[404]

이선근은 각각에 대해서 첫째, 토지대 산출 시 공정을 기할 것과 현재의 화폐나 물가를 기준하면 위험하고, 상환기한에 있어서도 기계적인 균등식의 연부상환보다도 농민의 건설적 열의와 생산능력에 신뢰하여 신축성을 둘 것, 둘째, 사업의 관리와 추진을 일개 특수회사나 소위 농촌 유력자에게 맡길 것이 아니라 새 조선의 국가적인 기구 아래 자주적인 농민의 조직체에 맡길 것, 셋째, 집약농 육성, 유축다각농으로의 전환, 기계농법 도입과 농구개량 등 영농방법의 과학화를 사후적인 해결책으로 제시했다.

그는 해방 이후 인플레가 한참 진행된 시점의 화폐와 물가로 지대를 산정하거나, 상환기한을 고정한 균등식 연부상환 방식이 농지를 분여 받은 소작농들에게 큰 부담이 될 수 있음을 우려하고, 소작농을 자작농으로 만들기 위해서는 그들이 자립할 수 있도록 소농 육성책과 영농 지원 등이 필요하다고 주장한다. 특히 사업 관리와 추진 주체에 대한 지적이 중요한데, 그는 신한공사와 같은 '일개 특수회사'나 '농촌 유력자'와 같은 지주층이 아니라 '자주적인 농민 조직'이 사업을 떠맡아야 한다는 입장이다.

이선근의 논평은 미군정 측 농지개혁 방안에 대해 서두에 원칙적으로 찬성한다는 입장을 표시했지만, 논평을 통해서 은근히 그 안이 가진 비현실성과 부적절함을 지적했다. 그의 논평은 당시 제 정치세력이 지녔던 농업현실 인식과 대체로 동일하고, 그런 면에서 그의 인식이 정치적 입장을 앞세운 것이라기보다 당대 남한 사회의 일반적이고 현실적인 판단이었음을 드러낸다. 그의 논평은 한성일보의 입장을 대변했지만 그가 일제의 만주 침략 이후 조선인 만주 농업 이민과 척식에도 관여한 적이 있던 만큼 당시 조선의 농업 실정에 대한 나름의 경험적 이해 위에서 나온 것이었다.[405]

각 정당 또는 정치 지도자들은 미군정의 일본인 소유 농지 처분을 당시 미군정 여론조사처럼 한국 정부 수립 후로 미룰 것을 주장했다. 그런데 당시는 미소공위 개최를 눈앞에 둔 시점이었다. 민전, 신민당, 공산당은 미소공위를 통해서 임시정부 수립 문제가 곧 해결될 것으로 전망하고, 그렇게 수립될 임시정부가 토지개혁 문제를 처리해야 한다고 주장한다. 그리고 북한에서 실시된 토지개혁에는 원칙적으로 찬성하는 입장이다. 반면 한민당과 이승만도 한국 정부 수립 뒤로 미루자는 점에서는 다른 정치세력들과 의견이 같았다. 하지만 이들은 모두 반탁 입장이었으므로 미소공위에서 수립될 임시정부를 상정하지는 않았다. 이들은 무상몰수 무상분배 방식의 급진적 토지개혁안에 대해서는 공개적으로 반대 입장을 표명했다.[406] 한국인 정치세력들은 표면적으로는 모두 미군정의 농지개혁 구상에 반대하는 모습을 보였으나 반대 이유 이면에는 서로 다른 정세 인식과 이해관계, 서로 다른 토지개혁 노선이 있었다.

1946년 4월 13일자 현대일보 사설 「국민의 대표」는 미군정의 지원으로 수립된 남조선대한국민대표민주의원(민주의원)이나 임정의 주도로 설치된 비상국민대표대회는 모두 말로는 국민의 대표를 주장하지만 그들이 지주를 대표하는지, 소작인을 대표하는지 물으며 지주 중심의 토지개혁이 아니라 소작인 중심의 토지개혁이 필요하다고 주장한다. 정치세력들의 논평이나 이 사설에서 알 수 있는 것처럼 당시 한국인 또는 정치세력들이 미군정의 귀속농지 처리에 반대한 것은 토지개혁 자체를 반대한 것이 아니라 그 실현의 주체가 누구이고, 또 구체적 실행방법이 무엇인가를 판단의 기준으로 했다.

거기에다 많은 한국인들이 미소공위가 개최되어 미국과 소련 대표가 임시정부 설립에 합의하면 임시정부가 곧 수립될 수 있을 것이라고 예상했다. 미군정 여론조사에서 남한 주민들이 미군정 주도 하의 귀속농지 매각에 반대한 데에는 토지개혁 실현의 주체로서 미군정에 대한 근본적인 불신이 자리하고 있다. 또 각 정치세력의 농업현실 인식, 그들이 구상한 토지개혁 노선과 실행 방법론에 따라 미군정의 농지개혁 구상의 한계를 비판했다. 그리고 지주, 자본가를 대표하는 한민당이나 그들의 지원이 필요한 이승만은 자칫 그들의 경제적 기반을 훼손할 수도 있는 이 문제를 어쨌든 한국 정부 수립 후로 미루는 것이 유리하다고 판단했다. 미군정은 그 시점에서 여론동향과 제 정치세력의 반대를 무릅쓰며 자신의 구상을 관철할 수 있는 여건과 동력을 좀처럼 마련할 수 없었고, 남조선과도입법의원(입의) 수립 뒤에야 다시 자신의 구상을 꺼낼 수 있었다.

4. 농지개혁 시도의 좌절

미군정 공보부 여론조사과장 로빈슨이 1946년 3월 하순 강원도 와 경상북도 각 군을 거의 모두 순회하며 지방사회의 여론을 직접 청취했다. 로빈슨은 각 군을 순회하며 곡물 배급 등 식량 문제, 토지 문제, 해당 지역 정치 상황, 미군정 공보활동의 효율성을 탐문했다. 로빈슨은 순회 결과를 정리한 보고서에서 토지 문제에 관해 '대지주들은 만약 그들에 의해 자발적으로 변화가 일어나지 않는다면 토지혁명이 일어날 것이라는 시각으로 점차 생각을 바꾸고 있는 것으로 보인다. 대구와 상주에서 이 생각은 탄력을 받아서 대지주들 중 일부는 실제 이러한 생각으로 토지혁명을 막기 위해 그들의 땅을 팔고 있다.' 그리고 '귀속농지 매각에 대한 의견은 균등하게 나뉘는데 일부는 군정에 대해 신뢰를 갖지 못하고 한국 정부가 수립되면 정책이 변화할 것으로 예상하고, 다른 이들은 가능한 한 빨리 토지 사기를 원한다'고 정리했다.[407]

로빈슨의 보고서에서 대지주들이 '토지혁명을 막기 위해 그들의 땅을 팔고 있다'는 반응이 주목된다. 그들의 반응은 어떤 식으로든 토지 문제를 해결하지 않으면 혁명적 상황이 초래될 수 있다는 생각에서 나온 것이다. 미군정의 농지개혁 구상은 사실은 그러한 상황을 저지하거나 회피하기 위한 예방혁명의 성격을 가졌다. 농촌의 사회경제적 위기를 극복 또는 개선하기 위해 토지 문제의 일정한 해결은 반드시 거쳐야 할 관문이라는 것을 점령군 당국이나 농촌사회를 지배하던 지주층이나 잘 알고 있다. 미군정은 자신이 구상한 농지개혁 계획의 1단계라고 할 수 있는 귀속농지 방매에 실패했지만 1946년 가을 입의 설치를 앞두고 농지개혁 구상을 실천에 옮기기 위해 다시 시동을 걸었다.

미군정은 농지개혁의 전면적 실시가 미군정을 지지해줄 정치적 기반인 보수 우익세력의 사회경제적 기반을 훼손하는 식으로 전개되는 것을 원치 않았지만 남한의 경제적 사정과 농촌사회의 혼란을 감안하고, 한국 인구의 대다수를 차지하는 농민층의 지지를 얻기 위해서는 이를 계속 미룰 수 없다는 점 역시 잘 알고 있던 만큼 토지개혁을 부분적으로 또는 개량적으로라도 실시할 수밖에 없었다. 미군정 경제고문 번스가 1946년 9월 5일 기자회견에서 농지개혁 구상을 다시 꺼내들었다.

조선의 토지제도는 개혁할 필요가 있으나 이 문제는 임시정부 수립 후에 하는 것이 좋다는 희망이 많아 보류하고 있다. 그래서 이번 가을에 처음 열릴 입법기관 회의에서 맨 처음으로 심의해서 조선인 대다수가 어떠한 형태로 개혁하는 것을 희망하는가를 들어 실시하게 될 것이다.

북조선에서는 소작인에게 무료분배 했다고 하나 그것은 임대차계약에 지나지 않는 것이다. 나는 과거 1년간 농촌 방면에 돌아다니며 많은 의견을 들었는데 그들은 토지의 국유화보다도 사유를 원하는 의견을 많이 가지고 있다. 그러나 지금은 어떠한 의견을 가지고 있는지 모르겠다.[408]

번스의 기자회견은 정치적으로 의도된 발언이자 장차 한국인 중심의 입법기구 수립을 전제한 발언이다. 이 발언은 번스의 개인적 희망이 아니라 이미 미군정과 워싱턴 당국자들이 논의하고 합의한 정책을 전제로 했다. 하지의 정치고문 랭던이 1946년 6월 3일 국무장관에게 전문을 보내 남한에 선거를 통한 기구 설치를 건의했고, 이에 대해 국무부 점령지구 담당 차관보 힐드링(John H. Hilldring)은 워싱턴에서 점령정책의 집행을 관장하던 육군부 작전처에 "입법자문기구를 설치하여 모든 주요 개혁을 이 기구가 주도하도록 할 것"을 내용으로 하는 비망록을 보냈다. 그리고 번스는 기자회견이 있기 열흘 전 '한국에 통일독립정부 수립이 지연됨에 따라 증대하는 한국인들의 불안과 불만을 잠재우는 방법은 그들이 우리의 공약을 받아들이고 민중의 경제적 조건을 향상시키거나 아니면 강경한 군사적 통치에 의해서나 가능할 것'이라며 남한에 수립될 입법기구가 '토지개혁을 조속히 실시해서 소작제도를 농민 개개인에 의한 토지 소유로 전환시켜야 한다'는 전문을 국무장관에게 보냈다.[409]

번스의 발언은 새로 설치될 입법기구를 전제로 그 기구에서 한국인들의 입법 조치를 통해서 토지개혁을 실시할 것이라는 점, 그것은 북한의 토지개혁과 다른 방식이 될 것이라는 점, 또 국유화와 사유를 대비시킴으로써 무상몰수 무상분배가 아니라 유상몰수 유상분배가 될 것이라는 점을 넌지시 내비쳤다. 그 당시 미군정은 좌우합작운동을 활용하여 대중적 지지를 확보한 위에서 입법기구를 설치한다는 계획을 추진 중이었다.[410] 그 시기 미군정이 한국인 입법기구를 통한 토지개혁 등 주요 개혁의 실시를 다시 꺼내든 것은 토지개혁이 농업 경제의 봉건제에서 자본주의적 근대화로의 이행이나 농촌사회의 안정을 위해 반드시 거쳐야 할 과정이고, 다른 한편으로 급진적 사상의 압력에 대항하기 위해서는 이것보다 더 확실한 방벽이 없다는 인식에 입각해 있다.

당시 일본에서도 농지개혁은 맥아더 사령부의 중요한 현안이었다. 맥아더 사령부는 일본 정부의 농지개혁에 대한 불철저한 태도와 방침을 용납하지 않았고 점령 당국 주도로 농지개혁령을 만들어 일본 정부에 그 실행을 강제했다. 맥아더는 농지개혁령 입법 당시 발표한 성명에서 "점령국에 의해 건전하고 온건한 민주주의를 수립하기 위해서는 이것보다 더 확실한 근거는 있을 수 없고, 또 과격한 사상의 압력에 대항하기 위해서도 이것보다 더 확실한 방위는 있을 수 없다"고 천명했다.[411]

번스가 언급한 새로운 입법기관인 남조선과도입법의원은 좌우합작위원회를 매개로 한 좌우합작운동이 있었기에 가능했다.

입의 설치를 가능케 한 좌우합작위원회의 좌우합작 7대원칙은 3항에 '몰수, 유조건 몰수, 체감매상 등으로 토지를 농민에게 무상으로 분여'한다는 토지개혁 조항을 포함했다. 미군정은 어떻게 하든지 좌우합작을 통해 입의를 설치하려고 안달이었으므로 주한미군사령관 하지는 '7원칙은 입법기관의 행동 및 결정 자유에 하등 제한과 구속을 줄 바는 아니라는' 단서를 달았지만 7원칙을 환영하는 성명을 발표했다. 이승만 역시 담화를 발표하여 '탁치와 토지에 관한 문제는 임시정부 수립 후에 토의하게 될 것이니 우리 민족의 공원(公願)대로 타협되기를 기다릴 것'이라는 논평을 발표했다. 한민당은 '7원칙 중 중대한 몇 가지 정책에 대하여 모호한 점이 있는 것은 유감'이라는 논평을 냈다.[412]

좌우합작 7대원칙은 당시 조건과 정치적 상황에서 좌우합작운동이 끌어낼 수 있는 최대한의 합의라고 할 만 했고, 그 성사에 합작운동을 주도했던 여운형, 김규식을 중심으로 한 중간파가 큰 역할을 했다. 그러나 7원칙은 합의에 성공하자마자 바로 극우와 극좌 세력의 반대와 파괴 공작에 부딪혔다. 극우를 대변하는 이승만과 한민당은 7원칙 중 토지개혁 내용이 들어 있는 3항을 콕 집어서 공개적으로 반대했다. 조선공산당은 7원칙이 남한 단독의 입법기관 설치를 위하여 만들어진 것이라며 이에 반대했고, 남조선신민당은 토지개혁과 입법기관 등 두 문제의 내용에 대해 다른 견해를 가지고 있다고 발표했다. 흥미 있는 것은 이승만과 한민당은 7원칙 중 토지개혁 조항에 반대했고, 이승만은 반탁 입장을 다시 한 번 천명하면서 모스크바 삼상회의 결정과 미소공위 속개에 반대했지만 입법기관 설치는 이승만과 한민당 모두 사실상 찬성했고, 그 점에서는 미군정과 같은 입장이었다.[413]

입의는 번스가 예상했던 가을이 아니라 1946년 12월 12일에야 개원했다. 개원 닷새 전인 12월 7일 군정장관 대리 헬믹(Charles G. Helmick)이 "만일 군정이 계속되고 있는 동안에 조선입법의원에서 토지개혁법이 제정된다면 지주들은 각자 토지에 대하여 적당한 대상을 받게 될 것"이라며 개혁대상 토지의 무상몰수설을 부인하고, "토지 문제뿐만 아니라 장래 조선경제에 영향을 끼칠 제 문제에 관한 군정청의 정책에 있어서는 현 군정은 다만 고문의 자격으로서 행동할 것이므로 토지개혁에 관한 모든 법령은 조선 사람들이 선정한 조선입법기관의 책임이 될 것"이라는 취지의 발언으로 재차 입의에 토지개혁 문제 심의를 환기시켰다. 무상몰수설을 부인한 것은 좌우합작 7대원칙의 토지개혁 조항에 대한 지주층의 반발을 의식하고, 그들의 반발을 누그러뜨리기 위한 것이었다. 다른 한편으로는 우익이 장악한 입의에서 유상몰수, 유상분배 방안을 합의하면 될 것이라고 우익 진영에 넌지시 암시한 셈이었다.

번스는 부임 초부터 토지개혁의 필요성을 역설했고, 토지개혁이 남한의 정치적, 사회적, 경제적 혼란을 종식시키는 첩경이며, 이를 통해서만 미군정과 미국의 점령통치에 대해 한국인의 지지를 획득할 수 있다는 점을 강조했다. 번스는 한국인 지주 소유 토지에 대한 개혁은 한국 정부 수립 후로 미루더라도 일본인 소유였던 귀속농지만이라도 서둘러 개혁하여 농민들에게 분배할 것을 주장했다. 반면 완고한 반공주의자였던 하지 장군과 러취 군정장관 등 미군정 고위층은 식민유제의 청산보다는 현상유지에 급급했고, 토지개혁의 필요성을 부인할 수는 없었으나 정치적 고려에 매달려 실행에 선뜻 나서지 못한 채 시간을 허비했고, 미군정은 상황 변화에 떠밀려가고 있었다.

게인 기자가 1946년 가을 남한을 방문했을 때 그러한 미군정 내부 동향을 관찰할 기회가 있었다. 그는 번스안이 미군정 고위층의 반대에 부딪혀 '번스의 우극(Bunce's Folly)'으로 귀결되었다고 기록했다.[414] 그러나 귀속농지 판매가 되었든 토지개혁이 되었든 토지 문제 해결은 남한 사회가 비켜갈 수 없는 문제였고, 더구나 3남 지방을 휩쓸었던 10월항쟁에서 농민층의 분노와 불만을 체감한 미군정으로서는 어떤 식으로든 그러한 통치 위기에 대처할 농촌사회 안정책이 필요했다. 10월항쟁의 직접적 발생 원인은 '무정견한 식량정책에서 나온 가혹한 공출제에 대한 반감과 식량난', 그리고 이러한 정책을 무리하게 집행한 경찰, 관리 등 '일제 잔재적 반동분자에 대한 극도의 증오'였으나 정부 수립의 지연 등 '조국해방 전도에 대한 절망감'도 주요한 원인이었다.[415]

번스는 하지, 러취 등 미군정 고위층의 충분한 지지를 받지 못했고, 번스안은 실행 계기와 동력을 마련하지 못한 채 떠돌았지만 점령이 길어질수록 농지개혁은 미군정에게 점차 선택의 여지가 없는 문제가 되어갔다. 미군정은 점령통치의 안정적 종식을 위해서나 이후의 정세 변화에 대처하기 위해서나 어떤 식으로든 원만한 실행방식을 찾아내야했다. 미군정은 입의를 통해 농지개혁법 제정을 계속 추구했다.

번스 측이 입의와 논의하여 토지개혁안을 마련하기 위해 나섰다. 1947년 2월에 번스 경제고문과 합작위원회 박건웅, 이훈구 농무부장 등이 비공식으로 회합하여 의견 교환을 한 결과, '체감매상(遞減買上) 무상분배(無償分配)'를 원칙으로 하는데 의견의 일치를 보았고, 이것이 앞으로 입의에 어떻게 반영될 것인지 주목된다는 기사가 신문지상에 공개되었다.[416] 기사는 미군정이 좌우합작 7대원칙의 토지개혁 조항에 합의한 것처럼 읽힐 수 있었는데, 발표되자마자 이승만이 주도하는 독촉국민회와 반탁투위는 무상분배가 경제적 매국행위라고 비난했다. 남로당은 '실행과정을 무한대로 연장하여 토지정책을 유야무야로 흐지부지하여 버리자는 계획'이라고 비판했다.[417] 좌우 양쪽에서 비판이 쇄도하자 이훈구 농무부장은 서둘러 2월 22일 입의에서 신법을 제정하기 전까지 토지제도는 불변이라며 앞의 기사 내용을 '항간의 낭설'이라고 부인하는 담화를 발표했다.[418]

그러나 러취 군정장관은 1947년 2월 보통선거법, 토지개혁 등 중요 문제의 입법을 공식적으로 입의에 요구했고,[419] 번스 등 미국 측 인사들은 입의 산업노농위원회(산노위)에 토지개혁 법안을 조속히 만들 것을 요청했다. 산노위는 토지개혁법 초안 준비에 들어갔고, 2월 말에 1차 시안이 나왔다. 언론에 소개된 내용을 보면 토지개혁에 관해 필요한 기본조사 및 실시에 관한 준비 직무를 집행하기 위해 임시토지제도조사국을 민정장관의 관리 아래 설치, 전답 삼림 등의 매매, 양여 기타 일체의 처분행위를 금하고 이에 관한 등기를 정지하기 위한 토지동결법을 제정하였다. 또한 농지를 경작하는 농가는 물론 병원, 교회, 사원 기타 공공단체의 농지를 경작 또는 경영하는 단체의 행정기관 등록을 위한 농가등록법 제정을 논의 중이었다.[420] 산노위가 토지개혁안 초안 외에 토지개혁 실시를 위한 준비 단계 작업으로 각종 법령 제정을 작성 중이었음을 알 수 있다.

산노위 초안은 지주 토지를 유상몰수·체감매상하고, 보상액 산정 기준은 임대가격을 기초로 하며, 분배받은 농민은 연간 생산량의 20%를 보상으로 지불한다는 등의 내용을 담았다.[421] 산노위 초안은 이후 조미토지개혁연락위원회(연락위)에서 미국 측과 조정과정을 거쳤다. 연락위는 산노위에서 박건웅(민족해방동맹), 홍성하(한민당), 이순탁(민중동맹), 강무(근로대중당) 등이, 미국 측에서 번스, 키니, 앤더슨, 미첼(Clyde C. Mitchell), 에커릭 등이 참여했다.[422] 산노위 측과 미국 측 사이에서 주로 견해차를 보이거나 쟁점이 되었던 것은 첫째, 토지개혁의 단계와 범위, 둘째, 토지개혁 실행의 주체와 추진 기구, 셋째, 유상분배의 상환 방식과 절차, 소작농의 상환 부담, 넷째, 실행 후 후속조치(소농 안정화 방안) 등이었다.

연락위는 토지개혁을 실행할 기구와 개혁의 구체적 방안을 논의했다. 실행 기구 문제는 누가 추진 주체가 되어 개혁 업무를 관장할 것인가와 직접 연결되어 있고, 개혁 방안 문제는 토지를 내놓을 지주층과 토지를 분여 받을 소작농 사이의 이해관계를 어떻게 조정할 것인가의 문제가 중심에 놓여 있다. 후속 조치는 토지를 분여 받을 소농들의 자립을 어떻게 원조할 것인가와 관련되어 있다. 연락위는 산노위의 '토지개혁법 초안'을 토대로 논의를 시작했고, 10월에는 이를 수정한 새로운 초안(10월 초안)이 일단락되어 언론에 논의 내용의 일부가 흘러나오기도 했다. 그리고 '10월 초안'을 수정한 '11월 초안'을 거쳐 입의 토지개혁법안의 최종단계라고 할 수 있는 '12월 초안'이 1947년 12월 초에 작성되었다.[423] 번스안, 산노위 초안, 연락위 초안을 정리한 다음 표9를 토대로 각 안의 특징, 산노위와 미군정의 협상 과정을 살펴보자.

  실행 기구는 개혁 업무 전반을 관장할 중앙행정기구를 미국인 군정장관 밑에 둘 것인가, 또는 한국인 민정장관 밑에 둘 것인가를 둘러싸고 미군정 측과 산노위가 견해차를 보였다. 또 토지 분배에 직접 관여할 농지위원회를 각 도, 부, 군, 읍, 면, 동, 리에 둘 것인가 아니면 읍, 면에 둘 것인가도 쟁점이었다. 산노위는 말단을 동, 리까지 설치하여 지주, 소작인 중심의 농지위원회를 구성하자는 입장이었고, 미군정 측은 농지위원회의 말단을 읍, 면으로 하고 행정기구와 신한공사, 농회, 금융조합 대표를 포함시키자는 입장이었다.

표9 농지개혁 관련 번스안, 산노위 초안, 연락위 초안 비교

구분	번스안 (1946.3)	산노위 초안 (1947.3)	연락위 10월 초안(1947.10)	연락위 11월 초안(1947.11)	연락위 12월 초안(1947.12)
개혁 대상	일본인 소유 귀속농지	귀속농지와 조선인 지주 농지	귀속농지와 조선인 지주 농지	귀속농지와 조선인 지주 농지	귀속농지와 조선인 지주 농지
몰수 방식	전 일본인 소유 농지	유상몰수, 체감매상	유상매수	유상매수	유상매수
분배 방식	유상분배, 장기 현물상환	유상분배, 장기 현물상환	유상분배	유상분배	유상분배
보상액 산정 기준	연 생산량의 300%	임대가격 기준	연 생산량의 300%	연 생산량의 300%	연 생산량의 300%
상환 방식	소작료 25%씩 15년 상환	연간 생산량의 20% 15년 상환	좌동	좌동	좌동
실행 기구	금융조합, 식산은행, 신한공사	민정장관(한국인) 감독 아래 국가토지국 설치	군정장관 통제 아래 중앙토지행정국 설치	중앙토지개혁행정위원회 설치. 농지위원회 지도(산노위 입장 부분 수용)	중앙토지개혁행정처 설치. 행정처는 토지개혁 집행기구
농지 위원회 구성	군정청이 직접 관리·운영	도, 부, 군, 읍, 면, 동·리에 지주, 소작인 중심 농지위원회 설치	도, 부, 군, 읍, 면에 설치. 동·리 위원회 삭제	지역 농지위원회 위상과 역할 일정부분 제고	행정처가 위원회 설치, 위원회가 행정처에 대해 자문과 보조
특징	상환 완료 전까지 농민에게 가산권(家産權) 부여424	상환이 끝나도 매매, 증여나 소작, 저당 등 금지 소작농 중심의 개혁 지향	미군정 측 입장 반영	산노위 입장 일정하게 수용	토지개혁위원회의 위상과 역할 낮게 설정. 미군정 측 입장 강화

출처: 류일환, 「미군정기 귀속농지 처리와 중앙토지행정처」, 『민족문화연구』 93, 2021; A 生, 「南朝鮮土地改革 問題 1~3」, 『獨立新報』, 1947. 11. 19~11. 21.

최종 초안인 12월 초안은 중앙토지행정기구의 기능에서 토지정책 수립에 관한 사항이 빠지고, 그 기능을 단순히 토지개혁 집행기구로 조정했다. 중앙토지행정기구인 중앙토지개혁행정처는 각급 토지개혁위원회의 설치를 행정처의 기능 중 하나로 했고, 위원회가 행정처 사업을 돕는 것으로 관계를 설정했으며, 위원회의 역할도 자문과 보조로 제한했다. 12월 초안은 행정처 형태의 중앙행정기구에 토지분배 결정과 토지개혁 전반의 실행에 관한 권한을 부여한 점, 또한 이 기구에 농업 금융에 관한 기능을 부여한 점, 지역 농지위원회 또는 토지개혁위원회의 위상과 역할을 낮게 설정한 점에서 미군정 측의 입장이 많이 반영되었다. 그리고 12월 초안에 행정처의 권한을 다소 줄이고 위원회의 역할을 다소 높이는 방향에서 절충된 안이 최종적으로 입의에 제출되었다. 연락위 논의 과정을 복기하면 미군정은 군정당국이 개혁의 전반적 책임을 맡아 이를 주도해야 한다고 보았고, 산노위 측은 한국인들의 손에서 개혁이 이루어져야 한다고 보았다. 전자의 입장은 귀속재산에 관한 군정법령에 기초했고, 후자의 입장은 농지위원회에 무게를 싣는 쪽으로 흘러갔다.[425]

　첫째 쟁점인 토지개혁의 단계와 범위와 관련해서 미군정은 번스안대로 귀속농지를 우선 처리할 것을 원했던 반면 산노위는 귀속농지는 물론 한국인 지주 토지를 포함한 전반적 토지개혁을 실시하자는 입장이었다.[426] 그런데 군정장관 러취가 다음과 같이 귀속농지 처리 관련 규정 제정을 입의에 거듭 요청한 데 나타나듯이 미군정은 귀속농지 우선처리 원칙을 연락위 논의와 상관없이 일관되게 추진했다.

'토지는 농민에게로!'라는 원칙 밑에 토지 없는 농민과 토지 적은 농민에게 농토를 나누어줄 수 있는 진보적인 토지개혁의 실시가 절실히 요청되고 있는 이때에 군정장관 러취 소장은 지난 8월 25일 입법의원에 다음과 같은 서한을 보내어 우선 일본인이 소유하던 농지를 농민에게 처분할 수 있는 법령을 제정하여 달라고 요청한 바 있었는데 만일 이것의 실시를 보게 되는 때에는 일본인 소유 농지 관리를 주요한 업무로 하고 있는 신한공사는 자연 해체의 운명에 빠지게 될 것이며 또한 남조선 농지개혁에 획기적인 변화를 가져오게 될 것으로 그 귀추는 매우 주목되고 있다.

"본관은 전 일본인 소유 농지 처분을 규정할 법령의 필요성에 관해 귀원에 재차 서한으로서 이 문제에 대하여 언급하려 합니다. 입법의원은 광대한 농지가 중앙정부의 소유로 되어 있는 한 농민을 위한 진정한 민주주의 달성 도상에는 아직도 허다한 일거리가 남아 있는 것입니다. 본관 생각에는 정부 소유 토지를 관리하는 강력한 기관이 존속되어 조선 농민에 대해 지주격인 역할을 하는 것은 장차 그 어느 독재자의 출현을 공공연히 초래시키는 것밖에는 안 되는 것입니다. 본관은 입법의원이 긴급조치를 취하시어 전 일본인 소유농지를 조선 농민에게 처분하고 신한공사를 속히 해체케 할 법령을 제정하시기를 요망하는 것입니다."[427]

러취 군정장관은 1947년 2월에 입의에 서한을 보내서 '적산농지의 적절한 처분'을 위한 규정 제정을 요청했고, 8월 25일 재차 동 법령 제정을 촉구하는 서한을 보냈다.[428] 사실 미군정은 2월과 8월 외에도 기회 있을 때마다 입의에 동 법령의 제정을 촉구했다. 4월에는 신한공사가 직접 나서서 '적산농지를 소작인에 방매할 수 있는 법규 제정'을 입의에 건의한 바 있다.[429] 일련의 과정을 보았을 때 미군정은 입의 설치 후 애초 번스안에서 상정했던 귀속농지 처리를 우선시하는 농지개혁의 첫 단계를 현실화하고, 더불어 한국인 소유 농지 매각이라는 두 번째 단계를 위한 법령 제정을 동시에 추진하는 병진 전략을 구사했다.

미군정은 심지어 1947년 9월 중순부터 신한공사 소유 농지 방매를 기정사실화하는 조치를 공공연히 취하기 시작했다. 러취 군정장관의 사망으로 헬믹 준장이 군정장관 대리직을 맡았는데, 헬믹은 취임 직후 적산농지를 방매한다고 언명했다. 또 9월 17일 신한공사 총재는 부산 지점에 "명년 3월부터 방매를 개시할 것으로 예정되어 있으며 방매방법은 10년 내지 15년간의 연한을 두고 경작토지의 평균생산고에 기준해서 현물을 3배 가산하여 연부로 납부할 것"이라는 내용의 통첩을 전달했다.[430] 다른 한 신문도 "신한공사 관리인의 견해와 복안이 수일 내 입법의원으로 송부될 가능성이 있다고 하는데 그 내용은 내년 3월까지 현재 남조선 각지에 산재해 있는 신한공사 관리 하에 있는 토지 약 60만 정보의 소작계약이 해약될 것으로, 토지는 현재 경작하고 있는 작인들에게 직접 매매될 것"이라고 보도했다.[431]

흥미 있는 것은 한국인의 반응이다. 러취가 입의에 서한을 보냈다는 기사 다음 날인 9월 3일 좌우합작위원회 선전부는 '러취 장관의 지시는 농민의 생활권 확보를 위하여 적의(適宜)를 극(極)한 조치라고 믿으며 동시에 조선 토지 문제 해결에 좋은 선례가 되기 바란다'는 담화를 발표했다.[432] 이로 보아 좌우합작파가 중요한 역할을 한 산노위도 귀속농지 우선 처리를 딱히 반대하지 않았다. 입의는 러취의 서한을 검토한 뒤 전 일본인 농지 처분과 신한공사 해체 문제를 적산대책위원회에 회부하여 법안을 기초하기로 결의했다.[433] 한민당조차 9월 5일 '신한공사를 해체하여 토지를 농민에게 적정가격으로 분여함에 있어 일반 토지개혁도 실행을 촉진해야 할 것'이라는 견해를 발표했다.[434] 앞에서 인용한 9월 2일자 독립신보 기사 역시 러취 서한을 인용하면서 '신한공사 해체는 남조선 농지개혁에 획기적인 변화를 가져오게 될 것'이라며 그 실시에 기대를 표명했다. 미군정이 좌익 성향으로 분류한 독립신보가 이런 반응을 보인 것이 이채롭다.

연락위의 10월 초안 내용이 외부로 흘러나오자 전국농민조합총연맹은 신문 지상에서 입의에 상정될 "남조선토지개혁법령(초안)"에 대한 논평을 3차례에 걸쳐 발표했다. 이 기사는 좌익의 입장을 대변한다고 보아도 무방할 것이다. 전국농민조합총연맹의 논평은 법안 내용과 실시방식을 하나하나 검토하여 비판했다. 비판은 대체로 소작농이나 고농(雇農) 등 토지를 분여 받을 농민들의 경제적 사정을 감안하지 않은 비현실적 방안이자 실시 과정에서도 농민의 대다수를 차지하는 이들의 의견보다 지주층의 의견을 중시한 비민주적 방안이라는 점에 모아졌다. 한마디로 '한민당 등 우익진영에서 주장하여 온 토지의 유상몰수 유상분배를 근본이념으로 삼고 있다'는 점에서 '무상몰수 무상분배를 원칙으로 하고 있는' 전국농민조합총연맹의 안과 정반대이므로 반대한다는 입장이다.[435]

1946년 3월만 해도 모든 정치세력이 미군정에 의한 적산농지 처분에 반대하며 이를 한국 정부 수립 후로 보류할 것을 요구했던데 비해 약 1년 반의 시간이 흐른 뒤인 1947년 9월 시점에서는 좌익을 제외한 대부분의 한국인 정치세력들이 미군정의 적산농지 처분을 지지하는 입장을 취했다. 또 1947년 2월 연락위 출발 당시만 해도 한민당, 이승만 계열의 독촉과 반탁투위 모두 '체감매상 무상분배' 방식의 토지개혁에 완강하게 반대했으나 입의의 최종안은 전국농민조합총연맹의 지적대로 우익진영의 유상몰수 유상분배를 공식화했고, 그런 면에서 우익진영의 지지를 받을 만했다. 그러나 연락위가 합의한 농지개혁법안 제정은 이후 입의에서 성사될 수 없었고 끝내 무산되고 말았다. 한국인 제 정치세력의 이러한 태도 변화나 반응을 어떻게 이해해야 할까?

무엇보다 1년 반의 기간 동안 남한의 정치 지형이나 국제정세, 한반도 주변정세가 크게 변했고, 그에 따라 미군정은 물론이고 한국인 제 정치세력의 정세 인식이 바뀌었다. 러취가 입의에 서한을 보내 재차 적산농지 처분과 신한공사 해체 법령 제정을 요청했던 1947년 8월 하순의 시점은 미군정이나 워싱턴이나 미소공위 결렬을 기정사실화하며, 한국 문제를 유엔에 이관하고 남한 단정 수립에 대비한 현실적 조치를 준비하기 시작한 때였다. 모스크바 결정에 의한 한국 문제 처리를 폐기하고 한국 문제의 유엔 이관을 공식화한 미국의 국무부·육군부·해군부 삼부조정위원회의 정책문서 「SWNCC 176/30, 한국에 관한 특별위원회 보고서: 한국에서 미국의 정책」은 '남한 상황은 한국인에게 미국에 대한 신뢰를 다시 회복시켜줄 수 있는 적극적 행동을 취하기 전에는 개선 가능성이 없다'고 평가했다.[436] 미국과 미군정은 대한정책의 전환과 그것이 예상하는 점령 종식을 위해서 어떤 식으로든 남한에서 미국에 대한 신뢰를 회복하기 위한 적극적 조치가 필요했다.

미군정은 좌우합작운동 지원으로 입의 설치를 유도하고, 입의를 통해 점령통치를 위한 지지 기반을 확대하기를 원했다. 그러나 미군정은 좌우합작 7원칙이 발표된 뒤 합작위원회가 제시한 조건의 이행에는 관심을 보이지 않고 입의 설치를 일방적으로 추진했다. 미군정은 합작위원회가 마치 입의 설치만을 위해 활동한 것인 양 선전했으며, 10월항쟁이 삼남지방을 휩쓴 10월 하순 약 10여 일만에 전격적으로 선거를 완료했다. 선거는 보통선거가 아니었고 호주만 투표할 수 있었다. 선거 결과 당선된 민선의원들의 소속단체를 보면, 한민당 14명, 독립촉성국민회 17명, 한독당 3명, 인민위원회 2명, 무소속 9명이었다. 인민위원회 소속 2인은 제주도에서 선출되었으나 이들은 의원 등록 이전에 사임했다. 이들을 제외하면 민선의원은 우익 일색이었다.[437]

합작위원회 우익 측 대표인 김규식은 선거가 끝나자 바로 선거의 불법성과 불공정성을 비난하며 재선거를 요구했고, 입의 개원의 연기를 요청했다.[438] 하지는 공식적으로는 선거무효 주장에 단호히 반대했고, 선거가 절차상 아무런 하자가 없다는 입장을 취했다. 그러나 스스로 '비록 신문에 발표되지는 않았지만, 경찰을 포함해 우익은 이번 선거에서 다소 폭력적인 방법을 동원했음'을 인정했다. 선거는 경찰과 우익에 의해 주관되었고, 합작위원회 기대와는 달리 오히려 입법기구에 친일파들이 대거 진출했다. 하지는 민선의원들이 '일반적으로 기대했던 대로 우익이어서가 아니라, 2명을 제외하곤 모두 친일파, 부유한 지주, 부패한 정치인들을 대표하는 집단들이기 때문에 실망스럽다'고 평했다.[439] 미군정은 관선의원 임명으로 균형을 맞추는 시늉을 했으나 관선의원은 '하지가 용납할 수 있는' 사람들로 채워졌고,[440] 미군정 스스로 '분류 자체가 무의미하고 정치철학의 차이가 거의 없는 온건한 인물들'이라고 평가했다.[441]

입의 설치는 미군정에게 현실적으로 아무런 대중적 지지를 끌어 모으지 못한 채 군정 내 극우세력의 기반을 강화시켜주는 식으로 귀결되었다. 미군정의 입법의원 설치 공작은 중간파를 중심으로 하는 좌우합작운동을 원래의 목표로부터 이탈시키고 왜곡시켰다. 그리고 중간파에 대한 좌, 우 양 극단주의자들의 공격을 심화시켜 오히려 중간파의 위상과 역할을 축소시켜 버렸다. 결과적으로 여운형을 중심으로 한 중도좌파는 입의에 불참한 채 김규식을 중심으로 한 중도우파만이 입의에 참여했다.[442]

선거 결과가 보여주듯이 이승만계인 독촉과 한민당이 입의를 지배했다. 러취의 8월 서한에서 "본관 생각에는 정부 소유 토지를 관리하는 강력한 기관이 존속되어 조선 농민에 대해 지주 격인 역할을 하는 것은 장차 그 어느 독재자의 출현을 공공연히 초래시키는 것"이라고 언급한 것은 빈말이 아니었고, 러취가 우려했던 사태가 입의의 농지개혁법 제정 과정에서 그대로 연출되었다. 농지개혁안이 1947년 12월 23일 입의 본회의에 제출되었다. 그러나 이 법안은 입의 본회의에서 토론을 위해 상정되어 보지도 못했다. 입의를 주도하던 이승만의 독촉국민회와 한민당이 법안 상정을 사실상 거부했기 때문이다. 결국 입의를 통해 적산농지를 처분하려는 미군정의 농지개혁 의도는 좌절되었다. 극우세력은 겉으로는 농지개혁을 환영하는 것처럼 행동했지만 이 법안의 통과를 위해 아무런 노력도 하지 않았다.[443]

1948년 1월 12일 개최된 제188차 본회의에서 법안 토의를 개시했으나 출석의원이 법정인원에 미달하여 회의가 연일 휴회되어 심의가 보류되었고, 1948년 3월 입의가 폐회됨으로써 이 법안은 소멸되고 말았다. 한편 1947년 12월 키니가 도미(渡美)하여 입의에 상정한 토지개혁법안을 국무부에 제시했다. 이에 워싱턴 당국자들이 한국은 세계에서 소작인이 가장 많은 국가이므로 토지개혁은 절대 필요한 동시에 다른 모든 법률 제정보다 의결이 시급하다며 법안의 통과를 적극 종용했다.[444] 미국과 미군정은 농지개혁안이 입의에서 통과되지 않는다면 최소한 귀속농지라도 처분해야 한다는 입장이었다. 입의 폐회 전 농지개혁안의 의결을 거부하는 경우 군정장관이 귀속농지를 처분하기 위한 법령을 제정할 것이라는 사실은 공공연한 비밀이었다.[445]

5. 미군정 농지개혁 구상의 귀결

 남조선과도입법의원을 통한 농지개혁령 제정 시도가 좌절되었지만 미국은 귀속농지 불하 구상을 남한에서 실시할 보통선거, 즉 5·10총선거와 밀접히 연결시켜 계속 추진하였다. 미국은 귀속농지를 포함한 농지개혁 계획에 대한 준비가 계속되어야 하며, 가능하다면 그것이 선거 이전에 공표되고 착수되어야 한다는 것이 기본 입장이었다. 미군정은 1948년 3월 22일 신한공사 해체와 그 소유지의 매각계획을 발표하고, 이를 위한 중앙토지행정처의 설치를 공표하였다. 미군정 법령 173호 「귀속농지불하령」과 174호 「신한공사해체령」은 입의에 상정된 농지개혁안에 포함되었던 것과 내용이 거의 같았고, 농지 소유의 상한 2정보, 해당 토지 소작인에게 우선권 부여, 연간 생산량 3배의 현물을 농민이 연간생산량의 20%씩 15년간 연부상환하는 것을 주요 내용으로 하였다.[446]

 1948년 4월 8일 중앙토지행정처는 귀속농지 불하를 시작했고, 소작농가의 농지 매입계약이 급속히 추진되어 8월 31일까지 무려 85.9%의 소작농가가 매입계약을 체결했다. 수치로 보면 불하가 매우 빠르게 진행된 것처럼 보인다.[447] 당시 중앙토지행정처와 매입농가 사이에 매매계약이 성립되면 행정처는 그 즉시 양도증서를 발부하여 소유권을 이전시키되 매입자는 지가 상환이 완료될 때까지 이 토지를 행정처에 저당 잡혀야 했다. 이때 저당권 설정계약서를 체결하고 지가 상환이 완료된 때 저당물회수권에 의해 양도증서가 매입농가로 전달되는 방식이었다. 행정처는 저당권을 설정함으로써 상환금 미납시 농지를 회수하는 방책을 마련했지만 어쨌든 지가 상환도 하기 전에 계약 체결만으로 소유권이 이전되었다.[448]

중앙토지행정처는 두세 가지 정치적 고려 때문에 상환이 완료되지 않더라도 소유권을 이전해주는 절차를 취했다. 귀속재산에 대한 미군정의 입장은 소유권과 처분권이 미군정에 있지만 장차 한국 정부 또는 한국인과의 사이에서 발생할지도 모를 권한 분쟁을 피하기 위해 일본인 재산 처분과 관련해서 '매각'이란 용어 대신 '양도'라는 표현을 주로 사용했다.[449] 그런데 실제 상환이 끝나지 않았음에도 귀속농지 불하가 완료되고 소유권이 이전되었다고 발표한 것은 남한 단독선거 이전에 농지가 농민의 소유가 되어야 했기 때문이다. 미군정의 신속한 귀속농지 불하는 선거를 앞둔 급박한 상황에서 남한 단선에 대비한 선거전략이라는 의미가 컸고, 미군정은 소유권의 급속한 이전이 농민들을 투표장으로 유도하는데 유리하게 작용할 것이라고 보았다.

다른 한편으로 한국인 지주 소유 농지에 대한 유사한 계획 추진에 압력을 행사할 수 있을 것이라는 판단도 중요한 고려 사항이었다.[450] 미군정은 일본인 소유였던 귀속농지 불하를 한국인 지주 소유 농지 처분의 선례로 제시함으로써 장차 한국 정부 수립 시 농지개혁 실시를 기정사실로 만들기를 원했다.[451] 그리고 미군정은 러취가 언명했듯이 신한공사가 관리하던 막대한 토지 자산을 해체하지 않고 한국 정부에 넘기면 독재자의 경제적 기반이 될 수 있다고 우려했다. 남한 단독선거가 목전에 있고, 총선거를 통해 수립될 한국 정부의 권력이 어느 세력의 수중에 들어갈지 예측되는 상황에서 미군정은 귀속농지 처리를 더 이상 미룰 수 없었다.[452]

주한미군사령부 공보원은 남한 단독선거가 일정에 오른 1948년 3~4월에 농지개혁 프로그램 홍보를 5·10선거 공보와 동등한 중요성을 부여하여 추진했다.[453] 미국이 귀속농지 불하 계획의 5·10선거 이전 공표와 착수 방침을 고수한 것은 이것이 5·10선거 성패에 큰 영향을 미칠 것이라고 보았기 때문이다. 공보원의 귀속농지 불하 홍보는 사실상 선거 홍보의 일환이었고, 이를 통해 농민들의 선거 참여를 독려했다.[454]

1948년 3월부터 미군정은 5·10선거에 한국인들의 참여를 독려하기 위해 점령 이래 최고조의 공보활동을 펼쳤다. 공보원장의 표현에 의하면 1947년 11월 1일의 활동 규모를 담당 관리, 간행물, 한국인 접촉 등의 지표로 측정했을 때 100으로 친다면 1948년 5월 10일의 수치는 250 이상이었다. 미군정의 핵심 간행물인 세계신보의 간행 부수가 1947년 11월 1일 20만 부였다면 1948년 5월 10일 간행 부수는 150만 부였다. 미군정은 3월 중순부터 선거가 끝날 때까지 공보원 조직을 비상체제로 가동시켰다. 5·10선거를 목전에 두고 미군정의 모든 활동이 한국인들의 선거 지지와 참여를 확보하는데 집중되었으며, 공보활동의 가장 중요한 선전 자료이자 소재 중 하나가 귀속농지 불하였다.[455]

공보원 조사분석부가 농지개혁 홍보를 기획 및 준비했고, 공보원은 그들이 사용할 수 있는 모든 수단을 이용해서 특별 홍보를 기획했다. 농지개혁은 수립될 한국 정부가 민주적 형태라는 것을 뒷받침하는 근거로 사용되었다. 미군정의 5·10선거 홍보에서 정부 수립 절차가 민주주의적이라는 점을 강조했다면, 귀속농지 불하는 앞으로 수립될 민주주의정부의 성격을 보여주기 위한 홍보주제였다. 미군정의 농지개혁 홍보에서 가장 중요한 주제는 농지 소유권 귀속 여부였다.[456]

세계신보는 귀속농지 방매를 통해 드디어 소작농들이 땅을 소유할 수 있게 되었다고 전하며 이를 북한의 토지개혁과 비교했다. 북한의 토지개혁은 농민들에게 소유권을 주지 않았으나 귀속농지 불하는 민주주의적 원칙에 입각해 완전히 소유권을 이전한다고 설명했다. 북한에서는 남한보다 7%나 높은 세금을 지불하지 못하면 농민은 아무런 보상 없이 쫓겨나며, 땅을 팔 수도 없는 데 비해 남한 농민은 지불을 완료하면 불하 받은 지 10년 뒤에 자유롭게 땅을 팔 수 있다는 점을 강조하며 북한의 토지개혁보다 남한의 농지개혁이 우월하다고 강조했다.[457] 북한에서도 토지를 분배 받은 농민들은 토지에 대한 영구 소유권을 가졌지만 분배된 토지를 매매, 임대, 저당할 수 없었다.[458] 미군정은 북한에서 토지 매매의 자유가 없다는 것을 강조했는데, 불하된 귀속농지 역시 상환기간인 15년 안에 상환금을 완납하지 않으면 매매할 수 없기는 마찬가지였다.

공보원은 미군정의 귀속농지 불하를 한국 사회뿐만 아니라 미국 사회를 향해서도 정력적으로 홍보했고, 이와 같은 인식을 미국 언론을 통해 미국 사회에 널리 전파했다. 공보원 3월 월간보고서는 "서울 주재 미국 특파원들이 귀속농지 불하를 호의적으로 보았고, 매우 우호적인 논평들이 미국 신문들에 실렸다. 그리고 그 기사들이 한국 언론에 의해 기사화되었다"며 선전효과를 높이 평가했다.[459] 아래 뉴욕타임스 기사가 그러한 사정을 잘 보여준다. 이 기사 역시 남한의 농지개혁과 북한의 토지개혁을 비교하며 남한 농지개혁의 우월성을 소유권 이전을 근거로 은근히 강조했다. 그리고 남한 신문들이 뉴욕타임스 기사를 다시 국내에 보급했는데, 이 점이야말로 미군정 홍보당국이 바라던 것이었다.

[뉴욕 26일발 UP조선] 뉴욕타임스 지는 25일의 사설에서 남조선의 토지개혁안을 칭양(稱揚)하여 다음과 같이 논평하였다.
"남조선 농민에게 토지 구매를 가능케 한 계획은 조선을 조선인에게 반환하기 위한 가장 진보적인 조치이다. 이는 완전한 해결책은 아니나 일대 전진이다. 남조선 지대 농민을 위한 이 계획에 비교하

건대 소련 지대에서의 공산주의자 계획은 환멸을 느끼게 하는 것으로 보인다. 즉 이곳 농민은 그의 자산을 처분할 수 없으며 소유권은 다수의 애매한 제한으로 혼돈하게 되어서 농민은 사실상 공산주의 정부를 지주로 하는 소작인에 불과한 것이다."460

미군정 발행 주간신문 농민주보와 세계신보 모두 적산농지를 불하받은 소작인이 그날이 농민 해방의 첫날임을 강조한 소감을 게재하며 농민들이 당국의 농지개혁에 감격했다고 보도하고, 빠른 불하 현황에 대해 연속으로 보도했다. 농지개혁은 주간 라디오방송 프로그램 〈뉴스 속의 뉴스(News behind the news)〉에서도 중요하게 다루어져 민주주의사회에서 수행될 수 있는 건설적인 활동의 예로서 북한의 토지개혁과 대비되었다. 요컨대 선거 직전, 특히 선거등록기간인 4월 1일부터 9일 전후 선거 홍보의 주요 메시지는 선거가 민주주의 국가에서 실시하는 정부 구성의 방법이라는 것, 통일정부로 가는 첫 단계라는 것, 그리고 농민이 토지를 자유롭게 사고 팔수 있는 정부가 세워진다는 것이었다. 미군정은 이를 통해 한국인들이 선거에 우호적인 태도를 갖게 하고 이를 선거인 등록으로 이어지게 만드는 한편, 선거법과 절차에 익숙해지게 선전했다.461

미군정을 대표하여 귀속농지 불하를 실무적으로 총괄했던 신한공사 사장 미첼(Clyde C. Mitchel)은 1년 뒤 발행된 한 잡지에서 미군정에 의한 귀속농지 불하의 의미를 다음과 같이 요약했다.

1948년 봄, 남한에서 잠재적으로 중요한 두 가지 사건이 발생했다. 4월에는 일본인 소유 농지가 한국인 소작농에게 매각되었고, 5월에는 총선거가 실시되었다. 두 사건은 서로 관련이 있다. 귀속농지의 효율적이고 공평한 처분은 북한에서 파견되거나 남한에 거주하는 선거 반대자들이 선거를 거부하라고 촉구했음에도 농민들이 투표에서 공산주의와 절연하는데 어느 정도 영향을 끼쳤고, 입법부 선거에 출마한 사람들은 토지개혁을 계속 지지하겠다고 약속하는 것이 정치적으로 유리하다고 생각하게 만들었다.462

미첼의 사후적 평가는 한편으론 공산주의자들의 5·10선거 반대 선동을 좌절시키고, 다른 한편으론 신정부를 담당할 정치세력에게 토지개혁 실행을 압박하기 위해서였다고 실토한다. 미첼은 이 글을 1949년 5월에 발표했는데 한국 정부 수립 이후에도 토지개혁 입법이 지지부진한 것을 우려하면서 지금 한국에 필요한 것은 토지개혁이고, 미군정이 추진했던 현물 장기상환 방식의 토지개혁 방안이 이점이 많은 만큼 그대로 유지되어야 한다고 덧붙인다. 이 글은 새 정부의 극도로 보수적인 관료들이 토지개혁을 지연시키는 것에 대해 거듭 우려하고 있다.

국무부도 귀속농지 불하와 향후 한국 정부의 토지개혁 실행 전망에 대해 미첼과 의견을 같이했다. 국무부 정보조사국 극동연구부가 1948년 5월에 펴낸 분석보고서 「남한의 한국인 지주 소유 농지 재분배」는 귀속농지 불하 진행 경과와 결과를 소개하면서 결론적으로 "토지가 없거나 부족한 소작농에게 토지소유권을 제공하는 것이 위기에 처했다. 농촌 인구 구성에서 소토지 소유자의 비중이 정치사회적 안정에서 점차 중요해질 것이고, 그것이 장래 한국 정부를 이롭게 할 것이다. 반대로 토지 분배에서 지금과 같이 극단적인 불평등이 지속된다면 사회적 불안과 정치적 소요가 불가피할 것"이라고 전망한다.[463]

2차 대전 종전 이후 미국 대외정책의 최우선 과제 중 하나가 소련과의 관계 설정을 통한 전후 질서의 마련이었다면 추축국과 추축국의 과거 점령지였던 국가들이 당면한 최우선 과제는 종전 이후의 혼란과 위기를 극복하고 새로운 질서를 마련하는 것이었다. 패전국과 그들이 장악했던 지역에서 새 질서 수립은 각종 개혁 조치들을 수반할 수밖에 없었다. 그 가운데 가장 중요하고 또 기초적인 사업이 토지개혁이었다. 토지개혁은 당시 국가별로 전후 개혁의 출발점이었으며, 일본, 조선, 중국은 물론이고 세계 도처에서 마주치게 되는 지구적 현상이었다. 추축국과 추축국의 과거 점령지역에서 토지개혁은 파시즘과 식민지 유제의 극복을 위해 당연히 실행해야 할 과제였고, 농업 근대화와 민주주의 실현을 위한 물적 기초를 제공한다는 의미가 있다. 특히 식민지 상태로부터 해방된 나라들에서 토지개혁은 농촌사회의 봉건적·반(半)봉건적 관계를 청산하기 위해 반드시 거쳐야 할 필수적인 과정이었다.

동북아시아 지역에서 종전 이후 제일 먼저 토지개혁을 완료한 곳은 북한이었다. 1946년 3월 전격적으로 실시한 토지개혁에서 100만 325정보의 일본인 토지와 조선인 지주 토지가 전부 몰수되었다. 몰수토지 가운데 98만 1,390정보의 토지가 토지 없는 농민, 토지 적은 농민, 고용농에게 무상으로 분배되었다. 토지 없는 농민에게 61.5%, 토지 적은 농민에게 35.2%, 고용농에게 2.3%가 분배되었다. 각 도 인민위원회가 나머지 1만 8,935정보의 토지를 보유했다. 토지개혁의 결과 소작제도가 전면적으로 청산되고 지주에게 예속되지 않은 농민의 개인소유인 농민경리에 의거한 새로운 농업제도가 확립되었다. 새 농업제도는 근로 농민적 토지소유와 직접 생산자에 의한 생산물의 전유를 특징으로 하는 개인농민경리의 소상품생산에 기초했다.[464]

중국에서 토지개혁은 공산당의 주도하에 1946년 5월 개시되어 소수민족 지구를 제외하고는 1952년 12월에 완료되었다. 공간적으로 화북의 공산당 지배구역에서 시작하여 국공내전의 형세에 따라 점차 화중과 화남으로 확대되었다. 그 결과 3억 명의 농민에게 7억 무(1畝=610m^2)가 분배되었고, 그 면적은 당시 전체 경지의 44%였다. 그 과정에서 공산당의 토지정책이 크게 세 차례 바뀌었고, 시기와 지역에 따라 청산, 토지공채에 의한 유상매수와 유상분배, 무상몰수와 무상분배 등 여러 가지 방식으로 개혁이 실행되었다.[465]

미국 점령지였던 일본과 남한에서 토지개혁은 전후 개혁의 출발점이자 동시에 점령통치의 출발점이었던 만큼 점령 당국과 일본, 한국의 주민들이 제일 먼저 해결해야 할 현안이었다. 맥아더 사령부가 일본 정부를 통해 간접통치를 실시했던 일본의 경우 점령 당국이 일본 정부를 압박하여 1946년 10월 이후 농지개혁을 본격적으로 실행했다. 일본의 농지개혁은 국가의 직접적 강제 매수(買收)와 매도(賣渡)에 의한 자작농 창설, 부재지주의 임대지 전체와 재촌지주의 1정보(약 3,000평, 9,917㎡) 이상 임대지의 해방, 잔존 소작지의 금납화와 소작료 인하, 지주의 소작지 취득 제한, 강력한 권한을 가진 농지위원회에 의한 개혁 수행 등을 내용으로 했다. 종전 이전 일본의 농업과 농촌은 지주제의 지배하에 있었는데 농지개혁은 지주제와 농촌의 계급구조를 해체했고, 자본주의의 틀 안에서 '혁명적'인 개혁이 신속하고 원활하게 이루어졌다.[466] 일본의 농지개혁은 농민들의 지지를 받으며 성공적으로 진행되었고, 점령 당국이 농촌사회에서 안정적인 통치기반을 확보하는데 큰 도움을 주었다.

남한에서는 점령 종식 직전까지 토지개혁이 실시되지 않았고, 1948년 4월에야 귀속농지 불하 형식으로 부분적으로 이루어졌다. 미군정은 귀속농지 불하 방침을 1946년 3월에 처음 발표했다가 장차 수립될 한국 정부가 실행하기를 원한다는 한국인들의 여론을 핑계로 실행을 보류했다. 미군정은 입의에서 농지개혁 법령을 제정해서 재차 귀속농지와 한국인 지주 소유 농지를 함께 처분하려고 했으나 입의를 장악한 우익 진영의 보이콧과 사보타지로 끝내 성사시킬 수 없었다. 결국에는 미군정이 자체적으로 법령을 제정하여 귀속농지만 불하했는데 이미 2년 전 발표했던 방식 그대로였고, 2년여 시간만 끌었지 달라진 것이 별로 없었다.

애초 미군정의 귀속농지 불하 방침에 대해 한국인들 사이에 부정적 여론이 높았던 것은 토지개혁 자체를 반대했기 때문이 아니었다. 한국 사회는 오히려 토지개혁이 절실했다. 하지만 적산 또는 귀속재산은 일제의 식민지 억압과 착취의 결과물이었던 만큼 마땅히 한국인들에게 되돌려주어야 하고, 관리와 운영의 주체도 새 한국 정부가 되어야 한다는 관념이 한국인들 사이에 지배적이었다. 때문에 점령 당국이 귀속농지를 처분하는 것에 대해 반대가 컸다. 그 무렵 미군정 공보국은 주요 산업 국유화나 정부에 의한 통제 여부, 토지 국유화에 대한 한국 사회의 여론도 같이 조사했다. 어떤 식으로든 주요 산업을 국유화하거나 신생 정부가 통제해야 한다는 여론이 압도적이었고, 토지 국유화 지지 여론 또한 높았다. 그러한 여론은 한국인들이 특정 체제와 이념을 앞세우거나 선택해서 형성된 것이 아니라, 당시 한국 사회의 현실로 보아 그것이 가장 합리적인 노선으로 여겨졌기 때문이다. 1941년에 공포된 임정의 건국강령에 토지국유화 조항이 들어간 것은 당대 한국 사회의 인식과 여론을 반영한 것이자 나름대로 한국의 사회경제적 조건을 타산하고 내린 결론이었다.

  귀속재산 처분 주체에 대한 문제 제기뿐만 아니라 미군정 귀속농지 불하에 한국 사회가 애초에 부정적인 반응을 보인 또 다른 이유는 미군정 측 토지개혁 방안의 내용적 한계와 실현 가능성에 대한 부정적 평가 때문이었다. 또 적산농지는 개혁 대상 토지의 일부에 불과했고, 한국 사회에 필요한 것은 부분적 토지개혁이 아니라 전면적 토지개혁이었다. 그리고 미군정이 귀속농지 불하 방침을 발표했을 때는 이미 토지개혁과 관련해 한국 사회에 다양한 실행방안이 제출되어 있었다. 그 가운데 가장 급진적이라고 분류할 만한 방안이 38도선 이북에서 실물 모델로 제시되어 실시 중이기도 했다. 미군정이 발표한 귀속농지 불하를 통한 자작농 창정안은 당시 한국 사회에 제출된 여러 안 중 하나였고, 가장 소극적인 개혁방안으로 분류될 만했다. 한국인 정당·사회단체들과 언론의 논평은 당시 조건에서 적산농지를 분여 받은 소작농이 소농으로 자립할 가능성을 회의적으로 보았다.

미군정은 남한에서 농지개혁을 실현하기 위해서는 한국인들이 참여하는 입법자문기구를 통한 법령 제정이 필요하다고 판단하여 1947년 2월에 입의 산노위와 논의를 시작했다. 논의 초기에 미군정이 좌우합작위원회가 제시한 '체감매상 무상분배'에 합의한 것은 미군정 측 농지개혁 방안에 대한 한국 사회의 비판을 의식했기 때문이다. 하지만 이 소식이 언론에 공개된 뒤 미군정은 바로 양측의 합의를 부정하는 촌극을 연출했다. 이는 당시 입의의 정치적 세력 배치로 보건대 좌우합작위원회 안을 입의에서 관철할 수 없을 것이라는 판단에 의한 것이었다. 입의에 제출된 농지개혁 최종안은 한민당이 주장하는 유상매상 유상분배를 골자로 했지만 개혁을 최대한 연기하려는 우익 진영의 태도로 인해 그마저 입의의 문턱을 넘지 못했다.

미군정이 신한공사 소유지를 소작농들에게 매각한 뒤, 미군정보당국은 경작지를 구입할 수 있는 기회를 부여받은 신한공사 소작농의 반응이 대체로 열광적이라고 보았다. 또 불하계획에 대한 불신을 조장하려는 공산주의자들의 노력도 실패했고, 우익 지도자들의 저항도 사라졌다고 평가했다.[467] 서울신문은 "토지를 가장 잘 이용할 줄 아는 농민에게 그 힘에 맞는 땅을 소유케 한다는 것은 반드시 독립을 기다려서 해결해야 할 문제가 아니다"라며 불하를 긍정적으로 평가하는 사설을 실었다.[468] 안재홍 민정장관은 "총선거를 앞두고 적산토지에서부터 분배를 착수한 것은 시대가 요청하는 바"이고, "이 토지개혁의 정신을 이 다음에도 철저히 계속 추진할 것"이라는 취지의 담화를 발표했다.[469]

안재홍의 담화는 미군정 측 의도를 그대로 전달했고, 일부 언론은 적산토지 불하를 긍정적으로 평가했지만 반대하는 목소리도 적지 않았다. 신진당, 민족통일총본부(민통), 독촉, 대한농민총연맹(대한농총) 등 우익 정당, 사회단체와 전국농민조합총연맹이 반대 성명을 발표했다. 우익 계열 정당, 단체는 미군정의 '신한공사 토지 처분은 주객을 불문하는 월권행위'이고, 당연히 '조선 정부가 수립된 후에 조선인과 조선 정부가 결정할 문제'라고 주장했다. 우익진영은 어떡하든지 정부 수립 이후로 미루어서 한국 정부가 시행해야 한다는 입장을 강조했다. 전국농민조합총연맹은 적산토지 불하의 정치적 의도를 강조했다. '단선을 앞두고 농민의 환심을 사서 득표를 하자는 것'이자 '무상몰수, 무상분배의 진정한 토지개혁을 거부하고 봉건적 식민지적 토지제도를 유지하려는 기만책'이라는 것이다. 우익계 단체들과 전국농민조합총연맹의 반대 논리는 전혀 달랐지만 기자는 양측의 견해를 전하면서 "신한공사 소유 토지는 조선 농민의 피땀의 결정으로서 무상으로 조선농민의 손으로 돌려보내는 것이 지당할진대 금번 유상분배는 이해하기가 곤란하다는 것이 일반적 견해"라고 적었다.[470]

1948년 3월에 제정된 귀속농지 불하령에 의해 분배된 농지는 1945년 말 기준으로 남한 전체 경지면적의 11.6%, 소작지의 16.7%였다. 미군정이 분배한 농지의 5배 이상의 소작 농지를 남겨둔 채 점령이 종식되었다. 그 결과를 놓고 보면 점령기 미군정의 토지개혁 구상은 남한 농촌의 사회경제적 현안들을 해결할 수 있는 현실적이고 바람직한 방안을 마련하지도, 제대로 실현하지도 못한 채 마무리되었다. 당시 한국 사회에 복수의 토지개혁 구상이 존재했으나 미군정은 한국 사회의 다양한 요구를 수렴하고 수용하기보다 자신의 구상이 점령 목표 달성에 어떤 정치적 효과를 줄 수 있을지 저울질하며 시간을 보냈다.

미군정은 토지개혁이 한국 사회의 근대화와 민주주의 정착을 위한 1차적 과제라고 천명했다. 그러나 그들의 구상은 의도했던 사회경제적 효과를 거두는데 실패하고 정세 변화에 휩쓸려갔으며, 최종적으로는 미소관계에 종속되었다. 해방 이후 한국 사회는 통일독립국가를 건설하기 위해 분투했으나 식민지 상태로부터 벗어나고 새 나라 건설을 위해 필요한 각종 정치적, 사회경제적 개혁 노력이 무산된 채 점령 종식을 맞이했다. 그리고 미군정의 토지개혁 구상은 점령 종식을 앞두고 5·10선거를 위한 홍보 자료가 되었다. 미군정으로서는 점령 종식을 앞둔 시점이고, 한국인들로서는 분단을 앞둔 시점에서 미국은 장차 수립될 한국 정부의 토지개혁 실현 의지를 우려하며 귀속농지 불하가 가져올 정치적 효과를 챙기는데 만족해야 했다.

제4장

한국인과 일본인의
미군 점령 인식

1. 편지로 보는 민중의 반응

제2차 세계대전 종전 후 일본과 한반도의 북위 38도 이남(이하 남한)은 모두 승전국 미국의 군사적 점령 하에 들어갔다. 또 한반도의 북위 38도 이북(이하 북한)은 소련군 점령 하에 들어갔다. 미군의 진주와 점령이라는 점에서 일본과 남한 양 지역의 전후는 공통점을 가졌으나, 점령기 양 지역의 정치적 지위와 사회·경제 상황, 역사적 과제가 동일했던 것은 아니다. 일본의 경우 미군의 점령은 일제의 무조건 항복으로 승전국 미국이 패전국 일본을 군사적으로 점령한 것이었고, 연합국의 포츠담선언이 예고한 대로 대대적인 전후 처리가 일본 사회를 기다리고 있었다. 반면 한반도 주민들은 일본의 패전을 일제로부터 해방으로 받아들였으며, 미·소 양군의 점령이 조기에 종식되고 한반도에 새로운 독립국가가 건설될 것으로 기대하였다.

기존 연구는 일본인들이 일반적으로 패전을 '혼란·불안과 안도'라는 이율배반적인 감정으로 맞이했다고 지적한다. 무적 황군의 불패 신화를 믿었던 일본 국민에게 패전은 인식상의 커다란 혼란을 초래했고, 다른 한편으로 일본인들은 연합군의 점령을 불안한 심정으로 기다렸다. 또 대부분의 국민이 전시총동원 체제 하에서 군수자원의 마련을 위해 극한적인 내핍을 강요당하고, 물적·인적 약탈의 대상으로 전락하거나 전쟁터로 끌려 나갔던 점을 감안한다면 종전으로 더 이상 희생을 요구받지 않게 되었다는 점에서 안도감을 가지고 패전을 맞았다. 그러한 사정이 일본인들이 미군의 점령통치, 연합군최고사령부(SCAP/GHQ)의 전후 개혁을 지지하고 우호적으로 받아들이게 했다.[471]

반면 남한 주민들은 미군 점령 초기만 해도 미군을 해방자로 인식하며 이들을 열렬히 환영했다. 그러나 점령이 장기화하고 미군의 점령정책이 구질서의 온존과 현상유지를 위한 미봉책으로 시종하자 초기의 환호는 불신과 불안에 자리를 내주었고 미군정에 대한 비판이 고조되었다.[472] 양 지역에서 이러한 민심의 향배는 미국의 일본 점령정책과 남한 점령정책의 차이, 종전 이후 양 지역의 급격한 정치사회적 변화, 양 지역의 탈식민지, 탈군국주의 과제의 차이 등으로부터 비롯되었다. 점령 이후의 이러한 급격한 정치·사회 변화에 대응해서 양 지역 민중들의 반응은 구체적으로 어떻게 나타났을까?

흥미로운 것은 미군의 점령을 일본제국주의의 식민지 지배로부터 해방 과정의 일환으로 받아들인 남한 민중들은 그렇다 치더라도 일본 민중들도 점령 직후부터 미군 점령을 우호적으로 받아들이고 미군의 점령통치에 기대를 보내며 환호했다는 점이다. 일본의 민중들이 일본제국주의자들의 아시아 침략 과정에서 동원 대상, 억압 대상으로 전락했다는 점을 감안한다면 패전 이후 일본 지배층에 대한 그들의 반감과 불신이 새삼 강화되고, 또는 스스로를 뒤늦게 '피해자'로 인식하기 시작하면서 피해자 의식을 키워갔을 수 있다. 그러나 그들은 일제가 일찌감치 주변 국인 조선과 대만을 침략하여 식민지를 확대하고 만주사변 이후 중일전쟁, 태평양전쟁 등을 일으키며 아시아에 대한 침략을 확대했을 때 식민지 확대와 일본군의 초기 승리에 열광했고, 패색이 짙어진 전쟁 말기까지도 천황을 위해 1억 국민 '총옥쇄(總玉碎)'를 다짐하기도 했다. 이 점을 염두에 둔다면 패전 후의 그러한 표변은 기이하게 느껴진다. 이러한 민심의 표변을 어떻게 읽어야 할 것인가?

 이 글은 미군 점령 하 일본과 남한 사회의 '점령' 인식을 양 지역 민중들이 점령군 당국에 보낸 편지들을 통해 분석하려고 한다. 일본과 남한 양국에서 미군 점령에 대한 연구가 많이 축적되었고, 이를 통해 미군의 점령정책, 당시 정치·사회 상황 등에 대한 학문적 이해가 깊어졌다. 또 지도자들의 회고, 증언은 물론 민초들의 구술자료도 상당수 출간되었다. 이 글은 이러한 미군 점령기 연구의 학문적 지평 위에서 그 시기를 당대인들이 어떻게 인식하고, 또 그에 대해 어떻게 반응했는지 살펴보려고 한다. 이러한 작업은 당대의 정치·사회 상황에 대한 보다 풍부한 이해를 가능하게 해줄 것이고, 동시에 당대인들의 정치·사회의식, 후대의 관점에서 보면 당대의 역사인식을 이해하는 데 도움을 줄 것이다. 다른 한편으로 이 글은 민초들의 편지에 나타난 그들의 상황인식과 그 편지들에 대한 점령 당국의 태도와 처리 과정을 분석하고자 한다. 이러한 시도는 그 시기에 대한 구조적 이해와 개인의 주관적 이해 사이에 빚어질 수 있는 단층과 괴리의 일단을 드러낼 수도 있을 것이다.

일반인들의 '점령' 인식에 영향을 미치는 요소는 다양했다. 또 개인들의 인식 방향도 다양했다. 이것을 단순화시켜서 일의적으로 정의하는 것은 불가능할 것이다. 당시 일반인들의 인식에 영향을 미치는 규정적 요인은 무엇보다 해당 시기의 정치·사회·경제 정세였을 것이고, 이들 정세는 당시 정치·사회·경제 상황을 규정하는 구조적 조건들로부터 영향을 받았다. 또 장기적인 측면에서 보면 역사적, 문화적 요소들도 중요한 영향을 미쳤다. 개인들은 자신이 처한 처지에 따라 이러한 구조적 조건과 구체적 정세에 대해서 다양한 상황 인식과 반응을 보였다. 이 모든 규정 요인들과 개별적 반응을 일일이 살펴보는 것은 불가능에 가깝지만 어쨌든 이 글은 당시 정세 속에서 민중들의 점령 인식이 어떻게 구성되고 발현되는지 추적하는 것을 일차적 목표로 한다.

이 글은 일본과 남한의 주민들이 점령군 당국에 보낸 편지들을 주로 활용하고자 한다. 구체적으로 일본인, 재일조선인들이 맥아더 장군과 점령 당국에 보낸 편지들, 남한 주민들이 트루먼 대통령의 특사로 1947년 8~9월 남한을 방문했던 웨드마이어(Albert C. Wedemeyer) 장군에게 보낸 편지들, 미군정 정보 당국이 일본과 남한에서 편지 검열을 통해 확보한 편지들 및 그 편지들을 이용하여 작성한 여론조사 보고서들이 바로 그것이다.

미군 점령기에 일본인들이 맥아더 장군과 점령 당국에 보낸 다량의 편지가 미국 국립문서관(Nationa Archives II at College Park, Maryland)과 맥아더 기념관(MacArthur Memorial Library & Archives at Norfolk, Virginia)에 소장되어 있다. 이 편지들은 일본인들이 패전 후 미군의 점령을 어떻게 받아들이고, 어떻게 보았는지 가감 없이 드러낸다. 소데이 린지로(袖井林二郞)와 가와시마 다카네(川島高峰)는 이 편지를 이용하여 미군 점령기 역사를 아래로부터 재구성한 연구 성과들을 발표했다. 소데이의 저서는 일본인 편지의 주요 내용을 주제별로 소개했고, 가와시마의 연구는 편지에 나타난 민심의 동향이 천황제 폐지, 전후 개혁, 전범재판과 같은 당시의 중요한 정치적·사회적 의제와 어떻게 상호 연동했는가를 분석했다.[473]

가와시마는 미군 점령기에 일본인이 맥아더 장군과 점령 당국에 보낸 편지를 약 54만 통으로 추산했다.[474] 정확한 통계가 잡혀 있지 않기 때문에 추산에 불과하지만 현재의 자료 발굴 상황에서는 가장 그럴듯해 보인다. 점령군 당국자들에게 보낸 편지들 가운데에 일본인 편지뿐만 아니라 재일조선인 편지도 포함되어 있다. 일본인 연구자들은 재일조선인의 편지에 대해서는 주목하지 않았다. 이 글은 미국 국립문서관(NA II)이 소장한 연합군최고사령부(SCAP/GHQ) 문서군에 수록된 일본인, 재일조선인 편지 자료들을 활용하여 일본인과 재일조선인의 점령 인식을 살펴보고자 한다.[475]

남한 주민들의 편지는 1947년 여름, 웨드마이어 장군이 트루먼 미국 대통령 특사로 중국과 남한을 방문했을 때 수집되었다. 웨드마이어 장군이 파견된 1947년 8~9월은 미국이 대중(對中)·대한(對韓)정책 전반을 재검토하고 새로운 대응책을 모색하던 시점이었다. 중국에서는 국부군이 국공내전에서 군사적 패배를 거듭하고, 국민당 정부의 부패와 무능이 드러나면서 장제스의 국민당 정부는 점차 대중적 지지를 잃어갔다. 미국은 중국 상황의 악화에 따라 국민당 정부에 대한 군사·경제 원조를 확대해야 할지 심각한 고민에 빠졌다. 또 한반도와 관련해서는 2차 미소공위가 재차 교착상태에 빠지면서 미국은 새로운 국면 전환을 모색하기 시작했다. 이에 따라 워싱턴의 대한정책 담당자들과 남한 현지의 점령군 당국은 정책 변화를 추구하며 분주하게 움직였다. 웨드마이어 사절단은 워싱턴에 있는 정책입안자들을 대신해서 중국과 남한의 현지 사정을 조사하고, 워싱턴과 현지 점령군 당국 사이에서 양측의 견해를 조율하는 역할을 했다. 미국의 대중·대한정책 변화와 관련하여 웨드마이어 사절단은 중요한 의미를 가졌고, 사절단의 구성 시점부터 귀환 뒤 최종 보고서를 제출할 때까지 미국 국내는 물론 중국, 남한에서도 정계와 여론의 각별한 주목을 받았다.[476]

웨드마이어 장군은 중국 방문을 마치고 1947년 8월 26일 서울에 도착했고, 9월 6일 서울을 떠날 때까지 11박 12일의 여정으로 한국에 머물렀다. 웨드마이어는 남한에 체류하는 동안 한국인들의 의견을 널리 청취한다는 명분을 내세워 한국인들에게 서한으로 의견을 보내줄 것을 신문과 방송을 통해 홍보했다. 이에 호응해 많은 한국인들이 그에게 편지를 보냈고, 그 편지들이 미국 국립문서관 '웨드마이어 사절단 문서철'에 고스란히 남아 있다.[477] 발신인은 이승만, 김구, 김성수, 이시영 등 저명한 정치인부터 김연수, 박흥식과 같은 경제인, 안재홍 등 군정 관리들, 이선근, 설의식 등 언론인, 무명씨에 이르기까지 다양했고, 평범한 장삼이사(張三李四)가 가장 많은 수를 차지했다.[478] 이 글은 당시 한국인들이 웨드마이어 장군에게 보낸 편지들을 통해 한국인들의 점령 인식을 살펴보고자 한다.

편지 자료를 활용할 때는 주의해야 할 점들이 있다. 편지는 개인의 주체성과 주관성을 반영할 수밖에 없는데 그것과 작성자와 수신자가 처한 상황구속성 내지 객관성 사이의 관계를 어떻게 해석하고 평가할 것인가 하는 문제가 제기된다. 또 여론조사 자료의 경우 여론 또는 민심이라는 것이 그렇지만 특정한 사안에 대한 여론과 민심의 향배는 해당 시점의 상황과 분위기에 영향을 받는 경향이 강하다. 편지들은 일차적으로 발신자의 주체적 견해를 담고 있지만 특정 시기의 현안에 대한 반응, 당시의 정치·사회적 상황에 대한 해당 시점에서 일반 민중들의 반응이라는 성격 역시 드러낸다. 따라서 편지의 문면에 나타난 내용을 해석할 때 이것을 발신인의 고정된 견해로 받아들이거나 전적으로 주체적인 견해로 받아들이지 않도록 주의하는 것이 필요하다.

대체로 편지에 담긴 주제 의식은 시기별로 다양하고, 또 변화했다. 이것은 편지들이 해당 시기의 현안에 대한 반응이라는 성격을 가졌음을 의미한다. 어쨌든 이러한 사정은 편지가 되었든 여론조사 보고서가 되었든 이 자료들에 담긴 개인의 주관적 의지, 주체성과 상황구속성, 객관성의 관계를 어떻게 이해할 것인가 하는 복잡한 해석상의 문제를 제기한다. 오독과 일방적 해석을 피하기 위해 자료들을 교차 검토하고, 자료에 반영된 구체적 상황을 맥락적으로 이해하려는 노력이 필요할 것이다.

한편 점령군 당국은 편지 분석을 통해서 여론 동향을 조사하거나 민심을 추적했다. 일본 주재 연합군최고사령부 가운데 이 임무를 맡았던 부서는 민간정보교육국(CI&E) 여론사회조사부, 남한 주재 주한미군사령부의 경우 민간통신첩보대(Civil Communication Intelligence Group-Korea)였다. 이 부서들은 점령군 당국이 수신하거나 검열한 편지를 시기별로 집계하고 분석하여 간단한 통계를 작성했을 뿐만 아니라 편지가 주장한 내용들을 분석해서 여론의 향배를 추적했다.[479] 이 글은 점령군이 수집하거나 검열한 편지들을 분석하여 펴낸 여론조사 보고서들도 활용했다.

연합군최고사령부 민간정보교육국은 일본인들이 점령 당국에 보낸 편지들을 검토한 뒤 이 편지들을 활용해서 여론 수집과 분석의 차원에서 「편지에 나타난 여론 개요(Survey of Opinions Expressed in Letters by Japanese to Occupation Authorities)」라는 보고서를 정기적으로 작성했다.[480] 미군은 편지를 통한 여론조사가 기획된 여론조사보다 그 내용을 계측하기 어렵다는 단점이 없지 않지만 편지가 일본인들의 생각을 날것 그대로 보여준다는 점에 주목했다. 보고서를 작성한 민간정보교육국은 일본에서 군국주의 청산과 민주주의 육성을 목적으로 신문, 방송, 연극·영화, 잡지, 도서의 검열은 물론 여론조사, 선전·홍보 활동에 이르기까지 일본 국민의 재교육을 위해 다양한 활동을 펼쳤다. 편지들은 최고 권력자를 향한 청원과 진정, 투서와 고발의 성격이 강했고, 식량난, 귀환 등 개인들의 이해관계와 관련한 주제가 전시기에 걸쳐 가장 많이 취급되었지만 다른 한편으로 점령통치와 관련된 각종 현안에 관해 민심의 분포나 대중적 관심의 소재를 읽을 수 있는 척도 구실을 했다.[481]

주한미군 역시 진주 초기부터 한국 사회의 여론 동향을 예의 주시하면서 그것을 한국인들이 주고받은 편지들을 통해 추적했다. 미군은 편지가 기본적인 사회적 소통 수단인 만큼 그에 대한 분석은 그 시기 해당 사회의 정치, 경제, 사회관계와 인간 활동을 이해하는 데 큰 도움을 준다는 사실에 주목했고, 진주하자마자 서신 검열을 전담하는 기구를 설치했다. 민간통신첩보대는 1945년 9월 9일 서울에 최초로 설치되어 9월 13일부터 중앙우체국에서 우편 검열을 개시했고, 이어서 1945년 10월 6일 부산에서도 우편 검열을 시작했다.[482] 점령군 당국은 마음만 먹으면 남한 내에서, 또는 남한을 들고 나는 편지, 소포는 물론 전신, 전화 등 모든 우편물과 통신을 검열할 수 있었고, 점령 직후부터 점령지의 치안과 경제 복구를 명분으로 검열을 실시했다.

이 기구는 처음에는 일본인, 한국인 '감시 대상자 명단(Watch List)'을 만들어서 관리했으나 점령이 장기화함에 따라 그 명단에서 일본인이 점차 사라지는 대신 그 자리를 한국인 이름들이

메꾸었고 그 수가 점차 늘어났다. 이 기구는 한국인 정치가들, 정당, 단체들을 중요도에 따라 분류한 감시 대상자 명부를 만들어서 그들이 주고받은 편지들을 우선 검열했지만 보통사람들의 편지도 일정 비율을 임의 추출해서 검열했다.[483] 점령군이 만든 감시 대상자 명단은 첩보 수집, 사찰의 목적과 필요성을 증명하는 것이지만 이 기구가 일반인들의 편지까지 광범하게 검열한 동기와 이유는 무엇인가?

이 기구는 일반인들의 편지 검열을 통해서 남한 사회의 여론 동향을 추적한 「서신검열 정보요약(A Digest of Information Obtained From Censorship of Civil Communications in Korea)」이라는 보고서를 정기적으로 작성했다. 미군이 점령지 주민들이 주고받은 사신(私信)을 통해서 해당 지역의 생생한 여론을 채취한 셈이다. 그런데 수집자의 의도와 달리 그 보고서와 그것을 작성하기 위해 점령군이 수집한 편지들은 역으로 후대의 연구자들에게 해방 직후 한국 사회의 민심과 민의를 들여다볼 수 있는 '때늦은 지혜'를 제공해줄 뿐만 아니라 점령자의 시선까지 파악할 수 있는 기회를 제공했다.[484]

2. 일본인의 점령 인식

맥아더 장군과 점령 당국에 보낸 일본인 편지들은 대체로 패전 직후 일본인의 처지와 생활상의 요구를 즉자적으로 반영한 것들이 많았다. 그러나 편지 내용의 변화 추이를 세밀하게 관찰하면 같은 주제의 편지들이라도 시기에 따라 서술 내용의 변화, 뉘앙스의 변화를 감지할 수 있고, 또 시기별로 서로 다른 정치·사회적 맥락에서 작성되었다는 것을 어렵지 않게 알 수 있다. 민간정보교육국이 작성한「편지에 나타난 여론 개요」는 편지들의 전체상을 이해하는 데 매우 유용하다.「편지에 나타난 여론 개요」1호는 1946년 1월 2일 처음 작성되었고, 마지막 보고서인 17호는 1948년 2월 5일 작성되었다.「편지에 나타난 여론 개요」는 1945년 11월 중순부터 1947년 10월 중순까지 약 23개월 동안 편지를 분석했다. 1947년 10월 중순 이후에도 점령 당국이 받은 일본인의 편지가 적지 않았으나 분석 주체인 민간정보교육국이 그 시점에서「편지에 나타난 여론 개요」작성을 마친 정확한 이유는 알 수 없다.

1946년 초부터 여름까지 식량난이 편지에서 가장 빈번하게 다루어진 주제의 하나였다. 그러나 식량 문제 못지않게 점령군과 그 정책, 일본 정부와 일본 정치, 천황제, 전범 등도 중요하게 다루어졌다. 보고서 작성자는 "대부분의 편지들이 일본 사회에 대한 불만과 일본 사회에 필요한 개혁을 구체화했고, 이것은 그 시점에서 개혁이 모든 일본인에게 가지는 압도적 중요성 때문이거나 또는 개혁에 대해 개인들이 실망했음을 반영하는 것"이라고 적었다.[485]

    1946년 여름을 지나면서 편지 주제 가운데 '귀환'이 차지하는 비중이 급증하고, 그 후 계속 다른 주제들을 압도했다. 편지 수도 폭증했다. 미군은 전범 처벌이나 개혁 주장이 줄고 송환 청원이 급증하는 것을 지켜보며 편지가 '신문 편집자에게 보내는 서한'에서 '국회의원에게 보내는 서한'으로 바뀌었다고 지적했다. 편지 내용이 고발이나 비판에서 진정과 청원으로 바뀌었다는 것이다. 귀환 청원이 대부분 소련 점령지역인 만주, 북한에 있는 일본인에 관한 것이거나 중국, 동남아시아 각지에 있는 일본군 포로, 특히 B·C급 전범 처리와 관련한 것이었다는 점을 감안하면 편지의 폭증은 관련 단체가 발신자들을 조직하고 동원했을 가능성이 크다고 미군은 추정했다. 그 무렵부터 해외의 일본인, 특히 소련군 점령지역의 일본인 귀환 문제가 편지의 압도적 다수를 차지했고, 편지에 담긴 내용도 그 이전 시기만큼 다양하지 않았다. 이러한 사정이 점령 당국이 편지를 통한 여론 수집과 분석의 필요성을 더 이상 느끼지 못하게 했을 수 있다.[486]

「편지에 나타난 여론 개요」 주제 구분 가운데 '점령군과 그 정책'은 점령 당국이 가장 주의 깊게 살핀 항목 중 하나였다. 흥미롭게도 점령군과 점령정책에 대해 호의적인 반응과 친근감을 드러낸 편지가 비우호적이거나 비판적인 편지보다 훨씬 많았다. 점령군 사령관 맥아더에게 보낸 편지들은 당연히 권력자를 향한 탄원과 진정의 성격을 띠었지만 동시에 그에 대한 존경과 애정을 듬뿍 담고 있다. 맥아더는 자기도취가 심했던 군인으로 알려져 있고, 점령 기간 중 나른한 오후 시간에 소파에 길게 몸을 눕히고 영어로 번역된 일본인들의 칭송 편지 읽기를 즐겼다고 한다. 점령자가 피점령자에 의해 그렇게까지 우호적으로 받아들여진 사례는 역사상 흔치 않다.[487]

일제가 패전 이전 일본 본국은 물론 조선, 대만 등 식민지와 기타 점령지역에서 미국과 영국을 '마귀와 짐승(鬼畜米英)'으로 부르며 극렬한 반연합국 감정을 불러일으켰던 것과 비교하면 일본인들의 그러한 태도 변화는 더욱 극적이다. 연합군에 의해 일제로부터 해방된 조선인들이 미군을 환영한 것이야 당연하다 치더라도 패전국 국민이 과거 적군이었던 점령군에게 그런 반응을 보인 것을 어떻게 이해해야 할까? 점령기 일본에서 맥아더는 일본인들에게 '벽안(碧眼)의 대군' 또는 '백인 천황'으로 불리었고, 일왕(天皇) 이상의 권위를 가졌다. 일본의 점쟁이나 무당들 가운데 맥아더를 몸주신으로 받아들인 자들이 많았다고 하니 거의 신적 존재로까지 받아들여진 셈이다. 일본 민중이 점령군 수장으로서 절대적인 권력을 행사하던 그를 정서적으로 어떻게 받아들였는지 그 실상의 일단을 보여준다. 심지어 부녀자들이 보낸 편지들 가운데 '당신의 자식을 낳고 싶다'는 편지가 수다하게 발견되는 것을 보면서 후대의 일본인 연구자는 '당시 일본인은 점령과 동침해서 개혁이라는 자식을 낳았다'고 표현했다.[488]

심지어 편지들 가운데에는 미군의 장기 점령을 요구하는 편지들이 많았고, 일본을 미국의 속국으로 해줄 것을 요청하는 편지들도 있다. 일본의 미국화 주장, 일본 국민의 미국에 대한 동경과 정서적 일체화는 점령 초기부터 나타나고, 장기간 지속되었다. 장기점령을 요구한 이유는 물론 점령군이 철수하면 군국주의자, 반동관료들이 복권할 것에 대한 두려움 때문이었지만 편지에 나타난 점령군에 대한 우호적 의견과 일본 정부에 대한 부정적 의견의 대비는 조사 전 시기에 걸쳐 매우 선명하게 나타났다.[489] 점령 당국에 대한 우호적 의견과 맥아더 장군에 대한 예찬, 그러한 반응에 대한 사회심리적 분석과 정치·사회적 맥락의 분석은 소데이와 가와시마의 책에 잘 나와 있다.[490] 점령 당국은 비우호적 의견에도 주의를 기울였는데 그것은 점령정책 전반에 대한 것이었다기보다 미군 병사의 암거래 관여 등 지엽적인 사항에 대한 비판이나 개인적 불평의 경우가 많았다.[491]

'일본 정부'에 대해서는 시종일관 비우호적, 비판적 의견이 많았다. 패전 이후 일본인들 사이에서 군국주의에 대한 혐오감과 군부, 정부 관리, 경찰에 대한 불신이 팽배했던 것을 감안하면 편지에 나타난 이런 반응을 쉽게 이해할 수 있다. 편지들은 일본 사회에 대한 강한 비판 의식, 거센 개혁 요구를 표출했다. 초기의 「편지에 나타난 여론 개요」는 편지에 나타난 일본인들의 의견을 일본 사회의 평균적 의견보다 강한 것으로 평가했다.[492] 특히 편지들은 정부, 경찰, 학교와 교육제도의 개혁이나 관리, 대의사(代議士), 경찰, 통치기구의 말단을 형성했던 정(町), 촌(村), 인조(隣組) 우두머리의 숙청 문제에 강렬하게 반응했다.[493]

일본 전후 정치의 출발점에서 '천황제'의 존폐가 가지는 중요성을 반영하듯 점령 초기 점령군에 배달된 일본인들의 편지에서 천황제를 둘러싸고 찬반양론이 뜨겁게 달아올랐다. 당시 신문 여론조사는 천황제 유지가 압도적 지지를 받았지만 점령 당국에 보낸 편지들은 시기별로 천황제에 대한 비판이 더 많은 시기도 있고 비판과 지지가 비슷하게 나올 때가 많았다. 비판의 주된 논거는 천황제가 군국주의의 수단이자 온상이라는 것이었다. 노골적인 천황제 지지도 적지 않았지만 천황제를 철폐하기보다는 히로히토(裕仁)의 퇴위 정도로 그치거나 천황을 비정치화해 존속시키는 것이 좋을 것이라는 의견이 많았다.

그런데 오사카 부근 사노마치(佐野町)라는 곳에 살았던 오우치 하나코(大內花子)가 자신을 전재여자(戰災女子)라고 소개하며 1945년 12월 맥아더 원수에게 보낸 엽서 한 통은 그 내용이 매우 인상적이다.

친애하는 맥아더 각하, 우리들이 오랫동안 희망해온 부인참정권을 주셔서 감사합니다. 그러나 목하 전쟁의 피해를 입은 채 아직도 남편은 돌아오지 않습니다. 아이가 딸린 우리 아내들은 하루라도 빨리 식량난과 암시장 물가가 없는 생활을 할 수 있도록 온갖 신경을 쓰고 있습니다. 식량 수입에 확실한 대답이 없는데 무엇이 장애가 되고 있는 것입니까. 천황제가 불가하다면 당장이라도 식량을 미국이 증대 배급해주는 조건하에 폐지해도 대중은 환호로 그것을 받아들일 것입니다. 각하, 세간의 부인들은 미국에 지배되는 것을 기쁘게 받아들이기조차 합니다만 여전히 식량난이 계속된다면 미국도 역시 도조 씨가 말한 대로라고 생각합니다.[494]

심각한 식량난과 물가고를 겪는 패전국 부녀자의 애원이지만 동시에 점령군에게 당장 식량을 내놓으라며 사뭇 협박조로 글을 이어간다. 심지어 식량 배급만 늘려준다면 천황제를 폐지해도 좋고 식량난이 계속된다면 미국도 도조 히데키(東條英機) 전 일본 총리대신의 주장과 다를 바가 없다고 말한다. 도조는 일제의 전쟁 확대를 영·미 제국주의의 대동아(大東亞) 노예화와 세계 정복 기도에 맞선 성전이라고 선동하며 일본 국민을 전쟁으로 내몰았던 전력의 소유자다. 당시에는 A급 전범으로 기소되어 형무소에 수감 중이었다. 오우치 하나코는 식량난이 계속된다면 "도조 씨가 말한 대로" 미국이 일본, 아시아를 노예화할 목적으로 점령을 했다는 비난을 피하기 힘들 것이니 식량 공급을 늘려달라고 주장한다.

편지는 천황제 존폐 논란에서 전쟁책임 문제, 점령통치를 위한 현실적 필요성, 전후 일본에서 '천황'이 가지는 사회문화적 상징성 따위의 논거를 비웃기라도 하듯 쌀만 준다면 천황은 없어도 상관없고, 그 점과 관련해서는 점령군도 자유로울 수 없다고 한 방에 정리해 버린다. 필자의 절박한 심정을 반영하듯 문장 끝에 마침표나 물음표도 미처 찍지 못한 채 단번에 휘갈겨 쓴 이 엽서는 간사이(關西) 사람의 기질을 드러낸 것인지 내용도 괄괄하고 필체도 활달하다.[495] 천황제에 대한 이런 식의 냉소적 비판은 왕실에 대한 사소한 비판도 허용하지 않는 '국화의 터부'가 지배적인 오늘날 일본 사회의 분위기에서는 허용될 리 없는, 참으로 놀라운 발언이다.[496]

   천황제는 일본군국주의를 지탱한 핵심적인 기제였다. 일제가 연합국과 조건부 항복을 교섭하면서 지배체제의 유지를 위해 끝까지 관철하려 했던 것도 천황제 유지였다. 메이지(明治) 유신 무렵만 해도 '천황'은 이웃집 아저씨와 같은 존재였으나, 일제가 아시아 각국을 침공하여 식민지를 확대할 때마다 인기가 올라갔고, 군국주의가 강화되어 감에 따라 신의 지위로까지 격상되었다. 미국 역시 전후 대일점령정책을 구상할 때 천황제 폐지 여부를 핵심적인 사안으로 고려했다. 미국은 점령정책을 효과적으로 수행하기 위해 최종적으로 천황제 유지를 결정했고, 특히 맥아더가 적극적이었다. 그리고 1946년 새해 벽두에 히로히토는 '인간선언'을 통해 스스로 현인신(現人神)의 자리에서 내려왔고, 이어서 일본 전국을 돌며 상징천황으로서 자신의 위상을 재천명했다.[497] 천황제는 1946년 초반까지 편지에서 꽤 많이 취급된 주제였으나 천황의 인간 선언, 헌법 개정 논란을 거치면서 신속하게 사라졌고, 미군정도 「편지에 나타난 여론 개요」 9호부터 천황제를 '일본 정부와 정치'에 포함했다.

천황의 전쟁책임 면책과 '상징천황제'의 확립 과정이 일본의 전후역사에서 가지는 의미에 관해서는 이미 많은 연구들이 있다. 일본 지배층의 종전대책이 '국체호지(國體護持)'로 집중되었고, 미국이 점령정책의 원활한 시행을 위해 천황제 유지를 원했다는 것이다. 이러한 양자의 이해관계 일치 속에서 이른바 '도쿄재판'에서 천황의 전쟁책임이 면책되었고, 최종적으로 헌법 제정을 통해서 상징천황제가 확립되는 길로 들어섰다는 것이다. 다우어(John W. Dower)의 표현을 빌리면 상징천황제의 확립은 'SCAPinization'과 '천황제 민주주의'의 결합이었다. 이에 대해 윤건차는 "쇼와 천황이 정치적, 도의적 책임을 지지 않고 재위한다는 것 자체가 이미 일본인 전체의 전쟁책임을 애매하게 하고, 민족으로서 '일본인'의 명예를 현저하게 손상시킨다는 것을 부정할 수 없을 것"이라고 지적했다.[498]

이와 같이 기존 연구들은 상징천황제가 일본의 전후 개혁 자체를 불철저하게 만든 구조적 한계로 작용했다는 점을 환기시킨다. 그리고 전후 일본 사회의 존재 형태와 관련해서 전후 개혁의 역사적 성격을 살피고자 할 때, 주목해서 보아야 할 것이 보통의 일본인들이 일상생활에서 접하는 정치 개혁과 사회 민주화의 실상이다. 앞에서 언급했듯이 편지에 나타난 일본 민중의 전후 개혁에 대한 불신과 불만은 매우 높았고, 그에 대한 비판도 신랄했다. 비판은 특히 통치기구 말단과 지방사회에서 개혁의 불철저성에 모아졌다.[499]

「편지에 나타난 여론 개요」는 일본인의 정치적 태도를 주로 점령정책, 일본 정부, 천황제 등의 일반적인 범주로 나누어 파악했다. 또 점령 당국의 여론조사는 점령정책과 일본 정부에 대한 태도를 분리해서 양자를 극명하게 대비시켰다. 그러나 일본 민중이 실제 개혁의 진행과정과 그 실상을 어떻게 파악했는가를 분석할 때 그렇게 일반화한 범주로 개인의 의견을 해소하는 것은 결코 적절한 분석방법이 아니다. 또 미군 점령통치가 일본 정부를 통한 간접통치의 형식을 취했지만, 점령통치와 전후 개혁의 평가에서 양자의 연결 관계를 무시한 채 점령 당국과 일본 정부로 주체를 나누어 그 공과를 살피는 것이 얼마나 유효할지 의문이다. 일본의 민중이 일상적으로 만나는 것은 천황이나 점령 당국, 일본 정부 일반이 아니었고, 여전히 정·촌장(町·村長) 경찰 등 말단 통치기구의 관리들이었다는 점에서 개혁의 실상을 이해하기 위해 그들과 그 기구들의 작동방식에 대한 민중의 인식을 살펴보는 것이 중요하다.[500]

官吏 五割 減員에 관한 건. 지방행정기관 및 작업관청, 각 대공장, 은행, 상선회사 등의 중간관리와 이에 준하는 회사원 및 은행원들이 전쟁 중 군과 결탁하여 하급자 또는 노동자를 억압하고, 또는 경찰, 府廳, 縣廳 등과 연락하여 행한 악랄함은 말로 표현할 수 없습니다. 게다가 종전 이후에는 위와 같은 행동이 더욱 심합니다. 그리고 또 町會長, 町經濟部長 등이 이에 관련되어 미군이 진주하기 전에 물품을 은닉했습니다. 예컨대 담배를 취급하는 專賣局 관

리는 국민에게 배급해야 할 담배를 자기 자신의 主食物과 교환하여 사유화하고, 군용미, 설탕, 유류 등을 모아서 몇 십만 원이라는 蓄財를 자행한 사람들은 아사지경에 있는 국민을 오히려 不可思議하게 보고 있으니 이는 言語道斷이 아닐 수 없습니다. 이와 같은 특권계급에 있는 사람들은 일본의 민주주의와 맥아더 원수의 선량한 시정에 반하는 일입니다.[501]

토나리구미(隣組)는 지나사변[중일전쟁-역주] 중의 산물이지만 대동아전쟁에 이르러 활동이 가장 컸다. … 上意下達, 下情上通의 기관이라는 선전은 구실일 뿐 순수한 전쟁 동원 기구 역할을 했다. 식량배급의 하부기구로서 지금도 활동하고 있다. … 정회 임원, 배급소 관계자가 군부를 배경으로 위세를 부렸고, 그들은 지금도 의연 그 지위에 있다.[502]

두 편지는 민중들이 공직자 추방 등 점령군에 의해 수행된 전후 개혁을 불철저하다고 느꼈음을 보여주는 대표적 사례들이다. 공직추방령(公職追放令)의 불철저한 시행과 소위 특권계급의 온존에 대한 비판은 편지들에서 많이 나타난다. 익찬운동(翼贊運動) 등 과거 일본 정부의 정책, 국책에 가장 큰 역할을 한 것이 경찰이었고, 그 말단에서 활동한 것이 정회장(町會長)이었지만 이들에 대한 처벌, 공직 추방 등이 제대로 이루어지지 않았다는 것이다. 심지어 두 번째 편지는 사회통제체제의 최하단에 위치한 토나리구미(隣組) 폐지를 강력하게 요구한다. 대정익찬회(大

正翼贊會), 식량영단과 함께 통치기구 말단을 차지했던 이 기구가 여전히 위세를 부리고 있다는 것이다. 또 많은 편지들이 경찰 내 특고(特高)는 말단의 몇몇 순사들 외에는 대개 다른 사무로 전직시키는 방법 등을 통해서 그대로 온존되었음을 지적한다.[503] 점령 당국의 군벌 해체와 공직으로부터 군국주의자 추방은 전후 개혁의 출발점이었다. 그러나 이러한 편지들은 그러한 조치의 개혁성을 체감하지 못한 민중이 많았음을 증명한다. 민중은 주위에서 익숙하게 보아온 경찰, 정회장 등 일본제국 지배질서의 말단 기구가 그대로 유지되고, 특권계급이 온존되는 데 대해 강한 불만을 표출했다.[504]

이 편지들은 구지배층이 오히려 선거 등 이른바 민주적 절차를 통해서 부활하고 복권되는 것을 일본인들이 강한 비판의식을 가지고 지켜보았음을 드러낸다. 점령 하에서 군국주의 온상이라는 비판과 혐의를 받은 일부 기구가 폐지되는 등 제도는 새로운 외피를 쓰게 되었다. 하지만 과거의 사회체제를 지탱하고 운영하던 주체들이 그대로 남았고, 그들이 행정·대의기구에서 여전히 지배력을 행사하는 현상이 빈번했다. 전체적으로 보면 편지들은 점령 초기부터 강한 사회개혁 요구를 지속적으로 분출했다. 특히 천황제 폐지와 군인, 관리, 대의사, 경찰 등 공직자 숙청에 대한 요구뿐만 아니라 정(町), 촌(村), 토나리구미, 재향군인회, 경방단 등 실제 민중들이 일상생활에서 접하는 사회구조 하부의 통제기구들에 대해 강한 개혁 요구가 존재했다.[505]

「편지에 나타난 여론 개요」는 처음에는 '전범'과 '전쟁과 군국주의' 항목을 구분했는데, 1946년 7월 중순부터 양자를 합했다. '전쟁과 군국주의' 항목은 태평양전쟁과 군국주의에 대한 일본인의 태도를 계측하기 위한 항목이었던 것으로 보이나 천황제, 일본 정부, 전범 또는 교육 등의 주제와 내용이 겹쳐서 다소 애매했다. 군국주의에 대한 일본인의 태도는 일반적으로 비판적이었다. 그러나 「편지에 나타난 여론 개요」 1호의 경우 흥미 있게도 이 항목으로 분류된 29통의 편지가 군국주의에 대해서는 모두 반대했으나 태평양전쟁으로 비난받아야 할 쪽에 대해서는 일본과 연합국으로 거의 양분된다고 지적했다. 전쟁기에 일본 정부와 군부가 일본 국민들에게 태평양전쟁을 '자위전쟁'으로 선전하며 개전의 책임을 연합국 측에 돌렸던 만큼 그러한 선전의 영향이 전후에도 지속되었거나, 아니면 일본 국민들이 일본의 침략전쟁 수행을 위해서 많은 희생을 치렀고, 또 미군 공습 등 이른바 '전재(戰災)'로 많은 피해를 입었던 사실로 인해 그러한 반응을 보인 것이 아닐까?[506]

「편지에 나타난 여론 개요」가 '전범', '전쟁', '군국주의'를 오가며 항목을 구분했지만 이 세 단어는 그 구별이 뚜렷하지 않았고, 오히려 애매했다. 이 세 단어에 공통된 역사상을 추출한다면 '전쟁책임'이 될 것이다. 그러나 이 단어도 전쟁 자체에 대한 책임인지, 패전에 대한 책임인지, 또 책임의 소재를 묻고자 한다면 전범, 단순가담자 또는 전쟁협력자의 경계가 어디인지 현실에서는 복잡한 문제들을 제기했다. 기존 연구는 패전 직후 제기된 히가시쿠니 나루히코(東久邇宮稔彦王) 수상의 '일억총참회론'이

'패전'에 대한 군인·관리의 책임을 국민 전체에 균등 분배함으로써 실질적으로는 책임을 해소시키는 것에 불과했고, 일반 국민은 이것을 받아들이려 하지 않았다는 점을 지적한다.[507] 그리고 1945년 9월 11일 점령 당국의 도조 히데키 이하 38명에 대한 전범 체포령을 계기로, 즉, 점령군과 국제여론이라는 외적 계기를 통해 일본 사회에서 전쟁책임론이 처음으로 일어났으며 이로부터 국민이야말로 전쟁책임자 추급(追及)의 주체라는 주장이 나타났다고 지적한다.[508]

A급 전범 재판이 사회적 관심의 초점이 되었던 1945년, 1946년 초반만 해도 이에 관한 일본인 편지들의 내용은 주로 전쟁범죄 행위에 대한 고발 위주였다. 그리고 그 편지들의 전쟁책임, 전쟁범죄 관련 언급은 강경한 편이었다. 예컨대 A급 전범 기소가 소수에 그쳤다는 비판, 전범을 확대해야 한다는 주장, 또 중앙정부뿐만 아니라 지방청, 특히 시·군·정·촌 관리들도 전범으로 처벌해야 한다는 주장이 빈번하게 나타났다. 언론(신문), 사법기구 등의 개혁과 숙청 요구도 많았으며, 전범 고발도 다른 시기에 비해 많은 편이었다.[509] 그러나 B·C급 전범 재판이 본격화된 1946년 중반 이후 점령군을 향한 일본인들의 편지나 점령 당국이 검열한 서신들은 주로 중국, 필리핀, 수마트라섬 등 연합군 점령지역에서 진행 중인 일본인 B·C급 전범재판의 부당성에 대한 비판이나 이들 지역에 남아 있는 일본군 포로들의 조속한 귀환을 청원하는 내용, 또는 소련군 점령지역에서 일본인 취급과 처우 문제 위주였다.[510] 전범을 주제로 한 편지 내용의 주된

논조도 전범 고발에서 전범 용의자의 무죄를 주장하거나 전범 재판의 부당성을 비난하는 것으로 바뀌었고, 심지어 '전범'은 패전으로 인한 희생자일 뿐이라는 주장이 많아졌다.[511]

일반적으로 편지들은 경찰, 관료, 군인을 3대 전쟁책임자로 지목했고, 그들이 두터운 층을 이룸으로써 천황의 전쟁책임을 눈가림하는 구실을 했다고 보았다. 그들을 전쟁책임자로 지목했을 때 과연 그 책임의 경계가 어디인가 하는 것은 전범 재판과도 관련해서 현실에서는 대단히 복잡한 문제였다. 가와시마는 군인, 관료, 경찰의 전쟁책임을 둘러싼 편지들의 경계선 구분에서 공통된 것은 그것이 전쟁수익자인가 아닌가 하는 점에 있다고 주장한다. 이러한 기준은 군국주의나 비민주적 가치에 대한 비난으로서 설정된 것이 아니었고 전쟁수익자에 대한 비난과 자기비판의 결여로 나타났으며, 평화에 대한 죄와 침략행위에 의한 가해 인식을 희박하게 했다.[512]

또 요시다 유타카는 이 시기 일본인의 전쟁관이 지배자는 가해자, 국민은 피해자라는 단순한 도식에 의해 지배되었고, 일본 국민 사이에 '피해자론'의 확산은 지배층의 타민족 침략과 식민지화의 가담자로서 국민의 책임에 대한 자각을 봉쇄했다고 지적한다. '지도자 책임관'의 형성은 국민 자신의 전쟁협력과 전쟁책임의 문제에 관한 내성적(內省的) 물음을 제기하지 않고, 사실상 이 문제를 탁상공론으로 만드는 경향을 띠게 되었다. 많은 국민은 '지도자 책임관'을 소극적인 형태로 수용하는 한편 자신의 전쟁협력 문제에 대해서는 군국주의적인 지도자에 '속았다'고 하는 논리로 그것을 정당화하고 자신을 납득시켰다.[513] 이러한 지적은 이후 전범 재판에서 B·C급 전범 용의자들의 자기 항변 논리와도 연결되고, 결과적으로 전쟁책임의 회피, 전쟁책임 부정론으로 연결되는 측면을 부정할 수 없다.[514] B·C급 전범 용의자들의 아래 편지들이 그러한 인식을 잘 보여준다.

천황은 모든 전쟁범죄로부터 무죄라고 한다. 왜 그런가? 그는 그의 신하들이 그의 명령은 지상명령이라는 굳은 신념으로 그들의 의무를 수행했고, 또 국가의 승리를 위해 모든 노력을 다한 결과 전범으로 차례차례 사형 당하는 것을 어떻게 생각하고 느낄까? A급 전범은 고려하지 않는다 하더라도 그가 민족의 아버지로서 해외에서 비참한 고통을 겪고 있는 많은 C급 전범들을 구하기 위해 무언가 해야 하지 않는가? 그가 그런 동정적 태도를 취할 때만 일본국 헌법이 유지되지 않겠는가? 그렇게 생각하고 천황을 생각할 때마다 나는 후회의 눈물을 흘릴 수밖에 없다.[515]

(극동)군사재판은 승자에 의한 패자 재판이다. 나도 알지 못하는 일들에 대해 책임을 지도록 강요받을 것이 틀림없다. 그 결과 죄수[포로-역주]들을 몇 번 구타했을 뿐인 사소한 범죄자들이 나라 전체를 전쟁으로 끌고 간 A급 전범들보다 중형을 받을 것이 확실하다.[516]

10년 이상 일부 일본 군인들이 중국에서 전쟁 때문에 비행을 저질

렀고, 나는 그들의 잘못된 행동으로 인해 비난받았다. 나는 다른 군인들과 협조하여 한 중국인을 죽인 혐의로 기소되었다. 하지만 나는 작전 중 명령에 따라 중국인 밀정들을 체포했을 뿐이다. 나는 비법적이고 불공정한 재판을 통해 전범이 되었다. 내가 무죄라는 것은 명확한 사실이다. 따라서 재심의 기회가 주어진다면 석방될 것이라고 확신한다.[517]

첫 번째 편지는 B·C급 전범이 천황의 지상명령을 수행한 수행자에 불과하다며 그들을 위해 아무 행동도 하지 않는 천황을 비난했다. 천황의 전쟁책임 면책은 일본 국민, 일본 사회 전체의 면책을 주장할 수 있는 심리적 토양을 제공했다. 패전으로 인해 재판정에 섰을 뿐이라는 두 번째 편지는 군사재판의 의의 자체를 사실상 부인하는 것이고, 또 첫 번째 편지와 함께 하급 지휘관과 병사들은 피해자일 뿐이라는 점을 강조한다. 세 번째 편지는 뉘른베르크 재판과 도쿄 재판에서 정식화된 '상관의 위법한 명령에 대한 불복종 의무'를 무색하게 한다.[518] 이는 전쟁범죄에 대한 개인의 책임을 명확하게 했다는 의미에서 획기적인 법리라고 평가받는다. 하지만 세 번째 편지의 필자가 그것을 받아들일 여지는 없어 보인다. 물론 B·C급 전범들의 경우 사례 하나하나를 엄밀하게 조사해서 용의자들이 억울한 피해를 당하지 않도록 할 필요가 있다. 하지만 앞의 편지들이 B·C급 전범 혐의자들의 심리적 태도를 전형적으로 드러내고, 또 그들과 관련된 가족, 친구, 친척들도 전범 혐의자에 대해서 비슷한 감정을 가졌다면 일본 사회 또는 일본 국민 전체적으로 전쟁책임 문제를 진지하게 받아들일 수 있는 토대는 처음부터 없었던 것이 아닐까?[519]

편지의 전범 논의와 관련하여 한 가지 더 주목할 것은 「편지에 나타난 여론 개요」의 '전쟁과 군국주의' 항목 자체가 이후 '전쟁, 군국주의, 그리고 세계평화', '평화와 군국주의' 등으로 바뀌고, 최종적으로 '전범' 항목과 합쳐진다는 점이다. 이것은 과거의 전쟁, 즉, 일제의 침략전쟁으로 규정된 태평양전쟁으로부터 미·소 냉전 하의 세계평화 문제로 편지 내용이 바뀌어 간 것을 반영한 것일 수도 있다. 하지만 점령 당국이 그러한 변화를 선도한 측면이 없지 않다. 「편지에 나타난 여론 개요」에서 '전범'이라는 용어가 사라지고, 그것을 보다 추상적인 '군국주의', '평화'와 같은 용어들이 대체했으며, 이러한 용어들이 냉전 하의 미·소 대립을 전제로 하여 구사되기 시작했다. 미·소가 대립하며 등장한 냉전 구조가 전쟁책임을 둘러싼 일본인들의 의식을 구속하게 된 것이다.[520]

천황의 면책을 도모한 황실을 비롯해 일본 지배층은 종전 당시부터 반공주의를 매개로 노골적으로 미국의 소련에 대한 대결 의식을 자극하면서 점령 당국에 접근했고, 그것은 조선총독부도 마찬가지였다. 이는 한편으로 일본 국내에서 사회혁명, 식민지 조선에서 민족혁명에 대한 공포와 우려에서 비롯된 행동이었고, 다른 한편으로 전후 국제질서의 한 축을 담당할 미국의 힘에 의지해서 권력을 유지하려는 의도를 드러낸 것이었다. 그리고 냉전의 도래와 함께 이러한 의식은 일본의 일반 국민 사이에서도 확산되었다. 다음에 소개하는 편지는 미·소 대결을 전제로 한 냉전인식이 꽤 이른 시기부터 일본 국민들 사이에 존재했고, 일반 국민들 가운데 냉전구도 하에서 미국에 적극 편승하는 방식으로 전후 부흥을 도모한 일본 지배층의 생각에 공명하는 이들이 많았음을 보여준다.[521]

가나자와(金沢)시에 거주하는 와타나베 다케오(渡部武雄)가 1947년 1월 27일 맥아더 장군에게 한 통의 편지를 발송하고, 이를 1947년 3월 11일 다시 맥아더 사령부와 각 정당 의원, 주일 소련 영국 중국 대사, 그리고 신문사에 전달했다. 그는 이 편지에서 2차 대전 이후 국제정세와 일본의 재건 방향, 그리고 식민지 인식과 관련해 흥미로운 주장을 펼쳤다. 이 편지는 '총론, 미·영 양국이 세계를 통일하는 방책, 일본 민족에게 보내는 호소, 독일 이태리 핀란드 기타 주변 제 민족에게 보내는 호소, 미국 지도자 및 여론을 향한 호소, 조선민족에 고한다, 소련민족에 고한다, 기타 각국에 고한다, 국제연합국(안)'의 총 8개 절로 이루어진 논리 정연한 글이다. 이 편지는 전후 국제질서 수립 방향을 미국이 원자탄 독점을 유지하면서 영국과 연합하여 소련을 굴복시키는 데 두고, 일본이 이를 위해서 적극적 역할을 해야 한다는 논조를 펼쳤다.[522]

그는 자신의 주장을 몇 개의 요구사항으로 요약했다. 포츠담선언과 카이로선언의 폐기, 1931년 일본의 만주 침략 이전 상황으로 복귀, 일본 정부에 명하여 지원자들로 육군 부대 또는 기타 부대를 재편성하여 조선, 만주 각지에 주둔시킬 것, 해외 인양자

(引揚者)들의 종전 무렵 각지로의 복귀, 군사재판은 속행하나 전범자 처벌은 연기, 실제 (미·영과 소련 사이에) 전쟁이 일어날 경우 점령지는 각국 영토로 할 것, 즉, 일본도 점령지의 일부를 할양받을 것 등이 그 내용이다. 노골적인 반소(反蘇) 적대의식을 드러내고 그것을 실천할 것을 주장한 이 편지는 발송 시점과 패전국 일본의 처지, 당시 국제정치 상황을 감안하면 황당한 얘기가 아닐 수 없다. 하지만 주장의 실현 가능성에 대한 판단을 잠시 보류하고, 당시 일본인들이 일본의 부흥과 국제사회 복귀의 조건들을 어떻게 구상했는가에 초점을 맞추어 이 편지를 살펴보면 그 내용은 꽤나 의미심장해진다.[523]

와타나베 다케오의 구상이 가진 주요한 특징은 미국을 중심으로 한 전후 냉전 질서 수립에 일본이 적극 편승하거나 적극적 역할을 할 것을 주장했다는 점과 그를 위해 전전 일본이 유지했던 식민지 질서의 회복을 요구했다는 점이다. 패전 후 채 2년도 경과하지 않은 시점에서 이러한 내용을 구상했다는 사실이나 전후의 국제정세 변화를 일본 정부뿐만 아니라 한 개인이 공유하면서 그러한 변화를 적극적으로 이용하려는 구상을 공개적으로 천명하기 시작했다는 사실이 놀랍다. 필자의 주장 그대로 실현되지는 않았지만 이후 냉전이 격화하면서 미국의 대일정책이 일본의 재부흥, 단독 강화(講和), 군사동맹의 구축으로 나아갔던 것을 떠올리면 와타나베 다케오의 주장은 이후 미국 정부와 점령당국, 그리고 일본 정부가 추진한 일련의 정책을 간파하거나 선취한 감이 없지 않다.[524]

한반도와 관련해서 생각하면 이 구상이 실현의 전제조건으로 전전 일본의 식민지 질서 회복을 요구했다는 점이 중요하다. 이 편지는 동아시아 지역에서 미국 중심의 냉전 질서 수립이 일본의 부흥을 필요로 하고, 그 연장선에서 일본의 식민지 지배에 대한 책임 문제가 희석되거나, 회피되거나, 긍정적으로 평가되거나, 예찬될 수 있음을 보여준다. 이 편지는 별도의 절을 할애하여 '조선민족에게 고'했다. 그 내용을 그대로 번역하면 아래와 같다.

> 종전 후 독립의 영예를 얻었다고 하지만 진정한 평화가 왔다고는 생각하지 않는다. 행복한 자는 일부일 뿐이고, 일반 인민은 빈곤한 자가 다수라는 것은 틀림없는 사실이라고 생각한다. 일본에 의해서 병합되어 안정을 얻어 살던 때가 행복했다고 깨닫는 사람들이 대부분일 것이라고 생각한다. 일본인은 미군 진주 후 맥아더 사령부의 시정방침, 즉 정의 관용 이해 기타로부터 배운 바 많고, 이를 모범으로 하여 종래의 잘못된 정책을 시정해서 진실로 공존공영의 열매를 거둘 필요성을 충분히 깨달았다는 것을 알아두기 바란다.[525]

이 편지는 '태평양전쟁은 이기적이고, 잘못된 전쟁'이었다고 얘기하지만 전범 처벌의 연기를 요구한 데서 나타나듯이 그 전쟁에 대한 진정한 사죄나 책임의식을 찾아보기 어렵다. 동시에 그 이전의 식민지 침략에 대한 비판, 일본의 침략을 받았던 주변

민족들에 대한 책임의식이나 부채의식은 전혀 담고 있지 않다. 오히려 이 편지는 일제의 식민지 지배를 예찬하는 입장에 있고, 일본인은 전후 점령군의 시정방침을 따라 전전의 잘못된 정책에서 벗어났음을 강조함으로써 결과적으로 조선인에 대해서는 뿌리 깊은 멸시를 드러낸다. 패전 이후 일본인들에게 태평양전쟁과 그 이전 일제의 식민지 침탈, 중국 침략을 분리해 사고하는 방식이 일반적이었고, 그런 면에서 그 시기 일본인들 사이에서 식민지 지배에 대한 책임의식은 희박하거나 아예 시야에 없었다고 할 수 있다.[526]

천황의 전쟁범죄 면책은 일본 사회 전체적으로 전쟁책임을 희석하는 결정적 계기가 되었다. 그리고 일반 국민은 '피해자론'에 입각해 일부 전쟁 지도자들에게 책임을 전가하는 대신 스스로는 손쉽게 전쟁책임에서 벗어날 수 있었다. 일본 사회의 전쟁책임에 대한 자기비판의 결여를 일본 국민의 정치적 성숙도 문제로 파악한 연구들이 있다.[527] 하지만 이러한 일반적 지적에 앞서 당시 시점에서 전쟁책임과 진지하게 대면하는 올바른 사회적 실천 양태는 어떤 것이었을지 진지하게 고민해야 할 것이다. 역사가의 때늦은 지혜로 보면 점령 당국과 지배층의 태도, 전후 사회운동 역량의 한계 등으로 그 당시 일본 사회 스스로 전쟁책임을 자각하거나 비판할 수 있는 정치적·사회적 기준을 좀처럼 마련할 수 없었다. 그런 상태에서 국민 개개인이 취할 수 있는 태도와 행동양식이란 자기 생활상의 요구와 이해관계를 반영한 즉자적인 감정의 분출일 수밖에 없었을 것이다.

3. 재일조선인의 점령 체험

태평양전쟁 종전 이전 일제에 의해 징용되어 도쿄로 끌려온 조선인 청년 이종민은 1946년 5월 주일미군 사령관 맥아더에게 한 통의 편지를 보냈다.

저는 조선의 남쪽 끝자락에 있는 자그맣고 평화로운 마을에서 자란 조선인 청년입니다. 지금으로부터 2년 전, 28명의 다른 이들과 함께 징용되어 무리의 우두머리로 도쿄에 왔습니다. 징용자 대부분은 무지렁이지만 순진했고, 어부로 평온하게 살았습니다.
우리는 강제로 도쿄의 한 철공소로 보내졌고 그곳에서 소처럼 중노동을 했습니다. 우리는 너무나 열악한 대우를 받았습니다. 그들은 심지어 신발도 주지 않았습니다. 공습 때 불타버려 반이 그을린 쌀과 상한 무짠지 두어 쪽이 우리의 주식이었습니다. … 회사의 관리들이 시청이 우리에게 배급해준 쌀까지 빼앗았습니다. 이곳에 올 때 입고 있었던 의복만이 우리가 가진 모든 옷가지였습니다. … 저는 영어를 배우고자 홀로 도쿄에 남았습니다. 지난 36년간 우리는 일본의 통치하에 있었고 심지어 생사도 우리가 결정할 수 없었습니다. 오늘날도 그들은 우리에게 일본법을 따르라고 강요하는 것 같습니다. 일본인들은 미국 신문기자에게 모든 암시장은 조선인이 도맡고 있으며 그들이 있는 한 일본의 민주화는 달성되지 못할 것이라고 말합니다. 이러한 비난은 근거가 없고, 순전한 거짓말입니다. 암시장의 유혹을 받는 조선인이 없다곤 말하지 않겠습니다만 우리 모두가 암시장 상인이라고 하는 것은 불공평하다고 생각하지 않으십니까?[528]

제주도 출신으로 추정되는 이 청년은 징용으로 끌려온 무리의 우두머리로서 다른 징용자들은 모두 돌아가고 '영어를 배우고자' 홀로 도쿄에 남았다. 일제 식민지에서 해방된 조선 사회가 식견 넓은 청년들을 필요로 했다는 점을 고려한다면, 고향으로 돌아가지 않고 앞날을 준비하기 위해 도쿄에 남은 이 젊은이의 열정이 그저 가상할 따름이다. 그러나 '미군이 진정한 인류 평화를 보장하는 것을 보며 무척 기뻤고, 미군의 도착을 환영했던' 이 젊은이는 이제 맥아더 장군에게 '조선인에 대한 일본 정부의 정책을 개선해 줄 것'을 간곡히 호소한다. 일제 패망일인 1945년 8월 15일과 이 편지가 발송된 1946년 5월 사이에 도대체 재일조선인들에게 어떤 일이 일어났던 것일까?

일본을 점령한 미군에게 일본에 거주하는 조선인, 대만인, 중국인 등 과거 식민지 출신자들과 외국인의 송환은 시급히 해결해야 할 임무 중 하나였다. 종전 전후 일본 거주 조선인 수를 대체로 200만 명 안팎으로 추산한다. 일본 정부의 1940년 국세조사에서 일본 거주 조선인은 124만여 명이었는데, 이는 노무동원이 시작되기 직전인 1938년보다 약 45만 명 증가한 것이다. 전쟁이 확대되고 징용으로 강제동원이 본격화하면서 종전 직전 7~8년 사이에 그 수가 두 배 이상 급증했다. 그들의 직업은 탄부 등 광산노동자, 공장노동자, 토건노동자, 일용직 인부 등이 가장 많았다. 점령 당국과 일본 정부에 의해 조선인 공식 송환이 시작된 것이 1946년 4월이었지만, 일본 정부는 그 이전인 3월 말까지 귀환한 조선인을 130만 명으로 추산했고, 재일본조선인연맹(조련)은 99만 3천여 명으로 집계했다. 주한미군은 1946년 1월 말까지 약 90만 명이 귀환한 것으로 집계했다.[529] 주한미군사령부는 진주 직후부터 남한 거주 일본인을 일본으로 송환하기 시작했지만 주일연합군총사령부는 1946년 4월에야 재일조선인 공식 송환을 시작했고, 이미 그 무렵이면 재일조선인의 절반 이상이 귀국한 뒤였다.

주일미군 민간통신첩보대가 검열한 아래 나카가와 기선회사의 1946년 11월 16일자 편지는 재일조선인들이 조국으로 송환되기 이전 일본에서 직면한 사정을 잘 보여준다.

전쟁 중 사망한 조선인 선원들을 위한 배상금 지불에 관해 우리와 조련 오미야 지부 사이에 계속되어온 협상이 중단되었다. 우리는 그들의 요구에 응할 수 없었다. 지부는 최후 수단으로 생존 가족들의 서류가 준비되면 자신들을 위해 본부가 소송에 나서줄 것을 위임했다. 그들은 이 사안을 연합군사령부 공보부에 제출했다고 한다. 만약 그것이 실패로 끝난다면 우리는 엄격히 지시받은 대로 다시 협상을 시작할 것이다. 협상의 타결은 매우 중요한 선례가 될 것이다. 우리의 지주회사인 오사카 상선회사도 이 문제에 대해 같은 의견이다.

조련은 종전 직후인 1945년 10월 일본 거주 조선인들이 자발적으로 조직했다. 이 단체는 재일조선인들의 민족권리 옹호를 내걸고 창설한 대중단체로, 조선에 있던 일본인 세화회(世話會)와 비슷하게 초기에는 조선인들의 귀환을 돕거나 잔류한 사람들의 생활권을 옹호하는 활동을 했다.[530] 오미야 지부는 전쟁 중 사망한 조선인 선원 가족을 대신해서 나카가와 기선 도쿄 사무소와 배상금 협상을 했던 모양이고, 도쿄 사무소는 이것이 선례가 될 것을 경계해서 협상에서 완강한 태도를 유지하겠다는 취지를 본사와 지주회사 쪽에 거듭 확인해 준다. 재일조선인 가운데 많은 수는 하루빨리 귀국을 희망했고, 자발적인 귀국도 적지 않았지만 귀국하기 위해서는 개인 차원에서든 국가 차원에서든 일제 식민지배로 인한 희생과 고통에 대한 정당하고 합당한 보상과 배상이 필요했다. 나카가와 기선회사에서 일했던 조선인들이 치른 노동과 희생에 대한 보상과 배상은 정당한 요구였고, 고국으로 돌아가든 일본에 남든 선원들과 그 가족이 생계를 이어 나가기 위해서 꼭 필요한 것이었지만 그것을 실현하는 것이 쉽지 않았다.

재일조선인의 귀국은 '점령의 필요'에 따라 지연되기도 했다.

1945년 12월 점령군 당국은 홋카이도와 규슈에서 석탄을 채굴하던 조선인 탄부들이 그곳에 남아 계속 일할 수 있는 방안을 모색했다. 두 곳에 각각 6만 명씩 12만 명의 조선인 탄부가 있었는데 그들이 작업을 중단하자 일본의 석탄 생산량이 6분의 1로 급감했고, 그곳에서 생산된 석탄은 점령군 당국에게도 필요했다. 조선인 탄부들은 조속히 고국으로 돌아가길 희망했고, 특히 그들이 그동안 종사했던 노예노동에 대한 정당한 대가를 요구했지만 일본인들이 그들의 자리를 대신하기 전까지 점령군 당국은 점령통치에 필요한 자원의 확보를 위해 그들이 절실하게 필요했다.[531]

역설적이게도 일본으로의 조선인 밀입국자 수치가 공식적으로 귀환이 시작된 1946년 4월 이후 오히려 가파르게 증가했다. 1946년 4월만 해도 조선인 밀입국자 수가 600명 미만이었는데 5월 이후 급증해서 7월에 추산치 9,580명을 기록했다. 월별 통계를 보면 대부분 5월에서 8월 사이에 일어났는데 밀항이 계절적으로 여름에 가장 많이 일어났고, 또 그해 여름 남한에서 콜레라가 발생했던 사정을 고려해야겠지만 이른 시점부터 일본으로 환류하는 조선인 귀환자가 많았다는 점에 주목할 필요가 있다. 조선을 떠난 지 이미 오래되어 고국에 생활의 기반을 가지고 있지 않은데다 사회경제적 혼란이 일본 못지않았던 조선에서 생활의 근거를 마련하지 못한 귀환자 중 상당수가 조선으로 돌아온 지 몇 달도 되지 않아서 다시 일본으로 돌아간 것이다.[532]

1946년 4~6월은 조선에서 식량사정이 가장 나쁜 시기이기도

했다. 일본 정부 통계에 따르면 1946년 가장 많은 수의 조선인이 밀입국했고, 1947년에 대폭 감소했다가 1948년에는 다시 조금 증가했다. 1946~1947년의 밀항은 경제적 동기와 배경에 의한 것이 많았고, 1948년 이후는 경제적 동기와 함께 정치적 동기가 가세했다. 특히 1948년 제주도에서 발생한 4·3사건은 많은 피난민을 낳았고, 피난민이나 항쟁 참가자들 가운데 많은 사람들이 살기 위해 일본행 밀항을 택했다. 제주도는 식민지기에 일본으로 이주한 사람이 많았던 지역 중 하나였다. 어쨌거나 점령군 당국은 조선인들의 밀항을 '점령군에 유해한 행동'으로 파악하고 엄중히 통제했다.[533]

해방의 그날, 민족 반역자와 친일 부역자들을 제외한다면 한국인들은 그가 지구상 어디에 있건 해방의 감격으로 몸을 떨었을 것이다. 하지만 해방의 감격과 함께 그들을 찾아온 것은 구체제의 몰락과 해체에 따른 사회경제적 혼란과 개인적 신상의 변화였다. 그중에서도 일본, 만주 등 국외로 이주했거나 강제로 동원되었던 한국인들은 조국으로의 귀환을 서둘렀다. 그들에게 해방은 제일 먼저 삶의 공간적 재배치로 찾아왔다. '귀환'은 국외의 한국인들이 일본제국주의 구체제의 식민지배 청산과 승전 연합국의 전후 처리와 처음으로 대면하는 과정이었다. 일본 거주 조선인들에게 일본의 패망과 조선의 해방은 일제의 식민지배가 훼손한 삶을 복원하고, 하루빨리 고국에 돌아가서 자신과 가족을 위해 새로이 생활 기반을 마련할 것을 요청했다. 그러나 이후 사태의 진행을 보면 그들에게 일제 식민지배로 인한 피해의 보상이나 고국으로의 귀환, 귀환 후 정착 그 어느 것도 순조롭지 않았다. 조선인 청년 이종민의 편지나 나카가와 기선회사의 편지는 귀환을 앞두거나 일본 잔류를 선택한 재일조선인들이 당면한 현실을 적나라하게 보여준다.

그런데 재일조선인들이 직면한 현실과 그 과정에서 그들이 겪은 어려움은 단순히 관계자나 관련 당국의 소홀한 준비나 시행착오에서 빚어진 일이 아니었고, 일본의 패전과 조선의 해방, 그리고 미·소 양군의 한반도 분할점령이 가져온 정세의 다층성과 해결해야 할 역사적 과제의 중층성 등 구조적 요인에서 비롯되었다.

1947년 8월에 한 조선인 청년이 미8군 감옥에 있는 동지에게 보낸 편지가 점령군 당국의 검열에 포착되었다. 이 청년은 왜 하필이면 해방 2주년 기념일에 감옥 안에 있는 이를 향하여 비감한 심정을 토로했을까? 또 수신인은 어떤 연유로 미군 형무소에 갇히게 되었을까? 도대체 어떤 일이 일본에 잔류한 조선인들에게 일어났는가?

> 조선인의 생활권을 옹호하기 위해 요시다 내각을 향해 벌인 1946년 12월 집회 사건을 돌아보건대 우리 조선인은 여전히 일본인들의 습관적인 공격에 의해 탄압받고 있다. 우리 조선인은 얼마나 비참한 존재인가! 당신은 우리 조선인의 생활권을 보장받기 위해 최선을 다했고, 우리 60만 재일조선인들은 당신들의 재심 또는 사면과 석방을 위해 청원서를 보냈으나 유감스럽게도 그 사건

을 다룬 일본 관계당국은 우리 청원서를 단 한 줄도 받아들이지 않았다. … 아! 불쌍한 우리 세 동지여.[534]

민간정보교육국이 펴낸 「편지에 나타난 여론 개요」는 재일조선인들의 편지도 자주 언급했는데, 재일조선인 처지의 변화를 시시각각으로 보여준다. 조선인 공식 귀환이 시작된 1946년 4월 이전 시기에 재일조선인들이 점령군 당국에 보낸 편지들은 일제의 억압으로부터 조선인들을 해방해 준 것에 대한 감사 인사, 일본인들의 조선인 박해, 전범 고발 등이 편지 내용의 주조를 이루었다. 그리고 공식 귀환 전후에는 귀국할 때 소지 금액을 1천 엔 이상으로 늘려달라거나 일본에서 모은 재산을 모두 가지고 갈 수 있게 해달라는 청원 편지가 많았다.

재일조선인 편지는 귀환이 일단락된 1946년 여름 이후 뜸해졌다가 1946년 연말부터 다시 증가하여 1947년 전반기에는 조직적 동원의 느낌이 들 정도로 매달 수백 통의 편지가 점령군 당국에 전달되었다. 이 편지에서 언급한 청원서들이 재일조선인 편지를 모아놓은 문서상자 곳곳에 나타나고, 특히 1947년 연초에 많이 나타난다.[535] 그 시기 편지는 '60만 재일조선인의 생활권 옹호, 1946년 12월 궁성 앞 시위 중 체포된 교섭위원 석방 청원'이 주요 내용을 이루고, 1947년 중후반에 이르면 '외국인 등록령 반대'가 점차 많아진다. 보고서가 요약한 재일조선인 편지 내용만으로도 이 시기 일본에 잔류한 조선인의 처지가 점차 악화되고, 그들이 자신들의 지위 변화에 불안했음을 어렵지 않게

알 수 있다.[536]

편지에서 언급한 '1946년 12월 집회 사건'은 1946년 12월 20일 재일조선인생활권옹호위원회가 주최한 '조선인 생활권 옹호 전국대회'가 대회를 마친 뒤 수상 관저 앞에서 시위행진을 하는 과정에서 경찰과 충돌했고, 그것을 빌미로 옹호위원회 위원장 등 10명이 폭력 행위 등 위반으로 체포되어 군사재판을 받고 국외 추방된 사건을 말한다. 일본 정부는 시위대가 경찰관들의 제지에도 불구하고 관저로 난입해서 이 사건이 일어난 것으로 발표했으나 주최 측 조사에 의하면 관저 안에 있던 경관들이 시위대를 향해 불필요한 간섭을 고의로 시도하고 모멸과 조소를 하여 이를 반문하는 청중들을 향해 경관봉을 휘두르고 권총을 난발하면서 혼란 상태가 야기되었다. 조선인들 사이에 생활권 옹호운동이 성행했던 것은 일본 정부가 재일조선인을 단속 대상으로 포섭하려는 시도가 점차 강화되는 등 조선인의 법적 지위가 위기를 맞고 있다는 의식이 강화되었기 때문이다. 편지 수신인 김기택은 생활권옹호위원회 중앙위원회 위원으로 수상 관저에 조선인들의 요구를 전달하기 위해 들어갔으나 이 사건으로 관저에서 체포되었다.[537]

1947년 5월 2일 일본 정부는 신헌법 시행 전날, 최후의 칙령으로 '외국인등록령'을 공포, 시행했다. 조선인이나 대만인 등 구식민지 출신자를 외국인으로 취급한다고 선언한 것이다. 외국인등록령은 구식민지 출신자의 추방과 식민지 지배의 책임 회피를 본질로 하는 것으로서 재일조선인을 거류자격조차 갖지 않는, 국제법상의 외교보호제도와 결부되지 않은 '무국적' 상당의 '외국인'으로 만드는 것이었고, 재일조선인의 거주권과 법적 지위를 더욱 불안하게 만들었다. 1946년 말부터 시작하여 1947년 전반기 내내 점령군 당국에 배달된 조선인들의 편지는 자신들의 생활권과 거주권 보호, 외국인으로서 법적 지위의 보장을 점령군에게 호소하였다. 그러나 미군은 재일조선인의 권리 투쟁과 운동을 공산주의 세력의 획책으로 간주하는 일본 정부의 입장에 동조했다. 재일조선인은 전전에는 포섭과 동화를 포함하는 억압과 차별의 대상이었다면 전후에는 배제와 관리를 수반하는 차별과 멸시의 대상이 되었다.

앞에서 인용한 이종민의 편지에서 그는 암시장의 예를 들어 일본 사회가 겪는 경제적 곤란과 사회적 혼란의 원인으로 재일조선인을 지목하는 일본 사회의 분위기를 지적하며 조선인에 대한 일본 정부의 정책을 개선해 줄 것을 맥아더 사령부에 호소했다. 재일조선인의 공식 귀환이 시작된 1946년 4월 전후는 일본 사회에서 식량 부족으로 사회적 혼란이 극심했던 시기였다. 재일조선인들이 보낸 편지들이 귀국 후의 생활 안정을 위해 귀환 시 소지할 수 있는 현금을 상한선인 1,000엔 이상으로 높여달라거나 귀국 후 식량, 주거 문제를 해결해달라는 탄원과 진정 위주였다면 일본인들이 보낸 편지들은 재일조선인들을 식량 부족의 원인이라고 주장하거나, 암거래자, 우범자 등 각종 사회 문제의 원인 제공자로 지목하는 편지가 많았다.[538]

아래 편지는 발신자가 조선인을 각종 사회 문제의 주범으로 인식했을 뿐만 아니라 그것을 식민지기 이래 지속된 인종적 편견과 연결해서 이해했음을 보여준다.

> 조선인은 중국인, 일본인보다 열등한 인종이고, 조선인이 일본의 경제를 착란(錯亂)시키고, 일본의 치안을 어지럽히며, 절도, 소매치기 등이 조선인의 집단적인 직업이고, 식료 기타 중요물자를 매점하므로 모든 조선인 가정을 수색하여 숨긴 물자를 압수하고, 이들을 조선으로 추방하기 바랍니다.[539]

일본 패망 이후 일본이나, 한반도나 모두 커다란 경제적 곤란과 사회적 혼란에 빠졌고, 주민들은 너나 할 것 없이 큰 어려움을 겪었다. 그 모든 사회·경제적 혼란과 민중이 겪은 생활고의 구조적 배경은 전전 일본제국주의의 침략과 착취에 있지만 재일조선인은 전전에는 그러한 침략과 착취의 희생자였고, 전후에는 일본의 사회·경제적 위기와 혼란을 초래한 '사회 문제'의 원인으로 지목되었다. 일본인 편지들 가운데 많은 숫자가 이 문제와 관련해 암시장에서 조선인의 발호를 비난했다.

패전 직후의 세태를 "여자는 팡팡, 남자는 암시장 장돌뱅이"라고 묘사했듯이 암시장은 당시 일본인들의 사회·경제적 존재를 규정한 생활양식의 중요한 일부였다.[540] 흥미 있는 것은 점령 직후만 하더라도 일본인 편지에 나타나는 암시장의 횡포에 대한 비판, 비난의 초점은 대부분 군국주의자들과 전범들, 암시장을 움직이는 자들이 한통속이고, 경찰이 암시장을 관리하고 있다는 사실에 모아졌다. 편지는 암거래 물품이 군수창고로부터 나오고 있다는 사실도 지적했다. 즉 군인·군속, 관리 등 군국주의자, 전범으로 분류되는 자들이 물품 공급자로 지목되었고, 경찰은 그 관리자로서 암거래를 조장했으며, 그것을 단속하기는커녕 암시장 상인들로부터 뇌물을 받고 있다는 것이다. 이 편지들은 물가 폭등과 암거래의 원인으로 구지배층, 또는 구제도로부터 혜택을 받던 '전쟁수익자'들을 지목하고 그들을 비난했다.[541]

상식적으로 생각해도 암시장에서 제일 중요한 것은 물자의 공급과 시장의 관리다. 암시장에 공급된 물품은 주로 곡물, 해산물 등 식량과 식품, 이전의 군용물자였고, 점령군에서 흘러나오는 물품도 있다. 시장 관리는 대부분 경찰의 묵인과 방조 하에 '야쿠자 구미'에 의해 이루어졌다. 그리고 창녀들의 세계와 유사하게 암시장에도 '제3국인'이 대거 참여했다.[542] 1946년 7월 일본인 '마츠다구미(松本組)'와 대만인 조직이 도쿄의 시부야 지역을 둘러싸고 세력다툼을 벌이는 과정에서 서로 총질하며 싸우는 통에 대만인 수십 명이 살상되고, 일본인 경관 한 명이 죽고 한 명이 중상을 입는 사건이 발생했다. 이 '시부야 사건'은 사회적으로 큰 반향을 일으켰다. 경찰과 대만인·조선인 사이의 적대관계는 한층 노골화되었고, '3국인'에 대한 편견이 증대했으며, 암시장의 횡포와 범죄 증가율에 대한 대중의 원성이 일본인이 아니라 다른 아시아인을 향하게 했다. 또 암시장을 제대로 통제하지 못한 경찰의 무능력을 노정했고, 경찰은 조소의 대상이 되었다.[543]

암시장의 존재 양태나 시부야 사건 같은 것들이 재일조선인 등 3국인에 대한 일본 사회의 감정을 악화시키는 하나의 계기로 작용했을 수 있다. 그러나 패전 직후만 해도 '전쟁수익자'들이 암시장의 배후로 지목되었으나 어느 순간부터 조선인들이 암시장과 범죄의 근원으로 지목되는 분위기의 반전을 어떻게 볼 것인가? 암시장이 일본인들 생활양식의 일부로 자리 잡으면서 그 내부에서는 나름의 '직업윤리'가 만들어졌고, 일본인과 3국인들 사이의 갈등도 오히려 적었음을 지적하는 연구도 있지만 다우어의 통찰이 제시하듯이 최상층에서부터 최하층까지 암시장의 부패한 존재 방식은 정치와 예고된 '민주개혁'에 대한 신뢰를 촉진하는 데 아무런 도움이 되지 않았다. 게다가 '자유시장'의 정글 같은 성격은 하나의 민족으로서 상호부조 하는 가족공동체라는 의식을 믿도록 교화되었던 일본인들에게 그 환상을 깨트리는 충격요법과 같았다. 암시장에 관계했던 한 일본인의 증언처럼 "천황의 신성 부정, 점령 당국이 발표한 자유주의적·민주적정책 등 그 모든 것들이 암시장에 모여든 우울한 군상들과는 아무런 관계가 없는 것처럼 보였다."[544]

다우어의 지적은 조선인이 전후 일본에서 '사회 문제'가 되는 심리적 기제를 이해하는 데 일정한 시사를 준다. 일본인, 3국인 할 것 없이 전후 일본에 거주했던 모든 사람들이 암시장에 참여했고, 많은 일본인들에게 암시장이 경제 그 자체였다면 조선인의 암시장 참여 사실이나 조선인의 참여 빈도가 그리 문제가 되는 것은 아닐 것이다. 그 경우 중요한 것은 자신도 그 일부로서 암시장에 의지해 살아갈 수밖에 없고, 또 그것이 가진 긍정성, 부정성을 모두 용인할 수밖에 없었던 일본인들에게 그 부정성을 전가하고 도덕적으로 비난하기에 손쉬운 대상이 조선인이었다는 점이다. 다시 말하면 조선인의 암시장 연루가 조선인을 도덕적으로 비난할 수 있는 사회심리적 계기와 빌미를 제공해준 것이다. 조선인은 그 존재 자체가 식량난과 같은 경제적 어려움을 야기하는 데에다 이제 사회 문제를 일으키는 '골칫덩어리'가 되었다. 이로써 일본 사회는 그들을 비난할 수 있는 도덕적 근거까지 얻게 되었다.[545]

전후 일본 사회의 이러한 사회심리적 분위기는 전후에 갑자기 나타난 것도 아니었다. 전전부터 존재했던 조선인에 대한 뿌리 깊은 인종적 우월감이 그대로 유지되었고, 전후의 새로운 상황 전개와 맞물려 그것에다 새로운 내용과 색채가 가미되었다.

만약 동양인 중 일본인에 대해 특권적인 태도를 취하는 사람이 있다면 그러한 태도는 장래 또 싸움의 원인이 될 것이라는 점을 고려해야 할 것이다. 왜냐하면 일본인은 역사상 도쿠카와(德川)시대 이전에는 세계의 강대국, 문명계에 돌입하지 않았지만 그 이후 일본은 문명국, 공업국으로 창조의 세계에 들어갔기 때문에 그 인종에 대해서 그러한 감정을 가진다면 반드시 일본인의 감정 폭발을 초래할 것이다. … 국가관념이 없는 인종은 열등민족이다. … 재일동양인은 이겼다는 관념을 버리고 없애야 한다. … 재일동양인은 동양의 평화를 위하여 승리했다는 관념을 없애야 한다. … 일본인

은 동양인에게 실력, 국력으로 절대 패하지 않았다.[546]

'전승국민화'한 동양인이라는 어조는 야마다 쇼지가 지적했듯이 민족적 우월 의식에 상처를 입은 굴욕감으로부터 비롯된 증오감조차 띠고 있다. 그는 이러한 태도에 대해서 '전쟁에 협력함으로써 스스로 피해자가 됨과 동시에 타민족에 대한 가해자 또는 가해자의 가담자가 된 것에 대한 인식을 결여'했고, '식민지 지배에 대한 책임의 자각도 없고, 민족적 우월 의식은 무반성인 채로 잔존했'음을 지적했다.[547] 이 편지는 일본이 이미 도쿠가와 시대부터 문명계에 돌입했음을 강조했다. 하지만 앞의 와타나베 다케오의 편지는 일본인이 맥아더 사령부의 시정방침에 적극 호응해서 종래의 잘못된 정책을 시정한 사실을 강조한다. 즉, 미군 점령 하의 '전후 개혁'이 일본인의 동양인에 대한 민족적 우월 의식을 새로이 보강하는 역할을 했다.[548]

전전부터 존재한 조선인에 대한 민족적 우월감이 전후 형성된 차별의식의 심리적 기초였다면 일본에서 사회운동의 격화와 미·소 간 냉전의 도래는 재일조선인을 사회 문제를 넘어서 정치적 불안 요소, 체제 위협 요소로 만드는 배경이 되었다. 점령 당국의 재일조선인 인식을 분석한 고바야시 토모코는 1946년만 해도 점령 당국이 조선인들을 사회 문제로 인식했고, 이들을 공산주의자와 일체화하는 것은 1948년경부터라고 분석했지만[549] 일본인 편지에는 꽤 이른 시기부터 공산주의운동을 사회적 혼란의 주요 원인으로 지적하고, 또 조선인을 공산주의자와 일체화하면서 정치 불안의 주요한 요소로 간주하는 인식이 나타난다.

모리 마키치는 1947년 3월에 점령 당국에 보낸 편지에서 일본이 공산주의로 경도되는 것에 대한 우려를 표명하면서 공산주의운동을 사회적 혼란의 주요 원인으로 강하게 비난했다. 더불어 그는 조련을 공산당의 한 분파로 지목하면서 '이 단체는 남조선과는 관련이 없고, 북조선과 통한다'는 점을 강조했다.[550] 앞의 와타나베 다케오 편지도 1947년 3월에 작성했는데 이 무렵부터 일본인 편지들에서 냉전 의식에 입각한 국제정세 인식과 반공주의적 성향이 두드러지게 나타난다. 모리의 편지에서 주목할 것은 재일조선인들의 활동을 공산주의운동과 일치시키면서 그것을 정치적 불안의 주요 요소로 파악하는 그의 인식이 한반도 분할점령 상태를 전제로 하고 있다는 점이다.[551]

이러한 인식은 두 가지 점에서 음미할 가치가 있다. 하나는 한반도 분할점령이 연합국 전후 처리의 일환으로 일방적으로 결정되었고, 한국인들의 의사에 전혀 반하는 것이었지만 그러한 전후 처리 방식의 졸속성과 타율성에 대한 이해보다는 분할점령이 가진 국제정치적 연관성에 의탁해서 자신의 정치적 견해를 강조하는 인식 태도의 만연과 그것이 가진 비역사성의 문제다. 다른 하나는 미·소의 한반도 분할점령이 결과적으로 한반도 분단으로 이어짐으로써 그러한 사태 발전이 재일조선인의 존재 양태와 처지에 결정적 영향을 주었다는 점이다.[552]

전자와 관련해서는 점령 당국의 재일조선인 인식을 분석한 고바야시의 연구나 재일조선인 단체의 자치활동을 분석한 정영환의 연구를 주목할 필요가 있다. 고바야시의 글에서 주목할 것은 점령 당국이 점령 기간 중 어느 시점부터 조선인의 활동을 공산주의 활동과 등치하여 탄압했다는 사실 자체가 아니라 그 속에서 관철되는 점령 당국의 정세 인식 태도와 그 의도에 대한 분석이다. 점령 당국은 점령 초기부터 일본 내 사회운동의 격화를 우려하는 입장에 있었고, 그 연장선상에서 사회운동을 체제 안으로 흡수하려고 노력하거나 그에 호응하지 않는 세력을 탄압했다. 그러나 점령 당국은 재일조선인 활동의 일본 내 사회운동, 또는 공산주의운동과의 연대보다 재일조선인 활동이 '소련, 평양, 조련, 일본공산당'으로 이어진 국제공산주의운동의 연결고리가 아닌가 하는 점에 더 촉각을 곤두세웠다. 고바야시는 미국의 전략적 이해관계를 앞세운 이러한 인식이 생활상의 요구, 한국의 통일·독립 요구 등 한반도 정세와 연동된 당시 재일조선인 활동의 실태를 제대로 반영하지 못했음을 지적한다.[553]

한편 정영환은 조련 자치대의 활동을 구체적으로 분석하여 자치대 활동의 목표가 '동포의 생명·재산 보호'였고, 동시에 '불량배' 처벌을 통한 조선인 내부로부터의 침범행위 제재였다는 점을 밝혀냈다. 이에 대해 점령 당국과 일본 경찰의 조련 자치대 활동 부인, 나아가 조련 자치대 활동 그 자체의 소급적 범죄화는 자치대 활동의 '양·불량(良·不良)' 여부보다 자치대의 '자치' 활동 그 자체를 문제로 삼았기 때문이었다는 점도 밝혀냈다. 미군 점령하의 남한과 마찬가지로 조선인의 '자치' 활동이 부인되고, '조선인 폭도'론에 의해 도색되며, 이후 그것이 '빨갱이(아카)'로

간주되었다는 것이다.⁵⁵⁴

　전후 일본 사회에서 조선인의 존재는 해결되지 않은 식민지배의 상징이었지만, 일본 정부와 매체는 그들을 오히려 혼란을 부채질하는 존재로 부각시켰다. 한 연구자가 지적했듯이 재일조선인이 전전 경찰이라는 특정권력의 강제를 받는 존재였다면, 전후에는 일본 사회 전체의 차별이라는 압력을 받는 존재가 되었다.⁵⁵⁵ 전전의 재일조선인이 치안유지법에 의한 '보호, 관찰, 취체'의 대상이었다면 전후 재일조선인의 활동은 점령 당국의 지시로 일본 정부가 발표한 칙령 311호에 의해 '점령군에 유해한 행위'로 규제되었다.⁵⁵⁶ 그리고 재일조선인은 최종적으로 일본 정부의 외국인등록령에 의해 '관리' 대상이 되었다. 앞의 일본인 편지들에 나타나듯이 조선인이 식량난의 원인 제공자에서 사회 문제를 야기하는 골칫덩어리로, 또 공산주의 활동과 연결된 정치적 불안요소로 전화해 가는 일련의 과정은 전후 재일조선인에 대한 일본 사회의 차별이 구조화되는 정치·사회적 배경과 심리적 토대를 잘 보여준다.⁵⁵⁷

　호리 카오루라는 일본인이 재일조선인 박열(朴烈)을 대필(代筆)한다며 한 통의 편지를 1947년 8월 8일 맥아더 장군에게 보냈다.

　박열 씨의 현재 상태는 인기가 떨어져서 남한에도 돌아가지 못하고 있으므로 차제에 내지 조선인의 적화세력을 막고 타정권에 대한 발언권을 행사할 수 있는 확고한 지반을 만들어주어 조선에 들여 보내면 남한은 물론 북한 사람들로부터도 추앙을 받을 것은 불을 보듯 명확합니다. 그러므로 지금 가장 필요한 것은 운동자금이고,

1. 일본 국내의 경제적 안정에 다소나마 도움을 얻기 위해,
1. 방공(防共)과 민주 평화에 대한 사회적 불안을 배제하기 위해,
1. 최고발언자(미국)를 지지하는 일본과 조선이 유대를 강화하여 세계 문화에 공헌하기 위해,
1. 방공의 제1선에 있는 조선을 적화에서 구출하고, 내지의 조선인을 선도하고 지키기 위해,
1. 세계의 사상적 불안에서 동양을 오염시키지 않기 위해,

위에서 보는 바와 같은 일을 위하여 누구든 자금을 제공해줄 사람을 소개해 주실 수 없겠습니까? 금액의 많고 적음을 막론하고 돈을 주시는 만큼 그에 부응하는 일을 하겠습니다. 수단 방법을 가리지 않고 방공구국(防共救國) 하겠습니다. 그리하여 조선에 정부가 수립된 후에 자금을 제공해 준 사람에게 자신이 주석(主席)이 되는 순간 충분한 사례를 할 것입니다.[558]

박열의 얘기를 전한다고 쓴 편지이지만 내용 중 어디까지가 박열의 얘기이고, 어디까지가 호리 카오루의 얘기인지 애매하다. 또 호리 카오루가 어떤 인물인지는 확인하지 못했다. 어쨌든 이 편지의 핵심은 박열에게 자금을 제공해서 일본과 남한에서 반공운동을 펼치도록 지원하자는 것이다. 호리 카오루는 『인물탐방신문』을 창간하여 운영하던 중 조선거류민단 단장인 박열과 회견하여 인터뷰 기사를 싣고, 이후 그를 종종 만나

면서 그의 반공 사상에 동조하여 이 편지를 쓰게 되었다고 자신을 소개한다. 박열은 일제 강점기에 일본에서 무정부주의 항일 결사인 불령사(不逞社)를 조직하여 활동하다 관동대진재(關東大震災)가 발생하고 불령사의 조직이 발각됨으로써 체포되었다. 1926년 대역죄로 일본 대심원에서 사형이 언도되었으나 곧 무기징역으로 감형되었다.

박열은 일본 패망 이후 재일본조선거류민단(민단), 조선건국촉진청년동맹(건청) 등을 조직하여 일본에서 활동했으나 이들 단체에는 과거 무정부주의자와 우파 민족주의자, 친일파가 두루 망라되었고, 재일조선인 사회에서 그다지 지지를 얻지 못했다. 남한 정계의 좌우 대립은 재일조선인 사회에도 일정하게 반영되었는데 이들 단체는 조련과 대립하는 위치였다. 호리 카오루는 박열이 건청을 이끌고 있고, 이 단체는 정당이 아니라고 편지에서 소개했다. 그러나 건청은 점령 당국과 밀접한 관계를 맺고 미군에게 재일조선인 사회의 동향에 관한 정보를 제공하곤 했다.[559]

재일조선인은 처음에는 귀국에 대한 기대감과 불안감이 교차하는 가운데 점령을 맞이했으나 귀환 동포든 미처 귀국하지 못하고 잔류했든 전후의 경제적 혼란과 정치·사회적 불안 속에서 자신과 가족의 삶을 재건하기 위해 고투를 벌여야 했다. 그런데 그들의 삶의 복원은 개인적 노력만으로 달성할 수 있는 것이 아니었고, 식민지배로 인한 개인적 고통과 희생에 대한 정당한 보상과 배상, 식민지배의 청산, 궁극적으로는 새로운 국가 건설을 통해서 비로소 이루어질 수 있는 것이었다. 재일조선인의 경우 미 점령 당국의 점령정책과 일본 정부의 재일조선인 대책이 이들의 존재형태에 직접적 영향을 끼쳤는데 그 어느 것이나 조선인의 민족 자주권이나 생활권을 보장하기보다는 그것을 부정하는 방식으로 작동했고, 재일조선인이 사실상 '이중 점령' 상태에 있었음을 여러 연구가 지적하고 있다.[560]

게다가 한반도 분할점령의 장기화에 따라 한국의 독립이 지연되고, 국제정세의 측면에서 미·소 간 대립이 점차 강화되자 그 영향이 재일조선인 사회에도 직·간접적으로 미치기 시작했다. 호리 카오루의 편지는 박열의 반공운동을 지원해서 일본 국내 경제의 안정, 남한 사회의 '적화' 방지, 미국에서 일본, 한국으로 이어지는 반공적 유대의 강화를 점령 당국에 적극적으로 제안했다. 이는 일본 사회에서 일본의 부흥과 국제사회 복귀의 조건을 미국을 중심으로 한 전후 냉전 질서 수립에 일본이 적극 편승하는 것에서 구하는 목소리가 점차 강화되고, 그들 가운데 일부가 재일조선인 사회의 분열을 적극 활용하여 그들의 목표를 달성하려 했음을 보여준다. 이 편지는 조선인들이 비록 일제의 억압과 착취로부터 해방되었을지 모르겠으나 거주공간이 일본이든 남한이든 여전히 외세의 이간질과 분열정책의 대상과 목표로 이용되고 있음을 보여준다. 점령의 '필요'와 '편의'가 점차 짙어지는 전후 질서의 그림자 속에서 새로운 정치색을 띠기 시작하자 미군 점령 하 일본과 한국 사회의 구성원들은 그것에 동승하거나, 적응하거나, 또는 다른 대안을 찾아 나설 수밖에 없었다.

4. 한국인의 점령 인식

트루먼 미국 대통령의 특사로 1947년 8월 하순 남한을 방문한 웨드마이어 장군에게 이창진이라는 이가 보낸 편지 내용을 소개한다.

조선 실정조사 연구를 하는데 있어 잘못하면 잊어버리기 쉬운 면 (이 면이 해결되지 않으면 조선 문제는 해결될 수 없음)을 알려드리겠습니다. 나는 1943년 6월에 일본 홋카이도로 강제 징용 갔다가 지옥 같은 탄광 굴 속에서 처음 해방 소식을 들었을 때 미칠 듯한 기쁨! 나는 큰 꿈을 품고 고향에 돌아왔더니 현실은 어떻습니까. 팔아서라도 먹을 것이 있을 때는 좋았지요. 이제는 정말 죽을 지경이올시다. 홋카이도에서 같이 돌아온 여러 사람은 도로 일본으로 밀항해 가고 말았습니다. 조선에는 먹고 산다는 사람이 거의 없고 친일파들뿐이지요. 서울 시청에서는 거러지를 시골로 실어 보내고 남은 거러지 떼가 있는 서울거리를 보십시오. 조선에는 거러지가 많다고 합니다. 그러나 이것은 너무나도 피상적으로 본 것입니다. 독립이 필요한 것은 말할 것도 없고 자유니, 해방이니 말로만 외울 것이 아니라, 먹고 살기도 하여야 하지 않겠습니까. 웨드마이어 각하! 이것이 수많은 민중이 부르짖는 호소입니다. 들어주시기를 바랍니다.[561]

이창진은 강제징용으로 일본 홋카이도로 끌려갔다가 돌아온 귀환동포다. 그는 자기 주위의 예를 들어 귀환동포들이 남한에서 생활 기반을 마련하지 못하고 일본으로 도로 밀항하고 있다고 호소한다. 그는 미국 대통령 특사에게 '먹고 사는' 문제 해결 없이는 조선 문제 해결은 없다고 단언한다. 그의 편지는 오사카 여성 오우치 하나코가 식량난을 해결하지 못하면 미국이나 도조 히데키나 마찬가지라고 주장했던 엽서를 떠올리게 한다. 웨드마이어에게 보낸 한국인들 편지 중에는 이 편지와 비슷하게 도탄에 빠진 민생을 호소하는 편지들이 많다.

주지하는 바와 같이 남조선의 경제는 위기에 도달해 있습니다. 모든 생산기관은 모리배들에게 들어가 생산은 두절되고 천정 모르는 물가는 인민의 생활에 극도의 불안을 주고 있습니다. 10여 식구 생활비가 최소한 1만 3천 엔(한달)인데 봉급은 2천여 엔에 불과함에 비추어 남조선 인민의 생활을 추측해 주십시오. 둘째, 정신적 위협은 테러입니다.[562]

악질 군정 관리와 모리배의 도량(跳梁)으로 극도의 생활고에 신음

하고 있습니다. 군정 내의 잠입한 과거의 친일파이었던 악질관리들은 모리배와 결탁하야 이권의 부정불하, 적산 공장의 부정관리, 민간배급물자의 부정처분 등 갖은 악질 행위 감행하야 사리사욕에만 몰입(沒入)하고 있습니다. 해방 이후 금일까지 악질 군정 관리와 모리배의 범죄 사실은 일일이 열거할 수 없을 만치 부지기수이고, 이리하야 공장은 폐쇄되어 생산기관은 수면상태에 빠지고 실업자는 가두에 범람하며, 농촌은 테로단의 도량으로 황폐되어 가고 물가는 천정부지로 폭등하야 인민은 생사의 기로에서 헤매고 있습니다.[563]

첫 번째 편지는 물가고를 들어 남한 경제의 위기를 얘기하고, 두 번째 편지는 관리와 모리배의 야합과 발호를 경제위기의 원인으로 제시하며 덧붙여 테러가 횡행하고 있다고 호소한다. 해방 후 남한 경제는 생산량 감축, 높은 실업률, 물가 폭등 등 문제가 심각했다. 식량을 비롯한 생활필수품이 크게 부족한 데다 미군정의 통화 남발로 물가가 폭등했는데 그중에서도 쌀값 폭등과 식량 위기가 가장 심각했다. 미군정은 일제의 식민지배로 인해 빚어진 기형적인 사회·경제구조의 개혁은 물론이고 이러한 경제난을 해소할 수 있는 근본적인 대책을 마련하지 못했다. 또 통화 남발이나 곡물 유통과 배급, 공출을 둘러싼 혼란에서 나타나듯이 물가고나 식량 위기를 극복할 수 있는 적절한 대책을 마련하지 못한 채 우왕좌왕했다. 이러한 미군정 경제정책의 난맥상은 오히려 혼란을 부추겼다. 이 편지들은 일제의 식민지배에 협력했던 친일 반민족행위자를 처벌해 사회정의를 바로 세우지 못하고 오히려 모리배들이 발호하는 상황을 경제위기의 주요 원인 중 하나라고 입을 모은다.

미군정은 쌀값 폭등과 식량 위기에 당황했다. 점령 직후 일제강점기의 식량 통제정책을 폐지하고 쌀의 자유 거래를 공포했던 최초의 미곡정책을 철회하고, 모리배들의 매점매석을 막기 위해 쌀과 생필품 유통을 통제하는 정책으로 다시 돌아가 민생 경제를 안정시키려 했으나 쌀과 생필품 부족 문제를 근본적으로 해결할 수 없었다. 미군정은 식량 등 주요 생필품 물가를 조사하며 식량 문제에 대한 한국인들의 반응도 여론조사를 통해 추적했다. 미군정의 여론조사 활동을 분석한 최근 연구에 따르면 흥미롭게도 쌀값 변동과 미군정에 대한 한국인의 만족도는 밀접한 연관을 가졌다.

표10은 1946년 3~9월 서울의 쌀값 변동과 미군정에 대한 만족도 여부를 하나의 그래프로 나타낸 것이다. 꺾은선 그래프는 미군정 여론조사 기구가 조사한 서울 지역 암시장 쌀값 추이다. 조사를 시작한 3월 9일의 쌀값은 소두 한 말에 175원이었고, 이 숫자는 이미 가격이 상당히 치솟은 것이었다. 그럼에도 쌀값 상승은 멈추지 않아 1946년 7월에는 500원에 이르렀다. 당시 신문 기사에 따르면, 5인 가족이 한 달에 소두 10말은 있어야 연명할 수 있다고 했는데 당시 직장인의 월급은 월 2,000원 남짓이었다. 그렇다면 이미 3월 9일 1말당 175원인 시점에서, 월급으로는 쌀값을 간신히 댈 정도의 상황이었다. 심각한 쌀값 폭등은 곧 미군

표10 1946년 3~9월 서울 쌀값의 동향과 군정 만족도

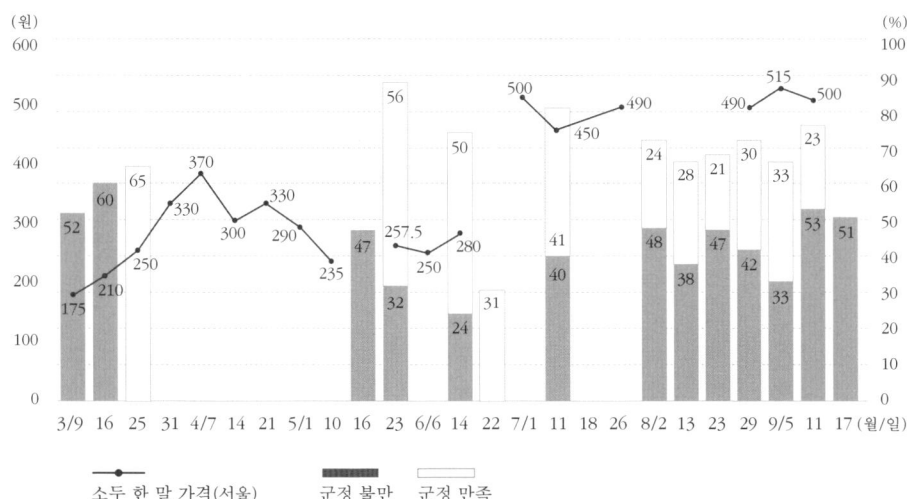

출전: 송재경, 「한국 사회를 바라보는 창」, 『해방의 공간 점령의 시간』, 푸른역사, 2018, 267쪽에서 재인용.

정에 대한 불신으로 이어져 미군정이 조사한 '미군정 만족도'에 그대로 반영되었다. 1946년 3월 초 쌀값이 급격하게 오를 때, 불만족도는 매우 높은 편이었다. 그러나 5월 중순에서 6월 중순까지 쌀값이 다소 안정되는 기미가 보이자 미군정에 대한 만족도가 높아졌으나 7월 초 쌀값이 급등하면서 미군정에 대한 불만이 다시 심각해졌다. 만족도는 20% 대에 그쳤고, 불만이 40~50%에 달했다.[564]

미군정은 1946년 내내 의약품 및 의료시설, 학교, 광산과 산업 운영, 교통과 통신시설에 대한 만족도를 조사했는데 이 조사

항목들은 미군정 만족도에 별다른 영향을 끼치지 못했다. 해방 직후 의료, 학교, 광산, 교통, 통신 모두 어려운 상황이었고, 미군정은 이를 크게 개선하지 못했다. 미군정이 실시한 만족도 조사에서 이 모든 항목에 대해 한국인들이 불만스러워 했으나 이것들에 대한 불만이 미군정에 대한 불만으로 이어지지는 않았다. 한국인들은 미군정이 의료, 학교, 산업 등을 개선할 것이라고 기대하지 않았고, 미군정에 대한 기대치는 전반적으로 낮았다. 오직 식량이라는 가장 기본적인 문제 정도만 해결해 주기를 바랐고, 그것은 미군정에 대한 만족도에 그대로 반영되었다.[565]

쌀값 폭등은 1947년에도 지속되었다. 쌀값 등 물가 추적과 미군정 만족도에 대한 여론조사는 미군정 공보부 여론조사과가 주로 도회지를 중심으로 실시했는데, 1947년 후반에 주한미군사령부 공보원은 조사반을 농촌 마을에 파견해서 농촌사회의 여론을 직접 조사하려는 계획을 세웠다. 도마다 한 곳씩 선정된 조사 지역은 전남 광주(광산군, 나주군, 화순군), 경남 울산, 전북 이리(익산군, 옥구군, 김제군, 완주군), 경북 포항(영일군, 경주군), 경남 마산(창원군, 함안군), 강원 춘천, 충남 논산군 총 일곱 지역이었고, 7월 19~26일 광주를 필두로 12월 5~8일 논산에 이르기까지 1947년 하반기에 조사가 실시되었다. 조사 지역은 현지 군정 당국과 논의하여 치안이 불안정한 곳을 우선 선정했다.[566]

주한미군사령부 공보원이 기획한 농촌 실정 현지조사는 공보 활동과 조사 활동을 통합한 것이었으나 현지조사에서 가장 강조한 것은 여론조사였다. 이전의 공보부 여론조사에서 지방까지 포함한 조사는 물가 및 물자, 고용 및 범죄율, 군정 지지도 등을 주기적으로 점검하는 정기조사뿐이었다. 그나마 통행량이 많은 도회지나 큰 읍을 위주로 하여 무작위로 표본을 추출했다. 현지조사에 이르러서야 중앙의 공보기구가 처음으로 개별 마을에 방문조사를 시행한 것이다. 그런데 조사반이 농촌 마을을 방문한 1947년 후반의 시점은 군정의 협조 아래 경찰과 우익 청년단이 적극적으로 활동한 결과, 이미 지역별로 정도의 차이는 있지만 대부분의 농촌사회에서 좌익의 공개 활동은 자취를 감추었다. 그러나 좌익 단체들을 제거했다고 해서 미군정과 우익이 지방여론을 완전히 장악할 수 있었던 것은 아니었다.[567]

  이 현지조사에서도 민심을 좌우하는 가장 중요한 요인은 1946년과 마찬가지로 식량이었다. 점령기에 서울과 도회지의 식량 사정은 배급 및 쌀값에 좌우되었지만, 지방의 농촌에서 식량 문제를 좌우한 것은 공출이었다. 우선 조사를 실시한 모든 지역에서 공출을 철폐하거나 개선하라는 요구가 미군정에 대한 요구사항 중 가장 많았다. 공보원 현지조사는 지방 군정에 대한 만족도 여부를 주요하게 취급했는데 불만족도가 가장 큰 지역은 좌익 활동이 비교적 활발했던 지역이 아니라 전북 이리와 충남 논산으로 모두 곡창지대였다. 다른 지역의 불만족도가 30~40%였던데 비해 이 두 지역은 불만족도가 각각 50.8%, 57.7%였다. 만경강 유역의 이리 지역은 쌀 생산의 핵심기지였고, 조사 시기인 8월에 하곡(보리) 공출이 진행되었다. 논산 지역도 이리 지역 못지않은 곡창이었고, 조사 시기인 12월에 추곡(쌀) 공출이 진행되었다. 논산 지역 여성의 경우 지방 군정에 만족한다는 답변이 39. 2%로 40%도 되지 않았다.[568]

미군정이 정기 여론조사 방식으로 시행한 가두(街頭) 여론조사의 경우 표본 집단 선정이 당시 인구 구성이나 사회관계를 정확하게 반영했는지 살펴야 한다. 또 가두조사는 대부분 설문지를 통해서 이루어지는데 그 경우 질문자가 설계한 설문지에 따라 응답자의 표현 형식과 내용이 사전에 결정되는 만큼 한국인 응답자들의 생각이 미군정 측 질문자가 설정한 틀을 통해 비로소 의미를 부여받게 된다는 점 역시 감안해야 한다. 당시 미군정이 작성한 여론조사 결과 보고서는 그런 면에서 표본 추출, 조사 기법이나 조사 당시의 상황과 정세, 그리고 조사 맥락에 대한 보다 면밀한 분석이 필요하지만 조사 결과를 검증할 만한 원자료(原資料)들이 남아 있지 않다. 다른 한편으로 미군정이 점령기에 실시한 여론조사들은 한국인들의 의견을 민주적으로 수렴하여 정책에 반영하는 과정이었다기보다 미군정정책의 합리화를 위한 자료 수집이었다는 혐의가 짙고, 어떤 면에서 점령군의 절대적인 통제 아래 시행한 일종의 '작전(operation)'이었다. 개별 여론조사는 대부분 점령군의 공보정책 기획이나 실행을 위해 만들어졌고, 여론을 다루는 공보정책은 다시 전체 점령정책 속에서 결정되었다는 점 역시 유념해야 한다.[569]

이러한 미군정 여론조사 활동의 기본적인 한계를 염두에 둔다면 미군정이 작성한 여론조사 보고서들을 자료로 활용할 때 주의해야 할 점이 한두 가지가 아니지만 식량 사정과 미군정에 대한 만족도 여부를 조사한 앞의 연구들은 최소한 그 추세에서는 일정한 경향성을 보여준다. 식량 사정이 좋지 않았던 것은 2차 대전 종전 직후 세계적인 현상이었으므로 남한에만 해당하는 일은 아니었고 일본과 한국이 모두 겪는 일이었다. 하지만 미군정의 식량정책이 식량 문제를 해결하기보다 오히려 악화시키는 경우가 많았고, 그 해결책을 제시하지 못한 채 민생 구제에 실패함으로써 한국인들의 미군정에 대한 불신을 초래하는 가장 기본적인 요인이 되었다는 사실 정도는 어렵지 않게 알 수 있다.

이 장에서 인용한 한국인들의 편지는 모두 1947년 8~9월에 웨드마이어 장군과 그 사절단에 보낸 편지들이다. 웨드마이어 사절단의 임무는 중국과 남한 사정을 조사하고 그 결과를 보고서로 트루먼 대통령에게 제출하는 것이었다. 그 시기는 미국이 대중·대한정책 전반을 재검토하고 새로운 대응책을 모색한 시점이었던 만큼 웨드마이어 사절단은 방중·방한 이전부터 미국 조야는 물론 중국과 남한 사회의 주목을 받았다. 1947년 8~9월의 시점은 미국의 대중·대한정책에서 중요한 전환점이었지만 동시에 미군이 남한을 점령한 지 2년여의 시간이 흐른 뒤였다. 남한 사회가 미군 점령을 돌아보며 그에 대한 객관적 평가를 내리기 충분한 시간이었다. 당시 한국인들이 보낸 편지는 미군 점령 2년을 돌아보며 그것을 나름대로 평가한 내용들을 가감 없이 그대로 드러낸다.

우리는 참된 민주주의를 갈망하는 동시 거짓 민주주의와 독재 민주주의는 절대 배격합니다.

1945년 8월 15일 이후 순간적으로 해방의 맛을 보았으나 이제 와서는 구속과 고통을 새삼스럽게 깨닫게 되었습니다. 다시 말하자면 2인의 강력한 위인이 한가운데에다 어린 아희를 세워두고 줄로 허리를 감아 양끝에서 끌어 가지고서 서로 잡아 댕깁니다. 필경은 두 사람 중에서 어느 한 사람이 질 것은 사실이나 그러는 동안 아희는 시체로 화(化)합니다.

이것이 금일 한국의 사태입니다.

우리는 이 무자비한 사태를 낳게 한 막부(莫府) 삼상 결정을 삼우방(三友邦)에서 민주주의적으로 취소하든지 불연(不然)이면 UN에 제의하야 〈카이로〉와 〈포-쓰담〉에서 선언한 국제공약을 토대로 양심 있는 회의를 열어 죽게 된 한국을 하루라도 속히 해방하여 주기 바랍니다.

그러나 이같은 시기를 요하는 회의의 결과를 볼 때까지도 기다리기 어려운 한국 사정인 만치 우선 미국은 소련보다 모범적으로 행정을 전반적으로 우리 한인 손으로 넘겨주고 단지 미군은 수비병으로만 주둔하여 주기 바랍니다.

행정 하는 데 있어서 성급하게 우리 한인을 순 미국식으로 되기를 원하는 것 같은데 이 점은 우리 한인에게 고통(苦痛)되는 점이요, 반만년을 내려온 전통과 습성 풍속으로 되지 못할 것을 이해하여 주기 바랍니다.[570]

"건의서"라는 제목으로 시작하는 이 편지의 발신인 심창흠은

1947년 10월 19일자 세계일보 사고에 의하면 세계일보 경남 지사장과 경남 지사 고문 등을 역임했다.[571] 신한국민당은 2차 미소공위 참여 여부를 놓고 대한민국임시정부(임정) 계열의 한국독립당이 분화하여 창당되었는데 심창흠이 웨드마이어 장군에게 편지를 쓰면서 당원으로 자신을 소개한 것으로 보아 그는 해방 이후 부산 지역에서 한독당 관련 일을 했던 것으로 보인다. 이 편지는 그의 당파적 입장을 나름대로 담고 있지만 다른 한편으로 그의 점령 인식은 꽤 의미심장하다.

그는 점령에 대한 전반적 평가로 편지를 시작한다. "1945년 8월 15일 이후 순간적으로 해방의 맛을 보았으나 이제 와서는 구속과 고통을 깨닫게 되었다"면서 무엇보다 분할점령의 부당성을 강조한다. 그는 모스크바 삼상회의 결정을 취소하고 대신 카이로선언과 포츠담선언으로 돌아갈 것을 공개적으로 요구한다. 전후 처리의 대상 지역인 한반도 주민들이 분할점령의 당사자인 미국과 소련이 합의한 국제공약을 거부하는 것이 현실적으로 가능한 일인지, 또 똑같은 연합국 정상들이 합의하여 결정한 국제적 공약 중 카이로선언과 포츠담선언은 받아들이고, 모스크바 삼상회의 결정만 무시하는 것이 논리적으로 가능한 일인지 의심스럽지만 어쨌든 모스크바 삼상회의 결정을 거부하는 것은 한국 점령과 전후 처리에 대한 연합국 합의를 인정하지 않는 셈이다. 그는 당시 반탁운동을 통해 모스크바 삼상회의 결정을 무력화시키려는 입장을 취했던 한독당 계열의 논리를 편지에서 반복한 셈인데 이에 덧붙여 미군정의 남한 시정권을 부정하고 하루빨리 한국인들에게 시정권을 넘기라고 요구한다. 편지의 주된 내용은 국제적 차원에서 한국 문제의 해결이 필요하다는 것이지만 어쨌든 미군정의 남한 점령통치에 대해서도 부정적 인식을 노골적으로 드러낸다.

심창흠의 평가는 당대 다른 지식인들의 편지에서 반복된다. 위당(爲堂) 정인보(鄭寅譜)가 「미국에 보내는 진정서」라는 제목의 편지를 국학대 학장 명의로 웨드마이어 장군에게 보냈다.[572] 정인보는 자타가 공인하는 한문학의 대가이자 민족사학자로 일제 강점기에는 연희전문학교에서 민족교육에 이바지하는 한편 조선학운동을 통해서 민족 문화 보존에 힘썼고, 국학을 집대성했다. 해방 이후 그는 학문적 명성으로 인해 각종 정치·사회단체, 문화단체에 이름을 올렸으나 그가 가장 공을 들였던 것은 순국선열 추모사업, 사상·의식 측면의 일제 잔재 청산 작업이었다.[573]

정인보가 쓴 이 편지는 원본은 남아 있지 않고 영문 번역본만 남아 있다. 한국어로 번역하면 200자 원고지 43장 분량의 장문이다. 「진정서」는 모두 5단락이고, 영문 번역으로도 유려한 문체에다 비장미마저 느껴진다. 거칠게 요약하자면 미·소의 점령통치나 신탁통치안은 한국인의 민족적 자존심과 양립할 수 없으니, 하루라도 빨리 한국인의 손으로 정부를 수립하게 하고, 국제연합(UN)은 이를 승인하라는 것이다. 심창흠의 편지와 주장 내용이 비슷한데, 민족주의자로서 그의 사상적·학문적 성향을 반영한 것으로 보인다. 다른 한편으로 그리 적극적으로 활동하진 않았지만, 학계 대표라는 명망으로 인해 각종 정치단체에도 이름을 올렸고, 임정 환국 후에는 대체로 임정 계열과 행동을 같이 했던 사정을 반영한 것으로 볼 수도 있다.

정인보는 편지 서두에서 한국인은 민족적 자존심이 유난히 높은 민족이고, 그것을 미국 시민들에게 설명하기 위해 이 편지를 쓴다고 밝힌다. 점령 이전에는 '가장 외진 마을에서도 도둑과 강도행위가 없었고, 어떤 거리에서도 싸움이 관찰되지 않았다. 이는 모두 대중들의 마음을 지배하는 민족적 자존심 때문'이었다. 그러나 '소생된 나라의 앞날이 흐릿해지고, 미국과 소련의 분할 점령이 현실로 되자 그때까지 그들의 활기를 북돋우던 자존심은 의지할 데가 없어졌고, 그들의 억압된 열정은 터진 둑을 따라 쏟아지는 급류와 같이 통제를 상실'했다. 그는 미군의 점령정책과 그 결과를 부정적으로 묘사했다. '우리 역사에서 모든 몰락하는 왕조는 혼란하고 왜곡된 모습을 보였으나 현재 혼란은 기록상 유례없는 일'이고, '많은 이들이 그것을 미군정의 우유부단하고 되는 대로의 정책 탓'이라고 본다는 것이다.[574]

둘째 문단에서 그는 분할점령의 장기화와 미·소 협조에 의한 한국 문제 해결 전망이 어두워지면서 한국인들의 실망감이 커지고 있음을 지적한다. 이어서 넷째 문단에서 '따라서 이 문제는 독립 약속이 처음 제기되었을 때와 같이 4강대국 회담에 회부되어야 하고, 조선인 자신의 주도권 하에서 정부를 설립할 수 있어야 하며, 그 정부를 유엔이 승인해야 한다고 주장한다. 특히 그는 둘째 문단에서 신탁통치안에 대한 근본적 불신감을 드러낸다. 그의 표현을 빌리자면 '솔직히 말해서 신탁통치를 포함하는 어떠한 해결책도 국제적으로 보장된 조선 독립의 모조품이거나 매춘행위로 이해되지 않을 수 없다'는 것이다.[575]

다섯째 단락에서 그는 정부 수립 후의 한미관계에 대한 조언을 잊지 않는다. 어떤 사람들은 조선 정부가 설립되면 미국이 조선에 집정관(commissioner)을 상주시킬 것이라고 말하는데 그것은 어리석은 일이고, 조선인에게 필요한 것은 총독이 아니고 대사라는 것이다. 그는 미군정의 자취가 집정관의 형식으로 남아 모든 조미 협정이 그를 통해 간접적으로 이행된다면 조선은 이름에 어울리는 자유 국가가 될 수 없을 것이고, 결국 인민의 신임을 잃게 될 것이라고 주장한다. 그는 이어서 조선은 국제연합의 일원이 되어야 하고, 조선 정부가 구성되었을 때 미국은 조선과 군사적 동맹을 맺음으로써 조선에서 모든 전략적 목표를 실현할 수 있을 것이라고 보았다. 그의 주장의 핵심을 한마디로 요약하면 민족적 자존심이 신탁통치를 허용하지 않으니 하루빨리 한국인 손으로 정부를 수립하게 하라는 것이다.[576]

이 편지에서 흥미로운 것은 공산주의에 대한 그의 인식이다.

조선인들은 다른 민족과 같이 의견이 다양함에도 불구하고 나라에 대한 애국심이라는 측면에서 놀라울 정도로 단결합니다. … 예를 들어 공산주의자들도 일제 치하에서 애국적 민족주의자들과 힘을 합했고 대부분의 한국 인민들은 그들을 싫어하지 않았습니다. 우리는 그때 완전히 무력했고 우리의 애국적 활동을 좀처럼 현실화시킬 수 없었습니다. 중국은 매우 좋은 친구였으나 힘이 없었고, 미국은 힘이 있었으나 너무 멀리 떨어져 있었습니다. 러시아만이 우리와 인접했고, 우리와 함께 일본에 대한 증오를 공유했습니다. 그래서 일부 조선인들이 러시아적 방식이 도움이 될 것이라고 생각했습니다. 이는 공산주의가 어떻게 우리 토양에 뿌리내렸는지를 설명합니다. 소련에 경도된 것이 아니라 일제를 몰아내기 위한 것이었습니다. 이와 같이 조선에서 공산주의는 민족주의라는 비료로 풍성해졌습니다. 또 그 추종자들은 무의식적으로 민족적 자존심에 의해서 움직였습니다. 공산주의가 일정 부분 인민들을 장악할 수 있었던 것은 북쪽으로부터의 도움만큼이나 대중들의 심중에 남아 있는 공산주의자들에 대해 가졌던 오래된 애국주의적 이미지 때문입니다.

이 인용은 편지 셋째 단락 앞부분이다. 정인보는 한국 사회에서 공산주의가 독립운동의 한 방략으로 수용되었고, 일제 강점기 이래 민중들의 지지가 일정하게 유지되었다고 말한다. 이 문단의 후반부에서 해방 이후 공산주의자들이 인민들과 소원하게 된 것은 그들이 신탁통치를 지지한 뒤부터라고 지적한다. 정인보의 편지는 미·소의 분할점령, 신탁통치안과 같은 연합국의 한국 문제 처리방식 자체에 대한 근본적 회의와 불신을 나타낸다. 그는 미군 점령통치가 야기한 혼란이 역사적으로 유래를 찾아보기 어려운 혼란이었다는 점을 지적하고, 정서적으로 점령 자체가 민족적 자존심과 양립할 수 없다는 점을 강조한다. 정인보의 점령 인식은 그 배경과 유래, 현재 진행 중인 점령통치의 현실 모두에 대해 매우 부정적이다.

정인보가 민족적 자존심의 관점에서 점령을 비판했다면, 오기영은 더 구체적인 정치·사회적 현안에 초점을 맞추었다. 오기영은 식민지기에 주로 평양에서 활동한 사회부 기자였고, 해방 이후에는 평론가로 문명을 떨쳤다. 그가 발표한「조선의 실태-웨더마이어 사절에 보낸 서한」은 1947년 8월 26일 작성한 것으로 되어 있다. 이 글은 그의 정치평론집『자유조국을 위하여』에 실렸고, 웨드마이어 문서철에는 없다.『자유조국을 위하여』에 실린 글들은 대부분 한성일보, 새한민보, 신천지 등 신문, 잡지에 실렸지만 이 글은 '미발표'로 되어 있다.[577] 오기영이 이 편지를 사절단에 보내지 않은 것인지, 아니면 보냈는데 망실된 것인지 알 수 없다. 당시 인기 있는 정치평론가였던 만큼 공개서한의 형식으로 시국을 진단하고, 웨드마이어 장군에게 자신의 생각을 전달하려 했다고 보는 것이 사실에 가까울 것이다. 조선중앙일보가 1947년 9월 2일「웨特使에게 보내는 市民의 소리」라는 제목의 기사에서 평론가 오기영, 문화인 박률, 서울대 학생 문승규, 변호사 박철, 노동자 문충식 등을 인터뷰했다. 이 기사는 오기영이『자유조국을 위하여』에 쓴 서한 내용의 일부를 전했다.[578]

그의 서한은 크게 세 부분으로 구성되었다. 서론에 해당하는 부분에서 그의 방한 의도를 분석하고, 본론 부분에서는 남한의 현 실태를 설명하면서 문제의 근원을 지적하고, 결론 부분에서 문제를 풀 수 있는 처방을 헌책으로 제시했다. 오기영은 서두에서 "중장의 냉철한 판단을 통하여 이 민족이 제회(際會)한 미증유의 난국이 우호 미국 조야에 인식되기를 희망하며, 그리하여 우리의 불행한 현 사태를 광구(匡救)함에 유조(有助)한 역할을 기대"한다고 작성 의도를 밝힌다.[579]

그는 트루먼 대통령의 특사 파견 의도가 "과연 조선민족은 원조할 가치가 있느냐 없느냐를 다시 한 번 감정하는 것"이고, 그것은 결국 "미국이 조선민족을 원조해 줄 가치가 있느냐 없느냐를 감정하는 것보다도 태평양에 돌출한 이 조선반도의 군사적 요해성(要害性)을 미국으로서 고수할 가치가 있느냐 없느냐를 감정하는 것" 아니냐고 날카롭게 되묻는다. 그는 "원조자의 우호적인 성의를 다른 각도에서 비판하는 것은 혹은 비례(非禮)에 속하는 것이라 할 수 있으나, 그러나 우리는 이 원조가 조선민족의 전통 있는 문화를 존중하며, 인민 전체의 복리를 보장하며, 민주주의적 자유를 옹호하는 데 주안을 두었느냐, 군사적 요충으로서의 병참적 가치에 주안을 두었느냐 하는 것을 우리는 우리의 입장에서 우리 자신을 위하여 엄밀히 판단할 자유가 있고 권리가 있고 또 격별히 인식할 필요가 있다"라고 주장한다.[580]

그는 서한에서 미·소 분할점령의 부당성을 다음과 같이 지적한다. "만일 군사적 이유 이상으로 한 민족의 생명이 중시되었던들, 진실로 한 민족의 생명이 중시되었던들 이러한 교수선(絞首線)의 획정은 그 구상부터 천만부당하였어야 마땅할 것이었다. 그런데 이 38선 획정은 아직도 과오로 인정되지 아니하였고 한

민족의 생명을 위하여, 그 민족의 통일자주독립을 위하여 너무나 시급한 이 과오의 시정이 아직도 미지수에 속해 있다." 그는 38선을 민족의 생명줄을 옭아매는 교수선이라고 부르기를 서슴지 않는다. 그리고 분할점령의 과오가 한국인 내부의 통합을 막고 지도자들 사이에 외부의 강대국을 동원한 극한 대립을 불러왔기 때문에 더욱 중대하다고 지적한다.[581]

그는 남한의 현 사태를 세 가지로 나누어 제시했다. 첫째, '공산주의 이념에 공통되는 것이면 모조리 위험한 적색으로 몰아치는 이성의 경련 상태가 의외에도 많은 적색분자', 즉 적색이 아닌 적색분자를 양산, 둘째, 아직 친일파 민족반역자를 숙청하지 못하였다는 사실, 오히려 미군정은 '사갈(蛇蝎)과 같은 이 친일파 민족반역자를 등용하고 있다'는 사실, 셋째, 부정부패의 만연으로 그는 이 현상을 '탐욕과 무능으로 유명한 인사가 고위 고관에, 혹은 적산 운영자의 지위를 누리고 있는 사실이 더욱 허다하고, 회뢰(賄賂)와 부정한 상거래가 지금 이때처럼 성행한 적이 없음은 조선민중의 누구나 개탄하는 바'라고 묘사한다. 이러한 현상에 대해서 웨드마이어 중장이 중국을 방문한 뒤 '국민정부의 무능과 부패한 사실을 지적하고 국민의 신뢰를 재획득하려면 근본적으로 광범위한 개혁을 실시할 것'을 주장했던 것처럼 조선에서도 정치적 경제적 개혁의 필요를 인식한다면 그것은 '약속만으로는 불충분하며 실천이 절대 필요하다'는 것을 강조한다.[582] 중국 사태에 대한 웨드마이어의 진단에 공감한 것에 나타나듯이 오기영이 웨드마이어 특사에게 펜을 든 것은 혹시 그를 통해서 미군정의 정책을 바로잡고 남한의 상황을 개선할 수 있지 않을까 하는 기대 때문이었을 것이다. 그는 또 남한의 현 사태가 테러를 만연하게 했다는 점을 아래와 같이 지적한다.

> 만일 중장이 조선에 체재 중 가두를 만보(漫步)할 기회가 있다 하면 백주에 피 흐르는 곤봉을 들고 다니는 폭력단도 목격할 수 있을 것이요, 애국을 빙자하는 협박과 공갈도 볼 수 있으리라는 것이 우리의 상식이다.
> 언론의 자유를 존중하는 미국의 군정 하에서 인민이 언론자유를 폭력단에게 뺏긴다거나, 사유재산을 인정하고 절대 보호하는 미국의 군정 하에서 인민의 재산이 약탈된다거나, 확실한 증거 없이는 법으로조차 구속할 수 없는 인권이 공갈을 받거나 죄 없는 인민으로서 다만 사상이 다르다는 이유로 생명의 협위를 받는다 하면 유감이나마 이러한 사태는 단연코 정부의 위신에 관련되는 불상사임에 틀림없는 일이다. 그런데 이러한 사태가 지금 우리에게 있어서는 하나의 상식이며, 이 서한도 그러한 중압 하에서 쓰는 것임을 중장은 이해하기 바라는 바이다.[583]

결론 부분에서 오기영은 "웨드마이어 중장의 조선과 중국의 실태 감정은 미국이 조선과 만주를 포함한 중국을 서구민주주의 이념에 합치하는 방공지대로서 구상하고 있음을 간취할 수 있는 중대 사실로써 인식할 수 있거니와 그렇다 하면 조선에 있어서 유혈의 폭력혁명을 회피하며 또 소련식 독재정치를 방어하는 방략은 무엇인가" 물은 뒤, 다음과 같은 처방전과 헌책으로 이 질문에 답했다.

진보적이라 호칭하는 사상에 대항하는 것은 실제에 있어서 현사태를 개혁하는 진보적 정책이라야 할 것이다. 그러므로 무엇보다도 이 남조선에 있어서 시급히 시정되어야 할 것이 사회정책이며 경제정책이며 그보다도 더 시급한 것이 많은 지식인, 문화인, 민족적 양심을 가진 사심 없는 애국자를 협력자로 불러 모으는 일이다. 확실히 지금 많은 지식인이, 문화인이, 또는 새 사상을 희구하는 청년들이 우익의 고루한 고집에 싫증이 나고, 그 자본주의적 경제권 독점욕에 실망하고, 부패한 관료와 일본 잔재와의 야합에 분격하여 좌익산하로 달려가고 있다. 그런데 이들을 다시금 불러 모을 생각을 아니하고 탄압하기에만 열중하는 것은 그들을 점점 더 좌익화시키는 결과를 낳는 것뿐이다. 그들을 다시 불러 모으기 위하여는 이편의 완명(頑命)한 고집의 청산과 경제적 독점감의 포기와 일본 잔재와의 부연을 끊어 버리는 자기수정이 필요하다.[584]

오기영이 웨드마이어의 방한 의도에 대한 분석에서 출발하여 그 진의를 한반도에 대한 미국의 군사전략적 가치 평가로 본 것은 정치평론가다운 그의 예리한 안목을 보여준다. 이 시기 미국 군부는 주한미군 철군론을 둘러싸고 심각한 논쟁을 벌였는데, 그 논쟁의 초점은 단연 한반도의 군사전략적 가치였다. 심지어 그는 그러한 미국의 의도를 관철하기 위해서도 남한 사회에 대한 정치 사회적 개혁이 절실하다고 주장한다. 특히 '조선과 중국의 실태 감정'을 미국이 '조선과 만주를 포함한 중국을 방공지대'로 구상한 것으로 파악한 것을 웨드마이어 특사가 트루먼 대통령에게 제출한 보고서가 만주 신탁통치안을 제시했다는 점과 연관하여 살펴보면 그가 미국의 의도를 꿰뚫어 보았음을 증명한다.[585]

소설『초당(The Grass Roof)』의 작가 강용흘(姜鏞訖)이 스튜어트(James Stuart) 공보부장에게 제출한 보고서가 웨드마이어 문서철에 들어 있다. 오기영이 피점령인의 시각에서 점령의 문제를 지적했다면 강용흘은 점령 당국의 내부자 관점에서 신랄한 비판을 제기했다. 강용흘은 3·1운동 후 미국으로 건너가 1931년『초당』을 발표하여 미국 문단뿐만 아니라 전 세계적으로 관심을 받았다. 이 책은 그의 자전적 소설로서 3·1운동의 실상을 구미 사회에 널리 알리는 역할을 했다. 1937년에는『초당』의 후속 편이라고 할 만한『동양사람 서양에 가다(East Goes West)』를 출간했으며, 그 해에 뉴욕 대학교 호프스트라대학 비교문학과 조교수가 되었다.[586]

강용흘은 해방 1주년이 되는 날인 1946년 8월 15일 미군 수송선을 타고 인천항에 귀국했다. 귀국 경위는 자세히 알려져 있지 않으나 미국 육군부가 그를 미군정 공보 업무에 기용하기 위해서 임시로 고용했던 것으로 보인다.[587] 재한 시절 그의 공식 직함은 미 군정청 공보부 출판과장이었으나 그는 공보부 여론과에서 일하며 남한 사회의 여론을 일상적으로 접했다. 미 군정청 공보부 여론과는 당시 남한 사회의 여론 동향을 가장 체계적으로 수집, 정리한 곳의 하나였다. 그의 보고서는 그가 여론과에서 일하며 접한 민심, 그가 남한 지식인들과 교유하며 얻은 정보와 그가 파악한 남한 지성계의 동향에 따라 작성된 셈이다.

그의 글은 당시 남한 상황을 전반적으로 분석하고 그에 대한 개선책을 담았다. 강용흘의 보고서가 문서철에 포함된 사정을 알려주는 문서를 보고서 주위에서 발견하지 못했지만 웨드마이어 장군은 한국인들뿐만 아니라 주한미군사령부와 남조선주둔 미 육군 군정청의 미국인, 한국인 관리들로부터도 의견을 수집했고, 웨드마이어 사절단은 이 보고서 외에 다른 미군정 관리들의 보고서들을 편지들과 함께 편철해 놓았다. 그의 보고서는 1947년 8월 25일 작성되었고, 공보부장 스튜어트 소령을 경유하여 웨드마이어 사절단에 전달된 것으로 보인다. 레터 사이즈 타자지 12매 분량의 영문 원고이고, 한국어로 번역한 분량이 200자 원고지 84장에 달하는 장문이다. 그 제목은 「미소공동위원회가 결렬된다면 한국에서 우리의 대외정책은 어떠해야 하는가?」이다. 보고서는 모두 4절로 구성되었고, 각 절의 제목은 1절 '서론', 2절 '우리는 여기에 있어야 한다', 3절 '한국에서 수행되어야 할 우리의 정책', 4절 '결론'이다. 또 3절은 A. '정치', B. '경제', C. '문화', 세 개의 소절로 되어 있다.[588]

강용흘은 서론에서 남한의 현재 상황을 조목조목 짚어 나간다. 우선 2년 전 미군이 한국에 진주했을 때는 환호와 희망의 순간이었지만 오늘날 조선은 통합과 협력이 아닌 분열과 좌우 사이의 전쟁에 직면해 있다. 애초 군사적 분할이 이제 정치적인 분할이 되었고, 이것이 안정적인 경제 발전을 방해한다. 또 그의 표현에 의하면 남한은 세계 최악의 경찰국가 중 하나이고, 모든 좌익과 자유주의자들이 체포되었으며, 적절한 토지분배가 이루어지지 않았다. 최대 부일협력자인 박흥식, 김연수 등은 여전히 정부 고위관료들의 후원을 받아 한국의 핵심 산업을 통제하고, 은행과 기업체들이 극우 정당에 막대한 양의 기부금을 낸다는 사실은 공공연한 비밀이다. 식민지 상황에서 갓 벗어나 국가 건설을 위해 직업적 전문성과 훈련된 기술이 요구될 때 많은 책임 있는 미국인 관리들은 아마추어였을 뿐이다. 접시닦이가 대학의 학장이 되고, 마을 설교사가 대학 총장이 되었다. 건축기사가 중앙식량행정처의 장이었다. 한국인들에게 충분한 식량이 공급되지 않았으며, 경찰과 보수적인 정당이 여전히 일본식으로 조선인에게 행진을 강요하고 돈을 강탈한다.[589]

2절에서는 대서양헌장 이래 모스크바 삼상회의 결정에 이르기까지 미국의 대한공약(對韓公約)을 상기시키고, 현재 미소공동위원회 성사에 대해 낙관론보다 비관론이 더 많지만 그럼에도 미군이 한국에 주둔해야 한다고 주장한다. 앞의 편지들과 달리 강용흘은 미군 주둔을 주장했다. 강용흘은 그 이유로 독립에 대한 공약, 러시아, 중국, 일본에 둘러싸인 한국의 지정학적 조건, 아시아에서 평화와 안정을 위해 자유로운 독립 한국이 필요하다는 점을 들고 있지만, 그가 미국 국적 소유의 미군정 관리였다는 점도 고려해야 할 것이다.[590]

3절은 남한에서 추구해야 할 미국의 정책을 정치, 경제, 문화로 나누어 서술했는데 그 가운데 핵심은 정치 분야다. 그는 단도직입적으로 미국이 이승만과 김규식 가운데 누구를 지지할지 결정할 것과 그 결정을 한국인들에게 알려줄 것을 요청했다. 그리고 그의 결론은 김규식을 지지해야 한다는 것이다. 웨드마이어 사절단의 방한 목적 중 하나가 남한 단독정부 수립에 대비한 대책 모색이라고 했을 때, 그의 정책 제언은 그러한 사절단의 목적을 꿰뚫어 본 것이라 할 수 있다. 그는 그러한 정책 제안을 실행하기 위한 단계적 방안을 구체적으로 제시했다. 먼저 미군정 내 한국인 관리들을 교체할 것, 특히 경찰개혁을 강하게 요구했다. 구체적으로 송진우, 여운형 암살 혐의로 김구와 이승만을 수감할 것, 여운형 암살의 배후에 장택상과 이승만이 있지만 증거를 확보하지 못하고 있을 뿐이라고 주장한다.[591]

이어서 중간파를 고무할 수 있는 모든 일을 해야 한다고 제안했다. 그는 오기영도 지적했듯이 미군정이 용어를 규정하지 않고 중간파나 자유주의자에게 너무 쉽게 공산주의자라는 꼬리표를 붙이고 있다고 주장한다. 그는 만약 미군정이 이승만과 김구를 지지한다면 이미 나타나고 있는 폭력사태를 피할 수 없을 것이라고 말한다. 또 미국의 정책이 한국의 분단을 이끌었고, 미군정이 지금이나 2년 후에 철수한다면 모든 한국인들은 공산주의자가 될 것이고, 미국이 중간파를 지지하는 것만이 한국에서 전체주의 국가와 독재 국가를 막는 것이라고 주장한다. 이승만, 김구, 그들의 부관들이 제거되고, 경찰이 개혁되면 다음에는 청년단체들이 해산되어야 한다고 말한다. 잔혹하고 남을 강탈하는 극우적인 사람들과 훈련받고 교활한 좌익들 사이에 위치한 중간의 방법을 찾아야 하고, 사려 있는 한국인의 많은 부분은 이 중간 그룹에 속하며, 그들이 진실한 미국의 친구라고 단언했다. 그는 미군정이 권력을 주었던 한국인들을 이제는 빗자루로 쓸어버려야 하고, 대신 김규식, 안재홍, 홍명희, 이극로 등 중간파에게 기회를 주어야 한다고 강한 어조로 말했다.[592]

미국이 추구해야 할 경제정책은 공업 상황에 대한 정확한 조사와 견직공업 육성, 미국의 경제적 원조 제공, 토지개혁의 즉각적 시행, 식량 원조의 필요성, 귀속기업체의 적절한 재분배 등이었다. 물론 이런 제안 뒤에는 한국의 경제 상황에 대한 그의 비판적 인식이 있다. 한국에서 사회적 투쟁은 지주와 소작농의 싸움이고, 오늘날 잘 먹고 잘 입는 한국인은 모리배와 그들의 협력자인 보수정당의 지도자들뿐이며, 미국인 관리들의 귀속기업체 관리는 실패했다고 단언했다. 그는 문학가답게 적절한 문화 정책도 제안했다. 미국인 관리 또는 미군들이 한국의 역사와 문화에 너무 무지하기 때문에 그들에 대한 교육이 필요하고, 또 한국의 문화인과 예술인을 지원해 주어야 하며, 한국의 문학 작품들을 영어로 번역할 것을 요구했다. 또 교육 부문에서 문맹 퇴치와 국립대학의 재조직, 미국 대학의 한국 내 설립 등을 주장했다. 한국 주둔 미군과 한국인들 사이의 관계를 개선할 것과 우편물 검열의 폐지도 요구사항 중 하나였다.[593]

강용흘의 보고서는 그 제목에 드러나듯이 웨드마이어의 방한 목적을 미소공동위원회 결렬 이후 미국의 새로운 대한정책을 마련하기 위한 것으로 보았다. 그의 보고서는 전체 제목과 절 제목, 또는 내용 서술에서 조동사 'should'와 'have to'를 반복적으로 사용한 것에서 보듯이 나름대로 절박함이 묻어난다. 남한 실상에 대한 그의 고발은 미군정 관리의 글이라고 생각하기 어려울 정도로 신랄하고, 미군 주둔 주장을 제외한다면 앞에서 분석한 오기영의 현실 진단과도 일정하게 통한다. 이러한 남한 실태 파악은 환국 후 1년간 주한미군사령부 공보부 여론과에서 근무하면서 나름대로 남한의 여론을 관찰한 결과라고 할 수 있다. 정세 인식이나 그가 정책 대안으로 제시한 중간파 지원책은 버취(Leonard M. Bertsch), 번스(Arthur C. Bunce), 미챔(Stuart Meacham) 등 미군정 내 다른 자유주의적 관리들의 주장과도 상통한다.[594]

정인보, 오기영, 강용흘은 살았던 이력이 상이하나 당대를 대표하는 지식인들이었다. 이들이 쓴 편지와 보고서는 모두 1947년 늦여름 시점에서 미국의 점령정책이나 점령통치를 부정적으로 평가하며 한국 사회가 커다란 위기에 처했다고 진단했다. 서로 다른 경력과 활동 영역의 차이에도 불구하고 그들의 정세 인식과 현실 진단에는 일정한 공통성이 있다.[595] 다음 표 11은 심창흠, 정인보, 오기영, 강용흘의 글을 비교하면서 그 특징을 살펴본 것이다.

위기의 원인과 관련해서 정인보는 미·소의 분할점령, 신탁통치안과 같이 연합국의 한국 문제 처리방안 자체에 대한 근본적

표11 심창흠, 정인보, 오기영, 강용흘의 '점령' 인식

작성자 항목	심창흠	정인보	오기영	강용흘
경력	세계일보 경남 지사장, 신한국민당 당원	한학자, 역사가, 연희전문 교수, 국학대 학장	언론인, 평론가	소설가, 미군정 공보부 출판과장
분할점령에 대한 입장	부당성 강조	역사상 유례없는 혼란 초래	민족통일, 자주독립 저해하는 '교수선(絞首線)'	직접적 비판 없음
미군정 점령정책 비판 요목	남한 시정권 부정	점령 자체가 민족적 자존심과 양립 불가	친일파 등용, 부정부패 조장, 양민과 자유주의자 탄압	관리들의 무능과 아마추어리즘, 경제정책의 혼란과 실패, 극우파 지원
해결해야 할 주요 과제	모스크바 삼상회의 결정 반대	신탁통치 반대, 점령으로 인한 혼란	적색이 아닌 '적색분자' 양산, 테러 만연, 친일파 처리 실패	경찰국가화, 토지개혁 미실시, 식량부족, 귀속기업체 관리 실패
해결책 제안	카이로, 포츠담 선언으로 회귀, 한국인에게 시정권 이양	즉각적인 한국인 주도 정부 수립, 유엔 승인	정치·경제적 개혁 실천, 중간파와 자유주의자 지원	중간파 인사 기용, 경제·문화정책 개선, 토지개혁, 산업 육성
특징	한독당 계열의 반탁운동 논리 반영	민족적 자존심 강조	한반도에 대한 미국의 군사전략적 의도 지적	이승만, 김구 비판, 김규식 지지, 경찰개혁 요구, 미군 장기 주둔 필요

회의와 불신을 나타낸다. 그는 미군 점령통치가 야기한 혼란이 역사적으로 유래를 찾아보기 어려운 혼란이었다며, 점령 자체가 정서적으로 민족적 자존심과 양립할 수 없다고 주장한다. 오기영의 점령 비판은 원칙적으로 분할점령이 한 민족의 통일자주독립을 저해하고 있을 뿐만 아니라, 그것이 미소 양국의 한반도에

대한 지정학적 이해관계, 특히 남한에 대해서는 미국의 군사적 이해관계에 입각해 있다는 점을 예리하게 지적한다.[596]

이들은 미군정의 점령정책에 관해서 이구동성으로 그 혼란과 실패를 지적한다. 오기영과 강용흘의 비판은 매우 구체적이고, 미군 점령의 혼란과 실패가 남한 사회에 초래한 위기를 하나하나 지적한다. 오기영은 미군의 점령통치가 남한 사회에서 양민과 자유주의자들을 빨갱이로 내몰고, 친일파 민족반역자의 발호와 부정·부패의 만연을 허용했다고 비판한다. 강용흘은 분할점령 자체를 비판하지는 않았지만, 남한에서 미군 점령의 정치적, 사회적, 경제적 효과에 대한 비판이라는 측면에서 오기영과 의견을 같이 했고, 매우 신랄했다.[597]

남한 사회가 직면한 정치적·이념적 분열, 좌우 대립과 그 성격에 대한 지적도 흥미롭다. 정인보는 좌우 대립의 시발을 해방 이후, 특히 좌익의 신탁통치 지지로부터 비롯된 것으로 보았다. 오기영과 강용흘은 소련 또는 북한에 대해서는 의구심과 경계심을 드러내면서도 남한 사회 내부에서 좌우 대립을 강조하는 것은 좌익 탄압을 빙자한 친일파 반민족세력의 세력 부식책의 일환일 뿐이고, 이로 인해 '적색 아닌 적색분자'가 늘어나는 현상, 즉 미군정과 경찰, 청년단체의 폭력에 의해 오히려 빨갱이가 양산되는 것을 강하게 비판한다. 오기영은 심지어 "적색분자를 체포 투옥할 수 있는 권리가 하필 과거 일제 통치하에서 애국자를 체포 투옥하던 그 사람들이라야만 한다는 것은 조선 민족으로서 결단코 수긍할 수 없는 사실이지만 이것이 남조선의 현실"이라

고 지적한다.[598]

 웨드마이어 문서철에 들어있는 한국인 편지는 450여 통에 이르고, 편지들 가운데는 평범한 민중들의 편지도 다수 있다. 그들의 편지에서도 가장 큰 주제는 독립국가 건설 문제였다. 하지만 독립국가 건설은 지지부진했고 남한의 사회경제적 불안은 날이 갈수록 심각해졌다. 그들의 편지에서 그다음으로 중요한 과제는 고통스러운 민생을 해결하는 것이었다. 혼란한 경제 상황에서 일제로부터 해방된 기쁨은 잠시뿐, 가중된 생활고가 민중의 삶을 지속적으로 괴롭혔던 것이다. 그들의 눈에는 활개 치는 모리배들이 특히 경제 사정을 어렵게 하는 주요 요인이었다. 체계적이지 못한 배급 등 미군정 경제정책의 혼란과 운용의 미숙함, 부정부패의 만연이 생활고를 가중시키는 요인으로 자주 등장한다.[599]

 독립국가 건설 문제와 민생고 다음으로 자주 등장하는 것은 우익단체의 테러 문제였다. 편지가 작성되기 이전인 1947년 5월 미소공위 재개 이후 우익의 대대적인 '반탁시위'가 전개되는 것과 동시에 우익의 테러가 횡행했고, 8월 15일을 전후로 정점에 달했다. 일반 대중의 편지에는 우익단체가 곳곳에서 행한 테러 양상이 빈번하게 등장한다. 테러는 우익 청년단체뿐만 아니라 경찰에 의해서도 수행되었고, 앞의 지식인들 편지와 마찬가지로 민중들의 편지도 경찰 개혁을 호소한다. 그리고 그들은 테러로 인한 사회불안의 근본 원인을 여전히 행정기관에 남아있는 '친일파 민족반역자들의 탄압과 편파적인 정치' 때문이라

고 지목했다.[600]

　웨드마이어에게 보낸 한국인 편지들 가운데에는 조직적 동원에 의한 편지쓰기 흔적도 있다. 대표적으로 극우세력은 정당이나 청년단체 지부 명의의 진정서와 탄원서, 지역 주민들이 서명한 반탁결의서를 웨드마이어에게 다량 전달했는데 이 편지들은 거의 동일한 내용을 천편일률적으로 반복했다. 그들의 주장은 반탁과 미소공위의 결렬, 38선 철폐, 총선거를 통한 남한 정부 수립으로 요약할 수 있다. 이러한 주장은 실현 방식에서는 다소 차이가 있을 수 있지만 극우 세력의 지도자들인 이승만, 김구, 한민당 지도부가 내건 해결책의 최대공약수였다.[601]

　좌익도 조직적으로 편지 쓰기를 했다. 그런데 당시 좌익의 처지에서 웨드마이어에게 자신들의 견해를 전달할 수 있는 방법은 편지뿐이었다. 웨드마이어는 남조선노동당(남로당) 대표 허헌, 민주주의민족전선(민전) 공동의장 김원봉과 면담을 원했다. 그러나 이들은 당시 경찰의 체포령으로 지하로 들어간 상태였기 때문에 직접 사절단과 만날 수 없었고, 두 사람 모두 웨드마이어에게 편지를 보내 그들의 현실인식과 요구사항을 전달했다. 좌익은 조직적으로 편지 쓰기를 독려하여 자파의 의견을 전달하려 했던 것 같고, 문서철에는 좌익 측 견해를 반영한 기명 또는 무기명 편지들이 다수 있다. 이 편지들은 미국이 '해방자' 역할을 수행했지만 남한에 진정한 민주주의가 확립되지 않았고, 그러한 상황에 대한 책임이 미국에게 있다고 비판한다. 그들은 친일파와 민족반역자 처단과 미소공위 사업의 완수, 모스크바 삼상회의 결정의 정확하고 신속한 실천, 토지개혁 등 각종 사회경제개혁의 실시, 민생 구제와 테러 반대, 민주적 정당·단체와 인사들에 대한 탄압 중지를 요구했다.[602]

당시 남한의 제 정치세력은 다양한 수사(修辭)로 점령이 초래한 난맥상의 현실적 대안을 제시했다. 요약하면 반탁운동 진영으로 대표되는 우익세력은 미소공위 결렬과 총선거를 통한 남한 정부 수립, 좌익은 미소공위를 통한 임시정부 수립으로 나뉠 수 있다. 중간파는 지도자들과 정당·단체 사이에 남한 또는 전국 총선거 지지와 미소공위를 통한 임시정부 수립 지지로 견해가 나뉘었다.[603] 그런 면에서 좌익이 연합국이 제시한 국제공약에 가장 충실했다고 할 수 있다. 당시 각 정치세력이나 민중이 웨드마이어에게 보여준 태도와 입장을 보면 그들이 추구하는 궁극적 해결책이나 현실적 대안은 서로 달랐지만, 미군 점령이 위기에 처했고 미국이 한국인들이 납득할 만한 해결 방안을 제시하지 못하고 있다는 상황 인식을 공유했다.

심창흠, 정인보, 오기영, 강용흘의 서한이나 건의서가 보여준 상황 인식이나 그들이 제시한 해결책을 그들의 정치적 지향성의 표현으로 치부할 수도 있다. 하지만 네 사람이 보여준 현실 인식의 일정한 공통성은 그들 사이에서 이념이나 노선의 차이는 그리 대수로운 것이 아니었음을 보여준다. 그들은 당시 미군의 남한 점령에 드러난 난맥상을 도탄에 빠진 민생, 좌우 대립과 분열로 정리했다. 그런데 그들의 좌우 대립에 대한 비판은 자신의 이념과 노선에 따라 다른 이들의 이념과 노선을 비판하는 방식이 아니었다. 그들의 비판은 좌우 대립이 정치사회적으로 관철되는 방식과 발현 양상, 그것이 민중 생활에 가져오는 해악과 고통, 또 그것이 현실의 정치, 경제, 사회 구조를 어떻게 왜곡하며 국가와 사회 건설을 방해하는가에 초점을 두었다는 점을 상기할 필요가 있다.

이들의 비판은 전체적으로 일제 식민지배의 유산을 극복하고 새로운 문화를 건설하려는 노력의 일환이었다. 그들은 예리한 감각과 이성적 사유를 통해 당대의 현실을 비판하고 나름대로 시무책을 제시했지만, 그들이 제시한 개선책은 어느 것 하나 제대로 실현되지 않았다. 미소 대립과 좌우 분열이라는 현실의 강력한 자장은 그들의 나침반이 가리키는 현상 타파의 침로를 무기력하게 만들었다. 1년 뒤 점령은 종식되었으나, 나라는 두 토막이 나고 말았다.

5. '점령'에서 '냉전'으로

트루먼 대통령이 웨드마이어 장군을 특사로 파견하여 남한 현지 실정을 조사한 것에서 알 수 있듯이 미국 정부는 1947년 중반에 남한 점령이 난관에 봉착했음을 잘 알고 있었고, 점령 당국인 미군정 역시 이 점을 잘 알고 있었다. 그렇다면 미군정과 웨드마이어 사절단은 미군의 남한 점령이 부딪힌 난관을 어떻게 극복하려고 했을까?

웨드마이어 사절단은 서울에 도착하여 미군정 지휘부와 회의를 진행하는 것으로 일정을 시작했다. 1947년 8월 26일 서울에 도착한 사절단은 8월 27, 28 양일간 미군정 관리들과 회의를 통해 현지 실정을 전체적으로 청취했다. 미군정 측은 사절단에 점령 이후 현재까지 상황 전개와 현재 정세, 향후 전망을 보고했다. 이 보고에서 미군정의 상황 인식과 미군정이 구상한 대응 방안이 사절단에 전달되었다. 점령군 사령관 하지 중장은 회의 준비에 많은 공을 들였으며, 사절단은 브리핑 내용에 중간중간 질문을 제기하는 방식으로 주제별로 논점을 정리했다.[604]

이 시기 이미 워싱턴의 정책 결정자들이나 미군정이나 모두 미소공위의 용도폐기를 결정했고, 미소공위 결렬 이후의 대비책을 마련하는 중이었던 만큼 회의는 그에 대한 미군정의 의견을 현지에서 청취하는 역할을 했다. 웨드마이어가 남한에서 조사활동을 벌이는 동안 미국은 8월 29일 소련에게 한국 문제 처리를 위한 새 방안을 제안했다. 그 내용은 한국 문제를 4대국 회의로 넘기고, 양 점령지역에서 인구비례에 의해 각 지역을 대표하는 임시 입법기관을 각각 선출하여 이들 대표가 통일조선임시정부를 수립케 하며, 이 정부로 하여금 모스크바 삼상회의 결정에 참여한 4대국 대표와 조선 독립을 위한 원조를 논의하자는 것이었다.[605] 또 임시 입법기관 선거는 남조선과도입법의원에서 채택하는 법률에 의거하자고 제안했는데, 이것은 '받거나 말거나'식 밀어붙이기 제안이었으며, 사실상 미소공위를 끝내고 한국 문제를 유엔에 넘기겠다는 것을 선언한 것이나 마찬가지였다.

상황이 이러했으므로 사절단과 현지 점령군 당국의 회의에서 살펴볼 것은 양자의 의견이 최종적으로 어떻게 조율 또는 결정되는가이다. 먼저 남한 내부 정세와 관련해서 양측은 미국이 그 때까지 공식적으로 유지해 왔던 중도파 지원정책과 합작정부 수립 노력을 최종적으로 철회하고, 이승만을 권력의 중심으로 하는 남한 정부 수립에 대비하기 시작했다. 군사 분야에서 웨드마이어는 주한미군 철수에 대한 견해와 이후 미국이 취해야 할 군사적 대비책을 구하면서 무엇보다 다가올 군사적 대결의 형태적 특성과 전쟁 당사자에 대해 집중적으로 질문했다. 그가 확인하고 싶었던 요점은 소련이 참전할 것인가, 소련이 참전할 때 주한 미군은 어떤 행동방침에 따라 움직일 것인가 하는 점이었다.[606]

경제 부문에서 미군정 측은 미국이 여전히 최소한의 구호 구난 차원의 정책밖에 펴지 못하는 입장이라며 소련의 지배로부터 한국을 구하는 것은 실질적인 원조뿐이라고 강조했다. 구호 목적으로 지출된 자금은 결코 장기적이고 기본적인 목표를 달성할 수 없고, 결국에는 미국이 더 많은 자금을 지출하게 만들 뿐이므로 미국의 감독 하에 농업과 몇몇 선별된 공업을 복구시킬 자금을 원조하고, 공업과 정부 분야에서 정력적인 훈련계획을 실시할 것을 제시했다. 반면 사절단이 트루먼 대통령에게 제출한 보고서는 미군정이 제안한 5개년 '부흥' 계획에 의문을 표시하면서, 이 계획은 남한의 산업화를 전망했지만 목표가 예정된 시간 내에 예정된 자금으로 달성될 것이라는데 회의적이고, 보다 적절한 구호 계획이 더 현실적이라고 생각했으며 이를 위해 원조액 증액이 필요하다고 적었다.[607]

하지의 보고는 전체적으로 미군정이 처했던 상황의 복잡성과 불확실성, 미국 측의 준비 부족과 상부의 적절한 지원 부재, 소련의 비타협적 태도, 한국인들의 정치적 미숙성과 분열 등을 지적했다. 그래서 미군정이 맡은 임무가 애초부터 불가능했거나 실패할 수밖에 없었다고 강조했다. 그의 보고는 미군정의 점령 통치 활동에 대한 사후 합리화 성격을 가졌고, 사실은 점령군 사령관 스스로 점령정책이 실패했음을 자인한 것이었다.[608] 그러나 미국에게 중요한 것은 점령정책의 실패 여부를 확인하는 것이 아니라 현실적 대비책을 마련하는 것이었다. 그것에 대해서 미군정 측과 사절단 측은 공분모를 찾아갔다. 양측의 논의 과정에서 필자가 주목한 것은 군사 분야의 현실적 대비책 논의에서 드러난 입론과 주장의 미묘한 차이다.

웨드마이어 사절단은 9월 6일부터 하와이에 머물며 트루먼 대통령에게 제출할 보고서를 작성했고, 그 보고서는 9월 19일 제출되었다. 보고서에 담긴 한국 관련 내용 중 군사 분야의 내용을 살펴보자. 보고서는 먼저 한반도의 전략적 가치를 다음과 같이 평가한다. "미군이 한반도로부터 철수한다면 소련 또는 북조선 군대가 38도선 이남으로 진격해 올 것이고, 궁극적으로 한반도에 소련의 위성 공산국가가 수립될 것이다." 이러한 사태 발전은 "아시아에서 미국의 도덕적 위신을 실추시키고, 일본에 심각한 영향을 끼치며, 소련에게 상당한 이득을 가져다주고, 그렇게 해서 소련에게 남진과 동진 기회를 줄 것"이다. 반대로 "현재의 미국정책을 지속한다면 소련의 직·간접적인 전 조선 지배를 방지하고, 남조선의 부동항을 비롯하여 전 조선을 군사기지로 제 맘대로 이용하는 것을 막을 수 있다."[609]

군사 분야에서 보고서는 미군정 측의 견해를 수용하여 주한미군의 유지를 포함하여 강력한 군사적 지원책을 제시했다. 미군은 소련과 철군에 관해 협상을 맺을 때까지 한반도에 남아 있어야 하고, 그 사이에 남한 군대는 "소련이 명백히 지휘하거나 통제하는 침략"을 제외하고는 어떤 조건에서든 질서를 유지하기에 충분한 수준으로 증강되어야 했다. 그런 사태가 가까운 장래에는 일어날 것 같지 않지만, 미국과 남한 당국은 "남한에서 공산주의자들의 선동과 사주에 의한 대규모 소요나 반란"에 조응해 "공산주의자와 북한 군대가 대량 침투할 경우," 이를 격퇴할 수 있도록 준비해야 했다. 웨드마이어는 이전 필리핀의 예를 좇아 남한 군대에 조직, 훈련, 장비를 제공하고, 이를 강력한 군대로 육성할 것을 건의했다.[610]

보고서 내용 중 남한에서 전쟁 발발의 주체와 경로를 예상한 부분은 양측의 회의에서 집중적으로 논의되었다. 회의 중 하지는 남한의 치안을 유지하기 위해 최소한 미군 5만 명이 필요하고, 그것은 소련군 침입을 예상한 수치가 아니라 순수하게 전복 활동에 대비한 내부 치안용이라고 보고했다. 또 소련군의 참전 가능성을 묻는 웨드마이어의 질문에 대해 하지는 소련군이 가세하면 철수할 것이나, 소련군에 의해 훈련받은 북한군이 소련제 무기와 장비로 무장한 채 공격한다면 대항할 것이고, 이것이 상부의 지시라고 답했다.[611] 이것은 1947년 3월 워싱턴을 방문한 하지와 육군부 관리들의 회의에서도 나왔던 문제이고, 미군의 행동방침에 대한 하지의 답변은 1947년 5월의 미 육군 합동참모본부 지시를 반영한 것이다. 당시 미국의 정책담당자들은 모두 다가올 대결 형태로 남한의 소요와 내부 전복 활동, 이북으로부터의 대량침투, 그것에 이은 내전으로의 발전을 예상했다.[612]

논의 내용으로 보아 미국은 군사적 대비책 수립에서 소련과 전면전을 벌이게 될 경우와 내전의 경우를 명확히 구분했다. 그것은 미국이 한반도에서 분쟁이 소련과 전면전으로 발전할 가능성을 희박한 것으로 평가했고, 일찍부터 제한전(limited war) 개념에 따라 군사적 대책을 마련했다는 것을 말해준다.[613] 즉, 미소대결, 동서대결 등 냉전 수사학에 입각한 이데올로기적 분석에도 불구하고, 이 시기 한반도에서 미국의 군사적 대응의 실제는 어디까지나 한반도 자체에 대한 미국의 정치·군사적 이해관계에 따랐고, 대소전략을 전면에 내세우기보다 한국 내부의 급진세력과 정치·군사정세 격화에 대응한다는 측면이 강했다.[614]

미국은 철군 이후 국내의 정치적 대결이 군사적 대결구조로 전환하는 것을 우려했다. 일단 남과 북에 분단정권이 수립되면 한국인들 내부에서 재통일을 위한 움직임이 강력하게 분출될 것이고, 그것은 군사적 대결까지 불사하게 되리라는 것이 미군정의 판단이었다. 하지 장군의 아래 발언은 1947년 가을에 주한미군이 한국 문제의 유엔 이관 이후 사태 발전을 어떻게 예측했는지 잘 보여준다. 그 시기만 해도 미국 정부와 군부는 한국 문제를 한국 내부의 정치사회적 개혁과 독립국가 건설을 둘러싼 정치세력 간 갈등 문제로 파악했고, 소련의 전면적 개입으로 인한 국제적 갈등으로 번지지는 않을 것으로 예상했다.

> 좌익은 선거를 거부할 것이고, 유엔은 남한만의 정부를 수립할 것이다. … 이승만과 그의 지지자들이 국회에서 다수 의석을 차지할 것이다. 소련은 말할 것도 없고 심지어 우리도 반동적인 파시스트 정권이라고 부르지 않을 수 없을 이 정부는 다루기가 불가능하지는 않더라도 매우 어려울 것이다. … 오직 전쟁을 통해서만 남북이

재통일될 것이다.⁶¹⁵

　미군정 당국이나 워싱턴 군부의 전략가들이 한반도에서 전쟁은 내전이 될 것이고, 소련의 참전 가능성을 극히 희박한 것으로 평가했지만 웨드마이어 보고서의 대소(對蘇) 관련 서술은 매우 공세적이다. 보고서는 미국의 세계전략을 염두에 두고 작성되었으며, 동북아시아에서 소련의 남진과 팽창을 저지할 수 있는 효과적 대안을 찾는 것을 목표로 했다. 그리고 동아시아에서 미국의 전략적 이해관계를 관철하기 위해서는 무력대결도 불사해야 한다는 주장을 담고 있다. 보고서는 중국과 한국에 대해 경제·군사 원조 제공을 제안했고, 무력대결만이 소련의 남진과 동진을 저지하기 위한 효과적 수단이라는 점을 사실상 인정했다. 더 나아가 웨드마이어는 만주에 대해 한국에서 하고자 했던 것과 비슷한 접근법을 제안했다. 즉, 미국은 만주 지역에 대한 5대국 신탁관리를 모색하고, 소련이 그러한 협정을 방해한다면 미국이 중국인들을 설득하여 유엔에 신탁통치를 요청케 한다는 것이다. 보고서에는 웨드마이어 장군의 만주 신탁관리 구상이 실려 있다.⁶¹⁶

　보고서 내용은 당시 미국의 대외정책과 대중원조를 둘러싼 미국 국내의 정치적 공방을 감안할 때 공개할 수 없는 것이었다. 만주 신탁관리 계획은 국민당 정부가 만주를 유지할 능력이 없음을 인정한 것일 뿐만 아니라 명분상으로도 국제적 동의를 얻기 어려웠고, 중국의 내정에 개입하는 꼴이라 심각한 국제정치적 문제를 일으킬 수 있었다.[617] 웨드마이어 보고서가 트루먼 대통령에게 제출되자 미국 여론은 그의 보고서를 공개하라고 압력을 가했으나, 트루먼 행정부는 보고서에 일급비밀 등급을 매겨 공개하지 않았다. 제출된 지 2년여 뒤인 1949년 여름에야 보고서의 중국 편을 국무부에서 발간한 『중국백서』에서 공개했다. 그리고 1951년 5월 초에 트루먼 대통령이 맥아더 장군을 해임한 직후 미국 의회가 상·하 양원 합동으로 맥아더 해임 배경을 조사하는 과정에서 상원 군사외교위원회가 국무부의 허락을 얻어 한국 편까지 포함한 보고서를 발간했다. 그러나 그때에도 이승만과 경찰, 극우단체에 대한 비판 내용이 '위생처리'된 채 삭제되었다가 1972년에 국무부가 펴낸 *Foreign Relations of the United States*에 비로소 모든 내용이 공개되었다.[618]

만주 신탁관리 구상. 웨드마이어의 보고서에서 구사한 '한반도에서 미군 철수의 결과'는 '소련의 위성 공산국가 수립'이 될 것이고, 그러한 사태 발전은 '아시아에서 미국의 도덕적 위신을 실추시키고 일본에 심각한 영향을 끼치며', 결과적으로 '소련에게 남진과 동진 기회를 줄 것'이라는 입론, 그리고 무력대결만이 이를 저지하기 위한 효과적인 대안이라는 주장은 하지나 워싱턴의 군사 전략가들이 한반도에서 소련이 직접 개입하는 경우와 소련은 지원만 하고 북한군이 개입하는 경우를 분리해서 얘기하고, 후자에 대해서만 단호하게 대응한다는 논리에 머물러 있던 것과는 다른 것이었고 매우 공격적인 주장이었다. 웨드마이어는 6·25전쟁 이후에나 일반화되는 냉전 수사학을 자신의 입론에 활용했다.

오기영은 그의 공개서한에서 웨드마이어의 '조선과 중국의 실태 감정은 미국이 조선과 만주를 포함한 중국을 서구민주주의 이념에 합치하는 방공지대로서 구상'한 것이라고 지적했다. 그런데 2차 대전 직후만 해도 한국의 통일독립국가 수립 방안으로 간주되었던 신탁통치안이 1947년 후반에는 웨드마이어에 의해 만주에서 소련의 남진을 저지하기 위한 미국의 대응방안이 되었다. 그리고 웨드마이어 보고서가 한반도 정세 분석에서 일본과 남한을 적극적으로 연결하고, 이를 지구적 차원에서 미국의 위신과 관련하여 제시한 것도 그 이전에 미국 군부가 일본과 남한을 각각 분리된 독립적 단위로 하여 군사적 대응책 마련을 논의하던 것과는 사뭇 다른 접근법이다. 웨드마이어 보고서는 동북아시아 군사정세 분석과 소련에 대한 군사적 대응책 마련에서 일본과 남한을 연결하고, 심지어 그것을 만주로까지 확장할 것을 공개적으로 제시했다.

미국은 2차 대전 이후 한반도에서 통일독립국가 수립이 대한 정책의 목표라고 대외적으로 공식화했고, 일본에 대해서는 군벌해체, 재벌개혁 등 전후 개혁을 통한 일본의 민주화와 비군사화가 대일정책의 목표라고 공개적으로 천명했다. 미국의 일본 점령정책과 남한 점령정책은 점령지에서 이러한 정책 목표를 실현하기 위한 방안이자 수단이었다. 일본의 민중은 점령 당국이 천명한 정책 목표에 환호했고, 미국이 주도한 신헌법 제정, 농지개혁 등의 개혁 조치를 지지했으며, 미군에 의한 점령통치를 우호적으로 받아들였다. 남한 주민들은 미군 점령 초기만 해도 미군을 해방자로 인식하며 열렬히 환영했다. 그러나 점령이 장기화하고 미군의 점령정책이 도탄에 빠진 민생의 구제 등 남한 사회가 당면한 문제 해결에 무기력하게 대응하고, 또 시대가 요구하는 식민지배 청산이나 각종 개혁에 미온적 태도로 일관하자 점령 초기의 환호는 불신과 불안에 자리를 내주었으며 미군정에 대한 비판이 점점 고조되었다.

동북아시아에서 미국의 군사전략적 목표가 무력을 통한 소련의 남진 저지로 한발 한발 다가가자 미국은 그것을 일본과 한국에서 관철하기 위한 명분과 현실적 대비책의 마련에 점차 촉각을 곤두세웠다. 웨드마이어 장군이 트루먼 대통령의 특사로 남한을 방문하여 현지 실정을 조사하고 돌아간 직후 육군부 차관 드레이퍼(William H. Draper)가 일본과 한국을 방문했다. 드레이퍼의 방일은 일반적으로 일본에서 이른바 '역코스(Reverse Course)'를 공식화한 시점이었다.[619] 역코스란 연합군최고사령부의 민주화·비군사화 정책에 역행하는 정치적·경제적·사회적 움직임을 이르는데, 그 기저에 일본을 공산주의에 대항하는 방파제로 삼고자 한 미국의 의도가 있다. 웨드마이어 사절단이 트루먼 대통령에게 제출한 보고서는 당시에는 공개될 수 있는 분위기가 아니었으나, 그의 보고서에서 구사한 냉전의 논리가 점차 미국 조야에서 현실적 방안으로 간주되기 시작했다.

일본 사회에서도 앞에서 분석한 편지에 나타나듯이 냉전 논리를 일본의 부흥을 위한 효과적 대안 또는 수단으로 여기는 목소리가 점차 강화되었다. 남한 사회에서는 그 논리에 의지해서 남한 정부 수립을 현실화하려는 시도가 강화되는 동시에 그것이 초래할 파국적 결말에 대한 우려 또한 점증했다. 일본인이 점령을 겪안는 동안 한국인은 미소 양군의 한반도 분할점령이 통일독립국가의 실현이라는 목표에서 이탈하여 한반도 분단을 예비하고, 그 방향으로 흘러가는 것을 근심 가득한 눈초리로 지켜보아야 했다. 그 와중에 재일조선인은 귀환과 밀항을 반복하며 자신의 생존권과 법적 권리 확보를 위한 고투에 매달릴 수밖에 없었다.

2차 대전 종전 이후 일본과 남한은 모두 미군 점령 하에 있었고, 점령은 2차 대전 전후 처리의 일환이었다. 하지만 미군의 양 지역 점령은 서로 다른 성격을 띠었고, 서로 다른 귀결을 맞이했다. 무엇보다 양 지역의 전후 처리 방침은 미국을 제외한 다른 연합국과 외교적 협의와 이해관계의 조정을 통해서만 현실화될 수 있었다. 즉, 동북아시아 지역에서 주요 이해당사국인 소련을 비롯하여 중국, 영국 등과 이해관계의 조정이 일본과 남한에서 미국의 점령 목표를 달성하기 위한 1차적 과제였다.

그러나 종전 이후 동북아시아 차원에서 미·소 양국의 지정학적 이해관계의 대립이 점차 현실화하면서 미·소를 포함한 4대국은 외교적 해법을 찾는 데 실패했다. 미국은 종전 무렵 마련했던 한반도의 4대국 국제신탁통치방안을 포기한 채 유엔을 매개로 하여 한국 문제를 처리했다. 결국 미·소 양국의 한반도 분할점령은 1948년 대한민국과 조선민주주의인민공화국이라는 두 개의 분리정부 수립으로 귀결되었다. 일본의 전후 처리 역시 2차 대전에 연합국으로 참전했던 각각의 국가들과 단독강화조약을 체결하는 방식으로 처리했고, 그 결과 샌프란시스코체제가 수립되었다.

다른 한편으로 똑같이 미군 점령 하에 있었지만 일본인과 한국인이 점령을 수용하고 대응하는 방식 또한 상이했다. 그것은 기본적으로 종전 이후 일본과 남한이 해결해야 할 역사적 과제의 차이에서 비롯되었지만, 미군의 점령통치 수행방식이 양 지역에 초래한 정치적, 사회적, 경제적 조건의 차이 또한 크게 영향을 끼쳤다. 양 지역 모두 일제의 패망에 따라 엔블록 경제권의 해체와 생산·유통 구조의 붕괴로 초래된 경제적 혼란을 겪었다. 생산 감축, 물가고, 대량 실업, 식량 부족 등으로 인해 야기된 민생 문제의 해결이 무엇보다 시급했지만, 구체제의 개혁 역시 미룰 수 없는 과제였다.

식량난과 물가고, 종전으로 인한 인구의 대량 유입, 주거난과 실업난 등은 양 지역이 모두 겪는 일이었고, 점령 당국이 이러한 민생고 해결에 기울인 노력이 피점령민의 점령통치에 대한 일상적 반응을 결정하는 중요한 요소였다. 하지만 민생 문제는 양 지역 주민이 모두 겪는 문제였고, 점령 당국에 대한 양 지역 주민의 서로 다른 반응을 초래한 것은 이른바 '전후 개혁'의 실시 여부와 수행 방식이었다. 그리고 구체제의 개혁이야말로 점령 당국이 피점령민의 지지를 확보하는 데 보다 중요한 문제였다. 일본과 남한에서 토지개혁은 전후 개혁의 출발점이자 구체제 개혁의 물질적 기초였다고 할 수 있다. 일본에서는 농지개혁이 일찌감치 1946년에 실시되었지만, 남한에서는 미군 점령기에 전면적인 토지개혁이 실시되지 않았다. 다만 점령 종식 직전 과거 일본인 소유토지였던 신한공사 소유토지를 소작농에게 불하하는 방식으로 부분적으로 실시되었을 뿐이다. 토지개혁 실행의 지체, 친일파, 모리배 청산의 실패 등 구체제의 물적, 인적 미청산, 지지부진한 개혁 조치가 미군정이 남한 주민들의 지지를 제대로 확보할 수 없게 만들었다.

일본과 남한 점령은 차이도 있지만 서로 연결되어 있기도 했다. 특히 미국의 전후 처리 방침이 동북아시아에서 군사력 위주의 대소 방벽 설치를 노골적으로 추진하기 시작하면서 양 지역의 연결 관계가 한층 강화되었다. 그것이 점령통치의 배경으로 본격적으로 작동하기 시작하는 것을 잘 보여주는 것이 연합군사령부와 일본 정부의 재일조선인 대책의 변화였다. 그러한 정세와 사태의 변화 속에서 2차 대전 전후 처리 방식의 일환으로 제기되었던 미국의 일본과 남한 점령이 동북아시아에서 냉전체제 수립 문제와 연결되었다.

한반도 남과 북에서 분리정부의 수립이 냉전의 도래를 알리는 신호탄이었다면, 샌프란시스코 대일강화조약 체결과 샌프란시스코체제의 수립은 한반도와 동북아시아에서 냉전체제가 수립되었음을 알리는 상징적 사건이었다. 미군 점령기에 일본인, 재일조선인, 한국인들이 점령 당국에 보낸 편지들은 그러한 변화를 체계적이고 구조적으로 드러내지는 않지만, 그들의 일상생활, 당대의 세태와 정치사회적 분위기에서 때로는 즉자적으로, 때로는 암시적이고 상징적으로 그 편린들이 어떻게 발현되고 변해 가는지 보여준다.

제5장

정부 수립 전후
지식인의 냉전 인식

1. 1946년 4월,
   남한 여론주도층의 미소관계 전망

월간지 신천지 1946년 5월호(1권 4호)에 흥미 있는 설문이 실렸다. 제3차 세계대전이 일어날지, 일어난다면 어째서 일어나고, 어떻게 진영이 갈릴지, 일어나지 않는다면 현재의 복잡한 정세를 어떤 방법으로 수습해야 할지 물었고, 각계각층을 대표할 만한 인사 14인이 설문에 응했다. 함상훈(한국민주당), 오쾌일(중앙신문사), 이강국(민주주의민족전선 사무국), 이종모(조선통신사), 설의식(동아일보), 양재하(한성일보), 서강백(서울신문), 박승원(서울신문), 이태준(소설가), 백남운(신민당 서울특별위원회 위원장), 이주하(조선공산당), 이순금(부녀총동맹), 오기영(경성전기주식회사 총무부장), 최범술(불교중앙총무원)이 그들이다.

신천지 편집진은 각 정파를 대표할 만한 각 당의 이론가와 대표, 그리고 언론계를 대표할 만한 기자와 평론가, 작가, 여성계와 종교계 대표에게 설문을 보냈다. 함상훈은 한민당 이론가였고, 이강국과 이주하는 조선공산당 이론가, 대변인이었다. 백남운은 이후 남조선신민당을 대표한다. 이종모, 설의식, 양재하,

박승원은 강점기부터 활동하던 중진 언론인이다. 해방 이후 해당 신문, 통신의 편집인, 정치부장 등을 역임했다. 오기영은 강점기에 동아일보 기자였으나 해방 직후 경성전기주식회사 총무부장으로 일했다. 하지만 신천지, 민성 등 잡지와 신문에 틈틈이 정치·사회평론을 기고했고, 점령기에 세 권의 평론집을 낸 저명한 평론가였다.[620] 이태준은 유명한 소설가였고, 이순금은 여성계, 최범술은 불교계를 대표하는 인물이다. 경력이나 지위로 보아 당대의 여론주도층(opinion leaders)이라 할 만한 인사들이다.

잡지 신천지가 왜 여론주도층 인사들에게 이러한 설문을 보냈을까? 편집후기를 통해 기획 의도를 짐작할 수 있다. 아래 인용문은 편집후기 마지막 문단이다.

> 오늘 아침 전차를 타고 오다보니 꽃가게에는 벌써 만개된 진달래와 개나리의 묶음이 탐스럽게 꽂혀 있다. 해방 후에 처음 맞는 봄이다. 그러나 이 봄은 너무나 음울하다. 국외, 국내에는 언제 가실지 모를 암운이 자욱이 덮여있고, 굶주림과 혼란과 소음의 폭풍은 잦을 상 싶지도 않다. 삼천만의 불안한 시선은 오로지 덕수궁 석조전에 쏠리고 있으나 덕수궁의 문제는 세계에 연결된 문제이니 우리는 얼만한, 기대를 여기에 걸어야할지, 아- 무궁화는 언제나 피려는가. 4월 6일 (玄)[621]

신천지 1946년 5월호는 발행일이 6월 1일이었지만, 편집후기는 4월 6일에 쓰였다. 후기 작성일과 발행일 사이에 거의 두 달의 시간적 격차가 있다. 용지난, 인쇄난 등 당시 경제적 곤란과 혼란, 원고 확보의 어려움 등을 고려해야 한다. 제1차 미소공동위원회가 3월 20일 덕수궁 석조전에서 개최되었다. 그 시점부터 '삼천만의 불안한 시선이 오로지 덕수궁 석조전에' 쏠렸다. 미·소 양측 대표단이 작업 일정과 방법에 합의한 3월 말만 해도 협상이 순조로이 진행되는 듯이 보였으나, 곧 미소공동위원회 협의 대상 조선인 정당·사회단체 선정 문제로 회담이 난관에 부딪혔다. 반탁운동 정당·사회단체를 협의 대상에서 제외해야 한다고 주장하던 소련 대표단이 회담이 난항 중이던 4월 5일, 과거에 반탁운동을 했더라도 앞으로 모스크바 삼상회의 결정을 지지하면 과거의 반탁활동을 불문에 붙이고, 협의 대상으로 할 수 있다는 새로운 양보안을 제안함으로써 협상에 돌파구를 제공했다.[622] 편집후기를 탈고한 4월 6일은 바로 그 이튿날이다. 그러나 협의 대상 문제로 5월 8일 이후 결국 제1차 미소공동위원회가 결렬되었다. 이 설문이 진행된 정확한 시점이 궁금하다.

편집후기 필자인 '玄(현)'은 편집인 정현웅을 이를 테고, 꽃가게의 진달래, 개나리 꽃묶음이 봄의 화사함을 전하지만 그는 조선의 현 상황이 음울하기만 하다.[623] 무엇보다 '세계에 연결된 덕수궁의 문제'가 그를 불안하게 한다. 불안감은 그만의 것이 아니다. 그가 적절히 표현했듯이 삼천만이 모두 불안감을 공유했다. 미국과 소련의 한반도 분할점령으로 한국 문제의 전후 처리가 세계로 연결되었고, 조선인들은 그러한 연결 관계가 어떤 고통과 희생을 가져오는지 이미 수십 년 전부터 몸으로 겪어온 터였다. 전쟁이 끝나고, 식민지 상태로부터 해방되었다고 하지만 해방을 나라의 독립으로 이어주는 현실적 출로는 '세계에 연결된 문제'를 푸는 길밖에 없었다.

설문은 제3차 세계대전의 발발 가능성에 빗댄 우회적 질문의 형식을 취했지만, 그 진의는 '세계에 연결된 덕수궁 문제', 즉, 향후 미소관계를 어떻게 전망하는지 묻는 것이었다. 그렇게 보면 설문은 오히려 직선적이었고, 설문에 답한 이들 역시 그 의도를 모를 리 없다.

제3차 세계대전이 일어난다고 단언한 최범술, 일어난다고 단정할 수는 없으나 그러한 사태까지 발전할 가능성을 예상한 설의식을 제외하면 설문에 응한 인사들은 대체로 제3차 세계대전이 일어나지 않을 것이라고 전망했다. 언론인들은 시기적 제한을 두어 요원한 장래라면 모르겠으나 가까운 시일 내에는 일어나지 않을 것이라고 다소 신중하게 전망하는 경향이었다. 정당 대표들은 일어나지 않으리라 단언했다. 전쟁이 끝난 지 얼마 되지 않아서 각국이 피폐한 상황이기 때문에 열강이 또다시 전쟁을 일으킬 수 있는 상황이 아니라는 점, 평화 애호 인민이 전쟁을 원하지 않고, 각국 근로인민과 식민지 민족해방운동 역량이 커졌다는 점, 연합국들, 특히 미소 양국의 협력이 전후에도 지속될 것이라는 점 등이 전쟁 발생 가능성을 부정하는 판단의 근거들이었다.[624]

반면 최범술은 공산주의 국가와 자유주의 국가의 양대 진영이 서로 용납하지 못하는 점이 도화선이 될 것이라고 단언했다. 동아일보 주필 설의식은 만약 전쟁이 일어난다면 두 진용(陣容)은 미국을 중심한 진용과 소련을 중심한 진용이 될 것이나, 월키(Wendell L. Willkie)의 『세계일가(世界一家)』에서 말한 바와 같이 미국적 정치방식과 소련적 경제방식이 조화를 이룰 수 있으면 수습될 것이라고 전망했다. 설문 결과는 전쟁 발생 가능성에 대해 부정적 전망이 많았으나, 언론인은 그런 전망을 공유하면서도 정치가들보다 신중한 태도를 보였다. 그중에서도 전쟁 발생 가능성을 부정하지 않은 동아일보 주필 설의식이 가장 신중했고, 오기영도 다소 신중한 태도를 취했다. 한민당 계열의 극우지 또는 우익지로 분류되던 동아일보 주필이 언론인 가운데 전쟁 발생 가능성을 가장 우려했다는 사실이 눈길을 끈다.

신천지가 설문을 기획한 상황적 배경은 편집후기가 토로했듯이 당시 한창 회의가 진행 중이던 미소공동위원회의 개최였고, 기획 의도는 남한 여론주도층 인사들의 향후 미소관계 전망을 들어보는 것이었다. 답변 원고가 들어온 정확한 시점을 특정할 수 없으나, 설문에 응한 인사들은 대부분 국제정세, 국내정세 양 측면에서 미소관계에 대해 낙관적 전망을 내비쳤다. 신천지는 설의식이 미소전쟁 수습책을 제시하며 인용한 월키의 『세계일가』 중 소련 편 일부를 번역하여 1946년 5월호 맨 앞에 배치했고, 이어서 설문 기사를 실었다.[625] 월키의 책은 제2차 세계대전 중 미국 사회에 국제주의를 확대하고, 미소 협력관계를 강화하는데 기여했으며, 그러한 국제협조노선에 입각한 전후 질서 수립 전망을 제시했다.[626] 설문과 답변은 미소관계에 대한 낙관적 전망과 한국 문제 처리를 위해서는 그래야만 한다는 희망적 사고(wishful thinking)가 뒤섞여 있다.

2. 1947년, '냉전'의 등장과 이승만, 극우 언론

이 책의 앞머리에서 남한 신문들이 1947년 3월 15일과 16일, 외신으로 트루먼 독트린에 관한 미국 신문들의 논평 기사를 소개하며, 트루먼 대통령의 의회 연설이 소련에 대해 '냉정하게 전쟁을 각오'했다는 점을 부각시켜 제목을 뽑은 점을 지적했다. 트루먼 독트린은 남한에서도 냉전의 서막을 알리는 예고편 구실을 했는데, 당시 트루먼 대통령 연설에 가장 민감하게 반응한 것은 이승만과 한민당이었다. 국내 신문은 당시 방미 중이던 이승만의 트루먼 대통령 연설에 대한 반응을 아래와 같이 전했다.

트루먼 대통령이 희랍과 토이기에 대하야 원조를 부여한다는 의사를 표시한 것은 미국이 적극적으로 자유주의 국가가 공산주의에 의하야 지배되는 것에 대항한다는 것을 정식으로 천명한 것인 만치 환영하는 바이다. 좌우간 우리는 강경화하여가는 미 정책을 환영하는 바이며 남조선 단독정부를 즉시 수립한다는 것은 조선에 있어서의 공산주의 투쟁의 최선 방책인 동시에 남북통일을 하

는 데 있어서도 최선의 조치라고 생각한다.[627]

이승만은 트루먼 독트린을 환영하며, 그것을 공산주의에 대한 투쟁을 천명한 것으로 해석했다. 그리고 남조선 단독정부 수립이 조선에서 그 실현 방식이라고 주장했다. 한민당 선전부장 함상훈 역시 같은 날 기자단과 회견 석상에서 "남조선에 조선인에 의한 자치정부가 수립되고 그 정부가 유엔의 일원이 되어 그 정부가 조선 문제를 유엔에 호소하야 남북통일의 주동체가 될 것을 기대한다"는 요지의 담화를 발표했다.[628] 함상훈은 신천지 1946년 5월호 설문에 응했을 때만 해도 좌우와 남북을 통일한 민주정부 수립을 강조했는데, 이 시점에서는 전혀 다른 입장을 취했다. 이승만과 한민당 등 남한의 극우 정치세력은 트루먼 독트린을 그들이 주장하는 남조선 단독정부 수립방안에 파랑색 신호등이 켜진 것으로 간주했다.

1947년 7월에 트루먼 독트린이 미국의 대외정책으로 구체화된 일련의 사건들이 연이어 발생했다. 그 신호탄은 케넌(George F. Kennan) 논문의 공개였다. 그 글이 공개된 1947년 7월은 국제정세, 국내정세의 측면에서 모두 중요한 변곡점이었다. 그 글이 공개되자 국내 우익 성향 신문들이 'X' 씨의 논문 내용을 일제히 외신 보도 형태로 기사화했다. 민중일보는 「X씨 논평 내용, 소련은 동지보다도 경쟁상대자, 자본주의 포위를 구실로 독재와 진출 확대 정책을 감행」이라는 제목으로 보도했다.[629] 이 외신 기사를 다룬 다른 신문들도 모두 '소련은 동지가 아니라 경쟁

상대자'라는 것을 강조했다.[630] X 씨 논문 발표 전에 미국은 소련 측에 유럽 재건 원조안을 제안했는데, X 씨 논문 관련 기사는 케넌이 원조안을 제안한 마셜(George C. Marshall) 국무장관의 정책수립위원장이라는 점을 강조했다.

1947년 7월에 소련의 미국 측 유럽 경제부흥안, 이른바 마셜 원조안 제안 거절, 미국의 그리스, 터키 군사·경제 원조 실시 등의 사태가 발생하자 국내외 언론은 이러한 일련의 사태를 미국의 대소 강경정책의 현실화로 간주했다. 미국 언론들은 루스벨트(Franklin D. Roosevelt) 대통령이 추구한 '하나의 세계' 구상은 더 이상 현실적이 아니며, 그것을 대신하여 두 개의 세계가 각자 무장하여 대항하게 되었다는 관측을 내놓았다.[631] 이제 미소 간 협조노선에 균열이 발생하고, 미소 대립이 본격화하리라는 전망이 점차 강화되었다. 1948년 미국 대통령 선거에서 진보당 후보로 나섰던 월리스(Henry Agard Wallace, 1888. 10. 7~1965. 11. 18)나 프랑스의 드골(Charles André Joseph Marie de Gaulle, 1890. 11. 22~1970. 11. 9)은 파리에서 개최할 예정인 유럽 경제재건 회의에 소련의 참석을 요청하면서, 소련의 불참이 가져올 '세계 양분'과 '3차 대전'의 발발 가능성을 우려했다.[632] 제2차 세계대전이 끝난 지 채 2년이 되지 않아 전 세계가 다시 3차 대전을 걱정할 정도로 국제정세가 긴장되기 시작했고, 전 인류가 다시 평화와 전쟁의 갈림길에 들어섰다는 보도가 점차 신문 지면을 장식했다.

이승만은 1946년 6월 정읍발언을 통해 남한 단독정부 수립을 주장했다가 여론의 거센 비판을 받았다. 좌우합작운동이 전개되는 동안은 그가 공개적으로 단정론을 제기할 수 없는 분위기였으나, 남조선과도입법의원의 설치가 가시화하고, 그 기구를 이승만과 한민당이 지배할 게 명확해지자 이승만은 1946년 11월부터 다시 단정론을 제기하기 시작했다. 특히 1946년 12월에서 1947년 3월 사이에 이승만이 미국에 체류하며 펼친 활동은 전적으로 미국의 정책담당자들과 그의 후원자들, 미국 여론에 단정안을 부각시키는 데 초점이 있었다.[633] 그리고 트루먼 독트린의 발표는 그의 단정론 선전을 북돋는 계기로 작용했다.

 1947년 5월 21일 제2차 미소공동위원회가 시작되었다. 미군정은 미소공동위원회 개최 기간 중 모든 정치적 집회를 금지시켜서 반탁운동을 적절히 통제하려고 했다.[634] 그러나 이승만의 단정안 선전은 노골적이었고, 이승만의 우익 내 위상이나 그의 선전 활동 때문에 미군정은 그를 견제하느라 애를 먹었다. 이승만은 전투적인 반탁 구호를 내세우며 남조선 총선거를 통한 정부 수립을 공공연히 주장했다. 1947년 여름 미국 측 냉전 구상의 현실화, 유럽과 중동에서 미소 대립의 현재화를 지켜보며 그와 한민당은 단정안 선전을 한층 노골적으로 강화했다. 단정안 선전의 대중적 동력은 우익 청년단체를 앞세운 반탁운동이었다. 미군정은 반탁운동을 통제할 수 없었다. 미소공동위원회 회의가 열린 덕수궁 앞에서 1947년 6월 23일 시위대가 소련 대표단을 향해 돌을 던질 정도로 반탁운동이 극성스럽게 전개되었지만 경찰은 시위대를 적극 진압하지 않았다.[635] 그리고 이승만과 한민당의 노선을 선전하고 여론을 조직하는 데 우익 정당, 청년단체 등 대중단체뿐만 아니라 우익 성향 언론사들도 동원되었다.

　1947년 8월 10일 조선신문기자협회가 결성되었다. 이 협회는 기자들을 '민족진영'과 '반민족진영'으로 구분했고, 결성식에서 이른바 민족진영 신문기자들이 다수의 반민족진영 기자들에 대항하여 조선신문기자협회를 세웠다고 선포했다. 결성식에서 행한 실정 보고에 의하면 민족진영 신문기자들은 동아일보, 현대일보, 독립신문, 민중일보, 대한일보, 부인신보 등 6개 신문사 기자들이었다. 조선신문기자협회는 노력인민, 독립신보, 광명일보, 국제일보, 조선중앙일보, 우리신문 등을 좌익신문으로 분류했고, 서울신문, 경향신문, 중앙일보, 한성일보, 조선일보, 조선통신, 해방통신, 공립통신 등을 표면상 중간파로 분류했다. 조선신문기자협회는 이 신문들을 모두 싸잡아서 반민족진영으로 분류했다.[636] 미군정이 점령기에 실시한 남한 신문의 정치적, 이념적 성향 조사에 따르면 조선신문기자협회에 가입한 6개 신문은 시기별로 조금씩 출입이 있지만 대체로 모두 극우지로 분류되었다. 미군정이 극우지로 분류한 신문들이 우익, 중립, 좌익으로 분류한 신문들을 반민족진영이라고 비난한 꼴이다.[637]

　이승만이 이 결성식에 참가하여 연설했다. 그는 연설에서 남조선 총선거를 강조했는데, 그 개요를 기사 그대로 옮기면 다음과 같다.

　일. 우리는 국권을 회복하고 정부를 세워야 한다. 우리 정부는 우리가 우리의 뜻대로 만드는 것이 우리의 정부이지 미소공위나 만국회의에서 만드는 것은 우리의 정부가 아니다.
이. 내가 주장하는 것은 우리의 민의대로 총선거를 시행하자는 것이다.
삼. 삼팔 이남은 고만두고 경상도 하나만이라도 독립하고 UN에 가입하여 국제적으로 말할 수 있게 되면 우리는 우리를 점령하고 있는 외국 사람들에게 물을 것이 많다.
사. 미국사람이나 소련사람들은 우리를 위하여 싸운 것이 아니고 대세에 의하여 싸운 것이다.
오. 그러므로 우리는 하루바삐 총선거를 시행하여 입법부를 구성하고 통일 정부를 세워서 독립해야 한다.[638]

이승만의 연설은 요약하면 미소공동위원회를 통한 한국 문제 처리를 거부하고, 남조선 총선거를 통해 정부를 수립하자는 것이다. 그리고 조선신문기자협회는 "정치는 정치인에게 맡기고 신문인은 신문인의 본래의 사명으로 돌아가자"라고 표방했지만, 결성 당시부터 언론인 단체라기보다는 정치조직 같은 성격을 보였다. 이승만이 연설에서 강조했던 남한 단독정부 수립이 사실상 조선신문기자협회의 기본 방향이 되었다고 할 수 있다. 이후 조선신문기자협회는 단독정부 수립을 위해 적극적인 역할을 했다.[639]

조선신문기자협회의 첫 사업은 지방사정 시찰대 파견이었다. 1947년 8월 25일 정준수(동아일보), 조연현(민중일보), 유위(대동신문), 한웅태(독립신문), 이동윤(대한일보) 등 5명으로 구성된 지방사정 시찰단 제1대를 영남에 파견했다. 8월 28일에는 한오혁(동아일보), 김자환(독립신문), 최기덕(전보통신), 박성환(대동신문), 구상(부인신보), 최순일(현대일보) 등으로 구성된 제2대를 호남에 파견했다. 또한 9월 말에는 송용우(대동신문), 한음태(독립신문), 김호진(동아일보), 최경덕(동아일보), 조연현(민중일보), 오동과(대한일보) 등을 38선 시찰단으로 보냈다. 시찰대는 각 지역을 시찰하고 돌아온 후 영남시찰단은 4회, 호남시찰단은 5회, 38선시찰단은 6회에 걸쳐 '현지보고서'를 신문에 연재했다. 영호남 지방 현지보고서는 대부분 좌익의 활동을 비판하고, 이를 더욱 강력히 탄압할 것을 요구하는 내용으로 채워졌다. 38선 현지보고서는 북한에 대한 비판을 주로 담았다. 이 보고서들의 결론 부분은 이승만, 김구를 내세우며 남한만의 정부 수립을 주장했다. 보고서 내용이 시찰대 파견 의도가 무엇이었는지 잘 드러낸다.[640]

조선신문기자협회의 결성이나 그들이 벌인 활동은 그 무렵부터 일부 신문들이 이승만, 한민당 등 단정 추진세력의 대변인이자 선전대 역할을 노골적으로 수행했음을 보여준다. 그런데 조선신문기자협회 소속 신문과 기자들의 보도 행태나 기사 내용은 해당 시점의 담론 형성과 작동 방식을 이해하기 위해 보다 구체적으로 분석할 필요가 있다. 조선신문기자협회의 영남시찰단과 호남시찰단은 아마도 두어 달 전 1947년 6월 하순과 7월 초순에 있었던 군정청과 산하 부서들, 서울시청, 경기도청에 출입하는 기자들이 공동으로 구성한 호남사정 시찰기자단의 전북, 전남 지방 테러실태 조사 활동에 대응하여 조직되었을 것이다.

1947년 5, 6월에 호남지방에서 빈발했던 테러 사건은 그 잔인성과 농민들이 입은 혹심한 피해로 인해 사회적으로 큰 물의를 일으켰다. 이에 군정청과 산하 부서들에 출입하던 기자단이 공동으로 호남사정 시찰기자단을 구성했다.[641] 기자단은 6월 22일부터 28일까지 김제, 완주, 부안, 줄포 등 전북 지방을 시찰했다. 어디에서나 우익 청년단체 회원들이 경찰 면전에서 공갈과 협박을 일삼았고, 심지어 기자수첩을 빼앗는 등 기자를 폭행했다. 기자단은 28일 정읍에서 광주로 이동하여 6월 29일부터 7월 1일까지 담양, 나주, 광주 등지를 시찰했고, 목포, 장성 등 예정했던 다른 지역 시찰은 포기하고 7월 2일 서울로 돌아왔다. 경무부가 기자단을 호위하겠다고 약속했지만 전라북도 현지 경찰은 해당 지역 안내를 독립촉성청년총동맹 등 청년단체에 맡겼다. 경찰은 청년단체의 협박과 폭행을 방관했으며, 기자단은 조사를 제대로 수행할 수 없었다.[642]

기자단은 테러의 배경과 원인으로 전국적으로 전개되는 우익 진영의 좌익 진영에 대한 정치공세가 파괴적 수단에 의존하고 있고, 피해를 입은 마을은 좌익이 강하다는 극히 간단한 이유로 공격을 받았다고 분석했다. 기자단은 이를 '적구(赤狗) 타도와 반탁 구호가 독립봉(獨立棒)으로 나타나서 인민의 머리 위에 날아온' 것이라고 묘사했다. 기자단이 조사한 바에 따르면 테러단은 마을을 습격한 뒤 주민들에게 '사상전환서'를 강요하고 독립

촉성청년총동맹 가입을 촉구했으며, 또 기부금 강제징수와 약탈을 자행했다.[643]

이 일련의 과정은 농민들에게 익숙한 것이자 동시에 참기 어려운 것이었다. '사상전환'은 일제 강점기에 나라의 독립을 찾겠다는 의지와 희망을 포기하지 않았던 이들에게 일제가 집요하게 강요한 '전향' 공작을 대중적으로 확대하여 일부 인사들뿐만 아니라 농민들에게까지 강요한 것이었다. 단체 가입과 기부금을 강요한 것 역시 일제 말 전시동원체제 아래서 자주 겪었던 익숙한 경험이었다. 아마 농민들은 일제로부터 해방된 지 불과 2년 만에 이런 일을 다시 겪게 되리라고는 꿈에도 상상하지 못했을 테고, 해방된 조국에서 같은 동족과 과거 일제 주구 노릇을 했던 자들로부터 그런 핍박을 받는 것을 도저히 납득할 수 없었고, 참을 수도 없었다.[644]

기자단에 의하면 경찰이 우익 청년단의 테러를 방관 조장했고, 또 그들과 야합했다. 또 테러를 당한 주민들이 경찰에서 조사받기 전에 테러단 특설 취조실에서 온갖 악형으로 예비취조를 당하여 형벌이 결정되는 것이 일반적이었다. 기자단은 호남지방에 테러가 멋대로 횡행하는 것은 당국과 청년단체의 언론 탄압, 경찰의 방관이 이를 조장하기 때문이라는 사실도 지적했다. 기자단은 극우단체들이 테러를 동원하여 반탁의 애국심을 강요하고, 그것을 경찰서장이 공공연히 '사상전환'이라고 말하는 것이 현재 호남지방의 상황이라며, '테러단의 만행이 애국심의 발로이며 그 결과가 독립을 위한 시련이므로 그대로 간과되어야 한다는 합리성이 그럴듯하게 조작되고 있다는 점이 가장 위험한 사상'이라고 보도했다.[645] 해방된 지 2년도 채 되지 않은 1947년 여름, 한국 사회는 도시건 농촌이건 청년단체의 노골적인 폭력과 테러에 의존하는 동원의 정치가 일상을 지배했고, 다수의 대중이 공포와 불안에 떨어야 했다.

조선신문기자협회의 영남·호남 지방 현지보고서는 그 논조가 군정청 기자단의 호남 지방 테러실태 조사와 정반대였다. 영남 시찰단의 첫 방문 지역이 대구였는데, 아래 두 개의 인용문은 대구 현지보고서 내용 중 일부이다.

> 오늘의 영남지방을 해부하려면은 빼지 못하고 잊지 못할 영남 十·一사건의 진상을 다시 한번 보고하려 한다. 십·일사건은 그만큼이나 각 방면에 영향을 끼치고 확대되었든 것이다. 기적을 바라고 기적을 꿈꾸든 사람들은 아직도 단말마가 연출하는 최후의 발악을 되풀이하고 있다. 허무맹랑한 모략과 선동에 빠져 소위 작년 영남 십·일사건에 무참히도 몰려나왔던 무고한 농민들은 지금 깊은 참회와 반성에 잠겨 있다. 이것이 오늘의 영남 일대의 현상이라 하겠다. 만일 그들 농민이 소위 십·일사건이 그들의 진심에서 우러나오는 정의의 그것이었더라면 거기에는 반항의 잔재를 인정할 수가 있을 것이다. 그러나 한없는 뉘우침에 잠겨있는 오늘의 농민에게는 조금도 이러한 것을 볼 수가 없다.[646]

> 지난날에 있어 소요 사건에 참가한 것이 물론 자율적이 아니고 타

율적이기는 하지만 자기네들이 바라던 바와는 전연 다른 곳에 그 목적에 있었던 것을 알게 될 때, 자기가 지은 과오를 크게 뉘우치며 또 좌익계열의 모략 선동에 속아 그들의 이용물이 되었었다는 불명예를 회복하기 위한 노력이 넉넉히 보이었다. 그리하여 지금의 인민들은 좌익계열의 선동에는 귀를 기울이지 않고 있다 한다.[647]

이 두 건의 기사는 조선신문기자협회가 영남 지방에 파견한 시찰단이 써내려간 현지보고서의 첫머리를 장식했다. 지방 사정을 청취하기 위해 파견한 시찰대의 첫 취재 지역이 1946년 10월항쟁(십·일사건)이 일어났던 대구였고, 이미 1년여 전에 있었던 10월항쟁에 대해 시찰대가 새삼스럽게 사건의 성격을 다시 논했다. 시찰대는 10월항쟁이 해당 지역 농민이 좌익의 모략 선동에 속아서 이용당해 일어난 사건이라는 논조를 펼쳤다. 마치 군정청 출입기자들로 구성된 호남사정 시찰기자단이 1947년 6~7월에 우익 청년단체의 테러활동을 취재해서 보도한 것에 대응이라도 하듯이, 연재의 출발선에서 10월항쟁이 좌익의 선동에 의한 것이었다는 미군정과 경찰의 입장을 다시 확인했다.[648] 이 기사는 조선신문기자협회의 취재 목표와 선전 방향이 어디에 있었는지 잘 드러낸다. 이러한 목표와 방향은 시찰단이 영남과 호남 각지를 돌며 작성한 기사들에 전반적으로 관철되었으나, 조선신문기자협회의 취재는 좌익을 비판, 공격하는 기사거리들을 생산하는 것에만 머물지 않았다.

이승만은 조선신문기자협회 결성식에서 연설할 때, 마치 행동강령을 선포하듯이 남조선 총선거를 몇 차례나 반복했다. 이승만과 한민당 등 단정추진 세력이 주장하는 단정안을 성사시키기 위해서는 선거에서 이기기 위한 조직의 확대와 정비가 시급했다. 또 단정안에 대한 대중의 거부감을 불식시키고, 단정안을 대중 속에 널리 전파하는 것도 필요했다. 이승만이 조선신문기자협회 결성식에 나가서 남조선 총선거를 연호한 것도 단정안 확대를 위해 신문의 역할이 중요하다고 판단했기 때문이다. 그러나 단정안 추진 세력의 확장과 선전의 확대도 중요했지만, 단정안이 전제한 남한 총선거를 앞두고 인구의 대다수가 살고 있는 남한 농촌사회의 여론동향이나 지방 정세를 사전에 객관적으로 조사하고 파악하는 작업 역시 필요했다. 조선신문기자협회의 지방사정 조사가 그 역할을 일정하게 담당했다.

왜 좌익세력이 우세하냐는 질문에 대하여 치안담당자와 민간 측의 일치된 답변은 다음과 같다.

일, 건국준비위원회, 인민공화국의 뿌리박은 세력이 의외에도 강하다는 것, 이, 일제시기 이곳은 가장 착취를 당했기 때문에 특별히 계급의식이 농후하며 따라서 반항심이 많다는 것, 삼, 건준 인공 때 이에 가담했던 사람들은 각 지방 농촌의 지식층으로 군·면 경찰을 오랫동안 접수하고 있었으며 아직도 남아있는 데가 있다는 것, 사, 좌익 측의 선전 조직은 농촌을 중심으로 한다는 것, 오, 좌익의 교묘한 선전술에 순박한 농민들은 여지없이 현혹된다는 것 등이라 하겠다. 그러나 지금은 어디 가든지 좌익단체의 간판은 볼 수 없으며, 독립촉성국민회, 한민당, 한독당, 독촉청년연맹의 간판은 산간벽지에도 찾아볼 수 있다. 그러나 이 간판 주인들의 활동은 민활하다 할 수 없으며, 농촌에 따라서는 겨우 간판만 지키고 있는 곳도 있다.[649]

앞으로의 보선에 있어 중앙과 지방이 긴밀한 연락을 가져야 할 것은 물론이거니와 반대로 또한 횡(橫)으로의 협조를 돈독하게 하야 난립될 염려가 없게 하고 조직적으로 선전과 계몽에 힘써 인민들의 총체적인 신임과 지지를 얻도록 하여야 할 것이다. 그렇지 못한다 할진대 중간파와 반민족적 민전계가 합류하야 민족진영에 협력 도전하여 올 것을 각오하여야 할 것이다.[650]

이 두 건의 기사는 현지보고를 마무리하는 후반부에 배치되었다. 첫 번째 기사는 전북 부안 지역의 정세를 전하는 글이다. 좌익 세력이 공개적으로 활동을 펼치지 못할 정도로 위축되었고, 표면적으로는 우익이 농촌사회를 장악하여 우세한 것처럼 보이지만 좌익 세력이 여전히 만만치 않다며 그 이유를 설명한다. 두 번째 기사는 우익 세력이 완전히 통일되어 있지 않다는 사실을 암시한다. 이 기사는 단정추진 세력이 보선(普選), 즉 남조선 총선거에서 이기기 위해서는 지역별로 우익 세력들의 난립과 조직 간 경쟁을 피하고, 우익 단체들 간의 횡적 협력이 절실하게 필요하다는 점을 강조한다. 합동통신이 1947년 11월에 조선신문기자협회와 비슷하게 남조선 실정 조사를 실시했다. 그 조사에 의하면 우익 진영의 대표격인 독립촉성국민회의 세력 장악을 둘러싸고 한민당, 한독당 간의 알력이 계속되고 있고, 최근에는 남조선 총선거 문제, 정당의 남북정치인협상 참여 문제로 완전히 대립되었다.651 이승만과 한민당의 단정안은 우익 진영 내부에서도 전적인 지지를 얻지 못하는 실정이었다.

미소공동위원회가 공식적으로 결렬된 것은 1947년 10월 18일이었다. 하지만 이미 1947년 8월부터 미국 측 판단에 의하면 미소공동위원회가 '전략적 이유 외에는 더 이상 지속노력이 무의미한 상태'에 접어들었다. 이때부터는 소련도 회담 자체보다 가급적 서울에 오래 머물러 좌익에 대한 테러를 막아줌으로써 이들의 세력 약화를 방지하는데 더 신경을 썼다. 그럼에도 불구하고 최종 결렬이 늦어진 것은 미소 양측이 결렬의 책임을 면하기 위해 먼저 정회를 제안하려 하지 않았기 때문이다.652 그 와중에 미국은 9월 17일 유엔 총회에서 한국 문제의 유엔 이관을 제안했다. 소련은 이에 반대했고, 9월 26일 미소 양군 동시 철수를 제안했다. 이 제안은 점령을 종식하고 한국 문제를 한국인들의 손에 맡기자는 것인데, 미국이 받아들일 수 없는 제안이었다. 미국은 이후 유엔을 통한 한국 문제 처리를 강행했고, 다른 한편으로 한국인 정치세력들 사이에서 남북정치협상을 통한 통일정부 수립 활동이 시작되었다.

미소공동위원회를 통한 미소협상의 결렬은 한반도에서도 냉전이 시작되었음을 의미했다. 단정추진 세력은 미국의 한국 문제 처리방안을 자신의 단정안과 일체화시키며, 이를 관철하기 위해 단정안을 합리화하고 지지하는 선전 활동, 대중을 조직 동원하는 활동에 매진했다. 다른 한편으로 분단을 저지하고 통일정부를 수립하려는 제 정치세력의 통일전선 구축 노력 또한 활발하게 펼쳐졌다. 신천지 1946년 5월호의 제3차 세계대전 발생 가능성을 묻는 설문에 대해 여론주도층 인사들은 대체로 미소협력이 전후에도 당분간 지속될 것으로 전망했고, 전쟁 발생 가능성을 부인하는 편이었다. 그러나 이제 '덕수궁 석조전에 쏠렸던 삼천만의 불안한 시선'이 불안을 넘어서 쪼개질 나라에 대한 걱정으로 가위눌릴 지경에 이르렀다.

3. 1948년, 남한 지식인 사회의 냉전 인식

신천지 1946년 5월호 설문에 응했던 인사들 가운데 정치인들은 단독선거·단독정부 추진과 반대로 명확하게 노선이 갈렸다. 그렇다면 그 설문에 응했던 언론인, 작가는 이러한 사태 전개를 어떻게 보았을까? 그들도 각자 나름대로 정치적 선택을 할 수밖에 없는 상황으로 점차 끌려들어 갔지만, 다른 한편으로 그들은 한반도 냉전의 진행 과정을 객관화시켜서 볼 수 있는 위치에 있던 지식인들이었다. 이들을 포함하여 남한의 지식인 사회는 이러한 한반도 정세 변화와 냉전의 전개를 어떻게 이해했을까? 잡지 신천지에 실린 냉전 관련 글들을 통해서 당대 남한 지식인사회의 냉전 인식을 좀 더 구체적으로 살펴보자.

신천지는 해방 직후부터 1950년대 전반까지를 대표하는 종합지로서 이 시기 정신사의 흐름을 입체화하여 보여줄 수 있는 유일한 자료로 평가된다. 해방 직후 우후죽순처럼 잡지가 출간되었으나, 대부분 단명했고, 비교적 장기간 발행되었던 종합지 민성, 건국공론, 대조, 신세대 등과 문학지 백민이 모두 6·25전쟁

이전까지 발행된 사실을 감안하면, 9년 동안 꾸준히 발간되었던 신천지는 존속 그 자체만으로도 충분한 의의를 지닌다. 신천지는 당대 그 어느 잡지보다 시대정신의 편폭과 그에 따른 매체전략의 변화를 선명히 보여주고, 8·15에서 6·25전쟁 후까지 사상사적·문화사적 동향에 대한 오피니언 리더로서의 역할을 수행한 유일한 매체라고 할 수 있다.[653]

신천지는 서울신문사가 간행했고, 언론사의 충분한 물적·인적 지원을 받아 상대적으로 유리한 위치에서 안정적인 재생산이 가능했다. 신천지는 종합지답게 국내외를 막론하고 각 방면을 두루 포괄하는 망라주의를 편집방침으로 했다. 신천지의 매체전략은 정론성, 대중성, 세계성으로 요약할 수 있는데, 특히 해방 직후 조선과 전후 세계체제의 유기적 연관성에 주목해서 세계사적 지평으로 의제 설정을 확대시키는 가운데 국제정세, 해외의 사상·지식의 동향을 적극적으로 소개하는데 많은 지면을 할애했다. 폭넓은 독자층을 가지고 있었을 뿐만 아니라 가장 인기 있는 잡지 중 하나였고, 점령기 담론장의 헤게모니를 장악했던 잡지였다.[654] 무엇보다 정치적 성향과 상관없이 좌우를 망라하여 두루 필자를 초청했던 만큼 당대 지식인의 냉전 인식을 살펴보기에 좋은 매개 역할을 할 수 있다.

신천지 전체 목차에서 '냉전' 또는 '냉정전쟁'을 검색하면 모두 세 편의 글이 나온다.[655] 오기영, 「민족위기의 배경-냉정전쟁에 희생되는 조선독립」(1948년 4·5월 합병호), 왈터·립맨 저, 김경훈 역, 「냉정전쟁의 전도(前途)」(1948년 7월호), 김영태, 「냉정

전쟁의 주동인물」(1948년 9월호)이 바로 그것이다. 신천지 지상에서 냉정전쟁(냉전)에 대한 평론이 처음 등장한 것이 4·5월 합병호, 즉 1948년 봄이었고, 이후 신천지 지면에서 냉전 관련 논의가 점차 많아졌다. 신천지 지상에서 냉전 논의가 활발해지기 시작한 1948년 전반의 시기는 분단을 저지하기 위한 한국인들의 노력이 결실을 맺지 못하고, 분단이 확정되어 가던 시기였다. 유엔 총회의 결의에 따라 유엔임시조선위원단이 남한에 들어와서 미군정과 남한 정치인들을 만나며 남북한 총선거 방도를 모색했다. 그러나 소련과 북한은 미국의 한국 문제 유엔 이관을 반대했고, 유엔임시조선위원단의 입북을 거절했다. 그리고 남북정치협상을 추진하던 남과 북의 제 정치세력이 남북연석회의를 개최했고, 연석회의는 남한만의 단독선거 반대를 결의했으나 남한에서 5·10선거가 실시되어 사실상 단독정부 수립이 확정되었다.

 오기영의 글은 그의 평론집『자유조국을 위하여』에도 실렸는데, 이 책에 의하면 이 글은 1948년 4월 30일 탈고한 것으로 되어 있다.[656] 이 글은 냉전의 기원, 냉전의 도래와 전개양상, 미국과 소련의 냉전정책, 냉전이 한국에 끼칠 영향 등을 종합적으로 살펴보았다. 오기영은 AP 평론가 매켄지의 정의에 따라 "공산화한 위성국의 지지를 받고 있는 소련과 민주주의 제국(諸國)과 동맹을 맺고 있는 미국 양국이 이미 전쟁 상태에 돌입한 상황"을 냉전으로 칭했다. 그러나 이 칭호는 새로우나 "실상 미소의 총성 없는 전쟁은 1917년 소련 혁명 이래 진행되어 온 것으로 하등 새로운 것은 아니고," 제2차 세계대전에서 당면한 공동의 적을 격파하기 위해 일시 휴전 상태에 들었던 것이 대전의 종결과 함께 각자 본래의 위치로 돌아가 대치하게 된 것이라고 보았다.[657]

오기영은 냉전을 미국과 소련의 이념 분쟁으로 보기보다는 "동유럽을 그 세력권으로 순조롭게 확보하여 대서양에 진출할 수 있게까지" 된 소련의 세력 확장을 용인할 수 없는 미국이 자본주의 옹호를 위하여 나선 것으로 파악했다. 소련은 사상적 무기와 조직력에 의해 동유럽을 그 세력권으로 확보하고 서유럽을 넘어서려 하고 있고, 미국은 경제적 세계 원조를 무기로 소련의 확장을 막으려 한다는 것이다. 원조의 내용은 마셜(George C. Marshall, 1880~1959) 국무장관이 계획한 유럽 부흥원조 53억 달러, 그리스 군사원조 2억 달러, 터키 군사원조 7,500만 달러, 트리에스트(Trieste) 원조 2,000만 달러와 함께 극동에서 중국 군사원조를 위한 1억 2,500만 달러를 포함한 중국 원조 4억 6,300만 달러에서 보듯이 명목이 군사원조인 것도 있고 그렇지 않은 것도 있으나, 그는 통틀어 60억 달러에 달하는 미국의 대외원조를 대소 무력원조로 이해해도 착오가 없다고 보았다.[658]

오기영은 전후 자본주의 경제는 전쟁으로 피폐한 세계시장으로 하여금 그 구매력을 소생시킬 정도로 재건을 위한 원조가 필요하고, 그 역할을 미국이 맡은 것인데, 미국이 전시 군수생산에서 평화생산체제로 전환하는데 걸리는 시간 중에는 그대로 전시체제의 생산과 현재 축적된 무기의 소비처가 필요하며, 그러기 위해서 적을 구할 필요가 있고, 미국이 발견한 적이 공산주의라고 보았다. 그는 미국이 소련을 타도하거나, 적어도 전전(戰前) 모양으로 소연방 내에서 더 나오지 못하도록 하거나 그것이 만약 부득이할지라도 동유럽을 넘어서지 못하게 하며, 아시아로 뻗어 나오지 못하게 해야 할 필요가 있기 때문에 소연방을 둘러싸고 동·서·남으로 근접한 18개 국가에 반공 전비(戰費)와 무기의 원조가 필요하고, 이 원조에 의하여 이들 18개 국가에서 공산주의에 대한 적개심의 환기와 그 투쟁이 필요하다고 보았다.[659]

이 글은 냉전의 정치경제학을 미소 간 군사정세 격화의 배경과 원인, 미국 측 냉전정책의 핵심인 원조정책과 관련하여 상세하게 논했다. 그는 결론적으로 미국의 원조는 공산주의에 대한 냉전의 동맹군이 된다는 엄격한 조건부이고, 미국의 세계 원조는 소련식 경제체제를 거부하고 미국식 경제체제 속에 세계를 유폐(幽閉)시키려는 것이라고 보았다. 동북아시아 정세와 관련해서는 일본의 복구 내지 재무장이나 중국의 장제스 정권 원조 등도 소련을 둘러싼 동서의 여러 국가로 하여금 반공전선을 광범하게 전개시키고, 미국의 동맹군으로 만들려는 것이라고 보았다.[660]

그는 결론적으로 2대 진영의 상호 적대 상태 하에서 희생되는 것은 세계 평화의 희생이요, 현금 냉전에 휩쓸려 들어간 약소국가들이고, 그중에도 "기구한 처지에 있는 자가 바로 우리 조선이요, 누구의 희생보다도 더 큰 희생이 이 민족의 통일의 상실이며 독립의 미수(未遂)"라고 설파한다. 그는 냉전의 전개 속에서 남북 분단이 항구화하고, 남과 북이 냉전의 도구가 되어 극동의 화약고가 마침내 폭발하지 않을까 우려하며, 우리가 주장할 것은 오직 하나 '민족자결의 원칙'이라는 말로 글을 끝냈다.[661] 오기영의 냉전 인식은 그만의 독특한 주장은 아니고, 당시 남한의 정치평론가들이 공유하는 일반적인 인식이라고 보아도 무방할 것이다.

   김경훈의 글은 리프맨(Walter Lippmann)이 미국 잡지에 기고한 글을 번역한 것이다. 리프맨은 '냉전'이라는 용어를 세간에 정착시킨 유명한 책을 1947년에 출간한 바 있다. 그의 책은 미국에서 발간된 지 1년 후인 1948년 10월에 한국에서 『냉정전쟁』이라는 제목으로 번역 출간되었다.[662] 그의 책은 케넌의 논문에 대한 여러 편의 평론을 모은 것이다. 그는 소련의 진출에 대한 케넌의 정세 파악에 동의하면서도 그가 제기한 미국의 대응 전략으로서 봉쇄정책에 대해서는 비판적 태도를 취했다. 리프맨의 글은 상쟁(相爭)을 열국(列國) 간의 영원한 현상으로 인정하고, 전력을 다해 이 상쟁을 조화하고 일정한 범위 내에 구속하여 분쟁을 제지할 일정한 세력권을 설정하며, 열강의 세력균형으로써 분쟁을 제지해야 한다고 주장한다.[663] 미국이 세계 각지에서 소련을 봉쇄하는데 동분서주하지 말고, 동유럽 등 소련의 세력권을 인정하고, 그러한 세력균형을 통해 분쟁을 막아야 한다는 것이 그의 핵심 주장이다. 신천지는 리프맨이 주장하는 미국의 대소(對蘇)냉전 대응책을 그의 글을 통해 국내 독자들에게 소개했다.

김영태의 글「냉정전쟁의 주동인물」은 미소 양국에서 당시 냉전의 전위대로서 상대국을 분석하는 전문가들인 미국의 소련통과 소련의 미국통을 소개했다.[664] 이 글이 소개한 주동 인물은 외교관인 케넌을 제외하면 대부분 전문가 겸 언론인으로서 매체를 통해서 상대국 정책을 분석하거나 비판하는 역할을 했다. 미국의 소련통으로 소개된 인물은 냉전 정책의 입안자 케넌, 케넌의 봉쇄정책을 비판한 외교·군사 평론가 리프맨, 중국 등 동북아시아 전문가로 이름을 날린 언론인 스노 등이다. 소련의 미국통으로 소개된 인물은 세계경제연구소를 이끄는 경제학자 바르가(Evgeny S. Varga), 미국의 대외정책을 경제적 관점에서 분석해온 레온티예프(Wassily Leontief), 미국의 대외정책을 식민지와 극동 문제의 입장에서 비판해온 주코프(Evgeny M. Zhukov) 등이다. 이 글은 그들의 이력, 이론과 영향력을 소개했다. 스노와 주코프처럼 극동 문제 권위자들을 냉전의 주동 인물에 포함시킨 것이 눈에 띈다.

'냉전'이라는 새로운 용어를 제목에 포함한 이 세 편의 글은 1948년 4월에서 9월 사이에 쓴 글로 보이고, 그 시기는 전 세계적으로 냉전이 '저널리즘의 유행어가 된' 시기였다.[665] 세 편의 글은 냉전의 대두로 전쟁과 평화의 경계선에 선 세계정세를 해설하는 데 그치지 않았다. 세 편의 글은 내용적으로 미국의 대소정책과 소련의 대미정책부터 양측의 대외정책을 분석하는 전문가와 언론인, 트루먼 정부가 추구하는 봉쇄정책에 대한 리프맨의 비판에 이르기까지 냉전 이해와 관련한 다양한 논점, 그것을 이해하기 위한 논의의 지평과 경과를 소개하려고 애쓴 흔적이 역력하다. 이 글들은 냉전의 현실적 배경과 미소 양측의 대외정책을 둘러싼 논란, 그것이 미국과 소련의 국내정세는 물론 세계정세에 끼칠 영향을 두루 추적했다. 그리고 오기영의 글에서 보듯이 당대 남한 지식인 사회는 점차 현실화하는 분단을 지켜보면서 냉전이 한국 사회와 한반도 정세에 끼칠 파국적 영향을 우려하며 논의를 이어갔다.

 냉전 관련 글이 실리기 시작한 1948년 전반부터 잡지 신천지에 국제정세 변화를 분석한 글이 대폭 늘었다. '냉전'이라는 용어는 신조어였지만, 냉전을 초래한 열강 간의 세력 다툼은 전혀 새로운 일이 아니었다. 오기영은 미소 간 다툼의 경우 심지어 그 다툼이 러시아혁명이 발생한 1917년부터 시작되었다고 이해했다. 그리고 식민지 상태에서 갓 벗어난 남한의 지식인들에게, 게다가 미소 양국 군대가 한반도를 분할점령 한 상태에서 점령의 두 주체가 냉전 상태에 돌입했다면 그것은 남의 일일 수가 없었다. 당장은 미국의 냉전 실행 수단인 원조가 유럽, 그리스·터키 등을 주요 무대로 했지만, 중국 국민당 정부도 원조 수여국 중 하나였다. 또 이른바 '역코스'로 불리는 미국 대일(對日) 점령정책의 선회 또한 예사로운 일이 아니었다.[666] 남한의 지식인 사회는 이러한 한반도 주변 정세의 변화와 국제정세 전반을 모두 시야에 넣고, 한편으론 현실화되기 시작한 미소 대립이 각국과 각 지역 정세에 초래하는 변화를, 다른 한편으론 미소 대립의 역학관계, 그 경로와 전망을 살펴보았다.

신천지 1948년 9월호가 기획한 「세계는 어디로 가나」라는 제목의 좌담회는 당시 남한 지식인 사회가 냉전의 도래와 그로 인한 국제정세의 변화를 어떻게 보았는지 잘 보여준다.[667] 좌담회에 이동주(평론가),[668] 임명삼(평론가),[669] 이갑섭(합동통신 편집국장),[670] 박기준(국제문제연구회 회장),[671] 설국환(합동통신 편집부장),[672] 홍종인(조선일보 주필),[673] 정현웅(신천지 편집인)이 참석했다. 참석자들은 편집인, 주필 등 언론계 중진들이거나 언론에 자주 등장하는 국제정세 평론가였다. 동주(東洲) 이용희(李用熙)는 당시 기자로 활동했으나 1949년부터 서울대학교 교수로 일했으니 학계를 대표한다고 할 수도 있다. 당시 30대 초반으로 좌담회 참석자 중 가장 젊었다.

신천지 1948년 9월호는 9월 1일 발행한 것으로 되어 있으나, 당시 잡지들이 발행일을 지키는 경우는 거의 없었고 발행일 이후에 나오는 경우가 많았다. 1948년 8월호의 경우 발행일이 8월 1일로 되어 있지만, 1948년 8월 25일자 글이 실린 것으로 보아 잡지에 기재된 발행일과 실제 발행일은 차이가 있다. 8월호의 내용 가운데는 대한민국 정부 수립 이후의 상황을 다룬 것들이 있다. 9월호는 간기에 8월 15일 인쇄에 들어간 것으로 되어 있지만, 좌담회는 9월 15일 서울신문사에서 열렸다.[674] 좌담회와 연관이 있는 이동주의 「전쟁으로 가는 길」이 9월 9일 탈고되었다. 대한민국 정부가 공식 출범했음에도 신천지 1948년 9월호는 이와 관련한 기사가 없고, 국제정세 특집이라고 해도 좋을 만큼 국제정세와 각국 사정 관련 글이 도배를 했다. 모두 33편의 글 가운데 23편이 국제정세 관련 글이다.

  신천지 1948년 7월호와 8월호도 사정은 비슷했다. 8월호는 모두 34편의 글을 실었는데 국제정세 관련 글이 17편이다. 신천지는 정부 수립을 전후한 시기에 국내정세 관련 평론보다는 국제정세, 각국 사정 기사와 평론에 더 많은 지면을 할애했고, 종합지라기보다 국제정세를 다루는 시사 전문지라 해도 좋을 만큼 국제정세 관련 글을 많이 실었다. 8월호는 홍종인, 「통일이냐 분열이냐 – 미국의 '한국' 승인 성명을 중심으로」, 박기준, 「남한 신국가와 세계 – 대한민국과 UN」, 임명삼, 「미국의 정치적 불안 – 전쟁이냐 평화냐」 세 편을 가장 앞부분에 배치했다. 세 편의 필자가 모두 9월호 좌담회에 참석했다. 홍종인의 글은 대한민국 정부 수립에 대한 미국 정부의 대응, 박기준의 글은 신생국가 대한민국 수립에 대한 유엔을 중심으로 한 국제사회의 논쟁을 살펴보았다. 이러한 지면 배치는 신천지 8월호가 정부 수립이 가지는 역사적 의미나 이로 인한 국내정세 변화보다 단정 수립이 초래할 국제적 문제들, 미국과 유엔 주도의 한국 문제 처리 방안에 대한 국제사회의 반응에 더 많은 주의를 기울였음을 보여준다.

  임명삼의 글은 전후 평화를 수립해야 할 미국이 경제적 혼란과 사상적 퇴보에 빠져있다고 주장하면서 미국의 정치사회적 구조를 분석했다. 필자는 오늘날 미국의 월스트리트가 미국의 경제적 측면뿐 아니라 정치적 동향을 실질적으로 결정하는 열쇠를 가지고 있다면서, 미국의 민주주의가 고도로 발달된 금융자본주의 아래 있다고 지적한다. 그리고 미국 인민들이 전쟁의 공포에 쌓여 있고 불경기가 도래할까 걱정하며, 세계평화기구인 유엔이 파괴될 위험을 느끼고 있다고 주장한다.[675] 이 글은 특히 1948년에 있을 미국 대통령 선거 전망을 진보당 후보 월리스의 노선, 정책과 연결하여 소개했다.[676] 임명삼은 미국 정부의 냉전 정책을 바라보는 미국 사회의 불안감을 전쟁 대 평화 노선으로 대비시켜 바라보았다. 8월호는 국내 정치에 영향을 미치는 요인으로서 국제정세, 특히 미국의 대선과 진보당의 출현을 주의 깊게 살펴보았다.

9월호로 돌아가서 좌담회 「세계는 어디로 가나」는 편집인 정현웅이 질문으로 좌담을 이끌고, 참석자들이 대답하거나 서로 토론하는 방식으로 진행되었다. 순서대로 크게 10가지 화제가 거론되었다. 1) 전쟁이 일어나는가, 2) 미국이 군사적으로 유리한가, 3) 전쟁의 성격과 형태 변화, 4) 전쟁은 이미 일어났다, 5) 미·소 양국은 전쟁을 피한다, 6) 베를린 사태의 진의,[677] 7) 냉정전쟁은 미소의 자신감 전쟁, 8) 냉전전쟁 용어의 출처, 9) 공화당 후보 듀이가 당선하면 미국 국내정책은 어떻게 달라지나, 10) 유엔의 귀추 등이다.

좌담회는 미·소 전쟁의 발발 여부에 대한 토론으로 시작되었다. 그러나 이어지는 화제들에 나타나듯이 이 질문은 그리 단선적인 것이 아니었다. 전체 토론 내용은 이 주제뿐만 아니라 냉전이 초래한 각 지역 정세 변화와 미국과 소련의 내부 동정, 특히 미국 대선 전망 등을 폭넓게 다루었다. 좌담회 지면 바로 뒤에 이동주의 평론「전쟁으로 가는 길」이 실렸고, 이동주는 군사적 견지에서 미소 전쟁 발발이 불가피하고, 박두했다고 주장한다. 하지만 좌담회에서 설국환은 미국이 군수산업의 활성화를 위해 전쟁 '분위기'를 계속 고조시키지만, 사실 시간을 끌면서 소련의 파탄을 기다릴 뿐 전쟁은 피하려고 한다고 반박했다. 이갑섭, 박기준, 임명삼 역시 현재의 긴장이 전쟁으로 이어지지는 않을 것이라고 예측했다. 현재 냉전을 통해 긴장을 고조시키는 측은 미국이고, 그 수단은 군사·경제 원조이고 이를 통해 원조 수여국에 군사기지를 설치하고 있으며, 경기 침체와 불황을 막기 위해 미국 내 전시산업을 부흥시키고 있다는 데 참석자들이 대체로 의견을 같이 했다. 그리고 이동주를 제외하면 다른 참석자들은 미국이 경제적·군사적 공세를 취하는 가운데 소련은 현상을 유지하려고 하고, 유럽과 아시아에서 각기 다른 전략을 취하면서 미국의 세력화를 방해한다는 견해에 공감했다.

이동주는 '군사적 관점'에서 미국의 공세가 소련을 수세로 몰아넣으면 소련이 전쟁을 일으킬 수밖에 없을 것이라고 예측했다. 그가 주목한 군사적 요소는 소련의 사방을 포위하는 군사기지의 설치, B29 장거리 전략폭격기로 상징되는 미국 공군력의 우세와 항공기술의 발달이다. 미국은 그린란드, 아이슬란드, 서유럽 군사동맹, 그리스와 터키, 이란, 캄차카반도에 이미 군사기지를 설치했거나 설치 중이고, 소련은 경제적 공세, 정치적 타격, 외교적 실패는 그런대로 참을 수 있고, 타협의 여지도 있으나 군사적 비중이 불리하게 변하는 데는 견딜 수 없을 것으로 전망한다. 이동주가 보기에 2차 대전 이후 발생한 미소 암투의 중심은 유럽이다. 미국의 대외원조액이 유럽에 제일 많이 할당되었고, 동유럽에 대한 소련의 정책이 가장 변화가 많았다. 그는 유럽의 냉전에서 그 절정을 1948년 5월의 이태리 총선거로 보았다. 이 선거에서 소련이 의외로 양보하는 듯한 태도를 보였는데, 그럼에도 불구하고 포위에 성공한 미국이 전쟁을 일으키지 않은 것은 그 해가 바로 미국의 대통령 선거라 아직도 평화에 연연하는 중간파의 표를 한 표라도 더 얻으려는 각 정당의 태도와 미국 사회의 분위기 때문이라고 진단했다.[678]

신천지는 2년여 전에도 제3차 세계대전의 발발 여부를 묻는 설문을 통해서 남한의 각계각층을 대표할 만한 인사들이 전망하는 향후 미소관계를 게재한 적이 있다. 신천지는 그로부터 두 해가 지난 뒤 좌담회를 통해서 다시 3차 대전 발발 가능성을 진지하게 묻고 있다. 그만큼 지난 이태 동안 국내외 정세가 많이 달라졌다. 좌담회 지면에서 미소전쟁의 발발 여부가 제기된 뒤 논쟁이 계속되었다. 박기준이 이동주의 「전쟁으로 가는 길」에 대한 반론격의 글을 신천지 1948년 11·12월 합병호에 기고했다.[679] 이 글 역시 미소 양측의 군사적 형세를 비교하며 이동주의 글을 비판했다. 동주 이용희는 박기준의 글을 재차 반박하는 글을 1949년 2월에 발표했고, 같은 호에 박기준은 해당 시기 미소 외교와 세계정세를 전망하는 글을 실었다.[680]

당대 남한 지식인 사회의 장래 미소관계 전망이 이용희와 박기준의 논쟁에서 보듯이 잡지 신천지에서 미소전쟁의 현실화 가능성을 두고 예각적으로 전개되었다. 논쟁은 미소 양국의 군사적 역량에 대한 평가, 쌍방의 역학관계에 대한 현실적 판단이 중요한 논점이었다.[681] 그러나 정세의 유동성을 염두에 둔다면 그 논쟁은 사변의 영역에 있었고, 신천지 1948년 9월호 좌담회가 보다 주목한 것은 미소전쟁 발발 가능성이 아니었다. 좌담회 참석자들은 "1차 대전과 2차 대전의 질이 달랐듯이 3차 대전은 아주 질이 다른 신형태의 전쟁"이 될 것이라고 보았고, "전쟁이 일어나느냐 안 일어나느냐 하는 것보다 현재의 국제정세로서는 벌써 일어난 상태 속에 들어가 있다"는 점을 강조했다.[682]

중국, 인도, 프랑스령 인도차이나, 그리스, 말레이, 유럽 등 세계 각지에서 내란 또는 투쟁으로 불리는 전쟁이 쉴 새 없이 일어나고 있고, 그것은 식민지 제 국가와 약소민족 국가에서 더 격심했다. 여기에서 미소 양국은 어느 나라 아니, 어느 쪽을 원조하느냐 하는 것뿐이지 객관적 사실로는 전쟁이 이미 일어났다. 그리고 식민지와 약소민족 제 국가에서 끊임없이 전쟁이 일어나고 있다고 할 수 있으나, 이런 성질의 전쟁 또는 투쟁이 광범히 일어나면 그것이 개념적으로 말하는 소위 미소 간의 대규모 정규전을 일어나지 않게 할 것이라고 보았다.[683] 참석자들은 미소 간 전쟁의 발발 가능성보다 미소의 지원과 원조 하에 세계 각지에서, 특히 식민지 제 국가와 약소민족 국가에서 격심하게 벌어지고 있는 투쟁과 내란에 더 촉각을 곤두세웠다.

무엇보다 좌담회 참석자들이 투쟁, 내란 등 이미 세계 각지에서 벌어지고 있는 수많은 '전쟁들'과 장차 벌어질지 모를 미소 간의 '전쟁'을 구분하고, 그 전쟁의 성격과 형태가 서로 다르다고 지적했다는 점이 중요하다. 장차 일어날지 모를 미소전쟁이 사변과 예측의 영역에 있다면, 각지에서 벌어지는 다양한 전쟁은 이미 겪고 있는 현실의 영역에 있고, 시급히 분석하고 진행 상황을 점검해야 할 대상이었다. 신천지 1948년 9월호는 좌담회에 이어서 "동남아세아 특집"을 통해서 필리핀, 베트남, 인도네시아, 말레이반도, 미얀마, 인도 등 동남아시아 각국, 각 지역 사정을 살펴보았다.[684] 특집 말미에는 이진섭의 「아세아의 해방」이라는 분석 기사를 실었다.[685] 이 글은 전후 강대국 특히, 미소의 관심이 아시아와 직결되고 있으며, 미소는 흥기하는 아시아에서 신뢰를 얻기 위해 여러 매력정치를 펼치고 있다는 논지를 펼쳤다. 신천지 1948년 9월호는 중국, 일본의 내부 동향과 정세를 분석한 글들도 함께 게재했다.[686]

냉전의 발현 양상과 진행 경로가 발생 국가와 지역에 따라 다르다는 인식은 좌담회 참석자들만의 것이 아니었고, 당시 남한 언론계와 지식인 사회가 두루 공유하는 이해방식이었다. 새한민보 1949년 12월 하순호에 실린 시평 기사는 "중공의 결정적 승리로 말미암아 미영 양국이 아시아에 대한 냉전 공세를 취하고 있지만 아시아 지역의 냉전은 구주의 냉전과는 그 성격이 판이"하다고 분석한다. 무엇보다 아시아 각국은 2차 대전 후 독립운동을 계속했고, 그 독립운동의 상대가 공산주의가 아닌 서구식의 경제적, 영토적 식민주의였기 때문에 아시아 국가 대부분은 방공(防共)이라는 미영의 냉전 목적을 납득하지 못하고, 오히려 일반적으로 외세 제거, 식민주의 구축에 더 큰 관심을 가지고 있다. 설사 미영의 냉전 목적을 이해하는 국가가 있다 할지라도 그 국가의 국내 사정이 정치적, 경제적, 군사적으로 미숙한 단계에 있어서 자주독립 완성에 분망하므로 미영의 냉전 공세에 따라갈 수 없다. 아시아에서 미국의 냉전 목적 또한 서유럽과 달리 군사적 방위를 직접적인 목표로 하는 것이 아니라 경제적 이권 보전과 상품시장 확보라는 실리적 견지에 입각한다고 보았다.[687]

새한민보 시평은 신천지 좌담회에서 지적한 세계 각지에서 벌어지는 투쟁의 아시아판이 독립운동이라는 것과 그 투쟁 대상이 서구 식민주의라는 점을 지적했다. 또 미국의 냉전 목적을 서유럽의 군사적 방위와 아시아에서 경제적 이권 보전으로 파악한 것은 커밍스(Bruce Cumings)가 미국의 봉쇄정책을 설명하면서 냉전을 적과 동맹국 양자에 대항해 안보를 제공하는 봉쇄 사업과 선진 공업국에 사활적인 자원들을 제공하는 헤게모니 사업의 두 축으로 설명했던 것을 연상시킨다.[688]

신천지 좌담회에서 식민지와 약소민족 제 국가에서 끊임없이 일어나는 전쟁이 미소 간의 대규모 정규전 발생을 가로막고 있다고 지적한 점 역시 주목해야 한다. 탈냉전 이후 '냉전의 지구사' 연구가 본격화하면서 냉전 연구는 서구에서 장기 평화(long peace)가 한반도와 인도차이나 등 신천지 좌담회에서 지적했던 식민지 제 국가와 약소민족 국가들에서 계속된 전쟁과 폭력에 의해 유지되었다는 인식을 점차 보편화시켰다.[689] 최근의 지구적 냉전사 연구에서 제기된 문제의식을 남한의 지식인

사회가 냉전의 출발점에서 이미 선취하고 있었을 뿐만 아니라 냉전의 본질 역시 예리하게 꿰뚫고 있었음을 보여준다.

남한의 지식인 사회는 냉전을 미국과 소련이라는 강대국 간의 전 세계적 차원의 세력 다툼으로 이해했지만, 지역과 국가에 따라 냉전의 성격과 목적이 다르고 그 발현 양상과 전개 과정 또한 서로 다르다고 이해했다. 반면에 이승만 등 단독정부 추진세력은 트루먼 독트린에 대한 반응에서도 알 수 있듯이 냉전을 공산주의에 대한 투쟁으로 이해했고, 그러한 이해방식을 국내에 적용함으로써 국제문제를 국내문제로 치환했다. 그리고 "미소 양국은 어느 나라 아니, 어느 쪽을 원조하느냐 하는 것뿐이지 객관적 사실로는 전쟁이 이미 일어났다"라는 신천지 좌담회의 지적처럼 당대 남한의 지식인 사회는 냉전의 도래가 한국에 몰고 올 위기를 누구보다 예민하게 느끼고 있다.

남한의 지식인 사회는 남한 단독선거가 초래할 '국토양단의 법리화와 민족분열의 구체화', 그 뒤를 이을 '내쟁 같은 국제전쟁과 외전 같은 동족전쟁'을 막기 위해 단독선거를 반대하고, 남북회담을 지지하는 문화인 108인 성명을 1948년 4월 14일 발표했다. 이 성명에는 제헌헌법을 기초하고 초대 법제처장을 지낸 유진오는 물론 언론인 설의식, 이갑섭, 설정식, 오기영, 문학자 이병기, 작가 김기림, 정지용, 염상섭, 경제학자 이순탁, 최호진, 철학자 신남철, 교육자 차미리사 등 좌우를 불문하고 학계, 언론계, 문학계, 교육계를 대표하는 지식인들이 대거 참여했다.[690] 108인 문화인 성명은 1948년 7월 26일 문화인 330인 성명으로 발전했다.「조국의 위기를 천명함」이라는 제목의 성명서에서 문화인들은 동아시아에서 '빨칸적 화약고'의 지위에 처해 있는 조국의 현실을 우려하면서 일본 재무장 등 미국의 대일정책을 비판하고, 미소 양군철퇴를 요구했다.[691]

4. 1949년, 이승만 정부의 냉전 논리 전유와 구조화

이승만 정부가 출범하자 냉전 담론이 정부의 선전 매체 및 우익 대중매체를 통해 남한 사회에 조직적으로 확산되었다. 이승만 정권은 냉전의 진영논리를 적극적으로 활용했고, 냉전의 진영논리는 반공투쟁과 반공주의 선전의 주된 자료이자 논리 구성의 중요한 축이 되었다. 1948년 4월부터 공보처가 정부의 시책, 활동, 내외정세를 주민들에게 선전·교양하기 위해 『주보(週報)』를 매주 발행했다. 주보는 다른 어떤 정치적 현안보다 국제정세와 냉전의 추이에 대한 기사와 해설을 많이 실었다. 주보의 국제정세 관련 기사는 냉전을 소련을 비롯한 공산주의 세력의 팽창과 침략주의에 대한 방어의 일환으로 자리매김하고, 이를 공산주의 세력 대 민주주의 세력의 투쟁으로, 또 적색 파시즘 또는 전체주의 대 민주주의의 사상투쟁으로 연결시켰다.[692]

이러한 논리의 연장선상에서 분단 이후 남북관계는 전 세계적 차원의 공산주의 대 민주주의 투쟁의 일환이 되었다. 심지어 제주4·3사건, 여순사건 등 정부 수립 전후 일어난 유혈 사태들이 세계적 차원에서 발생한 '적화공작'의 하나로 취급되었다.[693] 1949년 2월 국회에서 "남북평화통일에 관한 결의안"이 제출되었을 때, 이승만은 '지금 민주주의와 공산주의가 서로 격투하고 있는 중'이라는 것을 생각한다면 이런 결의안을 내지 말아야 할 것이라고 언급했다.[694] 냉전의 논리가 이승만 정권지배 이데올로기의 중요한 축이 되었고, 반공투쟁을 합리화하는 논리로, 반공주의 선전의 주요한 소재와 내용으로 제도화되었음을 보여준다.[695] 이승만 정권이 '국회프락치사건'을 통해 평화통일을 주장한 소장파 의원들을 탄압한 것에 드러나듯이 정권에 의해 해석된 냉전의 논리가 남한 사회를 지배하기 시작하면서 그것을 비판하는 논리는 폭력적으로 제거되거나 침묵을 강요받았다.

단정 수립 이후 모든 군정기관이 신정부로 이양됨에 따라 서울신문사가 공보부 산하로 들어갔고, 신천지의 발행진이 바뀌면서 잡지 신천지도 반공 선전지의 역할을 맡게 되었다. 그 시점은 문인 등 문필가들의 대규모 전향이 이루어지고, 또 많은 작가, 지식인들의 월북이 이루어지는 시기와 일치한다. 1949년 중반 정현웅 편집체제가 김동리 편집체제로 교체되면서 1949년 8월부터 지면에 반공 이외의 모든 사상과 세력을 민족반역으로 규정하는 글이 등장하다가 '태평양문제 특집(1949. 9)', 'UN문제 특집(1949. 10)', '동구라파문제 특집(1949. 11)'이 연속으로 기획되면서 냉전체제적 진영론에 입각한 국내 여론 평정 작업을 뒷받침하는 방향으로 편집이 이루어졌다.[696] 김동리 편집체제의 등장은 동시에 대규모 문단 재편과정이었고, 우파 계열 문인들

이 문단의 주도권을 독점하게 되었음을 의미했다.[697]

이승만, 장제스, 키리노(Elpidio Quirino)는 북대서양조약기구(NATO) 결성에 대응하여 1949년 3월 군사적 반공동맹으로서 태평양동맹 결성을 주장하기 시작했다. 정부 수립 이후 이승만은 미국에게 안전보장을 받기 위해 미국에 한미상호방위조약 체결을 타진 중이었으나, 미국은 한국과 상호방위조약을 맺을 명분도, 이해관계도 갖고 있지 않았으므로 그의 제안을 냉정하게 거절했다. 태평양동맹은 이승만이 미국과 군사동맹 체결이 불가능하게 되자 들고 나왔는데, 애치슨 미국 국무장관은 1949년 3월 22일 태평양 지역에서 북대서양조약기구와 유사한 안보동맹을 설립하는 것은 고려하고 있지 않으며 태평양의 상황은 북대서양과 다르다고 발표했다. 이어 장제스-키리노-이승만이 연계하려는 움직임을 보이자, 5월 18일 재차 성명으로 북대서양조약기구와 같은 형태의 태평양동맹에 반대한다는 점을 명확히 했다. 애치슨의 성명은 장제스-키리노-이승만 협상을 저지하기 위한 것이었다.[698]

이미 미국 정부가 태평양동맹에 대해 명확한 거부 의사를 공개했음에도 불구하고 뒤늦게 신천지가 '태평양문제 특집' 특대호로 1949년 9월호를 발행한 것은 이 특집이 국내 여론을 위한 언론공작의 차원에서 마련되었고, 신천지가 사실상 이승만 정권의 선전·홍보지로 전락했음을 보여준다. 김동리 체제에서 잡지 신천지의 급격하고 전반적인 논조 변화는 국내문제 관련 기사도 예외가 아니었다. 제주4·3사건에 대한 보도 태도와 논조의 변화가 대표적이다.

신천지에 제주4·3사건 관련하여 세 건의 기사가 있다. 조덕송,「현지보고: 유혈의 제주도」(1948년 7월호), 홍한표,「동란의 제주도 이모저모」(1948년 8월호), 서재권,「平亂濟州島紀行」(1949년 9월호)이 그것이다.[699] 조덕송의 글은 제주도 현지 취재를 통해서 제주4·3사건의 참상을 전달하는 르포 기사이다. 사건과 관계된 다양한 인물들, 국방경비대 장교, 서울에서 온 판사와 검사, 재야 법조회의 변호사 등을 면담하여 그들의 견해를 전달했고, 특히 제주도민의 여론을 종합해서 전달해주고 있는 점이 특징적이다. 이 기사는 사건을 종합적으로 분석하면서 진압의 폭력성을 드러내고, 제주도민의 입장을 드러내려고 노력했다. 이 기사 때문에 그는 유명세를 얻었지만 동시에 고초도 겪어야 했다.[700] 홍한표의 글은 제주도의 지역적 특성, 4·3사건의 참가자, 원인, 경과, 해결책 등을 분석했다.[701]

서재권의 글은 조덕송과 홍한표의 글이 발표된 지 1년여 뒤인 1949년 "6월 25일부터 7월 12일까지 18일간 공비소탕 후의 제주도를" 돌아보며, "각층각계의 지도급 피지도급 동포들과 회담하고 시찰하고 문답하면서" "제주도에 대한 약간의 지식을 가지게 되어서 쓴 관찰기"이다.[702] 조덕송의 글과 비슷하게 주민과 관계자들을 면담하는 형식을 취했고, 4·3사건의 발생원인, 사건 수습 지연 사유, 사건의 발본색원책을 순서대로 제시한 글의 구성은 홍한표 글의 구성을 모방한 듯하다. 그러나 이 글은 입장과 관점, 논조와 주장에서 조덕송, 홍한표의 글과 전혀 다르고,

그 대극에서 두 글을 반박하기 위해 쓰인 것으로 보인다.

서재권에 의하면 4·3폭동사건은 '일제 40여 년간에 걸친 식민지 정책으로 인하여 민족성이 거세된 정신적 진공상태에서 건준, 인민공화국 등으로 인해 민족정기에 입각한 애국적 지도를 받을 겨를이 없었고, 있었더라도 바른 정신을 갖지 못해서' 일어났다.[703] 따라서 그 발본색원책은 전국에 있는 '공산주의 독균을 보급하는 단체와 기관'을 소탕하고, '민족진영을 강화해야' 이루어진다. 그는 특히 '국민회 각급 세포조직을 완성하고 확충하여 전 도민을 국민반이란 방공세포조직 중에 포괄하여 반장을 중심한 전 반원이 철통같은 방공태세의 완비를' 이루어야 한다고 강조한다.[704] 이승만의 냉전 인식도 그렇지만 서재권의 글도 사태의 원인을 이념투쟁의 문제로 환원했고, 그 해결책은 공산주의 세력의 소탕과 방공태세의 완비다.

서재권의 글은 마치 1947년 9월 조선기자협회의 영남 사정시찰단이 10월항쟁이 일어난 대구 지역을 첫 방문지로 하여 1년여 전에 일어난 '십일사건'에 대한 주민들의 회고담을 취재하는 형식으로 새삼 10월항쟁이 남로당의 모략과 선동에 의한 폭동이었음을 강조했던 것을 연상시킨다. 서재권은 독촉국민회의 이론가이자 대변인이었다. 이 글 발표 당시 독립촉성국민회 중앙 상무위원이었고, 이후 결성되는 대한농민회 이사로도 이름을 올렸다.[705] 신천지가 집권 여당이나 다름없는 단체의 간부를 동원해서 1년 전에 실었던 기사들의 내용을 부정하는 글을 싣는 잡지로 변했다. 제주4·3사건 관련 세 편의 글은 그것들이 실린

1년 사이에 신천지의 위상과 성격, 그리고 남한의 언론 상황이 어떻게 바뀌었는지 알려주는 물증인 셈이다.

남한 지식인들이 신천지에 쓴 글들을 통해서 미소관계와 냉전에 대한 그들의 이해방식과 인식 내용을 살펴보았다. 1948년에 신천지에 실린 남한 지식인들의 냉전 관련 글들은 냉전을 전 세계적 차원에서 전개되는 미국과 소련의 세력다툼으로 보았으며, 유럽형 냉전과 아시아형 냉전이 성격과 내용, 발현 경로와 전망에서 전혀 다르다는 인식에 입각해 있다. 그리고 그들의 주된 관심은 냉전이 한반도에 미칠 정치사회적, 경제적, 군사적 영향력이었다. 이러한 접근방식은 냉전을 공산주의와의 투쟁으로 인식한 이승만을 비롯한 단정추진 세력의 그것과 전혀 달랐다. 이승만 정부는 전 세계적 차원에서 전개되는 미소 간의 세력다툼을 국내에서 이념투쟁으로 치환했다.

해방 이후 신천지는 글쟁이라면 누구든지 글을 싣고 싶어 하는 잡지였고, 편집 방침 또한 좌우를 가리지 않고 필자를 폭넓게 초청했던 터라 많은 지식인들이 참여하는 공론장 역할을 했다. 신천지를 통해서 당대의 정치, 사회, 경제, 문화와 관련하여 주요 담론들이 생산되고 유통되었다. 그러나 이승만 정부 수립 후 냉전의 진영 논리가 이승만 정부의 반공주의 선전의 토대이자 자료, 주요 선전 내용이 되자, 1949년 중반 이후 신천지는 공보처가 발간하던 선전지 주보나 다름없는 매체가 되었다. 신천지는 협소해진 사상적 지형 속에서 이승만 정권과 극우세력의 입장을 대변해야 했고, 이는 정부 수립 이후 국내외적 정세변화 속에서 지성계가 자유롭게 활동할 수 있는 공론장을 상실하게 되었음을 의미했다.

이승만 정부가 수립된 뒤 해방 이후 한국 사회에서 전개되던 다양한 수준의 담론 경쟁이 모두 이념적 대립으로 단순화되기 시작했다. 그 과정에서 한국의 지식인 사회가 생산하고 유통시킨 담론들이 구체성과 현실성을 잃어갔고, 실생활과도 유리되었다. 정부 수립 이후 잡지 신천지에 일어난 변화는 남한 지식인 사회에서 언론과 표현의 자유가 봉쇄되고, 그들의 사회적 기능이 마비되는 과정을 여실히 보여줄 뿐만 아니라 공론장이 폐쇄되며 담론이 이데올로기에 의해 제약받고 지배되는 과정을 잘 보여준다.

에필로그

한국 근현대사에서
민족주의, 공산주의, 반공주의

민족주의 이해의 착시현상

20여 년 전 어느 여름날이었던 것으로 기억한다. 하버드대학교 한국학연구소의 객원연구원으로 케임브리지에 머물 때 사회학을 전공하시는 한국인 원로교수님에게 1960년대 후반 유학 시절 이야기를 듣게 되었다. 그날 들었던 이야기 중 흥미를 끌었던 것 중의 하나가 미국인 교수들과 대학원생들의 아시아 민족주의에 대한 인식과 태도였다. 대화 내용을 일일이 기억할 수 없지만, 대체로 아시아의 민족주의에 대해서 미국인 교수들과 대학원생들이 묘한 반감과 알레르기를 보였으며, 아시아의 민족주의를 거의 공산주의의 동의어로 받아들이는 분위기였다는 것이다. 아시아의 민족주의를 농민적 공산주의의 다른 표현으로 마오쩌둥(毛澤東)이나 호찌민(胡志明)의 사상과 동일시했다는 것이다. 대부분의 교수와 대학원생들은 한국 민족주의에 대해 비판적 태도를 취했으며, 오히려 월남전 반대운동을 하고 다니던 대학원생들이 민족주의는 공산주의와 다르다며 노교수님의 민족주의에 대한 이해방식을 옹호하는 태도를 보였다고 했다.

반공주의를 민족주의의 핵심이라고 교육받고, '남의 민주주의·민족주의와 북의 공산주의' 식의 체제 대립적 이분법이 훨씬 익숙하던 시절에 1960년대 후반, 1970년대 전반까지만 해도 미국 학계가 민족주의를 공산주의와 동일시했다는 얘기는 혼란스러우면서도 지적인 호기심을 자극했다. 도대체 어떤 역사적 맥락에서 민족주의와 공산주의가 동일시되었고, 그러한 이해방식은 어떤 지적 배경에서 비롯되었을까?

그 무렵 독립운동사를 연구하시는 다른 한 원로교수님으로부터 1950년대 후반에는 민족주의를 불온시하는 분위기였기 때문에 민족해방운동은 물론이고 민족주의 또는 민족운동이라는 용어를 공공연히 사용할 수 없었다는 얘기를 들었던 터라 그 얘기가 1960년대 후반 미국 학계의 지적 분위기와 맥을 같이 하는 것이 아닐까 하는 생각을 가지게 했다. 또 4·19 당시 대학생들에게 가장 인기 있던 정치가가 케네디(John F. Kennedy)나 흐루쇼프(Nikita Khrushchyov)가 아니라 쿠바의 카스트로(Fidel Castro)와 이집트의 나세르(Gamal A. Nasser)였다는 다른 한 선생님의 얘기는 1960년대 한국 지성계의 강렬한 민족주의적 정서를 느낄 수 있게 했다. 이것은 4·19의 정신사적 의의를 민주주의의 회복이라는 차원보다 민족주의의 부활이라는 차원에서 분석할 필요성을 제기하는 것이기도 했다.

단편적이지만 이 일화는 몇 가지 연구 과제를 제기한다. 첫째, 민족주의와 공산주의가 동일시되는 정치·사회적 맥락에 대한 이해의 필요성이다. 둘째, 1950년대와 1960년대의 미국과 남한을 관통하는 학문사회의 지적 분위기와 지적 전통에 대한 이해의 필요성이다. 셋째, 한국에서 민족주의와 공산주의, 또 반공주의의 관계에 대한 역사적 고찰의 필요성이다.

사상이나 교의로서 민족주의의 구성적 내용을 분석하거나, 민족주의의 사회적 기능을 분석하는 것은 한국 민족주의를 이해하기 위해 필요한 작업이다. 하지만 그것만으로 한국 사회에서 민족주의가 지녔던 동역학을 제대로 파악할 수 없다. 한국 민족주의 연구에서 일차적으로 필요한 것은 그것의 현실적 위상을 한국의 근현대 역사 속에서 구체적으로 드러내는 것이다. 이 글은 한국 현대사에서 민족주의와 공산주의, 또 반공주의의 관계를 역사적으로 일별하고자 한다. 이 글에서는 이념·노선과 정치적 역관계의 측면에서 민족주의, 공산주의, 반공주의의 상호관계를 분석하고, 또 역사적 상황에 따라 반공주의의 정치사회적 의미가 어떻게 구성되는가를 추적할 것이다.

일제 강점기의 민족주의, 공산주의, 반공주의

조선총독부 경무국이 1933년에 펴낸 『고등경찰용어사전』은 민족주의를 "민족해방주의와 동일한 의미로 사용되기도 하지만, 사회주의, 무정부주의 등과 대립하는 것으로서 바로 민족의 해방을 시도하지 않고 종주국의 정치에 의해, 또는 자민족의 실력을 양성 향상시켜서 복리의 증진을 꾀한다고 하는 합법 온건한 주장과 민족해방을 유일한 목적으로 나아가는 것의 두 파를 포함한다"고 정의했다.[706] 같은 사전이 '민족운동'을 약소민족해방운동과 동의어로 파악하고, 식민지 피압박민족이 제국주의 세력권으로부터 이탈하려는 운동으로 정의한 것과 달리, '민족주의'를 이렇게 민족해방운동 추진 진영, 참정권과 자치론을 주장한 합법 온건한 진영으로 분리하여 정의한 것이 흥미롭다.

이 사전의 민족주의에 대한 정의는 3·1운동 이후 민족운동 진영이 자치론과 참정론, 민족개조론을 내세우며 일제와 타협을 모색한 타협적 민족운동 진영과 일제에 대한 비타협적 투쟁을 주장한 민족혁명운동 진영으로 분화해간 현실을 반영한 것이고, 여기서 전자의 합법 온건한 주장은 민족개량주의를 일컫는다. 또 하나 주목할 사실은 이 사전이 사회주의와 민족개량주의를 대립항으로 설정하고 있다는 점이다. 이것은 그 당시 일제 통치 당국조차 사회주의와 민족주의 일반을 대립항으로 보지 않았음을 의미한다. 오히려 이 사전은 민족혁명론과 사회주의, 무정부주의가 동일한 진영에 속하고, 민족개량주의는 이들과 대립하는 진영에 속한 것으로 파악했다.

역사적으로 보면 일제 강점기에는 민족주의와 사회주의가 친연(親緣)관계에 있었다고 할 수 있다. 러시아혁명과 사회주의 사상은 제1차 세계대전 이후 한국의 민족해방운동에 커다란 영향을 끼쳤다. 당시에는 임시정부 고위층이나 독립운동 지도자들 가운데 직접 간접으로 공산당과 관계 아니 한 인물이 없다고 해도 과언이 아닐 정도로 러시아혁명은 한국인의 독립운동에 큰 영향을 끼쳤다. 박은식이 『조선독립운동지혈사(朝鮮獨立運動之血史)』에서 "러시아공산당은 선두에서 붉은 기치를 들어 전제정치를 전복하고, 인민에게 자유와 평등을 실시하여 각 민족에 대하여 자유와 자결을 선포했다. … 이것이 세계 개조의 가장 선두적인 출발로 되었다. … 우렁찬 봄소식에 의하여 천지의 대변화가 일어났으니 우리도 또한 활약맹진(活躍猛進)하여야 할 것이다"라고 쓰고 있듯이, 당시 독립운동 지도자들은 러시아혁명과 사회주의를 식민지 피억압민족을 위한 복음이자 인류를 향한 구원의 소리로 받아들였다. 또 초기 공산당 간부로 활약했던 이동휘, 여운형 등의 지도자들은 진정한 의미의 마르크스-레닌주의자였다기보다 일제 관헌들의 관찰대로 '공산주의의 가면을 쓴 독립운동자'였다.[707]

이러한 사정은 사회주의운동과 민족주의운동이 분화하기 이전 단계에서 식민지 조선의 많은 혁명가들이 사회주의를 독립운동을 위한 하나의 이념과 방편으로 받아들였고, 또 이 시기 사회주의자들은 민족적 색채가 상당히 강했음을 보여준다.[708] 그 시기 민족주의자들과 사회주의의 친화관계는 무엇보다 당시 독립운동 지도자들이 소련에 걸었던 정신적 물질적 기대에서 기인했다. 앞에서 박은식이 사회주의가 각 민족에게 자유와 자결을 가져온 것으로 이해했듯이 당시 지사들은 식민지 조선의 민족해방운동과 사회주의를 대의(大義)면에서 부합하는 것으로 받아들였다.

그리고 1차 대전 종전으로 개최된 파리 강화회의에 기대를 걸었으나 구미 열강에 의해 좌절감만 맛본 독립운동 지도자들은 러시아의 지지와 지원에 많은 기대를 걸었다. 1922년 1월 21일부터 모스크바와 상트페테르부르크에서 열린 극동인민대표대회에는 그 대회 대표 전체의 3분의 1이 넘는 많은 숫자의 조선인들이 참여했는데, 이 대회에서 조선인 지도자들은 레닌(Vladimir Lenin) 등으로부터 전폭적인 지지를 받았다. 또 한형권을 통해 러시아 정부로부터 전달된 20만 루블은 1923년 1월 민족단일당 조직을 위해 개최된 국민대표회의의 대회 진행에 도움을 주었다.[709]

강점기 조선에서 사회주의 도입기에 보여준 민족주의와 사회주의의 관계는 1920년대 중반에 들어 민족주의운동과 사회주의운동이 분화하는 속에서 두 진영의 제휴를 위한 의식적 노력으로 발전했다. 민족운동 진영 내 민족개량주의의 대두와 치안유지법의 제정으로 표현되듯이 일제의 한국인 민족해방운동에 대한 탄압의 강화는 양자의 적극적인 제휴 노력을 가져온 배경이 되었다. 이들의 제휴 노력은 최초의 민족통일전선 기관인 신간회 창립에서 그 절정을 이루는데, 신간회의 초대 회장인 월남(月南) 이상재(李商在)는 "민족주의는 사회주의의 근원이며, 사회주의는 민족주의의 본류"라고까지 표현했다.

그러나 신간회 해소 전후 사회주의운동 내에 좌경노선이 등장하자 사회주의자들은 민족주의자들과의 협동전선을 결성하려는 노력대신 민족주의 단체들에 들어가 근로대중을 민족주의 지도자들로부터 분리하여 쟁취한다는 행동방침을 택했다.[710] 이것은 만주사변 이후 일제의 파쇼적 탄압이 강화되고 민족분열정책이 노골화하는 가운데 민족운동전선이 분열하고 민족개량주의가 득세했던 사정과 관련되어 있다. 다른 한편으로 사회주의운동 내 좌경노선의 등장에는 국내의 정세변화 뿐만 아니라 세계 공산주의운동 내 극좌노선의 대두도 영향을 미쳤다.

1928년 코민테른 6차 대회는 대공황의 도래와 자본주의 사회의 전반적인 경제적 위기, 노동운동의 혁명적 고양을 예상하면서 정세에 대한 과도한 평가를 내렸다. 이로부터 나온 결론은 부르주아지와 사회민주주의라는 2개의 적에 대한 투쟁을 전면적으로 격화시켜야 한다는 것이었다. 이러한 대회 분위기는 식민지 문제에도 반영되었다. 이 대회에서 채택된 「식민지·반식민지 제국의 혁명운동에 대하여」라는 결정서의 조선 관련 조항은 종교적 민족동맹인 천도교의 근로대중 속에 들어가서 그들을 민족개량주의적 지도자들로부터 분리시킬 것과 개인적 자격을 기초로 한 단일적 민족혁명당을 조직하는 대신 공동행동위원회를 만들어 민족혁명조직의 행동을 협동 통일하고 소부르주아적 민족주의자의 불철저성과 동요를 비판할 것을 요구했다. 이러한 지침은 사실상 신간회의 존립 필요성을 부정하는 것이었다.[711]

같은 해 12월 코민테른 집행위원회 정치서기국은 「12월테제」를 채택해 조선공산당의 재조직 방침을 결정했다. 이 방침은 조공의 소부르주아적, 인텔리적 성격을 신랄히 비판하고, 근로대중에 기반해 당을 재건할 것과 노동정부 수립, 토지의 무상분배에 기초한 토지혁명 등을 슬로건으로 하는 좌경노선을 제시했고, 소부르주아 민족주의자들의 본질을 가차 없이 폭로할 것을 요구했다. 1930년 9월 프로핀테른(적색노조인터내셔널) 5차 대회에서 채택한 「조선의 혁명적 노동조합운동의 임무에 관한 프로핀테른 결의」(9월테제)와 1931년 10월 상하이의 범태평양노동조합 비서부가 보낸 「조선의 범태평양노동조합 비서부 지지자에 대한 동 비서부의 비격(飛檄)」(10월서신)은 어느 것이나 민족협동전선체 결성에 대해 부정적 입장을 나타냈다. 1930년대 전반 사회주의운동은 적색노조, 적색농조 사건의 빈발에 나타나듯이 노농계급을 기반으로 한 생산현장 중심의 활동에 집중되었다.[712] 또 이 시기에 1920년대에 활동했던 사회주의자들이 검거, 탈락되면서 운동 일선에서 물러나고, 신진 사회주의자들이 지방을 중심으로 성장함으로써 사회주의자들의 세대교체가 일어났다.

민족주의세력에 대한 강한 불신은 1935년 코민테른 7차대회에서 반파쇼인민전선 전술 및 민족부르주아지를 포함한 보다 광범한 세력과의 반제민족통일전선 노선이 채택되면서 불식되었다.[713] 그러나 중일전쟁 발발 이후 일제가 전시총동원체제로 들어가면서 국내의 민족해방운동에 대한 탄압은 극심해졌고, 조선공산당 해체 이후 중앙당의 부재 속에 지하로 들어간 사회주의운동은 조직적으로 매우 위축되었다. 또 극심한 탄압과 일제의 집요한 전향공작으로 많은 혁명가들이 운동선상에서 탈락하는 사태가 속출했다. 이후 해방에 이르기까지 사회주의세력에 의한 반제민족통일전선 결성 노력이 산발적인 조직사건으로 나타나기도 했지만 사회주의운동 진영이나 민족주의운동 진영이나 반제민족통일전선 결성을 조직적으로 추진할 여력을 갖지 못했다. 그런 가운데 여운형 주도 하에 조선건국준비위원회가 해방 전야에 결성되어, 명망 있는 사회주의자, 민족주의자와 농민·학생단체 등을 느슨한 조직으로 연결하는데 성공했다.[714]

사회주의를 민족운동의 한 방편으로 받아들이고, 사회주의가 일종의 처세상식으로 되어서 '모던 뽀이', '모던 꺼얼'이라면『자본론』정도는 겨드랑이에 끼고 다녀야 지식인 행세를 할 수 있던 것이 1920년대의 지적 상황이고 보면, 사조로서 민족주의와 사회주의 사이에 적대의식은 별로 존재하지 않았을 것이다. 물론 사회주의자들은 민족주의를 부르주아지의 이데올로기로 비판했고, 또 원론적으로는 부르주아민족운동의 제한성을 비판했다. 그 비판은 이론적인 면에서는 백남운의 예에 보듯이 주로 민족주의 이념의 국수주의적 특수문화론, 복고주의, 관념론적 성격을 비판하는데 집중되었고,[715] 실천적인 면에서는 민족주의의 계급적 제한성과 부르주아민족주의자의 불철저성과 동요를 비판하는데 집중되었다.

사상·계급적 측면에서 민족주의와 민족주의운동에 대한 비판의식을 견지했지만 민족주의운동 세력과 협동하여 전선을 통일하는 문제는 식민지 전 기간을 거쳐 조선의 사회주의자들이 고심했던 문제였다. 국내외 민족협동전선의 전개에서 보듯이 이 문제는 민족주의자, 사회주의자를 불문하고 일제하 민족해방운동의 노선과 방침 결정에서 관건이 되었다. 반제민족해방운동에서 민족주의운동의 기여와 역할에 대한 평가는 사후에도 사회주의자들의 민족해방운동사 정리에서 중요한 문제로 떠오른다.

해방 직후 편찬된 이석태 편『사회과학대사전』은 민족주의를 '오늘날 제국주의 국가나 피압박민족에 있어서나 반동적 역할밖에 놀 수 없게 되었다'고 부정적으로 평가하면서도, 민족주의운동에 대해서는 이를 근대적 국민국가 건설의 동력이자 이데올로기로 설명한 뒤 '1차 대전을 기회로 민족주의운동은 성공의 계관(桂冠)이 되었으며, 2차 대전 후에는 조선, 필리핀, 인도가 또한 독립 또는 반독립을 성취하여 국제변동의 중요한 계기와 정세를 전환시키고 있다'고 서술하여 일제 식민지기 또는 해방 이후의 시점에서도 여전히 민족주의운동이 긍정적 기여를 했다고 평가했다.[716] 이와 같이 민족주의와 민족주의운동을 분리하여 평가하는 태도는 이후 북한 학계의 인식에도 나타난다. 북한은 민족주의에 대해서는 이를 부르주아지의 사상으로 그 계급적 한계를 비판하면서도 부르주아민족운동에 대해서는 시간이 흐름에 따라 점차 민족해방운동에 대한 기여를 인정하는 방향으로 논조를 수정했다.[717]

일제 강점기에는 민족주의 진영 역시 사회주의 자체를 적극적인 대립항으로 설정하지 않았다. 민족주의가 이론 면에서 방치되었고 사회주의가 신흥사조로서 엄청난 인기를 누렸던 1920년대의 상황에서 민족주의가 이론적으로 사회주의와 뚜렷이 구분된 자기 인식을 분명히 하기는 쉽지 않았을 것이다.[718] 이 시기에 민족주의를 이론적으로 정리하는 데 중요한 역할을 했던 신채호는 민족 내 '아(我)와 비아(非我)'를 설명하면서 역사발전의 주체로서 노동자, 농민을 비롯해 다양한 계급·계층으로 구성된 식민지 민중의 존재에 주목했다. 이러한 인식은 반민족세력을 제외한 민족 대다수를 수탈, 착취당하고 몰락해가는 피압박계급 또는 무산자계급으로 파악하는 것으로서 사회주의자들의 인식과 맥을 같이 했다. 또 1930년대 이후 문일평, 안재홍 등은 종전의 배타적·국수적·영웅 중심의 민족주의를 극복하여 개방적이고 계급평등적인 민중민족주의를 지향하는 신민족주의를 주장했다.[719] 이러한 인식은 식민지 조선의 현실에 맞는 사회개혁 프로그램을 받아들이고, 사회주의의 도식적 계급주의를 비판하면서 동시에 민족주의의 복고성과 국수성을 비판한 것으로서 사회주의 원리를 부분적으로 수용한 것이라고 볼 수 있다.

국내의 비타협적 민족주의운동 세력을 제외하면 일제 전 시기를 통해 가장 완강한 민족주의 세력은 임정이라고 할 수 있다. 국내의 비타협적 민족주의운동세력은 사회주의자들과의 좌우합작 노선을 견지했다. 1923년의 국민대표회의 이후 임정을 주도한 김구, 조완구, 엄항섭, 조소앙 등은 강한 반공주의적 정서를 가지고 있었다. 하지만 이들도 좌우합작과 항일전선 통일이라는 시대의 요구를 거부할 수 없었고, 1920년대 후반 민족유일당운동, 1932년 이후 민족통일전선운동에 참여했다. 1945년 4~5월 국제연합 창설을 위한 샌프란시스코회의에 이승만이 찾아가서 강렬한 반소·반공선전 활동을 벌였을 때, 김성숙은 임정 국무위원회를 소집하여 이승만의 면직을 제기하여 통과시켰다.[720] 김성숙의 제안이 관철된 것은 그 시기만 해도 임정 내에서 반공주의를 앞세운 분열주의적 행동이 견제를 받았음을 의미한다.

민족주의와 사회주의 두 개의 사조는 서로 대립하기보다는 일제 통치당국의 표현대로 늘 '합류 혹은 교착'하면서 식민지 조선의 민족해방운동을 주도했다. 이러한 상황을 두고 해방 이후 남한을 점령한 주한미군 군사실 소속의 군사관(軍史官) 로빈슨(Richard D. Robinson)은 "한국에서 좌우 구분은 3·1운동 이후 민족해방운동의 주도권이 사회주의자들에게 넘어가면서부터 비롯되었고, 좌익(공산주의)과 우익(민족주의)은 지도자의 개인적 차이에 불과했으며, 민족주의자조차 우익의 위장(stomach)과 좌익의 입(mouth)을 가지고 있었다"라고 재치 있게 표현했다.[721] 일제 식민지기에 민족주의자들은 사회주의자들의 계급지상주의와 프롤레타리아 국제주의를 비판하기도 했고, 반대로 사회주의자들은 민족주의의 계급적 제한성과 불철저성, 관념성과 복고주의적 성격을 비판하기도 했다. 하지만 양자의 갈등은 기본적으로 민족해방운동의 수행방략을 둘러싼 노선투쟁 또는 민족해방운동의 주도권 다툼의 성격을 가졌다.

민족주의와 사회주의가 민족해방운동의 표리로서 이해되던 시절에 반공주의가 정치사회적으로 존재할 수 있는 공간이 있었다면 그것은 일제의 민족해방운동에 대한 이데올로기 공세와 민족분열정책이었다. 일제 천황제 파시즘의 이데올로기 공세는 개인주의와 자유주의, 공산주의를 박멸할 것을 표방했고, 특히 공산주의의 박멸에 중점을 두었다.

강점 말기 일제의 공산주의에 대한 태도는 국제정세관과 치안대책에 잘 나타난다. 1930년대 후반 일제가 작성한 자료는 "금일의 세계는 방공(防共)국가군과 용공(容共)국가군으로 양분되어 있는데, 방공국가군은 도쿄-베를린-로마를 주축으로 공산주의 격멸의 거화(巨火)를 들고 인류 구제의 대도를 맥진하고 있다"라는 인식을 보여주었다. 여기서 용공국가군이란 자유주의 또는 공산주의를 국가의 지도 원리로 하는 소련, 미국, 영국, 프랑스 등 연합국을 의미했고, 방공국가군은 독일, 이탈리아, 일본 등 추축국을 의미했다.[722] 또 1930년대 이후 일제가 취한 각종 사상통제정책은 공산주의뿐만 아니라 민족주의, 자유주의 및 종교운동까지 광범하게 탄압했으나 그중에서도 공산주의자들에 대해 탄압이 집중되었다.

방공정책은 일제의 대외정책을 나타내는 용어만은 아니었다. 일제는 식민지 조선에서 민중들의 '사상 악화'를 방지하기 위해 방공정책을 폈다. 일제의 억압과 착취로 사회경제상황이 점차 열악해지고, 소작쟁의, 노동쟁의 등 농민, 노동자들의 대중투쟁이 활성화하자 일제는 이들의 투쟁이 공산주의 사상과 결합하여 '국체' 변혁을 목표로 한 혁명운동으로 성장하는 것을 극히 경계했다. 이런 측면에서 방공정책은 공산주의가 대중 속에 전파되고, 이들 대중운동과 공산주의 사상이 결합하는 것을 방지하기 위한 것이었다. 일제는 1938년 공산주의 사상을 박멸하고 일본정신을 앙양하기 위해 조선방공협회를 설립하여 각 도에 방공협회를, 그 아래에 250지부 1,789단(團)을 두었다.[723]

방공정책은 동시에 민족분열정책이라는 성격을 가졌다. 자치론과 참정론은 3·1운동 이후 노동·농민운동 등 사회운동이 활성화되고, 사회주의운동이 성장하면서 타협적 민족주의자들이 민족해방운동의 주도권을 상실할 것을 두려워하여 그 세력을 만회하기 위해 내건 것이지만, 동시에 전반적인 '사상 악화' 속에서 일제 통치당국자들이 이를 적극 장려했다. 즉, 민족주의의 개량화에는 민족주의자들에 대한 일제 통치당국의 적극적 유인과 민족분열정책이 작용했다.[724]

해방 이후 반공주의의 위상 변화

해방 이후 민족주의와 공산주의의 관계, 그리고 반공주의의 위상 변화를 살펴보기 위해서는 먼저 한반도 점령의 두 당사자인 미국과 소련이 이러한 사조들에 대해 어떤 태도를 취했는지 이해할 필요가 있다. 미국이나 소련은 이미 점령 이전부터 피차 상대방이 한반도에 미칠 정치·군사적 영향력을 경계했으며, 또 조선인 민족해방운동 세력이 지역에 따라 다양한 분파를 이루고 있고, 이념적으로 분화되어 있다는 것을 잘 알고 있었다.

 소련은 한반도가 소련의 안보에 매우 중요하다는 전제 위에서 제2차 세계대전 이후 '한국이 소련에 대한 공격 기지로 전환되지 않도록 미래의 한국 정부는 소련과 우호관계를 맺어야 한다'는 입장에서 전후 대한정책을 구상했으며, 미국과 영국, 중국의 전후 영향력 확대를 경계했다. 소련공산당 중앙위원회 정보국에서 편집한 1945년 8월 1일자 외무관계 문제들에 대한 보고서 「조선의 국내외 정세에 대하여」는 소련이 한반도에 진출하면서 만나게 될 정치세력을 평가했다. 이 문서는 임정을 '중국 망명 조선인들의 보수적인 성향을 대변'하는 것으로, 이승만을 '반소련적' 인물로 평가했다.[725] 해방 직후만 해도 소련이 부르주아민주주의혁명론에 입각해서 조만식과 연대를 적극 모색했다는 점을 감안할 때 소련의 이러한 경계는 민족주의운동 일반에 대한 부정적 평가에 입각한 것이라기보다는 김구와 이승만의 반공적 성향과 이들이 해방 이후 한반도에서 중국과 미국의 영향력을 확대하는 것에 대한 경계의식에서 비롯된 것으로 보인다.[726]

2차 대전 중 미국의 전후구상에서 동아시아와 태평양지역은 전후 '신세계질서'를 위한 핵심지역(a key world area)으로 간주되었다. 미국은 전후 태평양지역에서 미국의 패권과 주도권을 상정하면서 한반도를 포함한 동아시아 지역 문제 해결의 일반적 방침으로 신탁통치안을 마련했다. 신탁통치안은 이 지역에서 미국의 군사력과 경제력이 다른 국가들을 압도하게 될 조건에서 미국의 안보와 미국 자본의 자유롭고 안전한 전 세계적 활동을 위한 장치이자 식민지역에 대한 새로운 관리방식으로 고안된 것이라고 할 수 있다.[727]

종전이 다가오자 미국은 '소련의 한반도 지배, 즉, 극동에서 미국의 안보와 이해관계 위협'이라는 공식에 입각해 소련에 대한 경계를 점차 강화시켜 갔다. 국무부는 1945년 4월 한국인으로 구성된 독립 전투부대를 편성하여 태평양전쟁에 참여시키자는 안을 국무부·육군부·해군부 삼부조정위원회(SWNCC)에 제출했다. 국무부가 이 안을 제출한 동기는 이러한 한국인 부대의 전투 참여는 당면한 대일전(對日戰)에서 선전가치가 매우 크다는 점과, 시베리아에 있는 한인사단이 전후 한반도에서 정치적 주도권을 행사할지 모른다는 우려 때문이었다.[728] 미국 역시 해방 이전부터 한국의 전후 정치에서 소련과 연결된 공산주의자들이 주도권을 행사할 것을 우려했다.

주목할 것은 미국과 소련 어느 쪽이나 대한정책 담당자들이 전후 한국인 정치세력들이 한반도에서 다른 열강의 이해관계를 대변하면서 자국의 국익에 불리하게 작용할 수 있다는 가정에 입각해서 한국인들의 정치성향을 분류하기 시작했다는 점이다.

남한을 점령한 미군 사령관 하지 중장은 점령 목적을 일본군 무장해제와 소련에 대한 보루 구축으로 이해했고, 그의 점령통치는 그 방향에서 이루어졌다. 흥미 있게도 점령 직후 시점에서 미군정이 한국의 정치세력을 구분하는 기준은 공산주의세력 대 민족주의세력이 아니었다. 해방 직후 미군정이 상부에 보낸 보고서들은 한결같이 남한 정치를 급진주의자(radicals) 대 보수주의자(conservatives)의 대립으로 묘사했다. 하지 장군의 고문으로 미군정에 친일세력과 한민당 세력을 끌어들이는 데 큰 역할을 했던 윌리엄스[729]는 한 걸음 나아가 남한 정치를 급진세력(radicals) 대 민주주의자(democrats)의 대립으로 묘사했다. 보수주의자란 미군정의 통치규범을 잘 받아들이는 자를 이르고, 그런 측면에서 민주주의자였다. 주한미군사령부 군사관의 관찰에 의하면 이러한 구분법은 미군정에서는 일반적인 관행이었다.[730]

이러한 구분법이 사용된 데에는 몇 가지 이유가 있다. 우선 미소의 분할점령이라는 상황에서 점령의 다른 한 당사자인 소련을 의식하지 않을 수 없었다. 다른 한편으로 해방 직후 한반도의 정치지형 자체가 이념적 구분이 무의미한 민족혁명적 열기의 분출에 이끌렸고, 초기의 건국준비위원회나 각 지역 인민위원회가 대부분 좌우합작의 성격을 띠었다.

초기의 보수 대 급진의 정치지형이 민족주의와 공산주의라는 이념적 구분을 전제로 한 정치지형으로 바뀌는 데에는 모스크바 삼상회의 결정의 국내 전달과 이로부터 비롯된 신탁통치 파동이 결정적 역할을 했다. 반탁-삼상회의 결정 지지를 둘러싸고 격렬한 대립이 있은 뒤 모든 정치세력들이 남조선대한국민대표민주의원이라는 우익 블록과 민주주의민족전선이라는 좌익 블록으로 '헤쳐 모여'를 함으로써 1946년 초 국내 정치에 좌·우 구분이 정착되었다. 그 이전 시기만 해도 한국인들 사이에서는 '민족 대 반민족'이라는 정치적 대립구도가 보다 주요한 기준이었고, 미군정 내에서는 '급진주의자 대 보수주의자(민주주의자)'의 구분법이 일반적이었다.

그러나 1945년 말과 1946년 벽두의 신탁통치 파동을 거치면서 김성숙의 표현대로 좌우대립은 골육상쟁의 지경이 되었다. 이 시기 우익진영 일반이 반탁운동에 적극적으로 참여했다. 또 대대적 선전작업을 통해 반탁운동을 확산한 것은 한민당 기관지라는 평가를 받던 동아일보였다. 우익은 신탁통치 주창자는 소련이며, 모스크바 삼상회의 결정을 찬성하는 공산주의자는 소련의 앞잡이자 매국노이고, 반탁운동은 즉시독립을 위한 애국운동이라는 등식으로 선전활동을 전개했고, 반탁운동을 반소·

반공운동으로 몰아갔다.[731] 한민당은 반탁의 깃발 뒤에서 친일파라는 비난을 피했고, 자신의 정치적 복권을 꾀할 수 있었다는 점에서 어느 면에선 가장 큰 수혜자였다. 앞에서 살펴보았듯이 1945년 말 반탁운동을 촉발시킨 계기가 되었던 국내 신문 기사는 합동통신이 배포한 『태평양성조지(Pacific Stars and Stripes)』에 실린 기사였다.

해방 직후 한국인 정치세력들 사이에서는 좌, 우 사이에 견제가 없지 않았고, 반공주의적 태도가 조기에 대두하기도 했다. 한민당은 결성에서부터 임정 추대와 조선인민공화국 반대를 분명하게 했고, 임정의 대표는 귀국에 앞서 1945년 8월 30일 중경의 미국 대사관을 방문하여 강한 대소(對蘇) 경계론과 공산주의자들에 대한 경계의식을 내비치면서 한국 내에서 미국 점령군과 협력하길 희망하며 안녕질서를 수호하기 위해 친미 여론을 불러일으키고자 한다는 취지의 비망록을 전달했다.[732]

하지만 좌, 우 어느 세력이고 민족통일전선에 대한 대중적 요구를 거부할 수 없었고, 표면적으로는 모두 연합과 단결을 내걸었다. 미군 진주 소식을 접하자 공산주의자들의 주도 하에 급조된 조선인민공화국은 이승만을 주석에, 김구를 내무부장에 추대했고, 김성수까지 문교부장에 추대했다.[733] 이승만은 귀국 제1성으로 전 국민이 대동단결할 것을 방송했으며, 임정은 귀국한 뒤 바로 조선인민공화국과 합작 문제를 논의했다.[734] 북한에서도 김일성을 중심으로 한 공산주의 세력은 조만식과의 제휴를 적극 모색했으며, 조만식은 김일성 환영 군중대회에서 그를 대중 앞에 소개했다.[735] 즉, 내면적인 경쟁에도 불구하고 어느 세력이나 민족통일전선의 결성이라는 시대적 요구를 공개적으로 반대할 수 없었다.

그러나 신탁통치 파동을 거치면서 국내 각 정치세력들 간의 경쟁과 갈등은 새로운 의미를 가지게 되었다. 흥미 있는 것은 『주한미군사』한국정치 편을 집필한 군사관 로빈슨이 해방 이후 좌우 구분은 식민지기 이래의 활동노선과 경험의 차이 이외에 미군정에 대한 태도 여하를 주요한 기준으로 삼았다고 지적한 점이다.[736] 즉, '좌', '우'라는 구분이 해방 이후에는 미군정에 대한 '반대'냐, '지지'냐를 가리키는 의미로 변했다는 것이다.

1945년 12월 27일자 『동아일보』 신탁통치 관련기사는 이후 다른 신문의 보도태도를 결정했고, 반탁진영의 선전방향은 대체로 반탁, 반소, 반공에 모아졌다. 이 무렵 미군정 역시 한국에 신탁통치를 강요한 것은 소련이며 따라서 소련이 이에 대해 비난받아야 한다는 믿음을 한국인들 사이에 조장시키려 노력했다.[737] "흥미 있는 것은 반탁소동으로 빨갱이와 백파가 균형을 이루게 되었고, 양쪽이 다 우리에게 도와달라고 우는 소리를 하게 되었다"라는 하지 장군의 지적처럼 우익은 반탁운동으로 좌익과의 세력 불균형을 일시적으로 만회할 수 있었다.[738] 그리고 하지의 지적이 암시하듯이 이러한 사태는 미군정으로서도 바람직한 것이었다.

한편 북한 역시 반탁운동의 지도자들을 반공주의자, 반민주 파시스트로 비난했으며, 나아가 이들을 제국주의 미국의 앞잡이로 몰아갔다. 1946년 봄 북한에서 나온 한 선전 문건은 김구, 이승만을 "역사적으로나 현실적으로나 조선민족의 반역자이다. 그들은 조선봉건세력과 친일파의 결합체이며 외국팟쇼제국주의의 앞잡이"라고 비난했다.[739] 이 문건은 정세를 고려해서 '팟쇼제국주의'를 구체적으로 미국이라고 지목하지 않았지만 전후 맥락으로 보건대 이 용어는 미국을 가리키는 것이 틀림없었다. 반공주의자, 즉, 미국의 앞잡이라는 북한의 선전방향은 공산주의자, 즉, 소련의 앞잡이라는 남한 반탁진영의 선전방향과 정면으로 충돌하는 것이었다. 이 시기 남한에서 공산주의에 대한 이념 공세나 북한에서 반공주의에 대한 이념 공세는 모두 상대 이념의 담지자들을 외세의 앞잡이로 몰아가는 데 치중했다. 즉, 찬·반탁 논쟁 당시 민족주의와 공산주의의 논쟁은 미·소의 이해관계를 직접적으로 반영하는 형식으로 표출되었다. 이것은 해방 이후 반공주의 형성에서 미·소의 강한 원심력, 다시 말하면 국제정치적 계기가 결정적인 역할을 했음을 의미한다.[740]

한국인 정치세력 사이의 대립이 좌우대립 구도로 전화하자 미군정은 자신의 점령 목적을 국내의 정치적 대립구도와 일체화, 단순화시켜서 미군정에 대한 반대세력을 모두 좌익으로 몰아 탄압할 수 있는 명분과 이데올로기적 해석권을 가질 수 있었다. 일단 좌우 대립의 의미가 미군정에 의해 새롭게 규정된 뒤 '좌익, 즉, 빨갱이'라는 의미는 계속 그 외연을 확장했다. 미군정의 좌익 탄압이 본격화하는 1946년 봄부터 미군정은 자신을 반대하는 모든 움직임을 좌익과 외부(소련)의 사주와 선동에 의한 것으로 간주했다.[741] 여기에는 민중운동도 예외가 될 수 없었다.

 북한에서도 신탁통치를 둘러싼 논쟁은 정치지형을 가르는 분수령이 되었다. 모스크바 삼상회의 결정이 발표된 직후 민주당을 중심으로 일부 지방 공산주의자들조차 가세한 반탁운동이 벌어질 조짐이 나타났다. 이러한 상황은 1946년 1월 소련군 민정국 정치·행정담당 이그나티예프 대좌가 작성한 세 편의 보고에서 잘 나타나고 있다.[742] 이들 문서는 모스크바 삼상회의 결정에 대한 북한 내 정치·사회적 분규로 인해 특히 우익민족주의자들이 공산당과의 연립정권에서 이탈하는 경향을 보여주었다고 적고 있다. 그리고 조만식의 연금에 상징적으로 드러나듯 1946년 초부터 소련과 북한 공산주의자들은 민족부르주아지 비판을 강화하고 북한에서 인민민주주의혁명을 강화하는 단계로 들어섰다.

 좌우 대결을 우리 민족 내부의 공산주의 대 민족주의의 대립이라기보다 미·소의 국가적, 이데올로기적 대결을 대리하는 것으로 파악하는 것은 당시 한국인들에게는 예외적이라기보다 상식에 속했다. 또 이런 인식에서 많은 인사들이 민족 내부의 합작과 통일을 통해서 미소의 분할점령을 극복하고 독립과 통일을 이룩할 것을 주장했다. 좌우합작운동이 추진된 1946년 가을, 남한의 한 지식인은 좌우 대립의 격화를 다음과 같이 우려에 찬 눈으로 주시했다.

 미소의 협조에 의하여 우리는 해방되었고 다시 미소의 협조에 의하여 독립해야 할 우리인데 좌우는 싸움으로 세월을 허비하고 있습니다. 제 힘만으로 싸우기에 힘이 부쳐서 이제는 미소의 알력에 기대를 붙이고 있습니다. 미소전쟁이 일어나면 미국을 믿는 이는 소련의 패퇴와 거기 의하여 북벌(北伐)을 꿈꾸고 소련을 믿는 이는 미국의 패퇴와 거기 의하여 남정(南征)을 꿈꾸는 모양입니다. 이렇게 해서 38도선을 철폐하고 통일해야만 제 성미에 맞는 통일이 될 것이라 합니다. 그러면 지금 우리끼리의 협조로서 자주독립을 생각지 아니하고 미소전쟁을 꿈꾸고 있잔 말이 과연 애국적 양심인가.[743]

때늦은 지혜일지 모르겠으나 남과 북에 각각 정권이 수립된 뒤에도 한 민족주의자는 "이미 남북정권이 대립된 이상에는 양자 간의 화평타협이나 무력해결이 다 불가능하고 오직 제3방법밖에 없는데 그것은 외래 요소가 섞이지 않은 순수한 민족역량의 발동이다. 다시 말하여 좌우대립에는 외국 영향이 있고 좌우익을 최후까지 사수할 사람은 극소수"라고 하여 민족 역량의 결집을 통한 평화통일을 주장했다.[744]

신탁통치 논쟁 이후의 이념적 공방과 구분법은 좌우합작운동, 남북협상 등 한국 사회 내부의 합작과 통일 노력 속에서 견제를 받았으나, 남과 북에 단독정부가 들어서고 분단이 현실화하자 한국 사회에 내면화되어 갔다. 그 과정은 폭력적이었고, 국민보도연맹 설치와 국가보안법 제정에 나타나듯이 일제의 사상통제와 유사한 방식으로 진행되었다. 이승만 정권 하에서 반공주의는 분단국가의 체제 이데올로기이자 정권의 정통성을 수호하는 개념이라는 지위를 획득했고, 또 정권안보이데올로기로 기능했다.[745]

반공주의는 이승만 정권에 들어서 정적 탄압을 위한 전가의 보도처럼 사용되었고, 이승만은 정적을 모두 공산주의자로 몰아서 탄압하는 맹목성을 보여주었다.[746] 이승만 정권은 친일파·민족반역자 처벌, 농지개혁, 외국군 철수 및 통일 문제 등을 둘러싸고 민족운동 세력과 대치했고, 각료 선임 문제와 개헌 문제 등을 놓고 지배블록의 한 분파인 한민당계와 대립했다. 한민당과의 대립은 권력배분을 둘러싼 것이었고, 사실은 이승만이나 한민당 모두 반공주의를 이념적 지주로 삼았다.

문제는 이른바 국회 내 소장파 의원들, 김구·김규식 등 남북협상 참여세력 등 이른바 중간파와 중도우익을 망라하는 민족자주세력과의 대치였다. 그리고 반민특위 문제, 농지개혁 문제, 외군 철수와 평화통일 문제 등은 어느 것이나 이승만 정권의 정당성을 묻는 것들이었다. 민족자주세력과의 대치에서 이승만 정권은 자신의 지지 기반인 친일경찰과 관료 등을 이용한 폭력적 진압과 각종 보안사건 조작을 통해 위기를 벗어났고, 이들 세력을 탄압할 수 있었다.

제주4·3사건과 여순사건에서 나타난 무자비한 진압, 반민특위 해체, 국회프락치사건 등은 이승만 정권의 대응이 가진 폭력적 성격을 잘 보여준다. 이 과정에서 이승만 정권이 자신의 행위를 합리화하는 이념적 도구로 동원한 것은 언제나 반공·반북이데올로기였고, 평화통일 주장에 대해서는 한 걸음 나아가 무력 북진통일론으로 답했다.[747] 이승만 정권기 반공주의의 확립과정은 동시에 민족주의의 역동성을 거세해 가는 과정이었다. 이승만 정권의 반민족적 성격과 그들이 정적과 대항세력을 억압하기 위해 동원했던 반공주의 공세가 1950년대 후반 남한에서 민족주의가 불온시 되는 배경이 되었다.[748]

6·25전쟁은 냉전의 적으로 간주되던 사회와 미국 학자들이 직접 접촉할 수 있었던 최초의 기회였다. 미국 공군의 지원을 받은 인력연구소(HRRI, Human Resources Research Institute)와 랜드연구소(Rand Corporation), 미국 육군의 지원을 받는 존스홉킨스대학의 작전연구소(ORO, Operations Research Office)에서는 다수의 사회학자, 인류학자, 심리학자 등을 동원하여 한국 사회와 '적'을 연구했다. 이들은 소련 사회를 연구할 때 쓰던 방법론을 그대로 한국 사회에도 적용했는데, 이들의 연구에서 공산주의는 한결같이 '질서'와 '전통'의 파괴자로 그려졌다. 즉, 공산주의는 안정적인 사회구조를 파괴하는 작용을 하고, 공산주의의 제도화는 주민들을 외국의 새로운 사회구조에 복종시키기 위한 조치에 다름 아니라는 것이다.[749] 6·25전쟁기 미군이 뿌린 심리전 전단들은 한결같이 북한과 중국을 소련의 앞잡이, 꼭두각시로 묘사했다. 또 공산주의자들은 민족주의의 품에서 회개해야 갱생할 수 있는 존재로 묘사되었다.[750]

이들 연구에서 공산주의는 한국의 역사적 전통과 무관한 외래적인 것으로 규정되었고, 공산주의자는 교화·개종의 대상이 되었다. 미 육군 극동군사령부에서 거제도 포로수용소에 파견된 오브라이언(Robert E. O'Brian) 중령은 강압적인 교화공작으로 이름을 날렸는데, 그는 기독교로의 개종을 교화공작의 성공의 척도로 보았다.[751] 공산주의에 대한 6·25전쟁 당시의 이러한 의미 규정은 강점기 또는 해방 직후 한국 사회의 공산주의 인식과 다른 것으로서 공산주의자는 소련의 꼭두각시에서 나아가 말살하거나 개종되어야 할 내부의 적으로 간주되었다.

민족주의 위상 변화

민족주의라는 단어는 논자에 따라 서로 다른 의미로 규정된다. 어떤 이는 배타적이고 국수주의적 정서를 민족주의의 특징으로 이해하면서 이를 비판하는가 하면 다른 이는 민족주의의 민족통합적 성격과 대외 자주적 성격을 적극 발전시켜야 할 것으로 옹호하기도 한다. 민족주의의 역사적 전개과정을 보면 어느 한쪽만을 민족주의의 특성으로 파악하는 것이 무모한 일이라는 것을 알 수 있다. 민족주의는 해당 시기의 역사적 상황에 따라 현실에서 다양한 의미 연관을 가졌고, 세계체제 내 한국의 위치, 다른 정치세력과의 상호관계 등을 통해 의미가 규정되었다. 또 외세의 압도적 규정 속에서 민족주의의 의미 자체가 변질되는 경험을 하기도 했다.

민족주의의 위상 변화 이해에서 반공주의는 민족주의와 공산주의의 관계를 엿볼 수 있는 분석의 좋은 매개이다. 독일의 나치즘과 일본의 천황제 파시즘은 극단적인 배외주의와 인종주의를 설파했고, 공산주의를 폭력적으로 탄압했다. 반공주의는 일제 파시즘의 민족해방운동에 대한 사상통제와 탄압의 중요한 수단이었다. 1930년대 식민지 조선의 민족주의자들 가운데에는 자신의 이론을 독일의 나치즘에서 차용하는 경우가 종종 있었지만 이들도 공산주의를 적극적으로 반대하지는 못했다. 또 1930년대 이후 식민지 조선에서 민족개량주의가 점차 강화되었지만 민족개량주의자들의 반공 공세 역시 적극성을 가질 수 없었다. 민족 억압과 차별이 엄존하는 식민지 상황에서, 또 민족의 독립과 해방을 위해 제 정치세력의 통일과 피억압 민족의 연대가 강조되던 시절에 민족해방운동의 한 축이었던 사회주의에 대한 적극적인 이념 공세가 민족운동 진영에 내부에 성립할 수 있는 공간은 없었다. 민족주의와 공산주의는 이론적으로 서로를 비판했고, 정치적 경쟁세력으로서 피차 경쟁의식과 정서적 거리감을 가졌지만, 일제 강점기만 하더라도 양자 사이에 반공주의라는 적극적인 대립항이 개재할 공간은 별로 없었던 셈이다.

  일본제국주의의 패망은 민족주의와 공산주의가 새삼스럽게 서로를 경쟁세력으로 의식하는 정치적 조건의 변화를 초래했다. 그리고 해방을 우리 민족 스스로의 힘으로 전취할 수 없었다는 사정은 해방 이후의 정치 지형, 사상 지형의 형성에도 심각한 영향을 끼쳤다. 각 정치세력은 독립 완성과 국가 건설이라는 당면한 과제 앞에서 민족적 단결과 통일을 외쳤지만, 현실에서 이들을 규정했던 것은 미국과 소련이라는 강력한 외세의 존재였다. 반공주의는 반소주의의 동의어였고, 좌우대립은 미·소 간 이해관계의 대립을 반영하면서 점차 격렬해졌다.

해방 공간에서 민족주의 세력과 공산주의 세력의 경쟁 관계와 미·소의 한반도 분할점령으로 반공주의가 민족 내부의 정치적 분화를 재촉하는 작용을 하게 만들었지만, 이 시기만 해도 반공주의가 민족주의운동 진영을 전일적으로 지배했던 것은 아니다. 오히려 좌우대립이 심화되고 분단이 점차 현실화되는 상황 변화 속에서 중간파는 좌우대립에 개재한 외세의 작용을 적극 비판했으며, 민족 분단의 위기가 도래하자 민족주의자들은 이를 막기 위해 남북협상의 길에 나섰고, 그러한 용단은 세간의 지지를 얻었다. 이것은 민족 분열의 위기를 막기 위해서 민족주의자들이 연공(聯共)을 수용했음을 의미한다.

이승만 정권의 수립은 이러한 민족주의 세력 내부의 분화를 통해 이루어졌고, 이승만 정권은 민족개량주의 진영과 친일파 세력을 주요한 지지기반으로 하여 수립되었다.[752] 협소한 지지기반으로 인해 이승만 정권은 출발부터 극히 취약했다. 이승만 정권은 다른 정치세력과 연합하기보다는 정적을 배제하는 형태로 정치적 위기를 극복했으며, 이를 위해 반공드라이브정책을 구사했다. 이승만 정권의 수립 이후 반공주의는 정권안보이데올로기이자 체제이데올로기로 기능했다. 또 6·25전쟁이라는 남과 북의 폭력적 분열과 원초직 경험, 전쟁 이후 적대적 내립의 상존, 이승만 정권의 반공·반북이데올로기 공세 속에서 남한 사회의 공산주의에 대한 적대감과 증오감은 극한적으로 고조되었다.

해방 이후의 반공주의적 세계관에 의하면 북한은 항상 소련의 꼭두각시로 묘사되었고, 6·25전쟁 당시 미군과 한국군이 뿌린 심리전 전단들은 소련의 꼭두각시 중국과 중국의 식민지 북한이라는 주제를 즐겨 다루었다.[753] 반공주의가 선전의 차원에서 자신을 합리화하는 명분으로 의존했던 것은 '민족'이었지만, 이승만 정권 하에서 반민특위 활동이나 조봉암의 활동 같이 민족주의를 동력으로 하는 정치활동은 항상 공산주의를 이롭게 한다는 명목으로, 또는 공산주의와 동일시되어 탄압을 받았다. 반공주의가 최고의 존재가치로 군림하는 가운데 민족주의와 공산주의가 동일시되는 의미의 역전 현상과 사상사 이해의 착시 현상에도 전혀 이의를 달 수 없는 것이 1950년대의 지적 상황이었다.

앞머리로 돌아간다면 1960년대 후반에 미국 학계가 보여준 바와 같이 민족주의를 공산주의와 동일시하는 태도는 중국 혁명, 월남전 등 아시아 각지의 민족혁명적 분위기에 대한 미국 사회와 학계의 경계의식에서 비롯된 것으로 보인다. 이러한 경계의식은 1960년대 후반의 미국·중국 관계나 미국·북베트남 관계, 또는 미국과 제3세계 민족해방운동 일반의 관계를 통해서 미루어 짐작할 수 있다. 냉전의 극한적 전개 속에서 미국 사회와 학계가 아시아의 민족주의와 공산주의를 변별할 능력을 상실했던 것이 아닐까 하는 추측을 낳기도 하지만 다른 한편으로 아시아 각국의 민족해방운동이 공산주의와 제휴, 연합하면서 전개되었던 역사적 사정을 나름대로 반영한 것이기도 하다.

한국의 근대 민족주의는 그 출발에서부터 외세로부터 독립과 민족의 통일을 표방해왔다. 일제 강점기에 이 양 요소는 민족해방운동의 전개과정에서 통합될 수 있었으나, 해방 이후에는 사정이 달라졌다. 분단이 고착되는 과정에서 민족주의는 반공주의로 치환되었으며, 그 과정에서 민족주의의 핵심인 외세에 대한 독립 의식이나 민족통일적 요소는 오히려 방기되었다. 또 해방 이후에는 민족주의와 공산주의의 관계가 변화했고, 민족주의의 정치사회적 위상이 시기에 따라 달라졌다. 이러한 사정은 한국 민족주의의 성격을 이해하기 위해서는 민족주의를 고정된 이념이나 사조로 파악해서는 안되고, 먼저 현실의 변화 속에서 그것이 가진 의미 연관이나 역사적 성격을 분석할 필요성을 제기한다.

미주

서장 점령의 현실, 담론의 정치, 냉전의 주조

1. 국사편찬위원회, 『고등학교 국사』 하, 교육인적자원부, 2008, 123쪽.
2. James F. Schnabel, *Policy and Direction: The First Year*, US Army in the Korean War, Office of the Chief of Military History, US Army, 1972, p. 1. 한국어 번역본은 제임스 F. 슈나벨, 미육군 군사감실 편, 『유엔군전사 제3집: 정책과 지도』(육군본부 역간), 1973.
3. 『정책과 지도: 한국전쟁의 첫 해』 이외의 공식 전사 세 권은 아래와 같다.

   Roy E. Appleman, *South to the Naktong, North to the Yalu: June-November 1950*, Office of the Chief of Military History, Department of the Army, 1961.

   Walter G. Hermes, *Truce Tent and Fighting Front*, Office of the Chief of Military History, U.S.Army, 1966.

   Billy Mossman, *Ebb and Flow*, Office of the Chief of Military History, U.S.Army, 1990.
4. James F. Schnabel, 1972, vii.

5   정용욱, 「'정사' 대 '비사'—1950년대 미국의 6·25전쟁사 연구와 냉전문화」, 『역사비평』 131, 2020, 349쪽.

6   미국 국립문서관(NA II) RG 319 Records of the Army Staff, Office of the Chief of Military History, General Correspondence, 1952~1968, Entry A1-145R(군사감실 일반 서한철), Box 1, "The President's Letter to Director Lawton," 1951. 1. 31, by Harry S. Truman.

7   RG 319 Records of the Army Staff, Office of the Chief of Military History, Background Files to "Policy & Direction: The 1st Year," Entry: P-176, Box 1, "Memo for: Chief, Current Branch, War Histories Div., OCMH, Subject; Reappraisal of Current History Program in light of Army's Global Commitments in the Present Emergency," 1952. 4. 24.

8   군사감실 일반 서한철, Box 1, Executive, OCMH, Chief, Hist. Div., "Briefing for Visiting VIP's," 1958. 11. 17, by Joseph Rockis, Lt Col Inf Chief, Hist. Div.

9   정용욱, 「『주한미군사』와 Betrayal of A Nation」, 『미군정 자료 연구』, 선인, 2003b, 155~156쪽. 『주한미군사』는 국내에서 영인본으로 간행되었다. 주한미군사령부 군사실, 『駐韓美軍史』 1~4, 돌베개, 1979. 국사편찬위원회 한국현대사료DB(https://db.history.go.kr/contemp/level.do?itemId=husa)에서 원문과 한국어 번역본을 열람할 수 있다.

10   정용욱, 2003b, 157쪽.

11   "The Military Occupation and Government of Korea," O. J. Hale(Chief of Review Section) to Chief of Planning Branch, Historical Division, War Development, 1946. 3. 1., 정용욱 편, 『해

방직후 정치사회사 자료집』 1권, 다락방, 1994, 546~547쪽.

12 Mr. X(George F. Kennan), "The Sources of Soviet Conduct," *Foreign Affairs*, July 1947. 글 제목이 암시하듯이 케넌은 냉전이 소련의 본원적으로 팽창주의적인 성격에 의해 일어났고, 미국의 국익을 해칠 것이며 이를 봉쇄를 통해 해결할 것을 주장했다. 이렇게 냉전의 원인을 소련의 팽창주의에 두는 전통주의적 입장은 소위 소련학(Sovietology)과 전체주의 해석(totalitarian interpretation)으로 학제화되었다. 오경환, 「냉전사 연구의 궤적: 정통주의에서 담론적 전회에 이르기까지」, 『사총』 95, 2018, 4쪽.

13 「호남지방조사 불일 기자단 파견」, 『경향신문』, 1947. 6. 15; 「신문기자의 테로 조사내용」 상~하, 『조선중앙일보』, 1947. 7. 5~8; 「호남사정 현지보고」 1~3, 『중앙신문』, 1947. 7. 5~8; 「호남사정 기자조사단 보고」 1~6, 『독립신보』, 1947. 7. 5~12 등 참고.

14 「조선에 대한 재정원조 역설」, 『농민주보』 66, 1947. 4. 12; 「미국서 조선에 량곡 수출」, 『세계신보』 3, 1947. 6; 「미국서 소금이 왔다」, 「조선에 입하된 미국 잉여물자」, 「미국 원면이 인천항에 도착」, 『세계신보』 17, 1947. 9; 「미국에서 입하된 소맥을 조선에서 제분」, 『세계신보』 22, 1947. 11; 「미국으로부터 조선에 소금이 입하」, 『세계신보』 25, 1947. 11 등 두 신문의 원조 관련 기사 참고. 또 민주주의 원리를 선전하는 기사들로는 「민주주의의 기초」, 『농민주보』 62, 1947. 3. 15; 「미소공동위원회 재개요청. 늦으면 미국은 단독 조치」, 『농민주보』 68, 1947. 4. 26 등 참고.

15 「정치 경제 각 방면에 건전한 발전향상」, 『농민주보』 70, 1947. 5. 17.

16 "Seventh Field Trip: Nonsan, Ch'ungch'ong Nam-Do, 5-8 December 1947(1948. 1. 15)," 한림대학교아시아문제연구소 엮음, 『美軍政期情報資料集: 시민소요·여론조사보고서 1945. 9-1948. 6』,

1995, 607쪽.

17 정용욱,「한국의 냉전사 연구동향과 과제」,『한국현대사 연구의 쟁점』, 한국학중앙연구원출판부, 2022, 30~31쪽. 1980년대 후반 이래 한국현대사 연구동향에 관해서는 역사문제연구소,『해방 3년사 연구입문』, 까치, 1989; 한국역사연구회 현대사연구반,『한국현대사』1~4, 풀빛, 1991; 한국역사연구회 편,「현대편, 1부 해방과 자주적 민족국가 수립운동」,『한국역사입문: 근대·현대편』3, 풀빛, 1996; 도진순,「현대편, 세계화시대 한국의 민족문제와 민족주의」, 한국사연구회 편,『새로운 한국사 길잡이』하, 지식산업사, 2007; 정용욱,「현대편, 미·소의 분할점령과 한반도 냉전구조의 형성」, 한국사연구회 편,『새로운 한국사 길잡이』하, 지식산업사, 2007; 김성보,「현대편, 해방 후 정치·사회 갈등과 민족분단」, 한국사연구회 편,『새로운 한국사 길잡이』하, 지식산업사, 2007; 정병준,「현대편, 한국전쟁」, 한국사연구회 편,『새로운 한국사 길잡이』하, 지식산업사, 2007 참고.

18 정용욱, 2022, 31쪽. 구술사를 활용한 한국현대사 연구동향에 관한 연구사적 평가와 정리는 다음 글들 참고. 김귀옥,「한국 구술사 연구 현황, 쟁점과 과제」,『사회와 역사』71, 2006; 이용기,「역사학, 구술사를 만나다-역사학자의 관점에서 본 구술사의 현황과 과제」,『역사와 현실』71, 2009; 정혜경,「구술사-기록에서 역사로-」,『韓日民族問題研究』28, 2015; 김귀옥,「한국 현대사 연구에서 구술사 연구의 탄생과 역할, 과제」,『구술사연구』7-2, 2016; 윤택림,「구술사와 역사학의 어색한 관계: 그 성과와 전망」,『구술사연구』7-2, 2016.

19 김영희,『한국사회의 미디어 출현과 수용: 1880~1980』, 커뮤니케이션북스, 2010; 박용규,「미군정기 한국 언론구조의 형성과정에 관한 연구」, 서울대학교 신문학과 석사학위논문, 1988; 박용규,「미군정기 언론인 단체들의 특성과 활동」,『한국언론학보』51-6, 2007; 박

용규, 「한국 초기 방송의 국영화 과정에 관한 연구」, 『한국언론학보』 44-2, 2000; 박용규, 「미군정기 방송의 구조와 역할」, 한국언론학회 광복60주년 기념 학술회의, 2005; 장영민, 「미군정의 라디오 방송 관리」, 『한국근현대사연구』 87, 2018; 박수현, 「미군정 공보기구 조직의 변천(1945. 8-1948. 5)」, 『한국사론』 56, 2010; 박수현, 「점령기 미군정의 공보 활동과 선전 담론」, 서울대학교 국사학과 박사학위 논문, 2021; 정다운, 「주한미군의 선전활동과 「농민주보」」, 서강대학교 사학과 석사학위논문, 2005; 김한상, 「1945~48년 주한미군정 및 주한미군사령부의 영화선전: 미국 국립문서기록관리청(NARA) 소장 작품을 중심으로」, 『미국사연구』 34, 2011; 김한상, 「주한미국공보원(USIS) 영화의 응시 메커니즘-비가시적인 것의 가시화와 가시화하는 힘의 과시-」, 『역사문제연구』 30, 2013; 조혜정, 「미군정기 뉴스영화의 관점과 이념적 기반 연구」, 『한국민족운동사연구』 68, 2011.

20 김영희, 「미군정기 신문의 보도 경향-모스크바 삼상회의 한국의정서 보도를 중심으로」, 『한국언론학보』 44-4, 2000; 김영희, 「미군정기 미디어 접촉의 성격과 영향」, 한국언론학회 광복60주년 기념 학술회의, 2005; 김영희, 「미군정기 농촌주민의 미디어 접촉 양상」, 『한국언론학보』 49-1, 2005; 정용욱, 「1945년 말 1946년 초 신탁통치 파동과 미군정-미군정의 여론공작을 중심으로-」, 『역사비평』 62, 2003a; 정용욱, 「조봉암 사신과 1차 미소공위 결렬」, 『편지로 읽는 해방과 점령』, 민음사, 2021; 정용욱, 「1945년 12월 말 국내 언론의 모스크바 삼상회의 외신 보도 양상」, 『한국사론』 69, 2023.

21 장영민, 「정부 수립 이후(1948~1950) 미국의 선전정책」, 『한국근현대사연구』 31, 2004; 장영민, 「미국공보원의 5·10총선거 선전에 관한 고찰」, 『한국근현대사연구』 41, 2007.

22 정용욱, 2022, 32~35쪽.

23 Odd Arne Westad, *The Global Cold War: Third World Interventions and the Making of Our Times*, Cambridge University Press, 2005; Heonik Kwon, *The Other Cold War*, Columbia University Press, 2010; 오드 아르네 베스타 저, 유강은 역, 『냉전』, 서해문집, 2025.

24 정용욱, 2022, 63~64쪽. 해외 학계의 냉전사 연구 동향에 관해 보다 자세한 사학사적 논의는 다음 문헌들을 참고. Patrick Major and Rana Mitter, "East Is East and West Is West? Towards a Comparative Socio-Cultural History of the Cold War," in Major and Mitter, eds., *Across the Blocs*, Frank Cass, 2004; Odd Arne Westad, ed., *Reviewing the Cold War: Approaches, Interpretations, and Theory*, Frank Cass, 2000; Richard H. Immerman and Petra Goedde, eds., *The Oxford Handbook of the Cold War*, Oxford University Press, 2013; Joel Isaac and Duncan Bell, eds., *Uncertain Empire: American History and the Idea of the Cold War*, Oxford University Press, 2012; Melvyn P. Leffler and Odd Arne Westad, eds., *The Cambridge History of the Cold War*, 3 vols. Cambridge University Press, 2010.

25 정용욱, 2022, 64쪽. 구성주의적 관점에서 2차 대전 이후 미국에서 냉전의 형성을 살핀 마스다 하지무, 존 푸섹의 연구는 방법론적 성찰을 위해 음미할 필요가 있다. Masuda Hajimu, *Cold War Crucible: The Korean Conflict and the Postwar World*, Harvard University Press, 2015; John Fousek, *To Lead the Free World: American Nationalism and the Cultural Roots of the Cold War*,

University of North Carolina Press, 2000 참고.

26 정용욱, 2022, 65쪽.

27 점령기 국내 간행 신문은 국립중앙도서관 대한민국신문아카이브(nl.go.kr/newspaper/index.do)에서 기사 검색과 열람이 가능하다. 동아일보, 조선일보, 경향신문은 네이버 뉴스라이브러리(newslibrary.naver.com/)에서 기사 검색과 열람이 가능하다.

28 미군정이 발행한 『농민주보』의 1945년 12월~1947년 12월 발행분은 국립중앙도서관 대한민국신문아카이브로 열람이 가능하다. 1948년 1월~6월까지 발행된 신문은 국립중앙도서관의 해외 한국관련자료 중 RG 407 Administrative Services Division, Operations Branch, Foreign (Occupied) Area Reports, 1945-54 아래의 7 Public Press-Korea, "Farmers' Weekly" 파일에 있다. 『주간신보』는 『농민주보』와 동일한 문서군에 있으며 국립중앙도서관 해외 한국관련자료 중에서 2 Public Press "Farmers Weekly" 1947 〈농민주보〉, 〈주간신보〉 파일에 있다. 국사편찬위원회의 전자사료관에도 소장되어 있는데 이때 수집사료번호는 AUS037_02_03C0070이다. 『세계신보』는 국립중앙도서관 해외 한국관련자료 중 RG 554 Records of General Headquarters, Far East Command, Supreme Commander Allied Powers, and United Nations Command, USAFIK: XXIV Corps, G-2 Historical Section, 1945-1948(주한미군 군사실 문서철) 안 Newspaper: "The World News" (in Korean w/translations), June-Dec. 1947 파일과 RG 407 Administrative Services Division, Operations Branch, Foreign (Occupied) Area Reports, 1945-54 문서철 아래 11 World News - Korea 파일에 소장되어 있다. 한국어판은 39호까지 있으며, 41호부터는 영문판만 남아 있다. 이 파일들이 소장하지 않

은 호들 가운데 일부가 국사편찬위원회가 하버드-옌칭도서관에서 수집한 질레트 문서(Gellette Papers)에 영문판으로 남아 있다. 박수현, 2021, 21쪽.

29 "G-2 Periodic Report", "G-2 Weekly Summary"는 국립중앙도서관 해외 한국관련기록물 Web DB에서 검색 열람할 수 있다. 영인본 자료집으로도 출간되었다. 주한미육군사령부 정보참모부, 『美軍政情報報告書』 1-15, 일월서각, 1986; 한림대학교아시아문제연구소 엮음, 『駐韓美軍情報日誌』 1~7, 1988~1989; 한림대학교아시아문제연구소 엮음, 『駐韓美軍週刊情報要約』 1~5, 1990. 「사관기장」은 『해방직후 정치사회사 자료집』 1, 1994에 실려 있다. 또 국립중앙도서관 해외 한국관련자료 중 RG 554 Records of General Headquarters, Far East Command, Supreme Commander Allied Powers, and United Nations Command, USAFIK: XXIV Corps, G-2 Historical Section, 1945-1948(주한미군 군사실 문서철) 여기저기에서 산견된다.

30 「여론동향」, 「정치동향」은 한림대 아시아문화연구소, 『HQ, USAFIK G-2 Periodic Report』 부록, 한림대 아시아문화연구소, 1988-89에 수록되어 있고, 공보부 여론조사는 『美軍政期情報資料集: 시민소요·여론조사보고서 1945. 9-1948. 6』, 1995에 수록되어 있다.

31 미국 국립문서관(National Archives Ⅱ)이 소장한 한국인, 일본인 편지들 가운데 이 책에서 활용한 자료들을 문서군별로 간략히 소개하면 아래와 같다.

RG 59 Records of the Wedemeyer Mission to China and Korea, 1947.

RG 242 National Archives Collection of Foreign Records Seized, 1941~, Captured Korean Documents.

RG 331 Records of Allied Operational and Occupation Headquarters, World War II, 1907-1966, Supreme Commander for the Allied Powers(SCAP), Assistant Chief of Staff, G-2, Intelligence Division, Miscellaneous File, 1945-51, Miscellaneous Letters to the Supreme Commander for the Allied Powers.

RG 331 Records of Allied Operational and Occupation Headquarters, World War II, 1907-1966, Supreme Commander for the Allied Powers(SCAP), Legal Section, Administrative Division, Japanese Background and Reference Files, compiled 1945-1948.

RG 554 Records of General Headquarters, Far East Command, Supreme Commander Allied Powers, and United Nations Command, 1945~1957, US Army Forces in Korea, XXIV Corps, G-2, Historical Section.

32 편지, 일기 등 에고도큐먼트의 자료적 특성과 역사 연구에서 가지는 중요성에 대해서는 다음의 글들 참고. 클라우디아 울브리히 저, 박성윤 역, 「역사적 시각으로 본 유럽의 자기증언」, 『역사비평』 100, 2012; 니시카와 유코 저, 서민교 역, 「근대에 일기를 쓴다는 것의 의미」, 『역사비평』 100, 2012; 한성훈, 「개인의 편지에 나타난 북한 인민의 전쟁 서사」, 『경제와사회』 94, 2012. 또 근대적 자아 및 정체성의 구성요소, 공적 영역과 사적 영역의 분할에서 감정이 가지는 중요성에 대해서는 에바 일루즈 저, 김정아 역, 『감정 자본주의』, 돌베개, 2010 참고.

제1장 미군정과 한국 언론의 조우

33 「朝鮮同胞를 爲한 自主國家 樹立에 朝鮮의 機能을 充分 發揮, 하지 軍司令官 記者團 會見談」,『매일신보』, 1945. 9. 12.

34 계훈모 편,『한국언론연표 II: 1945~1950』, 관훈클럽신영연구기금, 1987, 5쪽.

35 「자주독립까지의 과도기 단축을 기대, 아 미군 제7사단장 談」,『매일신보』, 1945. 9. 11. 이 글에서 한국의 명칭은 조선(일제 강점기), 조선 또는 남조선(미군정 전반), 남한(미군정 후반 이승만 등 일부가 사용하다가 남한 단독정부 수립 논의가 확대되면서 점차 보편화됨) 등으로 사용되었다. 시기별로 국호를 정확히 명기하는 것이 바람직하지만 한국, 남한 등의 용어가 학술적으로도 널리 사용되고 있는 만큼 이 글에서도 때로는 이러한 일반적 경향을 따라 표기하기도 했다. 김복수,「미군정 언론정책과 언론통제」,『한국사론』44, 2006, 6쪽.

36 「조선인민공화국」,『駐韓美軍史』2, 1988, 119~120쪽. 군사관은 일본인들이 건준을 지지한다는 주장이 있고, 또 하지 사령관이 건준 대표를 만나는 것이 특정 정치 세력을 선호한다는 인상을 줄 수 있기 때문에 하지 장군은 건준 대표들을 만나지 말라는 조언을 들었다고 서술했다. 군사관은 1946년 4월 17일 있었던 하지 장군과의 인터뷰를 근거자료로 제시했다. 미군은 건준 대표의 캐톡틴 호 승선 이전에 이미 '일본인들의 건준 지지 주장' 첩보를 입수했다는 사실을 알 수 있다. 방선주는 다소 다른 주장을 했다. "캐톡틴 호 항해일지"를 근거로 캐톡틴 호에 승선한 인사들은 건준 대표인 여운홍, 백상규, 한영조 외에 일본인 장성을 포함한 4인이었고, 그들은 하시 중장과 바아비 세독과 회견하였다는 것이다. "Deck Log U.S.S. Catoctin," by Captain P.E. McDowell, Naval Operational

Archives, Barby Files. 그리고 바아비 제독은 백상규 씨가 매우 소중하고 정확한 정보를 제공했다고 칭찬했다고 한다. 방선주, 「미군 정기의 정보자료: 유형 및 의미」, 『미국 국립문서보관소의 한국현대사 자료』(방선주 저작집 제2권), 선인, 2018, 259쪽.

37 총독부 기관지의 특성과 역할, 기관지에서 활동한 조선인 언론인들에 대해서는 박용규, 「3장. 총독부 기관지와 언론」, 『언론과 친일』, 선인, 2021 참고. 또 해방 직후 언론계의 친일 청산 시도에 대해서는 박용규, 「7장. 광복 직후 친일 언론 청산 시도와 좌절」, 『언론과 친일』, 선인, 2021 참고.

38 「독립, 자유의 촉성은 대동단결과 노력에, 하지 司令官 성명을 중심으로」, 『매일신보』, 1945. 9. 12; 「꾸밈이 없는 태도, 하지 중장의 인상」, 『매일신보』, 1945. 9. 12.

39 '군정(軍政, Military Government),' '민사(民事, Civil Affairs),' '민정(民政, Civil Affairs Administration)'이라는 용어는 전투, 작전 등 군의 본 임무인 순(純)군사활동과 구별해 점령하의 주민에 대해서 군이 행하는 비(非)군사업무의 총칭이다. 군정은 권력을 장악한 통치 주체가 민간인이 아닌 군인이라는 측면에 비중을 둔 용어이다. 민사와 민정은 같은 뜻으로 민정은 군의 지배하에 행해지는 일반 민사행정 전반의 의미로서, 대상과 기능의 면에 비중을 둔 용어이다. 이 글에서 '주한미군사령부(南朝鮮駐屯美陸軍司令部, HQ of US Army Forces in Korea)' 또는 '미군정(南朝鮮駐屯美陸軍軍政廳, US Army Military Government in Korea)'을 남한을 점령한 미군을 대표하는 일반적 통칭으로 사용했고, 군정 기구와 조직만을 지칭할 때에는 '군정청'이라는 용어도 사용했다. 정용욱, 『해방 전후 미국의 대한정책』, 서울대학교 출판부, 2003c, 2쪽.

40 초청자 명단은 「외국기자단 환영, 발기인회 열고 준비」, 『매일신보』,

1945. 9. 7 참고.

41 『한국언론연표 II: 1945~1950』, 1987, 5쪽.

42 NA II, RG 554 Records of General HQ, Far East Command, Supreme Commander Allied Powers, and United Nations Command, US Army Forces in Korea, XXIV Corps, G-2, Historical Section, Box 79, "Political Organizations & Activities - Miscellaneous Material #1". 이하 이 문서철 소재 자료의 인용은 '군사실문서철, 상자번호, 문서 제목'으로 표기.

43 「사관기장(Corps Staff Journal)」(1945. 9. 10), 『해방직후 정치사회사 자료집』 1, 1994, 44쪽.

44 『한국언론연표 II: 1945~1950』, 1987, 5쪽; 합동통신 30년 편찬위원회, 『합동통신 30년』, 합동통신사, 1975, 2~6쪽.

45 해방 직후 통신사 동향에 대해서는 박용규, 「한국 통신사의 구조적 특성의 형성과정」, 『한국언론정보학보』 14, 2000, 2절 참고.

46 강영수, 「8·15이후 중앙신문계의 동향」, 『신천지』 1-7, 1946, 147쪽. 강영수는 파이버의 한국 독립운동 관련 영문 서적을 번역했다. D. 파이버 저, 강영수·정인준 역, 『외국기자가 본 3·1운동의 진상』, 정음사, 1947. 그는 조선언론협회가 1948년 6월 24일 창립될 때 경리부장으로 이름을 올렸다. 「조선언론협회, YMCA강당서 결성식」, 『대구시보』, 1948. 6. 26. 그리고 1949년 3월 12일 발간된 태평일보의 편집국장으로 취임했다. 이 신문은 대동신문의 제호를 변경한 것인데, 구 세계일보와 대동신문 양사 직원으로 진용을 구성했다. 「태평일보 발간」, 『조선중앙일보』, 1949. 3. 13.

47 강영수, 1946, 148쪽; 한국신문연구소 편, 『한국신문백년: 사료집』, 1975, 308~310쪽. 김민환은 조선공산당 경성지구위원회 선전부가 해방 직후 타블로이드 2면의 등사판 신문 『서울뉴스』를, 조선공산

당 경성지구위원회 출판국이 1945년 8월 하순 타블로이드 단면의 『대중』을 발행했음을 지적했다. 김민환, 『한국언론사』, 나남, 1996, 322쪽. 해방 직후 팸플릿에 가까운 신문들이 다수 출현했으나 그중 대부분이 단명한 것으로 보인다. 미군정 정보당국이 미군 진주 3주일 후인 1945년 10월 2일 발행한 「주간정보요약」에 방첩대(CIC)가 진주 이후 조사하여 작성한 "서울 지역 신문 요약(Summary of Newspapers in Seoul Korea)"이라는 제목의 보고서가 첨부되어 있다. 이 보고서에 따르면 서울에는 당시 10만 부를 찍는 일어신문 京城日報가 정상적으로 발행 중이었고, 역시 일어판인 朝鮮商工新聞은 8월 이후 발행되지 않았다. 한국어 신문으로 조선인민보가 9월 8일 창간되었다. 영자지로 서울타임스가 9월 4일부터 12일까지 발행되었고, 12일에서 16일까지는 발행되지 않았다. 코리아타임스는 10월 2일까지 한 호가 발행되었다. 보고서에 따르면 서울타임스는 9월 4일 창간했다. 「주간정보요약」 2(1945. 10. 2), 『美軍政情報報告書』 11, 1986, 50~52쪽. 한편 강영수는 해방 이후 1년여 간의 중앙 신문계 동향을 회고하며 제일 먼저 가두에 나타난 신문으로 서울타임스와 코리아타임스를 지목했다.

48 「코리아타임스 제1호를 발간」, 『매일신보』, 1945. 9. 9.

49 강영수는 코리아타임스 창간호가 9월 3, 4일경 등장했다고 했는데, 그의 기억이 맞는다면 5일자 창간호가 3, 4일부터 시중에 유포되었을 수도 있다. 강영수, 1946, 148쪽 참고.

50 『한국언론연표 II: 1945~1950』, 1987, 3쪽.

51 정병준, 『1945년 해방 직후사, 현대 한국의 원형』, 돌베개, 2023, 217~218쪽.

52 한국신문연구소 편, 『한국신문백년: 사료집』, 1975, 309~310쪽.

53 미군 진주가 목전에 닥쳤을 때 과거 미국 유학생들이 다방에 모여

일괄적으로 엽관구직(獵官求職)운동을 폈다고 한다. 방선주 박사는 전규홍 박사의 증언을 들어 이훈구가 대표로 선정되었고, 그가 이력서들을 일괄적으로 제출토록 합의를 보았으나 대표가 자기 것밖에 제출하지 않았다고 한다(방선주, 2018, 259쪽). 그러나 세간에는 이묘묵이 대표였다는 설도 있다. 이훈구는 군정청이 설치된 뒤 농무국 국장으로 임용되었다.

54 「指導者 各層의 協力으로 治安維持에 힘쓰라, 하지 中將, 各團體代表에 付託」, 『매일신보』, 1945. 9. 13.

55 이묘묵은 1945년 11월 8일 정보과 과장보에 임명되었다. 정병준, 2023, 224~225쪽.

56 「사법독립의 원칙 강조. 통역인과 불순정당인 책동을 배제, 변호사회 군정장관에 건의」, 『자유신문』, 1945. 10. 12. 같은 날 『자유신문』은 사설로 「통역론」을 실어 통역정치의 폐단을 환기시키고 있다.

57 "I & H files: I & I Weekly Report #6, 23 Oct. 1945," 『駐韓美軍史』 2, 1988, 56쪽.

58 이묘묵의 친일활동에 대해서는 친일반민족행위진상규명위원회 편, 『친일반민족행위진상규명보고서』 IV-12, 2009, 634~654쪽 참고.

59 정병준, 2023, 212~216쪽. 오다 야스마가 이묘묵을 추천한 배경에는 오랜 기간 쌓아온 두 사람의 인연이 있다. 오다는 총독부 통역으로 미국 관련 기독교 학교, 문화단체 활동에 깊이 관여했고, 이묘묵이 연희전문 교수이자 학감, 학교장으로 재직하던 시절 오다는 연희전문 이사를 역임하면서 그와 교류했다.

60 정병준, 2023, 205~211쪽.

61 정병준, 2023, 222~223쪽.

62 정병준, 2023, 219~221쪽.

63 「사관기장」(1945. 8. 15·27·31), 『해방직후 정치사회사 자료집』 1,

1994, 15·28·32쪽.

64 『駐韓美軍史』3, 1988, 133~135쪽; 미군정 공보기구의 변천에 대해서는 박수현, 「점령과 분단의 설득기구」, 『해방의 공간 점령의 시간』 푸른역사, 2018 참고.

65 『駐韓美軍史』2, 1988, 48~49쪽.

66 『駐韓美軍史』2, 1988, 51쪽.

67 『駐韓美軍史』2, 1988, 51~52쪽; 『한국언론연표 II: 1945~1950』, 1987, 7쪽.

68 『駐韓美軍史』2, 1988, 52~55쪽.

69 『駐韓美軍史』2, 1988, 50~51쪽.

70 『駐韓美軍史』2, 1988, 55~56쪽.

71 「朝鮮新聞主幹會 會長은 張道斌 氏」, 『매일신보』, 1945. 9. 29; 「朝鮮新聞主幹會 組織」, 『민주중보』, 1945. 9. 30. 10월 1일자 "24군단 소식지(Corps Courier)"는 장도빈 회장을 '조선의 반일지도자 신문인'이라며 그의 이력을 자세하게 소개하고, 시골에 묻혀 있던 그가 8월 19일 서울로 귀경한 뒤 점령군을 도와주었다는 기사를 실었다. 국내 신문들의 조선신문주간회 조직 관련 기사 역시 "24군단 소식지"와 내용이 거의 같다. "Corps Courier(1945. 10. 1),"『해방직후 정치사회사 자료집』1, 1994, 107쪽.

72 정용욱, 『해방 전후 미국의 대한정책』, 서울대학교 출판부, 2003c, 129쪽.

73 G-2 XXIV Corps, "Summary of PW Interrogation Reports, Kyongsong-Inch'on-Pusan (Korea)," 26 Aug 45; "Summary of PW Interrogation Reports, Korean Political Matters," 29 Aug 45, 두 보고서 모두 『駐韓美軍史』1, 1988, 35쪽.

74 G-2 XXIV Corps, "The Korean Government," 31 Aug 1945, 『駐

韓美軍史』1, 1988, 76쪽.

75 『駐韓美軍史』1, 1988, 75~76쪽.

76 『駐韓美軍史』2, 1988, 52~53쪽.

77 1925년 전조선기자대회의 개최 배경과 경위, 당시 언론인들의 인식 등에 대해서는 임경석, 「1925년 전조선기자대회 연구」, 『사림』 44, 2013 참고.

78 조선신문기자회를 비롯하여 조선기자협회, 조선언론협회 등 해방 직후 결성된 언론인 단체들의 결성 과정, 조직 구성, 주도 세력과 주요 인물, 활동에 대해서는 박용규, 「미군정기 언론인 단체들의 특성과 활동」, 『한국언론학보』 51-6, 2007 참고.

79 「24社 250명 출석, 전투적 언론진 구축 선언, 전조선신문기자대회 제1일」, 『자유신문』, 1945. 10. 25.

80 「24社 250명 출석, 전투적 언론진 구축 선언, 전조선신문기자대회 제1일」, 『자유신문』, 1945. 10. 25.

81 「38도 시급해결, 자주독립을 촉진, 기자대회 종료」, 『자유신문』, 1945. 10. 26.

82 성명서 전문은 『매일신보』, 1945. 10. 26 참고; 『한국언론연표 II: 1945~1950』, 1987, 19쪽.

83 최일숙, 「전국신문기자대회의 성과」, 『인민』 2-1, 1946년 1·2월호, 73~77쪽(김남식·이정식·한홍구 편, 『한국현대사 자료 총서』 8, 돌베개, 1986, 586~588쪽). 『인민』은 1945년 12월 창간되어 1948년 3월 (통권 15호)까지 발행되었다. 해방 직후 대표적 좌파 성향 출판사인 인민사가 발행했다. 편집 겸 발행인은 강대옥, 인쇄인은 김경수였다. 정치, 사회, 문화 제 방면의 쟁점들을 두루 다루었으나 정치적 논설이 많았고, 좌익 계열, 그중에서도 조선공산당과 관련이 있는 필진이 자주 글을 발표했다.

84 「出版法違反과 治安法違反 送局關係者 氏名」, 『每日申報』, 1931. 10. 6;「左翼文藝運動一味鍾路署に基幹檢擧, いよいよ五日送局」, 『朝鮮新聞』, 1931. 10. 6. 최일숙은 그 당시 26세였다.

85 「夏穀收集令撤回를 全農서 强硬히 要求」, 『노력인민』, 1947. 6. 21;「테로蠻行에 全南北 農耕에 危機, 農民을 함부로 毆打拉致, 보라 營農妨害하는 테로, 테로撲滅策과 全農 代表 建議」, 『노력인민』, 1947. 6. 29;「全農中委」, 『국제일보』, 1947. 8. 1;「强制供出은 日帝의 殘滓」, 『독립신보』, 1947. 8. 6.

86 「사설: 신문기자대회에 기대」, 『자유신문』, 1945. 10. 23.

87 『한국언론연표 II: 1945~1950』, 1987, 14쪽.

88 강영수, 1946, 146쪽.

89 임경석, 2013, 30~31쪽.

90 「미 종군기자 양씨, 조선 소개에 활약」, 『자유신문』, 1945. 10. 17.

91 「언론의 자유를 역설, 죤숀 종군기자 담(談)」, 『민중일보』, 1945. 10. 19. 기사에는 죤숀으로 되어 있으나 실제 이름은 리처드 존스톤이다.

92 브루스 커밍스 저, 김자동 역, 『한국전쟁의 기원』, 일월서각, 1986, 294쪽.

93 정용욱, 2003c, 171~176쪽.

94 윌리엄스는 해군 소령이었는데 미군정으로부터 일본인 관리 대신 그 역할을 담당할 한국인 관리 선발 임무를 부여받았다. 그에게 그러한 임무가 부여된 것은 그의 부친이 한국에 거주했던 선교사였기 때문이다. 윌리엄스는 한국인 관리를 주로 기독교 신자 중에서 뽑았는데, 대부분이 한민당 당원들로 영어를 구사할 수 있을 정도의 교육을 받았고, 보수적인 성향이 강한 지주 출신이었다. 그는 한민당 출신 조병옥과 장덕수를 경찰 고위직에 선임하는 데 결정적 역할을

했다. 리처드 E. 라우터백, 『한국미군정사』 돌베개, 1984(국제신문사 출판부 역, 1948년판 영인본), 45~46쪽; 브루스 커밍스 저, 김자동 역, 1986, 212~213쪽.

95 "Interview with Lt. Commander Williams, Special Assistant to General Arnold(1945. 10. 13)," 『해방직후 정치사회사 자료집』 1, 1994, 138~140쪽.

96 "Interview with Lt. Commander Williams, Special Assistant to General Arnold(1945. 10. 13)," 『해방직후 정치사회사 자료집』 1, 1994, 138~140쪽.

97 신조선보는 좌우익 양편 논객들의 글들을 골고루 실었다. 우익의 김상기(金庠基)·이선근(李瑄根) 등을 비롯하여, 좌익의 이태준(李泰俊)·김동석(金東錫) 등의 글을 소개하였다. 안재홍의 「신민족주의와 신민주주의」가 23회(1945. 10. 12~11. 14)에 걸쳐 연재되는 등 안재홍 계열의 입장을 대변하는 신문으로 분류되기도 한다. 국립중앙도서관, 대한민국 신문 아카이브, 신문해제, 신조선보(nl.go.kr/newspaper/).

98 "Radical Tendencies of the Korean Press(1945. 10. 23)," 「주간정보요약」 6, 『美軍政情報報告書』 11, 1986, 89~93쪽.

99 "Radical Tendencies of the Korean Press(1945. 10. 23)," 「주간정보요약」 6, 『美軍政情報報告書』 11, 1986, 89쪽.

100 "Radical Tendencies of the Korean Press(1945. 10. 23)," 「주간정보요약」 6, 『美軍政情報報告書』 11, 1986, 89·93쪽.

101 군사실문서철, Box 65, "하지와 베닝호프의 전문들", 1945. 9. 12, 9. 15, 9. 18; 정용욱, 2003c, 132쪽.

102 강영수, 1946, 146쪽.

103 박용규, 「미군정기 한국 언론구조의 형성과정에 관한 연구」, 서울대

신문학과 석사학위논문, 1988, 93~94쪽.

104 박용규, 1988, 94~95쪽; 최준, 「한국신문해방20년사 I」, 『신문연구』 6-2, 1965, 2~6쪽; "Radical Tendencies of the Korean Press(1945. 10. 23)," 「주간정보요약」 6, 『美軍政情報報告書』 11, 1986.

105 『駐韓美軍史』 2, 1988, 66쪽.

106 「매일신보사 자치위원회 성명서」, 『한국언론연표 II: 1945~1950』, 1987, 1036쪽.

107 최준, 1965, 5쪽.

108 『한국언론연표 II: 1945~1950』, 1987, 1035쪽.

109 『한국언론연표 II: 1945~1950』, 1987, 20쪽.

110 강영수, 1946, 149쪽.

111 강영수, 1946, 150쪽.

112 「매신에 돌연 정간 명령, 일반 사회와 언론계에 큰 충동(衝動)! 이유는 재정조사, 기자회 궐기, 군정청 보도국에 질문」, 『중앙신문』, 1945. 11. 13.

113 「군정장관, 매일신보 속간과 조선일보 발간에 대한 담화 발표」, 『중앙신문』, 1945. 11. 16; 『駐韓美軍史』 2, 1988, 67쪽.

114 『駐韓美軍史』 2, 1988, 68쪽.

115 『한국언론연표 II: 1945~1950』, 1987, 33쪽.

116 하지 중장이 하경덕을 매일신보의 재산관리인으로 임명한 것이 그가 서울신문 창간에 관여한 계기였다. 부사장에 이어 사장을 맡게 된 배경에는 하지 사령관의 정치고문 버치(Leonard Bertsch) 중위와 하경덕이 하버드 동문이라는 인연도 작용하였던 것으로 알려졌다. 하경덕은 하버드대학 정규과정을 졸업한 뒤에 한국인으로는 최초로 박사학위를 받았다. 1928년 학위를 받은 후 서울로 돌아

와서 YMCA 사업조사위원회 총무로 활동하다가 1931년에 연희전문 교수가 되었다. 해방 직후 영자신문 코리아타임스 창간에 참여했다. 홍기문은 소설『임꺽정』의 작가 홍명희의 아들이다. 그는 니혼대학(日本大學) 졸업 후 1935년 조선일보 학예부장을 맡았다가 1937년 9월 논설위원, 1938년 학예부장 겸 사업부장 등을 역임하며 폐간 때까지 근무했다. 1945년 11월부터 이듬해 9월까지 서울신문 주필 겸 편집국장, 고문, 감사 등의 직책을 짧은 기간 역임하다가 물러났다. 1946년 11월부터 1948년까지는 합동통신 전무와 이사였고, 1948년 11월 조선일보 전무이사로 근무하다가 월북하여 북한 제1기 최고인민회의 대의원이 되었다. 홍명희도 새로 출범한 서울신문의 고문으로 참여했다. 차남 홍기무는 문화부장으로 세 부자가 한 신문에 관계했다. 정진석,「매일신보와 경성일보 출신이 중요한 위치 차지: 해방공간의 언론인들 (상)」,『신문과방송』472, 2010, 92~93쪽.

117 박용규, 1988, 107~108쪽.
118 「매신은 근일 중 재출발, 공장을 이용 조선일보 인쇄 발행」,『중앙신문』, 1945. 11. 16.
119 자치위원회의 해소 발표는「謹告」,『서울신문』, 1945. 11. 24 참고.
120 『駐韓美軍史』2, 1988, 68쪽.
121 『駐韓美軍史』2, 1988, 65~66쪽.
122 『駐韓美軍史』2, 1988, 64~65쪽.
123 『駐韓美軍史』2, 1988, 67쪽.
124 『駐韓美軍史』2, 1988, 62쪽.
125 『駐韓美軍史』2, 1988, 61~62쪽.
126 강영수, 1946, 149쪽. 방응모는 조선일보 속간사에서 미군정 측과 윤전기 인수 및 활용을 위한 교섭과정, 매신 정간사태에 대한 소회

127 송남헌, 『해방 3년사』 I, 까치, 1985, 127~130쪽.
128 임경석, 2013 참고.
129 박용규, 2021, 235~236쪽; 김동선, 『미군정기 『서울신문』의 정치성향 연구』, 선인, 2014, 41~46쪽.
130 「사설: 전 동포를 포용하라」, 『농민주보』 47, 1946. 11. 30(박용규, 2021, 244~245쪽에서 재인용).
131 대한청년의혈당, 「반동적 언론기관을 분쇄하자」, 1945. 11. 24; 심지연, 『해방정국 논쟁사』 I, 한울, 1986, 433쪽; 박용규, 2021, 239~240쪽에서 재인용.
132 1930년대 후반 이후 동아일보와 조선일보의 친일논조로의 변화에 대해서는 박용규, 2021, 「4장. 동아일보와 조선일보의 논조 변질과 언론인」 및 박용규, 『식민지 시기 언론과 언론인』, 소명출판, 2015, 「6장. 일제 말기(1937~1945)의 언론통제정책과 언론구조 변동」 참고. 또 동아일보, 조선일보의 폐간 경위에 대해서는 장신, 『조선·동아일보의 탄생: 언론에서 기업으로』, 역사비평사, 2021, 「6장. 조선총독부의 언론통제와 동아일보·조선일보 폐간」 참고.
133 박용규, 2021, 「3장. 총독부 기관지와 언론인」 참고. 박용규는 적극적인 부일협력배와 소극적인 부일협력배 사이에는 차이가 있고, 부일협력 행위를 조직하거나 사주한 사람들과 그 실행에 동원된 사람들 사이에도 엄연한 차별이 존재하지만 해방 이후 언론계 또는 한국 사회 스스로 과거의 부일협력 행위를 반성하고 극복할 수 있는 적절한 기준과 방안을 마련할 수 없었고, 이것이 당시 언론계를 비롯한 한국 사회의 친일 유제와 잔재 극복을 어렵게 만들었음을 지적한다. 박용규, 2021, 231~234쪽.

(앞부분) 등을 길게 쓰고 있다. 그의 처세방식을 잘 보여준다. 방응모, 「속간(續刊)에 제(際)하야」, 『조선일보』, 1945. 11. 23.

134 박용규, 1988, 89쪽.

135 정진석, 2010, 94~95쪽.

136 강점기 주민운동의 전개과정과 주도층, 주민대회의 주요 사안과 성격에 대해서 한상구, 「일제시기 지역주민운동 연구: 지역 주민대회를 중심으로」, 서울대학교 국사학과 박사학위논문, 2013 참고. 주민대회가 다룬 주요 사안, 즉 지역에서 발생한 공적 사안은 무엇보다도 식민 행정당국의 행정행위를 직접 문제 삼고, 그것에 개입하며 시정을 요구하는 '식민행정요구비판'이 가장 많았다. 둘째, 지역 주민들이 자신들의 지역에 대한 발전구상을 구체화하거나, 지역 내 각종 현안에 대해 주민들 스스로의 대처방안을 논의 결정하는 '지역운영 발전' 사안이 있다. 셋째, 강점기 전 기간을 통해 지역사회의 항상적 현안이었던 학교의 설치와 운영에 대한 사안이 있다. 넷째, 전국적 또는 사회적 사건 및 사회운동에 참여하고 개입하는 '사회운동 사건'이 있다. 주민대회는 1920년대 초반부터 전국적으로 급속히 확산되어 1927년 최고조에 달했다. 이후 점차 줄어드는 과정을 거쳐 전시총동원체제가 가동되는 1936년 이후 급속히 소멸해간다. 이러한 시기별 추이는 전국적 차원의 민족운동, 사회운동의 시기적 소장(消長)과 일치한다.

137 김일수, 「1920년대 대구·경북지역 조선인 기자단체의 활동과 성격」, 『사림』 44, 2013; 전명혁, 「일제하 방한민(方漢旻)의 언론·교육운동과 민족해방운동」, 『사림』 44, 2013 참고.

138 김일수, 2013 참고.

139 박용규, 1988, 34~35쪽.

140 박용규, 1988, 63~64쪽; 김민환, 「미군정기의 한국 언론: 신문의 실상과 언론사적 의미」, 『신문과방송』 8, 1986; 송건호, 「미군정 시대의 언론과 그 이데올로기」, 『한국사회연구』 2, 한길사, 1984; 최민

지, 「민족분단과 통일운동 전후기에 있어서의 언론의 대응과 그 한계」, 변형윤 외, 『분단시대와 한국사회』, 까치, 1985. 또 해방 직후 언론계에 관한 다음 글들 참고. 최준, 「한국신문해방20년사 I」, 『신문연구』 6-2, 1965; 최준, 「한국신문해방20년사 II」, 『신문연구』 7-1, 1966; 박권상, 「미군정하의 한국언론에 관한 연구(상)」, 『신문과방송』 202, 1987; 박권상, 「미군정하의 한국언론에 관한 연구(하)」, 『신문과방송』 203, 1987; 정진석, 「해방공간의 좌익언론과 언론인들: 조선인민보, 해방일보, 건국, 노력인민의 출현과 쇠퇴」, 『관훈저널』 77, 2000; 정진석, 「해방공간의 언론인들 (상)」, 『신문과방송』 472, 2010; 정진석, 「해방공간의 언론인들(하)」, 『신문과방송』 473, 2010.

141 박용규, 1988, 66~69쪽.
142 '8월 테제' 및 조공 노선에서 '진보적 민주주의'의 의미와 용례에 대한 분석은 김인식, 「〈8월 테제〉의 '진보적 민주주의' 국가건설론」, 『한국민족운동사연구』 55, 2008 참고. 8월 테제 전문은 「현정세와 우리의 과업」, 김남식 편, 『남로당 연구 자료집』 1, 고려대 아세아문제연구소, 1974, 8~21쪽 참고.
143 「진보적 민주주의 기빨 밑에서 공산당 대표 정견 방송」, 『전국노동자신문』, 1945. 12. 1. 박헌영은 1945년 10월 10일 기자단과 가진 첫 회견은 물론 11월 28일 가진 기자회견에서도 거듭 진보적 민주주의를 강조했다. 「통일정권에 협력, 진보적 민주주의 확립, 공산당수 박헌영 씨와 일문일답」, 『자유신문』, 1945. 10. 12 및 「政權은 大衆總意로」, 『조선일보』, 1945. 11. 29.
144 「社說: 所謂 進步的 民主主義의 政體」, 『대동신문』, 1946. 2. 7.
145 「사설: 眞正한 民主主義」, 『조선일보』, 1945. 11. 29; 「사설: 韓民族의 獨自性」, 『동아일보』, 1945. 12. 8; 「진실한 여론 환기」, 『조선일보』,

1945. 11. 24.
146 「사설: 민족통일전선의 초점」,『조선일보』, 1945. 11. 27.
147 「정권은 대중 총의로, 박헌영 씨 기자단에게 의견 피력」,『조선일보』, 1945. 11. 29.
148 「편협한 의견을 경계, 진보적인 민주주의 국가를 건설, 내외 제 세력을 포용, 홍진씨 담」,『서울신문』, 1945. 12. 7;「국내외 각 계층을 망라 진보적 민주정부 수립, 김성숙씨 담」,『조선일보』, 1945. 12. 5.
149 「社說: 所謂 進步의 民主主義의 政體」,『대동신문』, 1946. 2. 7.
150 『駐韓美軍史』 2, 1988, 61쪽.
151 『駐韓美軍史』 2, 1988, 61쪽.
152 "Radical Tendencies of the Korean Press(1945. 10. 23),"「주간정보요약」 6,『美軍政情報報告書』 11, 1986.

제2장 모스크바 삼상회의 결정의 국내 전달과 신탁통치 파동

153 노마 필드 저, 박이엽 역,『죽어가는 천황의 나라에서』, 창작과비평사, 1995, 220쪽에서 재인용.
154 정용욱,『해방 전후 미국의 대한정책: 과도정부 구상과 중간파 정책을 중심으로』, 서울대학교출판문화원, 2003, 154쪽.
155 대표적으로 서중석,『한국현대민족운동연구』, 역사비평사, 1991, 305~313쪽 및 323~324쪽 참고.
156 이 시기 찬·반탁운동의 경과와 성격에 대해서는 심지연,「신탁통치 문제와 해방정국」,『해방정국논쟁사』 1, 한울, 1986; 이완범,「한반도 신탁통치 문제 1943~46」,『해방 전후사의 인식』 3, 한길사, 1987; 윤해동,「반탁운동은 분단·단정노선이다」,『역사비평』 9, 1989; 이수인,「모스크바 삼상협정 찬반운동의 역사적 성격」,『한국현대정치

사』1, 실천문학사, 1989; 이강수, 「三相會議決定案에 대한 左派3黨의 대응」, 『한국근현대사연구』 3, 1995 참고.

157 정용욱, 2003c, 154~155쪽.
158 합동통신 30년 편찬위원회, 1975, 10쪽.
159 「38도선 美國서 與論化, 一美紙論評「鐵壁이 가져온 悲哀」(서울 전화 합동통신)」, 『민주중보』, 1945. 12. 27.
160 『동아일보』, 1945. 12. 27.
161 『한국언론연표 II : 1945~1950』, 1987, 44쪽.
162 강대호, 「莫府三國外相會議와 朝鮮」, 『人民』 1946년 1·2월, 67~68쪽; 김오성, 『지도자론』, 조선인민사 후생부, 1946, 125쪽; 민주주의민족전선 편, 『朝鮮解放年報』, 文友印書館, 1946, 111~112쪽; 이강국, 『민주주의 조선의 건설』, 조선인민보사, 1946, 112~113쪽.
163 서중석, 1991, 313쪽.
164 서중석, 1991, 313쪽; 이완범, 1987, 237~238쪽. 이 두 글은 1945년 연말에 국내 신문들이 모스크바 삼상회의 결정 내용을 어떻게 다루었는지 자세히 추적했다.
165 정용욱, 2003c, 159쪽.
166 이 보고서는 내용으로 판단컨대 1차 미소공위 결렬 직후에 집필된 것으로 보인다. 2차 대전 중 신탁통치안이 강대국 간에 논의된 과정, 신탁통치안 및 삼상회의 결정의 국내 전달과정, 이에 대한 한국인들의 반응, 1차 미소공동위원회에서 양측의 신탁통치안에 대한 태도를 주요한 서술 내용으로 한다. 초고, 수정원고, 최종원고가 있는데, 주한미군 군사실 문서철, Box 29, 65에 들어 있다. 신복룡 편, 『한국분단사자료집』 1, 원주문화사, 1991에 모두 수록되어 있고, 최종원고 번역본은 C. L. 호그 저, 신복룡 역, 『한국분단보고서』 하, 풀빛, 1992b에 수록되었다. 「Trusteeship」(First Draft), 『한국분단사

자료집』 1, 1991, 217쪽.
167 「Trusteeship」(Second Draft), 『한국분단사자료집』 1, 1991, 249쪽; 「Trusteeship」(Third Draft), 『한국분단사자료집』 1, 1991, 277쪽.
168 C. L. 호그 저, 신복룡 역, 『한국분단보고서』 상, 풀빛, 1992a, 266~267쪽 각주 60 참고.
169 정용욱, 2003c, 160쪽.
170 김오성, 1946, 125쪽.
171 강대호, 1946, 67쪽.
172 정용욱, 2003c, 160~161쪽.
173 미군정이 작성한 보고서 「신탁통치(Trusteeship)」에는 성조지(*Stars and Stripes*)로 표기되어 있다.
174 정용욱, 2003c, 161쪽.
175 *Pacific Stars and Stripes*, 1945. 12. 27.
176 "국제연합기구의 성공은 모스크바 회담과 결합되어 있다", *New York Times*, 1945. 12. 15, 7쪽.
177 *New York Times*, 1945. 12. 23, E3쪽.
178 정용욱, 2003c, 162쪽.
179 "한국인, 미국의 대소유화정책을 비난; 모스크바 정책은 세계 평화를 해칠 것이라고 말함", *New York Times*, 1945. 12. 18, 3쪽.
180 "한국인들 모스크바 결정을 기다림. 김구가 힘을 얻고 있지만 최종적인 사태전개는 삼상회담에 달렸음," *New York Times*, 1945. 12. 23, 13면; "한국의 우익 세력 결집-여태까지 좌익들에게 압도당했던 보수주의자들이 1월 10일 대회를 열기로 함," *New York Times*, 1945. 12. 27, 4쪽.
181 *New York Times*, 1945. 12. 27, 4쪽.
182 "국제뉴스 요약," *New York Times*, 1945. 12. 28, 1쪽; "분할 종료,

그리고 5개년 신탁통치 개시," *New York Times*, 1945. 12. 28, 1쪽.

183 정용욱, 2003c, 163~164쪽.

184 정용욱, 2003c, 164쪽.

185 "여객선 그립스홈(Gripsholm) 호에 탑승한 유럽으로부터 귀환하는 미국인 명부," *New York Times*, 1944. 3. 12, 26쪽.

186 예를 들어 *Press Telegram and Long Beach Sun* 1945년 8월 14일 자에 실린 "World War II Cost in Dead, Wounded, and Missing 55,000,000" 참고. 그는 이 기사에서 자신을 UP통신의 전쟁 분석가(War Analyst)로 소개했다.

187 1948년 뉴욕시 근교 부인회 행사 안내에 그가 연사로 몇 차례 소개되었다. *New York Times*, 1948. 1. 4; 1. 25; 2. 15.

188 "스티븐슨(H. L. Stevenson)의 왈라스 캐롤(Wallace Carroll) 면담 기록, 1992"(정용욱, 2003c, 164~165쪽 재인용). 스티븐슨은 UPI통신 전직 부사장이자 편집장이었다. UPI통신은 UP통신의 후신이다. 왈라스 캐롤은 2차 대전 이전부터 전쟁 기간까지 UP통신 특파원으로 런던, 파리, 제네바, 마드리드와 모스크바에서 일했다. 이후 미국 정부의 전쟁정보처(Office of War Information)에서 일하다 뉴욕타임스로 자리를 옮겼다.

189 정용욱, 2003c, 16~166쪽.

190 정용욱, 2003c, 166쪽.

191 유승삼, 「모스크바 3상 회의 '왜곡' 보도의 미스터리 - 의혹과 숙제는 여전히 남아 있다」, 『관훈저널』 160, 2021, 193쪽.

192 정용욱, 2003c, 166~167쪽.

193 정진석, 『한국현대언론사론』, 전예원, 1985, 253쪽; 日本 外務省 アジア局 監修, 『現代朝鮮人名辭典』, 1962, 87쪽.

194 정용욱, 2003c, 167쪽.

195 리처드 로빈슨 저, 정미옥 역, 『미국의 배반』, 과학과사상, 1988, 41쪽.
196 정용욱, 2003c, 167쪽.
197 1945년 가을 이래 미군정의 신탁통치 반대 입장과 신탁통치안 철회 요청에 대해서는 『駐韓美軍史』 2, 1988, 310~322쪽 참고.
198 정용욱, 2003c, 167~168쪽.
199 「육군대장 더글라스 맥아더가 합동참모본부에」(1946. 1. 23), 정용욱, 2003c, 198~199쪽.
200 C. L. 호그 저, 신복룡 역, 1992a, 266·268~272쪽.
201 "Independence of Korea is being urged(한국 독립을 설득 중),"1945. 12. 25.(upi.com/Archives/1945/12/25/Independence-of-Korea-is-being-urged/9081517275283/).
202 정용욱, 「1942-47년 美國의 對韓政策과 過渡 政府形態 構想」, 서울대학교 박사학위논문, 1996; 정용욱, 「1945년 말, 1946년 초 신탁통치 파동과 미군정-미군정의 여론공작을 중심으로-」, 『역사비평』 62, 2003년 봄호 참고. 학계의 반응과 관련해서는 김영희, 「미군정기 신문의 보도 경향: 모스크바 삼상회의 한국의정서 보도를 중심으로」, 『한국언론학보』 44-4, 2000; 김민환, 『미군정기 신문의 사회사상』, 나남, 2001; 이완범, 「조선공산당의 탁치 노선 변화 과정(1945~1946)」, 『한국근현대사연구』 35, 2005; 김동민, 「동아일보의 신탁통치 왜곡보도 연구」, 『한국언론정보학보』 52, 2010; 채백, 「친일 청산에 대한 미군정기 〈동아일보〉와 〈조선일보〉의 보도 태도」, 『한국언론정보학보』 79, 2016 등 참고.
203 정용욱, 「1945년 12월 말 국내 언론의 모스크바 삼상회의 외신 보도 양상」, 『한국사론』 69, 2023, 481쪽. KBS 언론비평 프로그램 〈미디어 포커스〉가 2003년 12월 13일 '한국 언론의 빅브라더 미국'에

서 모스크바 삼상회의 결정 관련 가짜뉴스의 최초 국내 보도자로 동아일보를 지목하여 방영한 뒤 동아일보사는 특별취재반을 구성해서 1945년 12월 27일 보도한 모스크바 삼상회의 결정 기사에 왜곡이나 조작은 없었다고 해명하는 기사들을 몇 주 동안 쏟아냈다. 동아일보는 그 후에도 연례적으로 광복절을 전후해서 위와 같은 취지의 기사를 내보내곤 했다. 2012년 5월부터 8월 사이에 동아미디어그룹 공식블로그 '동네역사관(dongne.donga.com/)'에서 각각 2회, 5회에 걸쳐 연재한 「'소련은 신탁통치 주장' 보도가 조작?」1~2, 「모스크바 삼상회의 보도의 진실」1~5는 그 종합판이라 할 수 있다. 그런데 여기에서는 해당 기사가 "워싱턴(華盛頓)발 기사였고, 합동통신의 기사(合同至急報)를 전재한 것이었다. 이 기사를 처음으로 보도한 것은 미국의 통신사인 AP와 UP로, 당시 기사 원문은 남아 있지 않다. 그러나 UP의 후신인 UPI 측에 문의한 결과 미국 현지 신문도 당시 UP 기사를 전재해 국내 언론과 같은 내용을 보도한 것으로 확인됐다"고 서술했다(「'소련은 신탁통치 주장' 보도가 조작?」2, 2012. 5. 11). 그 당시만 해도 동아일보는 아직 UPI가 공개한 원문을 확보하지 못한 것으로 보인다. UP통신 원문을 들어 동아일보의 해당 기사가 왜곡이 아님을 주장한 글로는 동아일보 지식서비스센터장 겸 사료연구실장이었던 김진경이 기고한 「동아일보 신탁 통치 보도 전말- 왜곡은 없었다」, 『관훈저널』 158, 2021년 참고.

204 정용욱, 2023, 481~482쪽.
205 「미국과 소련 한국문제 상의」(1945. 12. 28), 석원화·심민화·패민강 편, 김승일 번역, 『중국언론 신보에 그려진 한국근현대사』, 역사공간, 2011. 『申報』는 중국 상하이에서 창간된 신문이다.
206 정용욱, 2023, 482~483쪽.
207 정용욱, 2023, 487~488쪽.

208 정용욱, 2023, 489~490쪽.
209 '크레딧'은 기사 앞부분에 들어가는 해당 뉴스의 '발신지, 보도일자, 발신사 또는 기사 작성자, 수신사' 표기를 말한다.
210 정용욱, 2023, 490~491쪽.
211 유승삼, 2021, 200~204쪽. 이 글은 앞에서 언급한 김진경의 글에 대한 비판인 셈인데, 동아일보와 합동통신이 미스터리를 풀기 위해서 지금이라도 적극 나설 것을 촉구한다. 오랜 활동 경험을 가진 원로 언론인답게 해당 자료들과 기존 연구들을 매우 치밀하게, 또 비판적으로 분석했다. 이후 다시 한번 이 문제와 관련한 쟁점들을 종합적으로 정리하고, 해결 방향을 제시하는 글을 발표했다. 유승삼, 「모스크바 3상 회의 보도 조작근거를 논증한다」, 『관훈저널』 169, 2023.
212 정용욱, 2023, 491쪽.
213 유승삼, 2021, 201~202·204쪽.
214 유승삼, 2021, 202쪽.
215 정용욱, 2023, 492~493쪽.
216 정용욱, 2023, 493쪽.
217 정용욱, 2023, 493쪽.
218 정용욱, 2023, 493~494쪽.
219 합동통신 30년 편찬위원회, 1975, 11~12쪽.
220 합동통신 발족 직후인 1945년 12월 연말의 임원진과 편집국 진용은 합동통신 30년 편찬위원회, 1975, 8~9쪽 참고.
221 정용욱, 2023, 495~496쪽.
222 AP통신 문서관 아키비스트 프란체스카 피타로(Francesca Pitaro) 씨와 자료 수집을 도와준 윤성민 학형에게 감사 인사를 전한다.
223 정용욱, 2023, 496쪽.
224 정용욱, 2023, 497쪽.

225 정용욱, 2023, 497~498쪽.

226 정용욱, 2023, 499~500쪽.

227 합동통신 30년 편찬위원회, 1975, 8~9·11~12·349·382쪽 「후기」 참고.

228 NA II, RG 554 Records of General Headquarters, Far East Command, Supreme Commander Allied Powers, and United Nations Command, U. S. Army Forces in Korea File and Lt. Gen. John R. Hodge Official File, 1944~1948, Entry 11071, 11070(이하 '하지장군 문서철'), Box 123, Tfgcg 212, "하지가 마샬에게 보내는 전문," 1946. 1. 2.

229 합동통신 30년 편찬위원회, 1975, 10쪽.

230 정용욱, 2023, 501쪽; *Ogdensburg Journal* 기사는 'nyshistoric newspapers.org/lccn/sn84031165/issues/1945/'에서 검색했고, *Fort Wayne News-Sentinel* 기사들은 해당 신문사 문서고(news-sentinel.newsbank.com/)에서 1945년 10월 1일에서 1945년 12월 31일 중 'Korea'로 검색하여 나온 기사들을 정리했다.

231 정용욱, 2023, 502쪽.

232 「합동통신사 창설」, 『공업신문』, 1945. 12. 27.

233 합동통신 30년 편찬위원회, 1975, 6·10쪽.

234 정용욱, 2023, 507쪽.

235 Ogdensburg, wikipedia(2023. 5).

236 정용욱, 2023, 507~508쪽.

237 정용욱, 2023, 508~509쪽.

238 Fort Wayne, wikipedia(2023. 5).

239 The News-Sentinel, wikipedia(2023. 5).

240 정용욱, 2023, 509쪽.

241 정용욱, 2023, 510쪽.
242 정용욱, 2023, 510쪽.
243 정용욱, 2023, 510~511쪽.
244 George Sokolsky, wikipedia(2023. 5).
245 정용욱, 2023, 511쪽.
246 정용욱, 2023, 511~512쪽.
247 정용욱, 2023, 512쪽.
248 정용욱, 2023, 512쪽.
249 정용욱, 2023, 512~513쪽.
250 정용욱, 2023, 513쪽.
251 정용욱, 2023, 513~514쪽.
252 합동통신 30년 편찬위원회, 1975, 9쪽.
253 정용욱, 2023, 514쪽.
254 이와 관련해서는 John Fousek, *To Lead the Free World: American Nationalism and the Cultural Roots of the Cold War*, University of North Carolina Press, 2000 참고.
255 「사관기장」(1945. 12. 30), 『해방 직후 정치사회사 자료집』 1, 1994, 170쪽.
256 정용욱, 2003c, 155~156쪽.
257 정용욱, 2003c, 156쪽.
258 하지장군 문서철, Box 123, Tfgcg 211, "하지가 마샬에게 보내는 전문," 1946. 1. 2.
259 C. L. 호그 저, 신복룡 역, 1992a, 260~263쪽.
260 정용욱, 2003c, 157쪽.
261 정용욱, 2003c, 157쪽.
262 윤해동, 1989, 170~180쪽.

263 정용욱, 2003c, 185~186쪽.
264 정용욱, 2003c, 186쪽.
265 정용욱, 2003c, 190쪽.
266 서중석, 1991, 306쪽.
267 서중석, 1991, 312쪽.
268 「사관기장」(1946. 1. 1~2), 『해방직후 정치사회사 자료집』 1, 1994, 174쪽.
269 하지장군 문서철, Box 123, Tfgbi 109, "하지가 맥아더에게," 1945. 1. 2.
270 하지장군 문서철, Box 123, Tfgbi 103, "하지가 맥아더에게," 1945. 1. 1.
271 하지장군 문서철, Box 123, Tfgcg 212, "하지가 마샬에게," 1945. 1. 2.
272 정용욱, 「미군정의 임정관계 보고서」, 『역사비평』 24, 1993, 364·375쪽.
273 사건 개요에 대해서는 방선주, 「미국 제24군 G-2 군사실 자료 해제」, 『아시아문화』 3, 1987, 184~188쪽.
274 방선주, 1987, 184~188·211·213쪽; 『동아일보』, 1946. 1. 20; 「G-2 정보일지」 118(1946. 1. 8), 『美軍政情報報告書』 1, 1986을 통해 재구성. 「G-2 정보일지」의 원문은 "G-2 Periodical Report"로 이 책에 표기된 「일일정보보고」와 동일 문서이다.
275 방선주, 1987, 185~186쪽.
276 정용욱, 2003c, 173~174쪽.
277 「정계동향」 17(1946. 1. 20), 한림대학교아시아문제연구소 엮음, 『駐韓美軍情報日誌』 부록, 1990.
278 정용욱, 2003c, 174쪽.

279 샌프란시스코 방송은 그 정체가 매우 의심스럽다. 1945년 10월 국무부 극동국장 빈센트의 신탁통치 발언이 국내에 전달될 때에도, 통신기사가 샌프란시스코를 경유했다.(『매일신보』, 1945. 10. 23.) 해방 정국에서 출처가 의심스러운 외신 기사는 대부분 샌프란시스코발이었다.

280 「정계동향」 17(1946. 1. 20), 『駐韓美軍情報日誌』 부록, 1990.

281 정용욱, 2003c, 175쪽.

282 『駐韓美軍史』 2, 1988, 31쪽.

283 방선주, 1987, 187쪽.

284 공산당 비서 박헌영은 1945년 12월 28일 38도선을 넘어 평양으로 향했고, 12월 31일 평양에서 모스크바로부터 귀환한 로마넨꼬로부터 모스크바 삼상회의의 전말을 들었다. 이날 열린 조선공산당 북조선분국 집행위 상무위원회에서 모스크바 삼상회의 결정 실행방법이 논의되었고, 삼상회의 결정지지 방침이 결정되었다고 한다. 박헌영은 1946년 1월 2일 서울로 귀환했다. 『비록 조선민주주의인민공화국』 상, 중앙일보사, 191~192쪽.

285 정용욱, 2003c, 176쪽.

286 솔로몬 아브라보비치 로조프스키(Solomon A. Lozovsky)는 외무부 차관, 소련 정보국 국장을 지냈다.

287 페투호프(V. I. Petuhov)는 스몰렌스키란 필명으로 활동하던 소련 외무인민위원회 제2극동부 한국 담당 3등서기관이다.

288 정용욱, 2003c, 176~177쪽.

289 『조선의 통일과 독립을 위한 투쟁의 기원에서』(Петухов В. И. У источников борьбы за единство и независимость Кореи/. М., 1987) c. 44.

290 "Tass통신이 한국문제에 대해 미국을 신랄하게 비판," *New York*

Times, 1946. 1. 23, 15쪽.

291 정용욱, 2003c, 177~178쪽.

292 "맥아더가 한국에 대한 타스통신 공격을 반박," *New York Times*, 1946. 1. 24, 1쪽.

293 정용욱, 2003c, 178쪽.

294 "맥아더 비난 사실을 부인," *New York Times*, 1946. 1. 25, 9쪽.

295 정용욱, 2003c, 178~179쪽.

296 "하지의 부인," *New York Times*, 1946. 1. 24, 2쪽.

297 정용욱, 2003c, 179~180쪽.

298 타스통신 기사 전문에 대해서는 "주소 대리대사 케넌이 국무장관에게(1946. 1. 25)," 김국태 옮김, 『해방 3년과 미국 1 : 1945~1948년 미국무성 비밀외교문서』, 돌베개, 1984, 201~203쪽 참고.

299 세 건의 기사 모두 *New York Times*, 1946. 1. 25, 9면에 수록.

300 정용욱, 2003c, 180~181쪽.

301 "주소 대리대사 케넌이 국무장관에게(1946. 1. 25)," 『해방 3년과 미국 1 : 1945~1948년 미국무성 비밀외교문서』, 1984, 205쪽.

302 정용욱, 2003c, 181쪽.

303 하지장군 문서철, Box 123, Tfgcg 264, "하지가 국무장관에게," 1946. 1. 28.

304 정용욱, 2003c, 181~182쪽.

305 "애치슨, 소련이 한국계획을 제안했다고 언급," *New York Times*, 1946. 1. 26, 7쪽.

306 정용욱, 2003c, 182쪽.

307 "해리먼, 동양으로 출발하기 전에 스탈린을 예방," *New York Times*, 1946. 1. 24, 3쪽.

308 이날의 면담 기록은 "주소대사 해리먼이 국무장관에게

(1946. 1. 25),"『해방 3년과 미국 1: 1945~1948년 미국무성 비밀외교문서』, 1984, 207쪽 참고.

309 「레베데프비망록」 1947. 9. 12. 레베데프는 북한 주둔 소련 적군 제25군 참모였고, 소련군 민정청 정치사령관을 역임했다. 미소공위 소련 측 수석대표이자 제25군 정치위원인 시티코프의 오른팔 격이었다.

310 RG 59 General Records of the State Dept., Decimal File, 895 Ser. Internal Affairs of Korea, 1945~1949 (한국 내정 문서철), Roll 1, "번스가 국무부 일본·한국 경제부 마틴에게 보내는 서한," 1947. 2. 24.

311 정용욱, 2003c, 182~183쪽.

312 정용욱, 2003c, 183쪽.

313 정용욱, 2003c, 183쪽.

314 정용욱, 2003c, 184쪽.

315 리처드 로빈슨 저, 정미옥 역, 1988, 41쪽.

316 하지장군 문서철, Box 123, Tfgcg 272, "하지가 맥아더 경유 국무부에 보내는 전문," 1946. 2. 1.

317 『駐韓美軍史』 2, 1988, 30~31쪽.

318 "국무장관이 육군장관 패터슨에게(1946. 4. 1),"『해방 3년과 미국 1: 1945~1948년 미국무성 비밀외교문서』, 1984, 247~248쪽.

319 브루스 커밍스 저, 김자동 역, 1986, 299쪽.

320 정용욱, 2003c, 184~185쪽.

321 브루스 커밍스 저, 김자동 역, 1986, 42쪽.

322 브루스 커밍스 저, 김자동 역, 1986, 185쪽.

323 브루스 커밍스 저, 김자동 역, 1986, 192쪽.

324 브루스 커밍스 저, 김자동 역, 1986, 192~193쪽; 러시아대외정책

문서보관소 소장, "박헌영 동지와 아놀드의 회담", 1945. 12. 11. (АВПРФ Фонд 0102, опись 1, дело 3, папка 1, лл. 57~62 'Беседа тов. Пака с Арнольдом').

325 랭던의 정무위원회 구상과 독립촉성중앙협의회 활동에 나타난 미군정의 과도정부 수립 구상에 대해서는 정병준, 「주한미군정의 '임시한국행정부' 수립구상과 독립촉성중앙협의회」, 『역사와 현실』 19, 1996 및 도진순, 『한국민족주의와 남북관계』, 서울대출판부, 1997, 1부 2장 참고.

326 하지장군 문서철, Box 123, Tfgcg 212, "하지가 마샬에게," 1945. 1. 2.

327 하지장군 문서철, Box 123, Tfgbi 142, "하지가 맥아더에게," 1946. 1. 19.

328 하지장군 문서철, Box 123, Tfgbi 155, "하지가 맥아더에게," 1946. 1. 24.

329 「사관기장」(1946. 1. 2), 『해방직후 정치사회사 자료집』 1, 1994, 174쪽.

330 정용욱, 2003c, 193쪽.

331 『新韓民報』, 1943. 12. 9.

332 정용욱, 2003c, 193~194쪽.

333 정용욱, 2003c, 194쪽.

334 정용욱, 2003c, 194~195쪽.

335 C. L. 호그 저, 신복룡 역, 1992a, 262쪽.

336 정용욱, 2003c, 195쪽; RG 43 Records of International Conferences, Commissions, and Expositions, Records of the American Delegation, U.S.-U.S.S.R. Joint Commission on Korea(미소공동위원회 문서철), Roll 5, "한국정부 구성에 관한 협상

지침".

337 정용욱, 2003c, 195쪽.

338 정용욱, 2023, 515쪽.

339 「난립에서 통일에로, 8·15 이후 정계의 동향」, 『조선일보』, 1945. 11. 23; 「국내현실을 파악, 전선 통일이 요체」, 『조선일보』, 1945. 11. 26. 독립촉성중앙협의회는 처음에는 초당파적 통일기구를 표방하고 결성되었다. 결성 초기에는 조선공산당, 인민당 등도 참여했지만 이승만의 독선적인 태도와 노골적인 반소·반공태도의 표방으로 공산당, 인민당 등이 점차 탈퇴했다. 독립촉성중앙협의회는 중앙집행위원회가 개최된 12월 중순의 시점에서는 이승만과 한민당을 중심으로 하는 우익 보수진영 일부의 대표라는 위상밖에 확보하지 못했다.

340 「전선통일과 독립촉성, 임정영수 환국 맞아 각당 각파의 동향 활발」, 『조선일보』, 1945. 12. 10; 「통일기운 아연 성숙」, 『조선일보』, 1945. 12. 21.

341 정용욱, 2023, 515~516쪽.

342 결의서 내용 및 조선공산당의 불참 선언에 이르는 경위에 관해서 『해방 3년사』I, 1985, 231~239쪽 및 「연합국에 멧세지, 조공당 독자적 입장에서」, 『조선일보』, 1945. 12. 6. 참고.

343 정용욱, 2023, 516쪽.

344 이태준, 「먼저 진상을 알자(하)」, 『자유신문』, 1946. 1. 21. 이 평론은 3회에 걸쳐 연재되었는데, 인용문은 결론 부분이다. 앞부분에서는 반탁운동이 반소운동으로 확산되어 정치세력 통합이 지연되고, 결국 조선 독립에 부정적 영향을 끼칠 것을 우려하는 내용이다.

345 정용욱, 2023, 517쪽.

제3장 미군정 농지개혁 구상의 전개와 그 귀결

346 『해방 3년사』 I, 1985, 126~129쪽.

347 이혜숙, 『미군정기 지배구조와 한국사회: 해방 이후 국가-시민사회 관계의 역사적 구조화』, 선인, 2008, 285~286쪽; 류일환, 「미군정기 귀속농지 처리와 중앙토지행정처」, 『민족문화연구』 93, 2021, 238~240쪽.

348 점령기 미군정의 귀속농지 처분정책 전반과 그 성격에 대해서는 김한샘, 「미군정기 귀속농지 불하의 정치적 성격에 관한 연구」, 이화여대 정치외교학부 석사학위논문, 1997 참고.

349 점령기 미군정 측 농지개혁 구상은 정부 수립 후 실시된 농지개혁의 전사에 해당하는 만큼 농지개혁을 다룬 많은 연구들이 구상의 존재와 그것을 매개한 조직, 실제 전개과정, 그 역사적 의미 등을 언급했다. 농지개혁 전반에 대해서는 김성호 외, 『농지개혁사연구』, 한국농촌경제연구원, 1989; 신병식, 「한국의 토지개혁에 관한 정치경제적 연구」, 서울대 정치학과 박사학위논문, 1992; 최봉대, 「미군정의 농민정책에 관한 연구」, 서울대 사회학과 박사학위논문, 1994 참고. 미군정 측 당국자들의 논의와 미군정 측 구상의 실현이 지연된 배경 및 사정에 관해서는 SangMin Lee, "The Political Economy of Occupation : United States Foreign Economic Policy in Korea, 1945-1949," Ph. D. Dissertation Thesis, Northern Illinois University, 1991; Inhan Kim, "Land Reform in South Korea under the U.S. Military Occupation, 1945-1948," *Journal of Cold War Studies* 18-2, 2016; Il-young Jung, "The 'Bunce Plan' and the Aborted Land Reform of 1946," *Seoul Journal of Korean Studies* 34-1, 2021 참고.

350 「토지 없는 소작농 위해 일인 소유의 농지 주택 등 조선인에게 방매 결정. 대가 지불은 농작물로 충당. 주택, 상사 기관도 장기상환으로 매도」, 『자유신문』, 1946. 3. 8.

351 번스의 해방 전후 경력과 활동에 대해서는 황윤희, 「번스(Arthur C. Bunce)의 내한활동과 한국문제인식」, 『崇實史學』 23, 2009; 안종철, 「해방 전후 아더 번스(Arthur C. Bunce)의 활동과 미국의 대한정책」, 『미국사연구』 31, 2010 참고.

352 마크 게인, 『해방과 미군정』, 까치, 1986, 23쪽. 원서는 Mark Gayn, *Japan Diary*, Tuttle Publishing, 1981.

353 '귀속농지'는 적산(敵産), 즉 일본 국가, 기업, 개인 재산의 일부로 일제 강점기 동양척식주식회사의 토지와 일본인 개인 및 법인 소유 토지를 일컫는다. 한국인 지주 소유 토지와 구별되고, 미국에 귀속되어 '귀속농지'로 불리었다.

354 「화폐문제도 해결할 터. 미 경제고문단 조선 경제 재건의 복안 토로, 기자단과 문답」, 『자유신문』, 1946. 3. 10.

355 「착취에서 농민해방코 자작농 대규모 창정」, 『중앙신문』, 1945. 11. 17.

356 「미경제고문단 3씨 회견담」, 『서울신문』, 1946. 3. 10.

357 「전일본인소유 농지를 경작인에게 방매」, 『서울신문』, 1946. 3. 16.

358 「일인 토지 방매 혜택은 농민만이 입도록 조처: 군정청서 성명 발표」, 『자유신문』, 1946. 3. 16; 「농지는 농민에게! 봉건적 겸병제도를 파기코 농민에 소부분으로 방매. 일인소유토지의 지주매점을 방지러-취 장관 특별발표」, 『한성일보』, 1946. 3. 16.

359 류일환, 2021, 236~238쪽.

360 「일인 소유의 농지 매매를 임정 수립까지 보류」, 『동아일보』, 1946. 6. 26; 「前日人所有農地賣渡, 政府슬때까지 保留키로, 世間의

輿論을 尊重하야 決定」,『독립신보』, 1946. 6. 26.

361 표4~표7의 여론조사 자료는 모두 NA II, RG 554 Records of General Headquarters, Far East Command, Supreme Commander Allied Powers, and United Nations Command, USAFIK: XXIV Corps, G-2 Historical Section, 1945-1948, Box 29에 수록되어 있다. 이하 이 문서철 소장 자료들은 '주한미군군사실 문서철, 상자번호, 문서명'으로 표기.

362 주한미군군사실 문서철, Box 37, "Military Governor's Press Conference," 1946. 3. 19.

363 송재경, 2018, 261~263쪽. 「여론동향」은 개별 여론조사 보고서들의 내용을 엮어서 전반적인 여론의 흐름을 정리했으며, 1946년 3월에서 9월까지 매주 발행되었다. 이후 발행이 점차 뜸해지다가, 1947년 7월 이후 발행이 중단되었다. 1, 2호는 "Weekly Opinion Trends", 3호는 "Public Opinion Trends"라는 제목으로 발간되었다. 주한미군군사실 문서철, Box 34의 해당 보고서들 참고.

364 「농토에 대한 여론조사는 농민에게 들으라!」,『해방일보』, 1946. 3. 15.

365 주한미군군사실 문서철, Box 34, Department of Public Opinion, "Status of Public Opinion," 1946. 3. 31.

366 주한미군군사실 문서철, Box 34, John D. Evans, Jr., Major, "Statistical Analysis of Political Trends in Seoul," 1946. 3. 31.

367 주한미군군사실 문서철, Box 37, Richard Robinson, "Possible Objections to the Proposed Ordinance for the Sale of Japanese Agricultural Property South of 38° North Latitude," 1946. 4. 7, 2쪽.

368 주한미군군사실 문서철, Box 34, "Opinion Trends 5," 1946. 3. 31.

369 주한미군군사실 문서철, Box 34, "Opinion Trends 10~20," 1946. 5. 10~7. 26 참고.

370 공보부 당국자와 비슷하게 기자 게인도 미군정이 실시한 여론조사가 "그다지 적절한 것은 되지 못한다. 그러나 그 결과들은 분명히 어떤 진실한 일면도 보여주고 있다"고 평가한다. 마크 게인, 1986, 114쪽.

371 주한미군군사실 문서철, Box 34, "Special Seoul Supplement," 1946. 3. 9.

372 주한미군군사실 문서철, Box 37, Richard Robinson, "Possible Objections to the Proposed Ordinance for the Sale of Japanese Agricultural Property South of 38° North Latitude," 1946. 4. 7.

373 주한미군군사실 문서철, Box 37, Richard Robinson, "Possible Objections to the Proposed Ordinance for the Sale of Japanese Agricultural Property South of 38° North Latitude," 1946. 4. 7, 5쪽.

374 RG 407 Administrative Services Division, Operations Branch, Foreign (Occupied) Area Reports, 1945-54(이하 미 육군 작전국 점령지역 보고서 문서철), Box 2112, 「일일정보보고(G-2 Periodic Report)」 195호(1946. 4. 6).

375 「쌀을 찾는 백만 시민의 호소, 수도에 식량 S.O.S」, 『현대일보』, 1946. 3. 28; 「쌀 쌀 쌀을 달라는 함성, 수만 군중이 부청에 쇄도, 무장군경 장갑차 동원 제어」, 『부산신문』, 1946. 7. 7.

376 미 육군 작전국 점령지역 보고서 문서철, Box 2111, 「일일정보보고」 163호(1946. 2. 28).

377 정용욱, 2021, 169쪽.

378 「농민에 특별 보상하라, 관민으로 대책위원회 조직 긴요」, 『중앙

신문』, 1946. 3. 31. 이 기사에 의하면 1945년 미곡 수확량은 남조선 필요량보다 70만 석이 많았다고 하고, 술과 엿으로 소비된 양은 20만 석이었다고 추산한다.

379 정용욱, 2021, 170쪽.
380 「도시기근은 웬 일? 절대량엔 부족 없다 건국에 직결된 대문제. 쌀은 모리배 손에. 적정한 수집방법이 긴요」, 『중앙신문』, 1946. 3. 31.
381 정용욱, 2021, 171쪽.
382 정용욱, 2021, 171~172쪽.
383 「매장(買藏)과 밀수가 원인, 인민당서 군정청에 대책을 건의」, 『중앙신문』, 1945. 12. 14.
384 정용욱, 2021, 172~174쪽.
385 정용욱, 2021, 174쪽.
386 이동원, 「1946년 '朝美共同會談'의 성립과 활동」, 서울대학교 국사학과 석사학위논문, 2004, 41쪽.
387 주한미군군사실 문서철, Box 34, Department of Public Opinion, "Status of Public Opinion," 1946. 3. 31, 1~2쪽.
388 주한미군군사실 문서철, Box 37, Richard Robinson, "Possible Objections to the Proposed Ordinance for the Sale of Japanese Agricultural Property South of 38° North Latitude," 1946. 4. 7, 2쪽.
389 정용욱, 2021, 133쪽.
390 小林聰明, 「韓國通信檢閱體制の形成」, 一橋大學大學院 社會學研究科 博士論文, 2010, 156~157쪽.
391 정용욱, 2021, 133~135쪽.
392 미 육군 작전국 점령지역 보고서 문서철, Box 2112, 「일일정보보고」 198호(1946. 4. 10).

393 정용욱, 2021, 136쪽.
394 미 육군 작전국 점령지역 보고서 문서철, Box 2112, 「일일정보보고」 201호(1946. 4. 13).
395 정용욱, 2021, 139쪽.
396 북한의 토지개혁에 대해서는 김성보, 『남북한 경제구조의 기원과 전개: 북한 농업체제의 형성을 중심으로』, 역사비평사, 2000, 2부 3장 「토지개혁의 전개」 참고.
397 「일인재산 매매와 우리의 견해 1; 건물, 상점은 방매도 가하나 농경지는 우리 정부에」, 『한성일보』 1946. 3. 11.
398 「日産賣買와 우리의 見解 2; 一切를 우리 政府에, 韓獨黨 副黨首 明濟世氏談」, 『한성일보』, 1946. 3. 12.
399 「日産賣買와 우리의 見解 2; 자유방매는 부당, 모리배의 도량을 조장, 인민당 이여성씨담」, 『한성일보』, 1946. 3. 12.
400 「농민을 위한 토지개혁을 주장함」, 『해방일보』, 1946. 3. 21.
401 「기술적 조치 필요; 신민당서 토지개혁에 대한 성명」, 『자유신문』, 1946. 3. 24.
402 「몰수 토지를 농민에게 무상으로 분배하라! 민전 담화 발표」, 『해방일보』, 1946. 3. 11.
403 「농민에 토지를 주라! 굶주린 자에게 쌀을 주라!」, 『해방일보』, 1946. 3. 20.
404 이선근(본사 주필), 「일인재산 처리안과 조선 농촌의 재건」, 『한성일보』, 1946. 3. 9.
405 그의 경력에 대해서는 이선, 한국민족문화대백과사전(encykorea.aks.ac.kr/Article/E0044685) 참고.
406 「북조선 토지개혁에 반대, 韓民黨 談」, 『자유신문』, 1946. 3. 20.
407 주한미군군사실 문서철, Box 29, Department of Public

Information, "Report of Situation in Kangwon-do and Kyungsang-pukto," 1946. 3. 29. 이 보고서는 리처드 로빈슨이 3월 22~27일 사이에 춘천, 원주, 강릉, 삼척 등 강원도 각지와 영덕, 포항, 경주, 대구, 상주 등 경상북도 각지를 돌며 수집한 여론을 수록했다.

408 「조선인 생활안정은 미곡통제로 해결, 토지개혁은 입법기관서 심의, 하 중장 경제고문 뺀스 박사 담(談)」, 『자유신문』, 1946. 9. 5.

409 「재한국정치고문(랭던)이 국무장관에게」(1946. 6. 3), 『해방 3년과 미국 1: 1945~1948년 미국무성 비밀외교문서』, 1984, 287쪽; 「국무부 점령지구 담당 차관보(힐드링)가 육군부 작전처에 보내는 비망록」(1946. 6. 6), 『해방 3년과 미국 1: 1945~1948년 미국무성 비밀외교문서』, 1984, 294쪽; 「재한국 경제고문 번스가 국무장관에게」(1946. 8. 26), 『해방 3년과 미국 1: 1945~1948년 미국무성 비밀외교문서』, 1984, 340~343쪽.

410 1946년 중반 미군정의 좌우합작운동 지원과 입법기구 설치계획 및 양자의 연관성에 대해서는 정용욱, 2003c, 6장 「미국의 과도정부 구상과 중간파 정책」, 7장 「입법의원과 중간파 정책의 귀결」 참고.

411 일본의 농지개혁령 입법 과정에 대해서는 쇼지 순사쿠, 「일본의 농지개혁과 농지위원회」, 『동아시아의 농지개혁과 토지혁명』, 서울대학교출판문화원, 2014 참고. 맥아더 성명은 김병태, 「농지개혁의 평가와 반성」, 『한국경제의 전개과정』, 돌베개, 1981, 42쪽에서 재인용.

412 좌우합작 7대 원칙 및 각 당과 지도자들의 반응은 『해방 3년사』 II, 1985, 378~384쪽 참고.

413 『해방 3년사』 II, 1985, 381~383쪽.

414 마크 게인, 1986, 115쪽 참고.

415 좌우합작위원회와 미군정 요인들이 10월항쟁 수습책을 마련하기

위해 조미공동회담을 구성했다. 양측은 회담에서 10월항쟁의 진상과 사건 발생원인, 수습책 등을 폭넓게 논의했다. 좌우합작위원회는 친일경찰과 군정 내 친일관리 청산을 가장 중요한 의제로 제기했으나 미군정은 이 문제 해결에 끝내 성의를 보이지 않았다. 이 문제를 비롯하여 제반 개혁 문제들은 이 회담에서 해결되지 않은 채 입의 논의사항으로 넘어갔다. 이동원, 「10월 항쟁과 조미공동회담」, 『해방의 공간, 점령이 시간』, 푸른역사, 2018 참고.

416 「토지개혁에 대한 군정측의 일치된 원칙안」, 『경향신문』, 1947. 2. 20.

417 「토지분배 무상은 불가」, 『조선일보』, 1947. 2. 21; 「土地無償 不可」, 『조선일보』, 1947. 2. 22; 「南勞의 토지정책 유상몰수 무상분배를 반대」, 『동아일보』, 1947. 2. 25.

418 「新法 制定 前까지는 토지제도 불변」, 『조선일보』, 1947. 2. 23.

419 「중요문제 해결을 희망」, 『조선일보』, 1947. 2. 8.

420 「土地改革 前提코, 立議서 土地凍結案 等 不日 上程」, 『독립신보』, 1947. 3. 7.

421 류일환, 2021, 243~244쪽.

422 류일환, 2021, 242~243쪽; 김한샘, 1997, 48쪽.

423 연락위 논의 과정 및 초안의 변천 과정에 대해서는 류일환, 2021, 242~254쪽 참고.

424 가산권(家産權, Homestead Right)은 농지를 분여 받은 농민이 상환완료 등 계약 조건을 충족하면 양도증서를 발급해 자유로운 처분이 가능한 단순소유권(fee simple)으로 전환하는 방식이었다. 상환완료 전까지 토지에 대한 권리는 정부에 있고, 계약을 체결한 농민은 농지등록부에 기록되는 일종의 물권인 가산권을 가지게 되는 것이다. 가산으로 등록된 농지는 정부가 양도나 저당 등을 할 수 없었

고, 계약한 농민도 이를 임대하거나 가산권에 대한 양도 또는 저당 등의 행위를 할 수 없었다. 류일환, 2021, 239쪽.

425 류일환, 2021, 252~253쪽.

426 류일환, 2021, 243쪽.

427 「廣大한 前 日人農地의 地主格인 役割은 不可, 러 長官 新韓工事 解體를 要望」, 『독립신보』, 1947. 9. 2.

428 「적산농지의 적절한 처분, 러취 장관 입의에 규정 제정 요청」, 『경향신문』, 1947. 9. 2.

429 「신한공사 적산농지를 소작인에」, 『조선일보』, 1947. 4. 5.

430 「新韓公社에 通牒, 收集協力者에 土地放賣? 敵産農土 現物 三倍 加算해 年賦로!」, 『민주중보』, 1947. 10. 8.

431 「新韓公社 解體問題, 數日內로 立議에 提議」, 『수산경제신문』, 1947. 9. 16.

432 「合委 談, 신한공사 해체되면 토지 문제에 好先例」, 『경향신문』, 1947. 9. 4.

433 「134 立議 本會議」, 『경향신문』, 1947. 9. 3.

434 「각 당 담화 발표」, 『조선일보』, 1947. 9. 6.

435 「南朝鮮 土地改革 問題」 1~3, 『독립신보』, 1947. 11. 19~11. 21.

436 *FRUS*, 1947 Vol. VI "동북아시아부 차장 앨리슨의 비망록 (1947. 7. 29)"; 「SWNCC 176/30, 한국에 관한 특별위원회 보고서; 한국에서 미국의 정책」. 이 보고서는 8월 4일 삼부조정위원회에 제출되었고, 8월 6일 승인되었다.

437 김영미, 「미 군정기 남조선과도입법의원의 성립과 활동」, 『한국사론』 32, 1994, 275~277쪽.

438 「전부 혹은 일부 재선거, 김 박사 하지 중장에 요청」, 『경향신문』, 1946. 11. 6.

439　Hoover Institution Archives, (Stanford Univ.), Millard Preston Goodfellow Collection,「하지가 굿펠로우에게 보내는 서한」, 1947. 1. 28.

440　주한미군군사실 문서철, Box 84, "군사실 사관 로빈슨과 버취의 면담." 1947. 3. 7.

441　미 육군 작전국 점령지역 보고서 문서철, Box 2123, 「주간정보요약」 65호(1946. 12. 8).

442　정용욱, 2003c, 293~298쪽.

443　클라이드 미첼,「신한공사의 연혁 및 최종보고서」(1948. 4. 30),『농지개혁사관계자료집』 4, 한국농촌경제연구원, 1986, 158쪽.

444　「입의 토지개혁안 실시, 미 국무성 촉구」,『조선일보』, 1948. 1. 18.

445　클라이드 미첼,「신한공사의 연혁 및 최종보고서」(1948. 4. 30),『농지개혁사관계자료집』 4, 1986, 158~159쪽.

446　이혜숙, 2008, 308~309쪽.

447　귀속농지 대부분이 신속히 매각될 수 있었던 것은 소작계약을 매각계약으로 변경하면 되었고, 1948년도 작물이 수확되기까지 첫 번째 상환이 유예되었기 때문이다. "미군정 정보보고서 중 신한공사 관련기사," 「일일정보보고」(1948. 4. 9),『농지개혁사관계자료집』 4, 1986, 16쪽.

448　김한샘, 1997, 54~55쪽.

449　"미육군 참모총장(아이젠하워)이 동경 주재 육군대장 더글라스 맥아더에게(1946. 2. 23),"『해방 3년과 미국 1 : 1945~1948년 미국무성 비밀외교문서』, 1984, 226~228쪽.

450　미 육군 작전국 점령지역 보고서 문서철, Box 2118, 「주간정보요약」 128호(1948. 2. 27).

451　김한샘, 1997, 50~51쪽.

452 류일환, 2021, 254쪽.

453 군정청 공보부가 군정청에 속한 공보기구였다면 공보원(Office of Civil Information)은 한국 문제의 유엔 이관 이후 주한미군사령부가 직접 관할하는 미국인 주도의 공보기구 설치 필요성에 따라 만들어졌다. 남한 정부 수립 후에 주한 미국문화원(USIA)으로 그 기능이 계승된다. 공보원에 대해서는 박수현, 「미군정 공보기구 조직의 변천(1945. 8~1948. 5)」, 『한국사론』 56, 2010 참고.

454 박수현, 「점령기 미군정의 공보 활동과 선전 담론: 미군정 발행 주간 신문 분석을 중심으로」, 서울대학교 국사학과 박사학위논문, 2021, 227~228쪽.

455 주한미군군사실 문서철, Box 42, Office of Civil Information, "Public Relations: Relations with Koreans," 1948, 37쪽. 당시 공보원 선전활동의 개요에 대해서는 공보원 1948년 3~5월 활동 보고서 미 육군 작전국 점령지역 보고서 문서철, Box 2070, "Report of Activities of the Office of Civil Information, USAFIK," 1948. 4. 15, 5. 15, 6. 15 참고.

456 박수현, 2021, 228~229쪽.

457 박수현, 2021, 229쪽.

458 전현수, 「해방 직후 북한의 토지개혁」, 『동아시아의 농지개혁과 토지혁명』, 서울대학교 출판문화원, 2014, 223쪽.

459 미 육군 작전국 점령지역 보고서 문서철, Box 2070, "Report of Activities of the Office of Civil Information, USAFIK," 1948. 4. 15, 2쪽. 그 무렵 육군부 민사처(CAD) 뉴욕 지부 재교육과에서 근무하던 로버트 맥클루어(Robert A. McClure) 준장이 주한미군사령부를 방문하여 공보원과 협력방안을 논의했다. 맥클루어는 후일 미 육군 심리전처가 창설될 때 초대 처장으로 부임하는 인물

이다.

460 「완전해결은 아니나 토지정책에 전진, 적산토지 불하안에 미지 평」, 『동아일보』, 1948. 3. 27.

461 박수현, 2021, 229~230쪽.

462 C. Clyde Mitchel, "Land Reform in South Korea," *Pacific Affairs* ol. 22, May 1949, 144쪽.

463 Division of Research for Far East, OIR Report No. 4683, "Redistribution of Korean-Owned Farm Lands in South Korea(1948. 5. 7)," 국사편찬위원회, 『미 국무부 정보조사국(OIR) 한국관련 보고서 2』, 2002, 96~103쪽.

464 전현수, 2014, 221~223쪽.

465 중국의 토지개혁 과정 전반에 대해서 유용태, 「전후 중국의 경자유전: 토지개혁인가 토지혁명인가」, 『동아시아의 농지개혁과 토지혁명』, 서울대학교 출판문화원, 2014 참고.

466 쇼지 순사쿠, 2014, 119쪽.

467 "미군정 정보보고서 중 신한공사 관련기사," 「일일정보보고」 (1948. 5. 7), 『농지개혁사관계자료집』 4, 1986, 17쪽.

468 「사설: 적산농토 불하」, 『서울신문』, 1948. 3. 25.

469 「중앙토지행정처 설치, 법령 제173호 발포」, 『동아일보』, 1948. 3. 24.

470 「적산농지방매령에 반대성(反對聲) 아연 비등, 군정부서 처분함은 부당하다고」, 『신민일보』, 1948. 3. 26.

제4장 한국인과 일본인의 미군 점령 인식

471 John W. Dower, *Embracing Defeat : Japan in the Wake of*

472 정용욱, 『편지로 읽는 해방과 점령』, 민음사, 2021 참고.

473 袖井林二郎, 『拜啓マッカーサー元帥樣-占領下の日本人の手紙』, 岩波書店, 2002. 영역본은 Sodei Rinjiro, *Dear General MacArthur: Letters from the Japanese during the American Occupation*, Rowman & Littlefield Publishers, 2001; 川島高峰, 『敗戰: 占領軍への50万通の手紙』, 讀賣新聞社, 1998.

474 川島高峰, 「マッカーサーへの投書に見る敗戰直後の民衆意識」, 『明治大學社會科學研究所紀要』 31-2, 1993, 31쪽.

475 미국 국립문서관(NA II) 내 연합군최고사령부(GHQ/SCAP) 문서군에 수록된 일본인, 재일조선인 편지 자료들을 문서철 별로 소개하면 다음과 같다. (1) Civil Information and Education Section, Public Opinion and Sociological Research Division, General Subject File, compiled 1946-1951, Entry 1700, Boxes 5875~5878, (2) Assistant Chief of Staff, G-2, Intelligence Division, Miscellaneous File, 1945-51, Miscellaneous Letters to the Supreme Commander for the Allied Powers, Entry 1129, Boxes 231~236, (3) Legal Section, Administrative Division, Japanese Background and Reference Files, compiled 1945-1948, Entry 1190, Boxes 992~1000, (4) Assistant Chief of Staff, G-2, Public Safety Division, Police Branch, Subject File 1945-1952, Entry 1140, Boxes 328~338, (5) Assistant Chief of Staff, G-2, Public Safety Division, Decimal File 1945-1952, Entry 1142, Boxes 353~358, (6) Office of the Chief of Staff, Public Information Section, Subject File, compiled 1946-1950, Entry 1102, Boxes 22~28. 이 문서철들은 모두 RG 331 Records of Allied

Operational and Occupation Headquarters, World War II, 1907-1966, Supreme Commander for the Allied Powers(SCAP)의 일부이다. 특히 일본인, 재일조선인의 편지가 다량 포함된 문서철은 (2), (3)이다. 이하 이 문서철들에 소장된 문서의 인용은 모두 "발신자 이름 또는 문서명," 발신일자, 문서상자 번호로 표기할 것이다.

476 정용욱, 「미군정기 웨드마이어 사절단의 방한과 미국의 대한정책 변화」, 『동양학』 30, 2000, 207~208쪽.

477 NA II, RG 59 Records of the Wedemeyer Mission to China and Korea, 1947. 한국 관련 자료는 문서상자 2~4, 10, 11에 주로 수록되어 있다. 10, 11번 상자는 한국인들이 보낸 편지를 모아놓았고, 2~4번은 미군정이 작성한 각종 보고서, 웨드마이어 사절단과 한국인 지도자들의 회견기 등 사절단의 재한 활동에 관한 기록들을 담고 있다. 1947년 8월 시점의 남한 정치, 사회, 경제와 미군정 점령정책의 도달점을 여과 없이 보여준다. 이 문서철 소장 자료들은 국사편찬위원회 전자사료관에서 열람할 수 있다. 웹페이지 주소는 archive.history.go.kr/record/catalog/catalogList.do.

478 정용욱, 2000, 208쪽.

479 민간정보교육국의 편지를 이용한 여론조사 활동과 그들이 작성한 보고서에 대해서는 정용욱, 「일본인의 '전후'와 재일조선인관-미군 점령당국에 보낸 편지들에 나타난 일본 사회의 여론」, 『일본비평』 3, 2010 참고. 주한미군사령부 민간통신첩보대의 편지 검열을 통한 여론조사 활동과 그들이 작성한 보고서에 대해서는 고바야시 소메이 저, 김인수 역, 「미군정기 통신검열체제의 성립과 전개」, 『한국문화』 39, 2007 참고.

480 "Survey of Opinions Expressed in Letters by Japanese to

Occupation Authorities," Nos., 1~17, 1946. 1. 2~1948. 2. 5, Boxes 5875, 5878.
481 정용욱, 2010, 271쪽.
482 小林聰明, 2010, 75~78쪽.
483 小林聰明, 2010, 79~85쪽.
484 정용욱, 2021, 21~23쪽.
485 정용욱, 2010, 274쪽.
486 정용욱, 2010, 272~273쪽.
487 정용욱, 2021, 39쪽.
488 정용욱, 2021, 39~40쪽.
489 정용욱, 2010, 275~276쪽.
490 袖井林二郎, 2002, 1·6·8장; 川島高峰, 1998, 3·5장; 川島高峰, 1993, 21~22쪽.
491 袖井林二郎, 2002, 3장 참고.
492 "Survey of Opinions Expressed in Letters by Japanese to Occupation Authorities," Nos., 1~6의 서문 참고.
493 정용욱, 2010, 276쪽.
494 "오우치 하나코(大內花子)의 엽서," 1945. 12. 6, Box 994.
495 정용욱, 2021, 41쪽.
496 '국화의 터부'가 현대 일본 사회에서 작동하는 방식에 대한 예리한 통찰에 대해서는 노마 필드 저, 박이엽 역, 『죽어가는 천황의 나라에서』, 창작과비평사, 1994 참고.
497 정용욱, 2021, 43쪽.
498 미국의 일본 점령사 전반에 대해서는 John W. Dower, 1999; Takemae Eiji, *Inside GHQ : The Allied occupation of Japan and Its Legacy*, Continuum, 2002 참고. 'SCAPinization'과 '천황

제 민주주의'에 대해서는 John W. Dower, 1999, Chapter 9~11 참고. 일본, 한국 측 연구성과는 尹健次,「'帝國臣民'から'日本國民'へ-國民槪念の變遷-」, 中村政則·天川晃·尹健次·五十嵐武士 編,『戰後日本占領と戰後改革 5; 過去の淸算』, 岩波書店, 1995; 박진우,「패전 직후의 천황제 존속과 민중」,『패전 전후 일본의 마이너리티와 냉전』, 제이엔씨, 2006; 박진우,「패전 직후 천황제 존속과 재일조선인」,『패전 전후 일본의 마이너리티와 냉전』, 제이엔씨, 2006 참고. 인용은 尹健次, 1995, 59쪽.

499 정용욱, 2010, 277~278쪽.
500 정용욱, 2010, 277~278쪽.
501 "渡部正義," 1945. 12. 4, Box 231.
502 "春田哲雄," 1946. 1. 7, Box 994.
503 荒敬,『日本占領史硏究序說』, 柏書房, 1994, 1장 1절 참고.
504 정용욱, 2010, 279쪽.
505 정용욱, 2010, 280~281쪽.
506 정용욱, 2010, 282쪽.
507 山田昭次,「八·一五 日本人朝鮮人斷層」,『朝鮮硏究』69, 1968年 1月 号, pp. 6~7; 패전 이후 현재까지 일본 사회에서 전쟁책임론의 전개, 전쟁책임론과 역사 인식의 관계에 대해서는 요시다 유타카 저, 하종문·이애숙 역,『일본인의 전쟁관』, 역사비평사, 2004(吉田 裕,『日本人の戰爭觀』, 岩波書店, 1995) 및 이에나가 사부로 저, 현명철 역,『전쟁책임』, 논형, 2005(家永三郞,『戰爭責任』, 岩波書店, 1985) 참고.
508 정용욱, 2010, 282~283쪽.
509 "일본인 배경조사와 참고자료철," Box 994, 995의 1945년, 1946년 초 편지들 참고.
510 "일본인 배경조사와 참고자료철," Box 995, Folder Vol. 11, 12 및

Box 996, Folder Vol. 15~18의 일본인 편지 및 서신 검열 보고서 참고.

511 정용욱, 2010, 283~284쪽.

512 川島高峰, 1993, 25~28쪽.

513 吉田 裕, 「戰爭責任と極東國際軍事裁判」, 中村政則·天川晃·尹健次·五十嵐武士 編, 『戰後日本-占領と戰後改革 5; 過去の淸算』, 岩波書店, 1995, 85쪽.

514 정용욱, 2010, 284쪽.

515 "마닐라 포로수용소의 사토 소가 아내 사토 요시코에게(Ja-19-4084)," 1947. 10. 27, Box 996.

516 "수가모 감옥의 오시마 노리마사가 오시마 츠루에게(Ja-19-4094)," 1947. 11. 30, Box 996.

517 "중국 꽝뚱 제1 수용소의 마쓰야마 요시헤이가 쿄토의 마쓰야마 테루코에게(Ja-19-4091)," 1947. 10. 5, Box 996.

518 荒井信一, 「戰後補償と戰後責任」, 中村政則·天川晃·尹健次·五十嵐武士 編, 『戰後日本-占領と戰後改革 5; 過去の淸算』, 岩波書店, 1995, 243쪽.

519 정용욱, 2010, 285~286쪽.

520 川島高峰, 「手紙の中の'東京裁判'-私信檢閱·マッカーサーへの投書に見る'戰犯裁判'と民衆-」, 『年報日本現代史』第13號, 現代史料出版, 2008, 233쪽.

521 정용욱, 2010, 286~287쪽.

522 "와타나베 다케오(渡部武雄)," 1947. 1. 27, Box 232, Tab 8 Doc 29203; "와타나베 다케오(渡部武雄)," 1947. 3. 11, Box 235, Tab 42 Doc 27162. 이 문서철의 1947년 1월 27일자 편지는 영문 요약만 남아 있다.

523 정용욱, 2010, 287~288쪽.
524 정용욱, 2010, 288쪽.
525 "와타나베 다케오(渡部武雄)," 1947. 3. 11, Box 235, Tab 42 Doc 27162.
526 정용욱, 2010, 289쪽.
527 川島高峰, 1993, 28~29쪽; 山田昭次, 1968, 12쪽.
528 "이종민," 1946. 5, Box 232.
529 정용욱, 2021, 54~55쪽.
530 재일조선인연맹의 결성과 재일조선인의 귀환에 관해서는 정영환 저, 임경화 역, 『해방 공간의 재일조선인사-'독립'으로 가는 험난한 길』, 푸른역사, 2019, 1, 2장 참고.
531 정용욱, 2021, 56쪽.
532 정용욱, 2021, 58쪽.
533 テッサ·モリス·スズキ, 「占領軍への有害な行動-敗戦後日本における移民管理と在日朝鮮人-」, 『現代思想』 2003年 9月号 참고.
534 "윤표원이 김기택에게 보낸 편지," 1947. 8. 15, Box 235.
535 대표적으로 "羅本弘雄(라모토 히로)가 맥아더 장군에게 보낸 편지," 1947. 1. 20, Box 232; "요코스카 시 거주 조선인 연명 편지," 1947. 1. 15, Box 232 및 Box 231, 235, 236의 체포된 시위 지도자들 연명 석방 탄원서들 참고.
536 1946년 일본 정부와 언론, 점령 당국의 조선인에 대한 태도와 언동 및 재일 조선인의 지위 변화에 대해 한 외국인 기자가 흥미로운 관찰기를 남겼다. David Conde, "The Korean Minority in Japan," *Far Eastern Survey*, Vol. 16, No. 4, 1947. 2 참고.
537 정용욱, 2021, 79~82쪽.
538 정용욱, 2010, 291~292쪽.

539 "前田善次郎, 北陸線 越中國 石動町 거주," 1947. 8. 7, Box 236.

540 John W. Dower, 1999, 139쪽. 팡팡은 창녀 또는 '양공주'를 일컫는 당시 속어다. 일본어 かつぎ-や(担ぎ屋)는 도붓장사(행상), 밀매인, 야바위꾼, 미신을 믿는 사람 등을 일컫는 중의적 표현이지만 당시 세태를 반영해서 암시장 상인으로 옮겼다. 영어로 옮기면 black-market peddler 정도가 될 것이다.

541 대표적으로 후쿠시마(福島)현 거주 엔도 키미(遠藤 公)의 1946년 1월 21자 편지 및 야마모토 코쿠슈(山本黒手)의 1946년 1월 7일자 편지. 모두 Box 232.

542 종전 후 재일조선인의 경제적 상황과 암시장 활동에 대해서는 박미아, 『재일조선인과 암시장』, 선인, 2021 참고.

543 John W. Dower, 1999, 140~144쪽.

544 John W. Dower, 1999, 144~147쪽.

545 정용욱, 2010, 294~295쪽.

546 "세계평화에 대한 조선인 중국인 재일자의 책임(佐臟淸造, 오사카 거주)," 1946. 6. 16, Box 233.

547 山田昭次, 1968, p. 8·10.

548 정용욱, 2010, 296쪽.

549 小林知子,「GHQの在日朝鮮人認識にする一考察」,『朝鮮史研究會論文集』32, 1994 참고.

550 "모리 마키치(森 卷吉)의 편지," 1947. 3. 20, Box 232.

551 정용욱, 2010, 296쪽.

552 정용욱, 2010, 296~297쪽.

553 小林知子, 1994, 172~175쪽.

554 정영환, 2019, 1장 참고.

555 樋口雄一,「日本の地域社會と在日朝鮮人-神奈川縣域を中心に」,『朝鮮

史硏究會論文集』37, 1999, 13쪽.
556 テッサ·モリス·スズキ, 2003, 206~207쪽.
557 정용욱, 2010, 298쪽.
558 "호리 카오루(堀薰)가 맥아더 장군에게 보낸 편지," 1947. 8. 8, Box 233.
559 정영환, 2019, 307~309·422~426쪽.
560 정영환, 2019, 93~94쪽.
561 NA II, RG 59 Records of the Wedemeyer Mission to China and Korea 1947, Box 11, "이창진의 편지," 1947. 8. 31. 이하 이 문서철 소장 편지들은 "발신자 이름 또는 문서명," 발신일자, 문서상자 번호로 표기.
562 "유팔룡의 편지," 1947. 9. 1, Box 11.
563 "郭太吾의 편지," 1947. 8. 30, Box 11.
564 송재경, 「한국 사회를 바라보는 창」, 『해방의 공간 점령의 시간』, 푸른역사, 2018, 266~267쪽.
565 송재경, 2018, 267~268쪽.
566 조민지, 「미군정기 후반전, 현지조사와 지방여론」, 『해방의 공간 점령의 시간』, 푸른역사, 2018, 288쪽.
567 조민지, 2018, 286~287·298~299쪽.
568 조민지, 2018, 302~303쪽.
569 조민지, 2018, 285~286쪽.
570 "건의서: 신한국민당원 심창흠, 재부산," 1947. 8. 31, Box 10.
571 「사고(社告)」, 『세계일보』, 1947. 10. 19. 세계일보는 1946년 2월 2일자를 제1호로 하여 발행되었다. 당시 진용은 사장 유자후, 발행인 조성부(趙聖富), 편집인 오삼주(吳三柱), 편집국장 김현준(金賢準) 등이었다. 창간호에 이승만(李承晩)과 김구(金九)의 휘호가 실렸으

며, 창간사에서 "완전한 독립자주의 민주주의 새 국가를 건설하기까지의 과도정권은 반드시 대한민국임시정부의 지도 아래 수립하기를 절대지지"한다고 천명했다. 임정계열의 한국독립당을 지지하던 신문이었던 것으로 보인다. 세계일보. 한국민족문화대백과사전(encykorea.aks.ac.kr/Article/E0029757) 참고.

572 "Appeal to the United States(정인보)," 1947. 8. 24, Box 10.

573 정용욱, 「웨드마이어 장군 전상서」, 『해방의 공간 점령의 시간』, 푸른역사, 2018, 223~224쪽.

574 정용욱, 2018, 235~236쪽.

575 정용욱, 2018, 236쪽.

576 정용욱, 2018, 236~237쪽.

577 오기영, 『자유조국을 위하여』(동전 오기영 전집 3), 모시는사람들, 2019, 119~129쪽.

578 「웨特使에게 보내는 市民의 소리, 評論家 吳基永 氏, 人民의 軍政 嫌惡는 反美思想과는 別個問題」, 『조선중앙일보』, 1947. 9. 2.

579 오기영, 2019, 119쪽.

580 오기영, 2019, 120쪽.

581 오기영, 2019, 121쪽.

582 오기영, 2019, 122~126쪽.

583 오기영, 2019, 127쪽.

584 오기영, 2019, 128쪽.

585 정용욱, 『해방전후 미국의 대한정책』, 서울대학교출판부, 2003, 426~432쪽 참고.

586 한흑구, 「초당 강용흘씨의 출세 비화」, 『민성』 6-1, 1950, 84~85쪽.

587 『동아일보』, 1946. 8. 17·8. 20; 『자유신문』, 1946. 8. 20.

588 "What Should be Our Foreign Policy in Korea if the Joint-

Commission Fails?(Younghill Kang),"1947. 8. 25, Box 10.
589 정용욱, 2018, 243쪽.
590 정용욱, 2018, 243~244쪽.
591 정용욱, 2018, 244쪽.
592 정용욱, 2018, 244~245쪽.
593 정용욱, 2018, 245쪽.
594 번스 등 미군정 내 뉴딜러들의 점령정책 개혁 구상과 노력에 대해서는 정용욱, 2003c, 259~286쪽 참고.
595 정용욱, 2018, 250쪽.
596 정용욱, 2018, 250쪽.
597 정용욱, 2018, 250~251쪽.
598 정용욱, 2018, 251쪽.
599 한국인 일반 대중이 웨드마이어에게 보낸 편지에 대한 분석은 정무용, 「점령시대를 보는 엇갈린 시선」, 『해방의 공간 점령의 시간』, 푸른역사, 2018, 202~208쪽 참고.
600 정무용, 2018, 208~212쪽.
601 정용욱, 2018, 247쪽.
602 정용욱, 2018, 247~248쪽.
603 정용욱, 2003c, 448~454쪽.
604 정용욱, 2003c, 441~442쪽.
605 『동아일보』, 1947. 8. 30.
606 정용욱, 2003c, 443쪽.
607 정용욱, 2003c, 444~445·457쪽.
608 정용욱, 2003c, 446쪽.
609 "Report to the President on China-Korea, September 1947, Submitted by Lieutenant General A. C. Wedemeyer," *FRUS*, 1947

VI, 1972, 802~803쪽.

610 U. S. Congress, Senate Committee on Armed Services, "Report to the President Submitted by Lieutenant General A. C. Wedemeyer, September 1947, Korea," Washington, D. C. : U. S. Government Printing Office, 1951, 21~26쪽.

611 정용욱, 2003c, 443쪽.

612 이러한 인식은 미국 중앙정보부의 한국정세 보고서에도 그대로 나타난다. NA II, RG 319 "P" File, CIG, "SR-2 Korea," 1947. 8. 15 및 CIA, ORE 62 "Implementation of Soviet Objectives in Korea," 1947. 11. 18. 참고.

613 이후 6·25전쟁기 미국 정부와 군부 지도자들의 제한전 개념 적용에 관해서는 도진순, 「한국전쟁의 기본개념으로서 제한전(limited war)의 성립과 분화」, 『한국사연구』 125, 2004 참고.

614 정용욱, 2003c, 444쪽.

615 NA II, RG 59 General Records of the State Dept., Decimal File, 895 Ser. Internal Affairs of Korea, 1945~1949(한국 내정 문서철), "하지 장군이 국무장관에게," 1947. 11. 21.

616 *FRUS* 1947, VI, "웨드마이어 장군의 비망록," 1947. 9. 7(하와이), 600쪽.

617 정용욱, 2003c, 460~461쪽.

618 정용욱, 2003c, 461~462쪽.

619 월가 출신의 드레이퍼(William Henry Draper Jr.)는 전후 일본 점령정책을 '민주화와 개혁'에서 '재건'으로 '역행(reverse course)'시킨 장본인의 하나다. Howard B. Schonberger, *Aftermath of War; Americans and the Remaking of Japan, 1945-1952*, Kent, Ohio : The Kent State Univ. Press, 1989, 161~197쪽.

제5장 정부 수립 전후 지식인의 냉전 인식

620 1928년부터 평양, 신의주, 서울 등지에서 『동아일보』 기자 생활을 했고, 1937년 동우회사건으로 퇴사했다. 강점기와 해방 직후 '동전', '동전생', '무호정인'이라는 호와 필명을 사용해 신문과 잡지에 꽤 많은 글을 발표했다. 해방 직후 쓴 글들을 모아서 『민족의 비원』, 『자유조국을 위하여』, 『삼면불』 세 권의 평론집을 출간했다. 그가 강점기, 해방 직후 발표한 글들을 모아서 편집한 전집이 2019년 간행되었다. 오기영 지음, 전집 편찬위원회 엮음, 『동전 오기영 전집』 1~6, 도서출판 모시는 사람들, 2019.

621 「편집후기」, 『신천지』 1-4, 1946. 5, 220쪽.

622 정용욱, 2003c, 222~223쪽.

623 정현웅은 1911년 서울에서 출생했다. 경성제2고등보통학교 재학 중이던 1927년 제6회 조선미술전람회에서 「고성(古城)」과 1927년 제7회 미전에서 「역전의 큰길」이 잇달아 입선했다. 제2고보를 졸업하고 일본 도쿄 가와바타미술학교(川端畵學校)에 입학했으나 경제사정과 건강 문제로 6개월 만에 귀국했다. 1929년부터 1943년 미전까지 13회에 걸쳐 18점이 입선, 특선을 하며 화가로서 인정을 받았다. 이후 동아일보와 조선일보, 조광, 여성, 소년 등 신문과 잡지에 수많은 삽화와 표지화를 그렸다. 해방 직후 조선미술건설본부 서기장, 조선아동문화협회 결성, 고려문화사 편집위원, 1948년 11월에는 조선미술동맹 위원에 선정되었으며, 신천지 편집인으로 활동하면서 문인들의 책 장정을 도맡았다. 1950년 1월 국민보도연맹에서 주최하는 제1회 국민예술제전에서 메시지를 낭독했으며, 이외에도 어린이 만화와 시사만화 등을 그려 한국현대만화의 선구자로 일컬어졌다. 1950년 9월 6·25전쟁 때 남조선미술가동맹 서기장으

로 활동하다가 퇴각하는 인민군을 따라 월북했다. 1976년 폐암으로 사망했다. 정현웅, 한국민족문화대백과사전(encykorea.aks.ac.kr/Article/E0051134).

624 「설문: 제3차 세계대전이 일어나겠다고 생각하십니까(어째서)」, 『신천지』 1-4, 1946, 20~21·103쪽.
625 웬델 L. 우윌키, 「하나의 세계」, 『신천지』 1-4, 1946, 6~19쪽.
626 윌키(Wendell L. Willkie, 1892-1944)는 변호사 출신으로 1940년 미국 공화당 대통령 후보였으나, 대선에서 루스벨트(Franklin D. Roosevelt)에게 패했다. 이후 정계의 주요 인사로 부상하여 루스벨트 대통령 특사 자격으로 1941년 영국, 1942년 중동과 소련, 중국 등지를 방문했다. 그의 보고서를 편집하여 간행한 *One World*(1943)는 그러한 여정의 결과물이었다. 그는 대통령 특사로 2차 대전 중 연합국 전선과 후방을 직접 시찰하며 해당 지역의 실정을 두루 살폈고, 그가 방문했던 나라들이 부딪힌 문제들과 그것이 전후 야기할 문제들을 파악하여 제시했다. 그는 공화당 대통령 후보였음에도 불구하고 많은 공화당 지지자들이 고립주의에서 벗어나 루스벨트가 주장한 국제주의 노선으로 전환하도록 하는 데 큰 영향을 끼쳤다. 그의 책은 유럽의 식민주의 문제는 물론 미국 내 인종주의에 대해서도 문제를 제기했다. Wendell Willkie, wikipedia.
627 「트 씨 연설 환영, 이승만 박사 담」, 『중외신보』, 1947. 3. 15.
628 「남조선에 정부, 한민당 선전부 담」, 『경향신문』, 1947. 3. 15.
629 「X씨 논평 내용, 소련은 동지보다도 경쟁상대자, 자본주의 포위를 구실로 독재와 진출 확대 정책을 감행」, 『민중일보』, 1947. 7. 11.
630 「미 대소경쟁 필요, 『포』지의 익명 씨 논문」, 『동아일보』, 1947. 7. 11. 같은 날짜 『조선일보』, 『한성일보』, 『현대일보』, 『독립신문』, 『경향신문』 등의 동일한 외신 기사 제목들 참고.

631 「마-샬 提案 拒絶로 美對蘇 政策 轉換?」,『서울신문』, 1947. 7. 10.

632 「世界兩分을 憂慮, 巴里會議에 蘇 參加 希望, 윌레스 氏 評」,『서울신문』, 1947. 7. 12;「美蘇 均衡이 急務, 佛「드골」將軍의 國際事態 演說」,『독립신보』, 1947. 7. 11.

633 정용욱, 2003c, 377쪽.

634 이 조치는 미소공동위원회의 임시정부 조직 협의에 반탁운동 단체라도 자격을 상실케 하지 않으려는 것이 그 목적이었다.『서울신문』, 1947. 5. 20.

635 정용욱, 2021, 232~235쪽.

636 「민족진용 언론인 총궐기, 조선신문기자협회 결성식 성황」,『독립신문』, 1947. 8. 15; 박용규,「미군정기 언론인 단체들의 특성과 활동」,『한국언론학보』51-6, 2007, 150쪽.

637 김영희,「미군정기 미디어 보급과 미디어 접촉 현상」,『한국사론』44, 2006, 13~14쪽.

638 「정부수립은 우리 힘으로 이 박사 조선기자협회에서 연설」,『중앙신문』, 1947. 8. 12.

639 박용규, 2007, 151쪽.

640 박용규, 2007, 151~152쪽.

641 「호남지방조사 불일 기자단 파견」,『경향신문』, 1947. 6. 15.

642 정용욱, 2021, 226~227쪽. 이하 기자단의 보고 내용은「신문기자의 테로 조사내용」상~하,『조선중앙일보』1947. 7. 5~8;「호남사정 현지보고」1~3,『중앙신문』1947. 7. 5~8;「호남사정 기자조사단 보고」1~6,『독립신보』1947. 7. 5.~12 참고.

643 정용욱, 2021, 267쪽.

644 정용욱, 2021, 227~228쪽.

645 정용욱, 2021, 228쪽.

646 「조선신문기자협회 시찰 남조선 현지보고 영남, 회상하며 몸서리치는 영남 십·일사건, 사상 전무의 참사」, 『동아일보』, 1947. 9. 4.

647 「신문기자협회 시찰단 보고. 10월폭동 석일몽(昔日夢), 민중은 건설에 매진, 좌익계열에 속음을 회오(悔悟). 영남순회를 마치고, 본사 유 특파원의 수기」, 『대동신문』, 1947. 9. 4.

648 10월항쟁의 발생 원인과 배경, 10월항쟁을 보는 미군정과 경찰, 한국 사회의 시각과 인식의 차이에 대해서는 이동원, 2018 참고.

649 「기자협회 호남반 보고 (3) 잔인성 발휘한 부안사건」, 『대동신문』, 1947. 9. 13.

650 「남조선 현지보고, 기자협회 시찰대 호남반 본사특파원 한오혁 ④ 이념은 같고 성격이 달은 정당. 사회단체의 모순. 조직 활동의 강력한 전개 요망」, 『동아일보』, 1947. 9. 17.

651 「남조선실정조사 기자단보고 완. 보상물자 부족으로 추곡 수집에 큰 지장」, 『조선중앙일보』, 1947. 11. 22.

652 정용욱, 2003c, 416쪽.

653 이봉범, 「잡지 신천지의 매체 전략과 문화」, 『한국문학연구』 39, 2010, 210~211쪽.

654 이봉범, 2010, 256~262쪽.

655 오영식, 「『신천지』(1946. 2~1950. 6) 총목차 소개」, 『근대서지』 10, 2014에서 검색.

656 오기영, 『자유조국을 위하여』(동전 오기영 전집 3), 모시는사람들, 2019, 37쪽. 『자유조국을 위하여』 초판은 1948년 9월 15일 성각사에서 출간되었다.

657 오기영, 2019, 39~40쪽.

658 오기영, 2019, 40~42쪽.

659 오기영, 2019, 43~45쪽.

660　오기영, 2019, 46~48쪽.

661　오기영, 2019, 49~50쪽.

662　월터 립멘 저, 이기준 역, 『냉정전쟁』, 고려문화사, 1948. 원서는 Walter Lippmann, *The Cold War: A study in U.S. Foreign Policy*, New York: Harper&Row, 1947.

663　왈터·립맨 저, 김경훈 역, 「냉정전쟁의 전도(前途)」『신천지』3-6, 1948. 7, 102~105쪽.

664　김영태, 「냉정전쟁의 주동인물」, 『신천지』 3-8, 1948. 9, 43~47·66쪽.

665　김영태, 「냉정전쟁의 주동인물」, 『신천지』 3-8, 1948. 9, 45쪽.

666　역코스(逆コース, reverse course)는 전후 일본에서 추진된 연합군 최고사령부(GHQ)의 민주화·비군사화 정책에 역행하는 정치적·경제적·사회적 움직임을 가리킨다. 당초 GHQ는 일본의 민주화와 비군사화를 추진했지만 1947년 일본공산당이 준비하던 2·1 총파업에 대해 중지 명령을 내린 것을 시작으로 점령정책이 전환되었다. 이는 일본을 공산주의의 방파제로 삼고자 한 미국 정부의 의도에 따른 것이었다. 민주화와 비군사화 정책을 추진하기 위해 GHQ가 공포했던 공직추방령, 단체 등 규정령, 점령목적 저해행위 처벌령과 같은 명령들이 이때부터 사회주의 운동을 단속하고 감독하기 위한 목적으로 바뀌었다. 역코스(wikipedia).

667　「좌담회 : 세계는 어디로 가나」, 『신천지』 3-8, 1948. 9. 김봉국은 이승만을 비롯한 단정세력이 냉전을 '소련의 팽창에 대한 미국의 봉쇄'로 바라보고, 남로당은 '제국주의 대 반제 민주주의'라는 진영 대립으로 바라보았는데, 이 좌담회가 이들과는 다른 시각에서 냉전을 바라보고 있음에 주목했다. 김봉국, 『냉전과 투쟁-전후 한국의 세계 해석과 의미경쟁(1945~1953)』, 선인, 2018, 264~266쪽.

668 본명은 이용희(李用熙)이며 호가 동주(東洲)이다. 이용희(1917~1997)는 3·1운동 민족지도자 33인 중 한 명인 이갑성의 차남으로, 연희전문에서 수학했다. 해방 직후 기자로 활동했고, 『신천지』에 여러 차례 국제정세 관련 평론을 발표했다. 1949년에서 1975년까지 서울대학교 교수로 봉직했고, 1956년에서 1967년까지 한국 국제정치학회 회장을 역임했다. 환로에 나가 1962년에 유엔총회 한국대표, 1975년부터 1976년 대통령 정치 담당 특별보좌관, 1976년~1979년 국토통일원 장관을 지냈다. 학문(국제정치학)과 예술(한국 고미술) 양 분야에서 일가를 이루었다. 국제정치학 쪽에서는 한국 국제정치학의 탄생을 알린 것으로 평가되고, "국제정치는 강대국의 시각이 아니라 내 땅, 내 시각에서 봐야 한다"고 제창했다. 이용희(한국민족문화대백과사전). 그의 학문에 대해서는 옥창준, 「이용희의 지식 체계 형성과 한국 국제정치학의 재구성」, 『사이』 22, 2017; 옥창준, 「현실로서의 냉전과 한국 국제정치학의 형성-조효원과 이용희의 냉전 국제정치론을 중심으로-」, 『한국학연구』 63, 2021 참고.

669 해방 직후 언론에 국제정세 관련 글들을 기고하거나 번역하는 일을 했다. 신천지는 '평론가'로 소개했다. 1949년 국제신문사에서 출판한 『UN조선위원단 보고서』를 번역했다. 임명삼 역, 『UN조선위원단 보고서』, 국제신문사, 1949.

670 이갑섭은 1933년 경성제대 철학과를 졸업했다. 조선일보 사장 방응모가 아끼던 인물로, 경성제대 졸업과 동시에 조선일보에 입사하여 조사부장, 논설위원, 정치부장을 지냈다. 조선일보 폐간 이후에는 잡지 조광의 편집부장을 지냈다. 해방 이후 조선일보 복간 시 주필로 활동했다. 이 시절 이갑섭은 진보적 정치평론가로 당시 조선일보 내 좌익의 수장으로 통했다고 한다. 홍명희의 민주독립당에서 문화부장을 맡기도 했다. 잠시 합동통신 편집국장을 역임하다가 1949년

3월 조선일보 주필로 복귀했는데, 6개월 뒤 사상 문제로 검찰에 송치되었고 동년 11월 주필에서 물러났다. 6·25전쟁 중 월북했다. 최수일, 「『조광』에 대한 서지적 고찰: 종간·복간·중간의 문제를 중심으로」, 『민족문학사연구』 49, 2012, 333쪽.

671 박기준은 1913년생으로 대구사범학교, 도쿄외국어학교에서 수학했고, 고등문관시험에 합격했다. 해방 이후 동아일보 통신부장, 고려대학교·단국대학교 강사, 유네스코 이사, 평화일보 외 신문사 논설위원을 역임했다. 남기정, 「이용희의 냉전인식-냉전과 분단 기원에 대한 이해를 중심으로-」, 『개념과소통』 20, 2017, 161쪽.

672 설국환은(1918~2009) 1941년 도쿄대학교 농학과를 졸업했고, 1945년부터 합동통신사 편집국 차장을 거쳐, 이후 세계일보 전무, 1960년 한국일보 초대 워싱턴 특파원, 1966년 논설위원 등을 역임했다. 그는 남북연석회의에 기자단으로 참여했으며, 여순사건 발생 당시 연합통신 특파원 자격으로 전남 지역을 답사하고 『신천지』에 「전남반란사건의 전모」라는 제목으로 사건 발생 원인과 진압군 측의 정보 조작 문제를 예리하게 비판했다.

673 홍종인(1903~1998)은 1921년 정주 오산학교를 졸업했다. 1925년 6월 시대일보 평양지국 기자를 시작으로 평생 언론 활동에 종사했다. 1929년 조선일보사로 자리를 옮겨 1938년 조선일보사 사회부장 겸 체육부장으로 승진했다. 1940년 8월 조선일보가 폐간되자 10월부터 매일신보사로 옮겨 사회부장 겸 정치부장, 1942년 11월부터 사회부장 겸 체육부장을 지냈다. 1943년 1월 국민총력조선연맹 참사(參事)로 선임되었다. 1945년 해방 이후, 12월 1일 복간된 조선일보로 복귀해 사회부장을 맡았다. 이후 정경부장, 편집부국장을 거쳐 편집국장으로 승진했으며, 1948년 11월부터 1959년 9월까지 10여 년 동안 주필로 활동했다. 그 사이 1952년 4월부터 1958년

11월까지 부사장, 1959년 9월부터 1963년 5월까지 회장을 역임했다. 홍종인(한국민족문화대백과사전).

674 「좌담회: 세계는 어디로 가나」, 『신천지』 3-8, 1948. 9, 5쪽.

675 임명삼, 「미국의 정치적 불안 - 전쟁이냐 평화냐」, 『신천지』 3-7, 1948. 8.

676 월리스(Henry A. Wallace, 1888~1965)는 루스벨트 대통령 임기(1941~1945) 중 부통령으로 재임했다. 트루먼 대통령 취임 이후 2년간 상무장관을 맡았으나 트루먼 행정부의 대소련 강경정책에 반기를 들고 사임했다. 1946~1947년 주간 *The New Republic*의 편집장을 맡았고, 신좌파 정당인 진보당(Progressive Party)을 창당했다. 1948년 미국 대선에서 진보당 후보로 나와 소련과 협력, 외국 원조, 군 감축 등을 주장했다.(Henry A. Wallace, wikipedia). 『신천지』 1948년 8월호는 진보당 소개 글을 두 편이나 실었다. 윌암 H.헤일 저, 金庚薰 역, 「헨리 월레스와 미국 진보당」과 프랭크 깨르바시 저, K.H.S生 역, 「미국 제3당의 이채 진보당부통령 '그렌 테일러'」 참고.

677 베를린 사태(1948. 6~1949. 5)는 1948년~1949년 소련에 의한 베를린 봉쇄와 그에 대응한 미국과 서방 국가의 물자 공수작전을 일컫는다. 이 사건은 동서 냉전의 시작을 알리는 중요한 사건 중 하나였다. 1948년 6월, 미국, 영국, 프랑스가 서베를린의 경제 통합을 위해 새로운 화폐를 도입했고, 소련은 이에 반발하여 베를린의 육로와 수로를 봉쇄하는 조치를 취했다. 이에 대해 서방은 공중으로 물자를 공급하여 대처했다. 소련은 1949년 5월 봉쇄를 해제했다. Berlin Blockade(wikipedia).

678 이동주, 「전쟁으로 가는 길」, 『신천지』 3-8, 1948. 9.

679 박기준, 「평화로 가는 길-이동주 씨의 전쟁으로 가는 길에 대한 논평」, 『신천지』 3-10, 1948. 12.

680 이동주, 「미소위기의 의의와 군사론 - 박기준씨의 '평화로 가는 길'을 읽고」, 『신천지』 4-2, 1949. 2; 박기준, 「그 다음에 오는 것 - 전환기의 미쏘 외교와 세계정세 연두 전망」, 『신천지』 4-2, 1949. 2.

681 이용희와 박기준의 논쟁에 대해서는 남기정, 「이용희의 냉전 인식 - 냉전과 분단 기원에 대한 이해를 중심으로 -」, 『개념과 소통』 20, 2017 참고.

682 「좌담회: 세계는 어디로 가나」, 『신천지』 3-8, 1948. 9, 7~8쪽.

683 「좌담회: 세계는 어디로 가나」, 『신천지』 3-8, 1948. 9, 8~9쪽.

684 『신천지』 1948년 9월호의 "동남아세아 특집" 수록 기사는 드쟈타스 모토 저, 石章 역, 「비율빈독립의 진상」; 핸리 윌스 저, C·H 역, 「골육상잔의 인도」; 쫀 미러 저, 李熙昌 역, 「격동하는 馬來半島」; 리챠드 아-렌 저, K·Y 역, 「치열한 월남의 독립투쟁」; 스펜서 모레 저, H·K 역, 「'인도네시아'에 있어서의 외국세력」; 에드가 스노 저, 宋榮仁 역, 「표랑청년이 지배하는 緬甸 - 최근의 『프스트』지에서」; 李眞燮, 「아세아의 해방」; A·S 당게 저, 鄭海進 역, 「인도의 노동운동 - 1947. 10. 8. 『신시대』지에서」; 월터 L·부리그스 저, 金鐵 역, 「佛印蘭印 당국의 변명은 이러치만 - 『뉴리파브릭스』 1947. 10. 13.」 등이다.

685 이진섭(1922~1983)은 서울 출신으로, 1941년 경복중학교를 졸업하고 1946년 경성대학교 예과에 입학해 1948년 수료하고, 다시 1948년 서울대학교 사회학과에 입학했으나 전쟁으로 중퇴했다. 1946년 합동통신 외신부 기자와 서울중앙방송국 아나운서를 겸임했고, 1949년 서울신문 주간 기자, 1951년 국제신보 문화부 차장, 부장, 1952년 세계통신(로이터) 편집부장등을 겸임했다. 1950년대에도 언론·방송계에 종사했고, 1970년 코리아헤럴드 편집위원, 1972년 KBS 상임위원을 지냈다. 1950년대 초반에도 『신천지』에 계속 국제정세 관련 기사를 기고했다. 이진섭(한국민족문화대백과

사전).

686 『신천지』1948년 9월호의 중국, 일본 관련 기사로는 조기호, 「南京政府의 화폐개혁과 그에 대한 비판」; 하천봉, 「중공 토지정책 개관 – 승전」; 李燮 編, 「미국의 대일정책과 각국의 동향 – 近着外誌에서」 등이 있다.

687 「아시아 냉전의 성격」, 『새한민보』 3-23, 1949년 12월 하순호, 6쪽.

688 브루스 커밍스, 「70년 위기의 종언: 삼각구상과 신세계 질서」, 서재정·정용욱 편, 『탈냉전과 미국의 신세계질서』, 역사비평사, 1996, 53쪽.

689 이러한 관점에서 냉전을 분석한 최근의 연구로 폴 토머스 체임벌린 저, 김남섭 역, 『서구의 번영 아래 전쟁과 폭력으로 물든 아시아 1945-1990』, 이데아, 2023 참고. Paul Thomas Chamberlin, *The Cold War's Killing Fields: Rethinking the Long Peace*, New York : HarperCollins Publishers, 2018.

690 「文化人 百八名 連署, 南北會談 支持 聲明, 兩軍 同時 撤兵은 大經大法이다」, 『조선중앙일보』, 1948. 4. 29.

691 「330 文化人 聲明, 兩軍撤退의 一路만이 角逐 反撥 猜疑를 一掃하는 正路」, 『조선중앙일보』, 1948. 7. 27.

692 김봉국, 2018, 239~248쪽.

693 여순사건이 냉전적 진영대립과 결합하여 다양한 이데올로기적 의미 변용을 거치고, 다시 냉전구조로 고착되는 과정에 대해서는 이봉범, 「냉전 금제와 프로파간다-반란, 전향, 부역 의제의 제도화와 내부 냉전」, 『대동문화연구』 107, 2019 참고.

694 「남북화평통일에 관한 결의안」, 『국회정기회의속기록』 제2회 제24호, 1949. 2. 7, 3~7쪽. 김봉국, 2018, 250쪽에서 재인용.

695 김봉국, 2018, 250~254쪽.

696 이봉범, 2010, 211~212쪽.
697 김동리 편집체제의 등장이 가지는 문학사적 의미에 대해서는 김준현, 「단정 수립기 문학 장(場)의 재편과 〈신천지〉」, 『비평문학』 35, 2010 참고.
698 송재경, 「이승만의 한미동맹 구상과 대미외교의 전개(1948~1960년)」, 서울대학교 국사학과 문학박사 학위논문, 2023, 55~57쪽.
699 조덕송, 「현지보고: 유혈의 제주도」, 『신천지』 3-6, 1948. 7; 홍한표, 「동란의 제주도 이모저모」, 『신천지』 3-7, 1948. 8; 서재권, 「平亂濟州島紀行」, 『신천지』 4-8, 1949. 9.
700 조덕송(趙德松, 1926~2000). 전남 순천 출신. 1947년 조선통신 기자로 언론계 생활을 시작했다. 그의 제주4·3사건 취재를 시작으로 문제가 불거져 조선통신사가 폐간되었다. 이후 이승만 정권 초 서대문 형무소 수감, 구속 중 6·25전쟁 발발, 국제 간첩 혐의 연루 등 구속과 석방이라는 평탄치 못한 삶이 이어졌다. 이러한 사건을 연유로 그에게는 빨간 딱지가 붙었지만, 조선일보 문화부장, 사회부장, 편집부국장 등을 거쳐 1997년 전남일보 논설고문에 이르기까지 무려 50년 동안 언론인의 삶을 지냈다. 말년에는 '시대를 풍미한 명(名)사회부장'으로 불렸다. 남재희는 그를 '청빈-지사형 언론인', '신문기자의 모범'이라고 평했고, 조선일보 회장 방우영은 '우리 시대의 상처받은 언론인'으로 평했다. 1972년 남북적십자회담 때는 수석자문위원으로 평양을 수차례 다녀오기도 했다. 스토리오브서울(storyofseoul.com/news/articleView.html?idxno=2322).
701 홍한표는 1948~1949년 신천지에 다수의 글을 기고했다. 「동란 제주도의 이모저모」 외에 국제정세 관련, 미국 영화와 해외예술 관련 기사들을 기고했다. 1948년 11월호에는 「전남반란사건의 전모」라

는 기사를 기고했다. 민주일보 특파원 자격으로 여수·순천 지역을 직접 취재하여 기사를 작성했다.

702　서재권, 「平亂濟州島紀行」, 『신천지』 4-8, 1949. 9, 174쪽.
703　서재권, 「平亂濟州島紀行」, 『신천지』 4-8, 1949. 9, 175쪽.
704　서재권, 「平亂濟州島紀行」, 『신천지』 4-8, 1949. 9, 178쪽.
705　「國民會, 중앙 상무위원 발표」, 『연합신문』, 1949. 1. 27; 「대한농민회 결성총회 개최」, 『한성일보』, 1950. 4. 19.

에필로그 한국 근현대사에서 민족주의, 공산주의, 반공주의

706　朝鮮總督府 警務局, 『高等警察用語辭典』, 1933, 371쪽.
707　서중석, 「일제시기 사회주의자들의 민족관과 계급관」, 『한국근현대의 민족문제연구』, 지식산업사, 1989a, 18~19·22~23쪽.
708　대부분의 초기 사회주의자가 사회주의를 수용하기 이전에 이미 강력한 민족의식을 가지고 있었고, 3·1운동을 정점으로 하는 1910년대 민족운동의 경험이 사회주의수용의 한 계기였다는 점도 유추할 수 있다. 한마디로 초기 사회주의운동은 '민족운동의 한 분파'로서의 성격을 가졌다. 이준식, 「일제 강점기 사회주의운동의 진화와 발전: 민족문제 인식을 중심으로」, 『한국사론』 43, 2006, 9쪽.
709　서중석, 1989, 19~20·26~27쪽.
710　신간회 결성에서 해소에 이르는 시기 사회주의자들의 민족통일전선 인식에 대해서는 이준식, 2006, 19~22쪽 참고.
711　서중석, 1989, 50~53쪽.
712　이준식, 2006, 22~28쪽.
713　이준식, 2006, 28~33쪽.
714　정병준, 「朝鮮建國同盟의 조직과 활동」, 『한국사연구』 80, 1993 참고.

715 일제 강점기 대표적 마르크스주의 경제사학자였던 백남운은 그의 저서『朝鮮社會經濟史』(1933) 서론에서 식민사학과 민족주의사학을 모두 특수사관으로 비판했다.

716 이석태 편,『사회과학대사전』, 문우인서관, 1948, 233~234쪽.

717 1970년에 나온『정치용어사전』, 1973년에 나온『정치사전』, 1985년에 나온『철학사전』의 '민족주의'와 '부르주아민족운동' 항목을 비교하면 미묘하지만 그러한 변화를 읽을 수 있다. 북한 학계의 민족주의와 부르주아민족운동에 대한 평가는 1990년대에 획기적으로 변한다. 1990년대에 들어 북한 학계는 이들 모두가 한국사에서 긍정적 기여를 한 것으로 평가했다. 이러한 변화의 배경에는 민족이론 또는 민족주의에 대한 개념 규정에서 획기적 변화가 있었다. 이에 대해서는 김태우,「북한의 스탈린 민족이론 수용과 이탈 과정」,『역사와 현실』44, 2002 참고.

718 서중석, 1989, 68~69쪽.

719 한영우,『역사학의 역사』, 지식산업사, 2002, 267쪽.

720 김학준 편, 이정식 면담,『혁명가들의 항일회상』, 민음사, 1988, 121~125쪽.

721 『駐韓美軍史』2, 1988, 99~100쪽.

722 조선총독부 경무국 보안과,『高等外事月報』2, 1939; 서중석,『한국현대민족운동연구』, 역사비평사, 1991, 85쪽에서 재인용.

723 방공협회에 대해서는 미즈노 나오키(水野直樹),「1930년대 후반 조선에서의 사상 통제 정책-함경남북도의 '사상 정화 공작'과 그 이데올로기」,『일제 파시즘 지배정책과 민중생활』, 혜안, 2004; 강성현,『한국 사상통제기제의 역사적 형성과 '보도연맹 사건', 1925-50』, 서울대학교 사회학과 박사학위논문, 2012, 2장; 이태훈,「일제말 전시체제기 조선방공협회의 활동과 반공선전전략」,『역사와현실』93,

2014 참고.

724 姜東鎭, 『日本の朝鮮支配政策史硏究』, 東京大學校出版會, 1979, 4장 참고.

725 김성보, 「소련의 대한정책과 북한에서의 분단질서 형성, 1945~1946」, 『분단 50년과 통일시대의 과제』, 역사비평사, 1995, 57~59쪽.

726 해방 직후 소련 대북한정책의 기초가 된 것은 1945년 9월 20일 알렉산드르 바실렙스키 원수, 연해주군관구군사회의, 25군 군사회의 앞으로 보낸 스탈린의 명령이다. 이 명령은 모두 7개 조항으로 이루어졌으며, "북조선 영토에 소비에트 및 여타의 소비에트 권력기관을 창설하거나 소비에트 질서를 도입하지 말 것"(제1항)과 "모든 반일민주정당 및 조직들의 광범위한 연합을 기반으로 북조선에 부르주아 민주주의 권력 수립을 방조할 것"(제2항)을 언급했다. "스딸린과 안또노프가 바실렙스끼 원수, 연해주군관구군사회의, 25군사회의에게", ЦАМО, ф. 148, оп. 3763, д. 111, лл. 92-93.

727 2차 대전 중 미국의 전후 구상과 그것이 동아시아에서 신탁통치안으로 발전하는 과정과 대한정책의 입안 과정에 대해서 정용욱, 『해방 전후 미국의 대한정책』, 서울대학교 출판부, 2003, 1부 참고.

728 SWNCC 115, "Utilization of Koreans in the War Effort(1945. 4. 23)," 『한국분단사자료집』 5, 1991, 64~74쪽.

729 공주 영명학교를 세운 선교사의 아들. 조병옥과는 어릴 적 친구로 하지에게 조병옥을 경무부장으로 추천했다.

730 "Interview with Lt. Colonel Williams(1945. 10. 13)," 『해방직후 정치사회사 자료집』 1, 1994, 138쪽.

731 윤해동, 「반탁운동은 분단·단정노선이다」, 『역사비평』 9, 1989, 170~180쪽.

732 『해방 3년과 미국 1: 1945~1948년 미국무성 비밀외교문서』, 1984, 47쪽.

733 『해방 3년사』I, 1985, 51~52쪽.

734 「李承晩 博士 卅三年만에 突然 歸國, 全國民은 統一하자, 今朝 軍政廳에서 第一聲」, 『매일신보』, 1945. 10. 17; 「편협한 의견을 경계, 진보적인 민주주의 국가를 건설, 내외 제 세력을 포옹, 홍진 씨 담」, 『서울신문』, 1945. 12. 7; 「국내외 각 계층을 망라 진보적 민주정부 수립, 김성숙씨 담」, 『조선일보』, 1945. 12. 5; 「통일정권에 협력, 진보적 민주주의 확립, 공산당수 박헌영 씨와 일문일답」, 『자유신문』, 1945. 10. 12; 「政權은 大衆總意로」, 『조선일보』, 1945. 11. 29.

735 김광운, 『북한 정치사 연구 I』, 선인, 2003, 68~69·84~85쪽; 중앙일보 특별취재반, 『비록 조선민주주의인민공화국』, 중앙일보사, 1992, 87~89쪽.

736 『駐韓美軍史』2, 1988, 101~102쪽.

737 C. L. 호그 저, 신복룡 역, 1992a, 266·268~272쪽.

738 "Corps Staff Conference(1946. 1. 2),"『해방직후 정치사회사 자료집』1, 1994, 174쪽.

739 노획문서, Box 629, SA2008-9-81, 북조선 5·1기념 공동준비위원회, 『팟쇼·반민주분자의 정체』, 평양인쇄국, 1946, 12쪽.

740 모리 요시노부는 한국 반공주의 형성의 국제정치사적 계기를 크게 두 가지로 파악했다. 첫째, 일제가 주입한 반볼셰비즘이 해방 후 남한에서 일본인 고관과 친일파 조선인들을 통해 미점령군에 대소 경계심으로 이양된 점. 둘째, 공산주의세력이 모스크바 삼상회의 지지 입장으로 전환한 것을 소련에 의한 신탁통치 내지 조선 '합병' 의도와 연결시킴으로써 민족주의에 내재해 있던 외세에 대한 독립이라는 민중들의 열정을 끌어내 반공주의에 생명력을 불어넣는 과정

을 통해 한국에서 반공주의가 형성되었다는 것이다. 모리 요시노부, 「한국 반공주의 이데올로기 형성과정에 관한 연구-그 국제정치사적 기원과 제특징-」, 『한국과 국제정치』 5-2, 1989 참고.

741 주한미군사령부와 산하 방첩대는 이러한 자신의 논리를 증명하기 위해 간헐적으로 보고서를 작성했다. "Statement of Outside Influences upon the Recent Unrest and Civil Disturbances in South Korea(1946. 11. 14, by USAFIK CIC)," "Anti-American and Anti-MG Activities of Democratic People's Front(1947. 6. 20, by USAFIK CIC)," "Soviet-Communist-Inspired Espionage in South Korea(날짜 미상, Hqs. XXIV Corps, Office of the Commanding General)" 등이 그것이다. 모두 『해방직후 정치사회사 자료집』 1권에 수록. 방첩대의 일방적인 자료 편찬 태도는 미군정 내 자유주의 관리들로부터 종종 비판을 받았다. 미군정의 좌우합작 막후 담당자였던 버치 중위는 방첩대에서 작성한 "Political News"의 논조가 중도파가 공산주의 노선을 추종하는 듯한 왜곡된 이미지를 심고 있다고 항의하는 내용의 편지를 정보참모에게 보냈다. NA II, RG 43 Records of International Conferences, Commissions, and Expositions, Records of the American Delegation, U.S.-U.S.S.R. Joint Commission on Korea (미소공동위원회 문서철), Roll 9, "버취가 정보참모에게 보내는 서한," 1947. 2. 19.

742 "깔라쉬니꼬프 동지에게," 1946. 1. 4, ЦАМО. ф. УСГАСК. оп. 102038, д. 2, лл. 3-5; "조선 후견에 관한 모스크바 삼상회의 결정과 관련한 북조선 주민의 정치적 동향 보고," 1946. 1. 14, Там же, 6-11; "북조선 주민의 정치적 동향에 관한 보고," Там же, 66-79.

743 오기영, 「속 민족의 비원-경애하는 지도자와 인민에게 호소함」, 『신천지』 11, 1946.

744 柳林,「自主性을 堅持하라」,『大潮』 12, 1948.

745 정영태,「일제말 미군정기 반공이데올로기의 형성」,『역사비평』 16, 1992 및 유재일,「한국전쟁과 반공이데올로기의 정착」,『역사비평』 16, 1992 참고. 김봉국은 점령기에 형성된 남한의 냉전 반공주의 담론이 2차 대전 이후 미소대립의 구조와 그것에 긴박된 남한 정치세력들 사이의 상호작용의 결과이자, 지배와 저항이 뒤엉킨 사태 속에서 사회적으로 확산되었음을 주장한다. 그는 신문과 삐라, 잡지와 같은 매체를 분석하여 해방 이후 좌우 정치세력의 민족주의와 민주주의를 둘러싼 경쟁과 갈등의 과정에서 남한의 냉전 담론이 형성되었고, 그것을 당대 정치적 권력관계의 산물로 바라본다. 김봉국,『냉전과 투쟁-전후 한국의 세계해석과 의미경쟁』, 선인, 2018. 또 김득중은 14연대 군인봉기로 시작한 여순사건이 대중봉기로 전화되어 확산되는 배경과 경과는 물론 봉기를 진압하면서 자행된 정부군의 민간인 학살을 해명하고, 사후적으로 이 사건이 어떻게 '빨갱이'를 만들어내고 남한 사회에서 반공주의가 국시로, 또 아무도 거스를 수 없는 이데올로기적 폭력으로 자리 잡는지 보여준다. 그의 연구나 일련의 다른 연구들이 보여주듯이 당시 반공주의는 전향, 감시와 동원, 학살과 같이 국가폭력과 결합하여 무소불위의 권력을 행사했다. 김득중,『'빨갱이'의 탄생: 여순사건과 반공 국가의 탄생』, 선인, 2009; 김득중 외,『죽엄으로써 나라를 지키자-1950년대, 반공·동원·감시의 시대』, 선인, 2007.

746 이승만 정권의 협소한 지지기반으로 인해 이러한 사태는 충분히 예견되었다. 남한에서 단독선거가 있던 1948년 5월 10일, 미국 국무부 조사분석실은 "우익의 분열상, 좌익의 반대활동으로 이승만 정권은 출발부터 극히 취약할 것이고, 그가 정치적 위기를 극복하는 방법은 다른 정치세력과 조화로운 연합보다는 정적을 배제시키는

형태로 진행될 것이며, 그 수단은 반공드라이브정책이 될 것"이라는 분석보고서를 작성했다. NA II, RG 319 Records of the Army Staff, Assistant Chief of Staff G-2(Intelligence), Administrative Division, Library Project Files 1946-1951("P" File), Intelligence Memorandum 66, "Rhee Syngman and the Post-Election Period in South Korea," 1948. 5. 9.

747 서중석, 『한국현대민족운동연구』 2, 역사비평사, 1996, 3장 3절 참고.
748 김성보는 6·25전쟁을 겪은 이후 반공주의는 외면적으로 매우 강력하게 작동했지만, 그 내면을 들여다보면 심각한 균열로 인해 국민적 통합의 기제로 제대로 작동하지 못했다고 주장한다. 그는 1950년대 한국의 반공주의가 정부가 주도한 반공주의 선전과 탈이념적 사회현실 사이의 균열, 서구중심의 진영담론과 반서구적·민족주의적 담론 사이의 균열, 반공권위주의와 자유민주주의 사이의 균열이라는 세 가지 층위에서 균열 양상을 보인다고 분석했다. 또 이하나는 1950년대 이후 1970년대까지 한국 사회에서 반공과 냉전의 논리와 서사가 어떻게 발현되고 감성적으로 소비되고 수용되는지를 영화를 통해서 살펴보았다. 1950년대 이후 반공주의의 위상과 전개과정 연구에서 고려할 점들이다. 정용욱, 2022, 38~39쪽; 김성보, 「전후 한국 반공주의의 균열과 전환」, 『역사와실학』 62, 2017; 이하나, 『대한민국, 재건의 시대(1948~1968)-플롯으로 읽는 한국현대사-』, 푸른역사, 2013; 이하나, 「1950~60년대 반공주의 담론과 감성 정치」, 『사회와 역사』 95, 2012; 이하나, 「반공주의 감성 기획, '반공영화'의 딜레마-1950~60년대 '반공영화' 논쟁을 중심으로-」, 『동방학지』 159, 2012; 이하나, 「유신체제 성립기 '반공' 논리의 변화와 냉전의 감각」, 『역사문제연구』 32, 2014; 이하나, 「1970년대 간첩/첩보 서사와 과잉 냉전의 문화적 감수성」, 『역사비평』 112, 2015.

749 대표적으로 HRRI, "A Preliminary Study of the Impact of Communism on Korea"(Air Force University, Maxwell Air Force Base, 1951) 참고. 이 연구보고서는 HRRI의 고문들인 슈람(Wilbur Schram), 라일리(John W. Riley), 펠젤(John Pelzel)이 집필했다. 슈람은 후일 스탠포드대학교 언론연구원장이 된 인물로 1950~1960년대 대중매체 연구분야에서 가장 비중 있는 인물이었다. 라일리는 럿거스대학 사회학과장이었고, 펠젤은 하버드대학교 인류학과 조교수였다.
750 정용욱, 「6·25전쟁기 미군의 삐라 심리전과 냉전 이데올로기」, 『역사와 현실』 51, 2004 참고.
751 NA II, RG 333 Correspondence of the CIE, Field Operations Division, Box 1, Lt. Colonel Robert E. O'Brian to Lt. Colonel Donald R. Nugent, 1952. 3. 2.
752 서중석, 『한국현대민족운동연구』, 역사비평사, 1991, 60~61·604~605쪽.
753 정용욱, 2004; Stephen E. Pease, *Psywar: Psychological Warfare in Korea 1950-1953*, Stackpole Books, 1992, 11, 46쪽.

참고문헌

1. 신문·잡지

1-1 국내 신문

『노력인민』, 『경향신문』, 『농민주보』, 『대동신문』, 『독립신문』, 『독립신보』, 『동아일보』, 『매일신보』, 『민주중보』, 『민중일보』, 『부산신문』, 『서울신문』, 『세계일보』, 『수산경제신문』, 『신민일보』, 『신조선보』, 『新韓民報』, 『자유신문』, 『전국노동자신문』, 『朝鮮新聞』, 『조선일보』, 『조선중앙일보』, 『중외신보』, 『중앙신문』, 『한성일보』, 『현대일보』, 『해방일보』.

1-2 해외 신문, 통신

New York Times.
Pacific Stars and Stripes.
Press Telegram and Long Beach Sun.
Ogdensburg Journal.
Fort Wayne News-Sentinel.

1-3 국내 잡지

『大潮』, 『민성』, 『신천지』, 『人民』.

2. 자료

2-1 국문 자료

계훈모 편, 『한국언론연표 II: 1945~1950』, 관훈클럽신영연구기금, 1987.
김남식 편, 『남로당 연구 자료집』(1), 고려대 아세아문제연구소, 1974.
김남식·이정식·한홍구 편, 『한국현대사 자료 총서』 1~15, 돌베개, 1986.
송남헌, 『해방 3년사』 I · II, 까치, 1985.
친일반민족행위진상규명위원회 편, 『친일반민족행위진상규명보고서』 IV, 2009.
한국농촌경제연구원, 『농지개혁사관계자료집』 4, 1986.

2-2 영문 자료

국사편찬위원회, 『미 국무부 정보조사국(OIR) 한국관련 보고서』 2, 2002.
김국태 옮김, 『해방 3년과 미국 1: 1945~1948년 미국무성 비밀외교문서』, 돌베개, 1984.
신복룡 편, 『한국분단사자료집』 1~6, 원주문화사, 1991.
정용욱 편, 『해방직후 정치사회사 자료집』 1~15, 다락방, 1994.
주한미군사령부 군사실, 『駐韓美軍史』 1~4, 돌베개, 1988.
주한미육군사령부 정보참모부, 『美軍政情報報告書』 1-15, 일월서각, 1986.
한림대학교아시아문제연구소 엮음, 『美軍政期情報資料集: 시민소요·여론조사보고서 1945. 9-1948. 6』, 1995.
_____, 『駐韓美軍情報日誌』 1~7, 1988~1989.
_____, 『駐韓美軍週刊情報要約』 1~5, 1990.
United States, Department of State, *Foreign Relations of the United States*, 1943~1960(Washington, D.C., GPO).

2-3 미국 국립문서관(NA II) 소장 자료

RG 554 Records of General Headquarters, Far East Command, Supreme

Commander Allied Powers, and United Nations Command, USAFIK: XXIV Corps, G-2 Historical Section, 1945-1948(주한미군 군사실 문서철).

RG 554 Records of General Headquarters, Far East Command, Supreme Commander Allied Powers, and United Nations Command, U.S. Army Forces in Korea File and Lt. Gen. John R. Hodge Official File, 1944~1948, Entry 11071, 11070(하지장군 문서철).

RG 407 Administrative Services Division, Operations Branch, Foreign (Occupied) Area Reports, 1945-54(미 육군 작전국 점령지역 보고서 문서철).

RG 43 Records of International Conferences, Commissions, and Expositions, Records of the American Delegation, U.S.-U.S.S.R. Joint Commission on Korea(미소공동위원회 문서철).

RG 59 General Records of the State Dept., Decimal File, 895 Ser. Internal Affairs of Korea, 1945~1949(한국 내정 문서철).

RG 59 Records of the Wedemeyer Mission to China and Korea, 1947(웨드마이어 사절단 문서철).

RG 242 National Archives Collection of Foreign Records Seized, 1941~, Captured Korean Documents(노획문서).

RG 319 Records of the Army Staff, Assistant Chief of Staff G-2(Intelligence), Administrative Division, Library Project Files 1946-1951("P" File).

RG 319 Records of the Army Staff, Office of the Chief of Military History, General Correspondence, 1952~1968, Entry A1-145R.

RG 319 Records of the Army Staff, Office of the Chief of Military History, Background Files to "Policy & Direction: The 1st Year", Entry: P-176.

RG 319 Records of the Army Staff, Office of the Chief of Military

History, General Correspondence, 1952~1968, Entry A1-145R.

RG 331 Records of Allied Operational and Occupation Headquarters, World War II, 1907-1966, Supreme Commander for the Allied Powers(SCAP), Assistant Chief of Staff, G-2, Intelligence Division, Miscellaneous File, 1945-51, Miscellaneous Letters to the Supreme Commander for the Allied Powers.

RG 331 Records of Allied Operational and Occupation Headquarters, World War II, 1907-1966, Supreme Commander for the Allied Powers(SCAP), Legal Section, Administrative Division, Japanese Background and Reference Files, compiled 1945-1948.

RG 331 Records of Allied Operational and Occupation Headquarters, World War II, 1907-1966, Supreme Commander for the Allied Powers(SCAP), Civil Information and Education Section, Public Opinion and Sociological Research Division, General Subject File, compiled 1946-1951, Entry 17005.

RG 331 Records of Allied Operational and Occupation Headquarters, World War II, 1907-1966, Supreme Commander for the Allied Powers(SCAP), Assistant Chief of Staff, G-2, Intelligence Division, Miscellaneous File, 1945-51, Miscellaneous Letters to the Supreme Commander for the Allied Powers, Entry 1129.

RG 331 Records of Allied Operational and Occupation Headquarters, World War II, 1907-1966, Supreme Commander for the Allied Powers(SCAP), Legal Section, Administrative Division, Japanese Background and Reference Files, compiled 1945-1948, Entry 1190.

RG 331 Records of Allied Operational and Occupation Headquarters, World War II, 1907-1966, Supreme Commander for the Allied Powers(SCAP), Assistant Chief of Staff, G-2, Public Safety Division, Police Branch, Subject File 1945-1952, Entry 1140, Boxes 328~338.

RG 331 Records of Allied Operational and Occupation Headquarters, World War II, 1907-1966, Supreme Commander for the Allied Powers(SCAP), Assistant Chief of Staff, G-2, Public Safety Division, Decimal File 1945-1952, Entry 1142, Boxes 353～358.

RG 331 Records of Allied Operational and Occupation Headquarters, World War II, 1907-1966, Supreme Commander for the Allied Powers(SCAP), Office of the Chief of Staff, Public Information Section, Subject File, compiled 1946-1950, Entry 1102.

RG 333 Correspondence of the CIE, Field Operations Division.

2-4 미국 의회 도서관, 대학 도서관, 연구기관 소장 자료

HRRI, "A Preliminary Study of the Impact of Communism on Korea"(Air Force University, Maxwell Air Force Base, 1951).

Millard Preston Goodfellow Collection, Hoover Institution Archives, Stanford University.

U.S. Congress, Senate Committee on Armed Services, "Report to the President Submitted by Lieutenant General A. C. Wedemeyer, September 1947, Korea" (Washington, D.C.: U.S. Government Printing Office, 1951).

2-5 러시아 자료

러시아 현대사 문서 보관 및 연구센터(российский центр хрнення и изучения документов новейшей истории : РЦХИДНИ, 영문명 Russian Depository and Research Center for Documents on the Recent History).

「레베데프비망록」(『대구매일신문』 1995년 1～2월 연재).

「스띠코프비망록」(중앙일보사 현대사연구소 소장).

3. 단행본

국사편찬위원회, 『고등학교 국사』 하, 교육인적자원부, 2008.
김광운, 『북한 정치사 연구 I』, 선인, 2003.
김동선, 『미군정기 『서울신문』의 정치성향 연구』, 선인, 2014.
김득중, 『'빨갱이'의 탄생: 여순사건과 반공 국가의 탄생』, 선인, 2009.
김득중 외, 『죽엄으로써 나라를 지키자-1950년대, 반공·동원·감시의 시대』, 선인, 2007.
김민환, 『한국언론사』, 나남, 1996.
_____, 『미군정기 신문의 사회사상』, 나남, 2001.
김봉국, 『냉전과 투쟁-전후 한국의 세계해석과 의미경쟁(1945~1953)』, 선인, 2018.
김성보, 『남북한 경제구조의 기원과 전개: 북한 농업체제의 형성을 중심으로』, 역사비평사, 2000.
김성호 외, 『농지개혁사연구』, 한국농촌경제연구원, 1989.
김영희, 『한국사회의 미디어 출현과 수용: 1880~1980』, 커뮤니케이션북스, 2010.
김오성, 『지도자론』, 조선인민사 후생부, 1946.
김학준 편, 이정식 면담, 『혁명가들의 항일회상』, 민음사, 1988.
노마 필드 저·박이엽 역, 『죽어가는 천황의 나라에서』, 창작과비평사, 1995.
도진순, 『한국민족주의와 남북관계』, 서울대학교출판부, 1997.
리처드 E. 라우터백, 『한국미군정사』, 돌베개, 1984(국제신문사 출판부 역, 1948년판 영인본).
리처드 로빈슨 저·정미옥 역, 『미국의 배반』, 과학과사상, 1988.
마크 게인, 『해방과 미군정』, 까치, 1986.
민주주의민족전선 편, 『조선해방년보』, 문우인서관, 1946.
박용규, 『식민지 시기 언론과 언론인』, 소명출판, 2015.
_____, 『언론과 친일: 친일 언론의 역사와 잔재』, 선인, 2021.

白南雲,『朝鮮社會經濟史』, 改造社, 1933.

북조선 5·1기념 공동준비위원회,『팟쇼·반민주분자의 정체』, 평양인쇄국, 1946.

브루스 커밍스 저·김자동 역,『한국전쟁의 기원』, 일월서각, 1986.

서재정·정용욱 편,『탈냉전과 미국의 신세계질서』, 역사비평사, 1996.

서중석,『한국근현대의 민족문제연구』, 지식산업사, 1989.

_____,『한국현대민족운동연구』1, 역사비평사, 1991.

_____,『한국현대민족운동연구』2, 역사비평사, 1996.

석원화·심민화·패민강 편, 김승일 번역,『중국언론 신보에 그려진 한국근현대사』, 역사공간, 2011.

심지연,『해방정국 논쟁사』I, 한울, 1986.

C. L. 호그 저, 신복룡 역,『한국분단보고서』상, 풀빛, 1992a.

_____,『한국분단보고서』하, 풀빛, 1992b.

역사문제연구소,『해방 3년사 연구입문』, 까치, 1989.

오기영,『자유조국을 위하여』(동전 오기영 전집 3), 모시는사람들, 2019.

오드 아르네 베스타 저, 유강은 역,『냉전』, 서해문집, 2025.

요시다 유타카 저, 하종문·이애숙 역,『일본인의 전쟁관』, 역사비평사, 2004(吉田 裕,『日本人の戰爭觀』岩波書店, 1995).

월터 립멘 저, 이기준 역,『냉정전쟁』, 고려문화사, 1948.

유용태 편,『동아시아의 농지개혁과 토지혁명』, 서울대학교 출판문화원, 2014.

이강국,『민주주의 조선의 건설』, 조선인민보사, 1946.

이석태 편,『사회과학대사전』, 문우인서관, 1948.

이에나가 사부로 저·현명철 역,『전쟁책임』, 논형, 2005(家永三郎,『戰爭責任』, 岩波書店, 1985).

이하나,『대한민국, 재건의 시대(1948~1968)-플롯으로 읽는 한국현대사-』, 푸른역사, 2013.

이혜숙,『미군정기 지배구조와 한국사회: 해방 이후 국가-시민사회 관계의 역사적 구조화』, 선인, 2008.
에바 일루즈 저ㆍ김정아 역,『감정 자본주의』, 돌베개, 2010.
장신,『조선ㆍ동아일보의 탄생: 언론에서 기업으로』, 역사비평사, 2021.
정병준,『1945년 해방 직후사, 현대 한국의 원형』, 돌베개, 2023.
정영환 저ㆍ임경화 역,『해방 공간의 재일조선인사- '독립'으로 가는 험난한 길』, 푸른역사, 2019.
정용욱,『해방 전후 미국의 대한정책』, 서울대학교 출판부, 2003c.
_____,『편지로 읽는 해방과 점령』, 민음사, 2021.
정진석,『한국현대언론사론』, 전예원, 1985.
제임스 F. 슈나벨, 미육군 군사감실 편,『유엔군전사 제3집: 정책과 지도』(육군본부 역간), 1973.
朝鮮總督府 警務局,『高等警察用語辭典』, 1933.
조선총독부 경무국 보안과,『高等外事月報』제2호, 1939.
중앙일보 특별취재반,『비록 조선민주주의인민공화국』, 중앙일보사, 1992.
폴 토머스 체임벌린 저, 김남섭 역,『서구의 번영 아래 전쟁과 폭력으로 물든 아시아 1945-1990』, 이데아, 2023.
한국신문연구소 편,『한국신문백년: 사료집』, 1975.
한국사연구회 편,『새로운 한국사 길잡이』하, 지식산업사, 2007.
한국역사연구회 편,『한국역사입문: 근대ㆍ현대편』3, 풀빛, 1996.
한국역사연구회 현대사연구반,『한국현대사』1~4, 풀빛, 1991.
한영우,『역사학의 역사』, 지식산업사, 2002.
합동통신 30년 편찬위원회,『합동통신 30년』, 합동통신사, 1975.

姜東鎭,『日本の朝鮮支配政策史研究』, 東京大學校出版會, 1979.
袖井林二郎,『拜啓マッカーサー元帥樣-占領下の日本人の手紙』, 岩波書店, 2002.
日本 外務省 アジア局 監修,『現代朝鮮人名辭典』, 1962.
中村政則ㆍ天川晃ㆍ尹健次ㆍ五十嵐武士 編,『戰後日本-占領と戰後改革 5; 過去の清算』, 岩波書店, 1995.

川島高峰, 『敗戰: 占領軍への50万通の手紙』, 讀賣新聞社, 1998.

荒敬, 『日本占領史研究序說』, 柏書房, 1994.

Billy Mossman, *Ebb and Flow*, Office of the Chief of Military History, U.S. Army, 1990.

Heonik Kwon, *The Other Cold War*, Columbia University Press, 2010.

Howard B. Schonberger, *Aftermath of War; Americans and the Remaking of Japan, 1945-1952*(Kent, Ohio: The Kent State Univ. Press, 1989).

James F. Schnabel, *Policy and Direction: The First Year*, US Army in the Korean War, Office of the Chief of Military History, US Army, 1972.

Joel Isaac and Duncan Bell, eds., *Uncertain Empire: American History and the Idea of the Cold War*, Oxford University Press, 2012.

John Fousek, *To Lead the Free World: American Nationalism and the Cultural Roots of the Cold War*, University of North Carolina Press, 2000.

John W. Dower, *Embracing Defeat: Japan in the Wake of World War II*, W. W. Norton & Co., 1999.

Mark Gayn, *Japan Diary*, Tuttle Publishing, 1981.

Masuda Hajimu, *Cold War Crucible: The Korean Conflict and the Postwar World*, Harvard University Press, 2015.

Melvyn P. Leffler and Odd Arne Westad, eds., *The Cambridge History of the Cold War*, 3 vols. Cambridge University Press, 2010.

Odd Arne Westad, ed., *Reviewing the Cold War: Approaches, Interpretations, and Theory*, Frank Cass, 2000.

Odd Arne Westad, *The Global Cold War: Third World Interventions and the Making of Our Times*, Cambridge University Press, 2005.

Richard H. Immerman and Petra Goedde, eds., *The Oxford Handbook of the Cold War*, Oxford University Press, 2013.

Roy E. Appleman, *South to the Naktong, North to the Yalu: June-November 1950*, Office of the Chief of Military History, Department of the Army, 1961.

Sodei Rinjiro, *Dear General MacArthur: Letters from the Japanese during the American Occupation*, Rowman & Littlefield Publishers, 2001.

Stephen E. Pease, *Psywar: Psychological Warfare in Korea 1950-1953*, Stackpole Books, 1992.

Takemae Eiji, *Inside GHQ: The Allied occupation of Japan and Its Legacy*, Continuum, 2002.

Walter G. Hermes, *Truce Tent and Fighting Front*, Office of the Chief of Military History, U.S. Army, 1966.

Walter Lippmann, *The Cold War: A study in U.S. Foreign Policy*, New York: Harper & Row, 1947.

4. 논문 및 정간물

강성현, 「한국 사상통제기제의 역사적 형성과 '보도연맹 사건', 1925-50」, 서울대학교 사회학과 박사학위논문, 2012.

고바야시 소메이 저·김인수 역, 「미군정기 통신검열체제의 성립과 전개」, 『한국문화』 39, 2007.

김귀옥, 「한국 구술사 연구 현황, 쟁점과 과제」, 『사회와 역사』 71, 2006.

_____, 「한국 현대사 연구에서 구술사 연구의 탄생과 역할, 과제」, 『구술사연구』 7-2, 2016.

김동민, 「동아일보의 신탁통치 왜곡보도 연구」, 『한국언론정보학보』 52, 2010.

김민환, 「미군정기의 한국 언론: 신문의 실상과 언론사적 의미」, 『신문과방송』 8, 1986.

김병태, 「농지개혁의 평가와 반성」, 『한국경제의 전개과정』, 돌베개, 1981.

김복수, 「미군정 언론정책과 언론통제」, 『한국사론』 44, 2006.

김성보, 「소련의 대한정책과 북한에서의 분단질서 형성, 1945~1946」, 『분단 50년과 통일시대의 과제』, 역사비평사, 1995.

_____, 「전후 한국 반공주의의 균열과 전환」, 『역사와실학』 62, 2017.

김영미, 「미 군정기 남조선과도입법의원의 성립과 활동」, 『한국사론』 32, 1994.

김영희, 「미군정기 신문의 보도 경향: 모스크바 삼상회의 한국의정서 보도를 중심으로」, 『한국언론학보』 44-4, 2000.

_____, 「미군정기 농촌주민의 미디어 접촉 양상」, 『한국언론학보』 49-1, 2005a.

_____, 「미군정기 미디어 접촉의 성격과 영향」, 한국언론학회 광복60주년 기념 학술회의, 2005b.

_____, 「미군정기 미디어 보급과 미디어 접촉 현상」, 『한국사론』 44, 2006.

김인식, 「〈8월 테제〉의 '진보적 민주주의' 국가건설론」, 『한국민족운동사연구』 55, 2008.

김일수, 「1920년대 대구·경북지역 조선인 기자단체의 활동과 성격」, 『사림』 44, 2013.

김준현, 「단정 수립기 문학 장(場)의 재편과 〈신천지〉」, 『비평문학』 35, 2010.

김진경, 「동아일보 신탁 통치 보도 전말- 왜곡은 없었다」, 『관훈저널』 158, 2021.

김태우, 「북한의 스탈린 민족이론 수용과 이탈 과정」, 『역사와 현실』 44, 2002.

김한상, 「1945~48년 주한미군정 및 주한미군사령부의 영화선전: 미국 국립

문서기록관리청(NARA) 소장 작품을 중심으로」,『미국사연구』34, 2011.

_____,「주한미국공보원(USIS) 영화의 응시 메커니즘-비가시적인 것의 가시화와 가시화하는 힘의 과시-」,『역사문제연구』30, 2013.

김한샘,「미군정기 귀속농지 불하의 정치적 성격에 관한 연구」, 이화여대 정치외교학부 석사학위논문, 1997.

남기정,「이용희의 냉전 인식-냉전과 분단 기원에 대한 이해를 중심으로」,『개념과 소통』20, 2017.

니시카와 유코 저·서민교 역,「근대에 일기를 쓴다는 것의 의미」,『역사비평』100, 2012.

도진순,「한국전쟁의 기본개념으로서 제한전(limited war)의 성립과 분화」,『한국사연구』125, 2004.

류일환,「미군정기 귀속농지 처리와 중앙토지행정처」,『민족문화연구』93, 2021.

모리 요시노부,「한국 반공주의 이데올로기 형성과정에 관한 연구-그 국제정치사적 기원과 제특징-」,『한국과 국제정치』5-2, 1989.

미즈노 나오키(水野直樹),「1930년대 후반 조선에서의 사상 통제 정책-함경남북도의 '사상 정화 공작'과 그 이데올로기」,『일제 파시즘 지배정책과 민중생활』, 혜안, 2004.

박권상,「미군정하의 한국언론에 관한 연구(상)」,『신문과방송』202, 1987a.

_____,「미군정하의 한국언론에 관한 연구(하)」,『신문과방송』203, 1987b.

박수현,「미군정 공보기구 조직의 변천(1945. 8-1948. 5)」,『한국사론』56, 2010.

_____,「점령과 분단의 설득기구」,『해방의 공간 점령의 시간』, 푸른역사, 2018.

_____,「점령기 미군정의 공보 활동과 선전 담론」, 서울대학교 국사학과 박사학위논문, 2021.

박용규,「미군정기 한국 언론구조의 형성과정에 관한 연구」, 서울대학교 신문학과 석사학위논문, 1988.

_____, 「한국 초기 방송의 국영화 과정에 관한 연구」, 『한국언론학보』 44-2, 2000a.

_____, 「한국 통신사의 구조적 특성의 형성과정」, 『한국언론정보학보』 14, 2000b.

_____, 「미군정기 방송의 구조와 역할」, 한국언론학회 광복60주년 기념 학술회의, 2005.

_____, 「미군정기 언론인 단체들의 특성과 활동」, 『한국언론학보』 51-6, 2007.

박진우, 「패전 직후의 천황제 존속과 민중」, 「패전 직후 천황제 존속과 재일 조선인」, 『패전 전후 일본의 마이너리티와 냉전』, 제이엔씨, 2006.

방선주, 「미국 제24군 G-2 군사실 자료 해제」, 『아시아문화』 3, 1987.

_____, 「미군정기의 정보자료: 유형 및 의미」, 『미국 국립문서보관소의 한국 현대사 자료』(방선주 저작집 제2권), 선인, 2018.

브루스 커밍스, 「70년 위기의 종언: 삼각구상과 신세계 질서」, 서재정·정용욱 편, 『탈냉전과 미국의 신세계질서』, 역사비평사, 1996.

송건호, 「미군정 시대의 언론과 그 이데올로기」, 『한국사회연구』 2, 한길사, 1984.

송재경, 「한국 사회를 바라보는 창」, 『해방의 공간 점령의 시간』, 푸른역사, 2018.

_____, 「이승만의 한미동맹 구상과 대미외교의 전개(1948~1960년)」, 서울대 국사학과 문학박사 학위논문, 2023.

쇼지 슌사쿠, 「일본의 농지개혁과 농지위원회」, 『동아시아의 농지개혁과 토지혁명』, 서울대학교출판문화원, 2014.

신병식, 「한국의 토지개혁에 관한 정치경제적 연구」, 서울대 정치학과 박사 학위논문, 1992.

심지연, 「신탁통치문제와 해방정국」, 『해방정국논쟁사』 1, 한울, 1986.

안종철, 「해방 전후 아더 번스(Arthur C. Bunce)의 활동과 미국의 대한정책」, 『미국사연구』 31, 2010.

오경환, 「냉전사 연구의 궤적: 정통주의에서 담론적 전회에 이르기까지」, 『사총』 95, 2018.

오영식, 「『신천지』(1946. 2~1950. 6) 총목차 소개」, 『근대서지』 10, 2014.

옥창준, 「이용희의 지식 체계 형성과 한국 국제정치학의 재구성」, 『사이』 22, 2017.

_____, 「현실로서의 냉전과 한국 국제정치학의 형성-조효원과 이용희의 냉전 국제정치론을 중심으로-」, 『한국학연구』 63, 2021.

유승삼, 「모스크바 3상 회의 '왜곡' 보도의 미스터리-의혹과 숙제는 여전히 남아 있다」, 『관훈저널』 160, 2021.

_____, 「모스크바 3상 회의 보도 조작근거를 논증한다」, 『관훈저널』 169, 2023.

유용태, 「전후 중국의 경자유전: 토지개혁인가 토지혁명인가」, 『동아시아의 농지개혁과 토지혁명』, 서울대학교출판문화원, 2014.

유재일, 「한국전쟁과 반공이데올로기의 정착」, 『역사비평』 16, 1992.

윤택림, 「구술사와 역사학의 어색한 관계: 그 성과와 전망」, 『구술사연구』 7-2, 2016.

윤해동, 「반탁운동은 분단·단정노선이다」, 『역사비평』 통권 9호, 1989.

이강수, 「三相會議決定案에 대한 左派3黨의 대응」, 『한국근현대사연구』 3, 1995.

이동원, 「1946년 '朝美共同會談'의 성립과 활동」, 서울대학교 국사학과 석사학위논문, 2004.

_____, 「10월 항쟁과 조미공동회담」, 『해방의 공간 점령의 시간』, 푸른역사, 2018.

이봉범, 「잡지 신천지의 매체 전략과 문화」, 『한국문학연구』 39, 2010.

_____, 「냉전 금제와 프로파간다-반란, 전향, 부역 의제의 제도화와 내부 냉전」, 『대동문화연구』 107, 2019.

이수인, 「모스크바 삼상협정 찬반운동의 역사적 성격」, 『한국현대정치사』 1, 실천문학사, 1989.

이완범, 「한반도 신탁통치 문제 1943~46」, 『해방 전후사의 인식』 3, 한길사, 1987.

_____, 「조선공산당의 탁치 노선 변화 과정(1945~1946)」, 『한국근현대사연구』 35, 2005.

이용기, 「역사학, 구술사를 만나다-역사학자의 관점에서 본 구술사의 현황과 과제」, 『역사와 현실』 71, 2009.

이준식, 「일제 강점기 사회주의 운동의 진화와 발전: 민족문제 인식을 중심으로」, 『한국사론』 43, 2006.

이태훈, 「일제말 전시체제기 조선방공협회의 활동과 반공선전전략」, 『역사와현실』 93, 2014.

이하나, 「1950~60년대 반공주의 담론과 감성 정치」, 『사회와 역사』 95, 2012a.

_____, 「반공주의 감성 기획, '반공영화'의 딜레마-1950~60년대 '반공영화' 논쟁을 중심으로-」, 『동방학지』 159, 2012b.

_____, 「유신체제 성립기 '반공' 논리의 변화와 냉전의 감각」, 『역사문제연구』 32, 2014.

_____, 「1970년대 간첩/첩보 서사와 과잉 냉전의 문화적 감수성」, 『역사비평』 112, 2015.

임경석, 「1925년 전조선기자대회 연구」, 『사림』 44, 2013.

장영민, 「정부 수립 이후(1948~1950) 미국의 선전정책」, 『한국근현대사연구』 31, 2004.

_____, 「미국공보원의 5·10총선거 선전에 관한 고찰」, 『한국근현대사연구』 41, 2007.

_____, 「미군정의 라디오 방송관리」, 『한국근현대사연구』 87, 2018.

전명혁, 「일제하 방한민(方漢旻)의 언론·교육운동과 민족해방운동」, 『사림』 44, 2013.

전현수, 「해방 직후 북한의 토지개혁」, 『동아시아의 농지개혁과 토지혁명』, 서울대학교출판문화원, 2014.

정다운, 「주한미군의 선전활동과 『농민주보』」, 서강대학교 사학과 석사학위논문, 2005.
정무용, 「점령시대를 보는 엇갈린 시선」, 『해방의 공간 점령의 시간』, 푸른역사, 2018.
정병준, 「朝鮮建國同盟의 조직과 활동」, 『한국사연구』 80, 1993.
_____, 「주한미군정의 '임시한국행정부' 수립구상과 독립촉성중앙협의회」, 『역사와 현실』 19, 1996.
정영태, 「일제말 미군정기 반공이데올로기의 형성」, 『역사비평』 16, 1992.
정용욱, 「미군정의 임정관계 보고서」, 『역사비평』 통권 24호, 1993.
_____, 「미군정기 웨드마이어 사절단의 방한과 미국의 대한정책 변화」, 『동양학』 30, 2000.
_____, 「1945년 말, 1946년 초 신탁통치 파동과 미군정-미군정의 여론공작을 중심으로-」, 『역사비평』 62, 2003a.
_____, 「『주한미군사』와 Betrayal of A Nation」, 『미군정 자료 연구』, 선인, 2003b.
_____, 「6·25전쟁기 미군의 삐라 심리전과 냉전 이데올로기」, 『역사와 현실』 51, 2004.
_____, 「일본인의 '전후'와 재일조선인관-미군 점령당국에 보낸 편지들에 나타난 일본 사회의 여론」, 『일본비평』 3, 2010.
_____, 「웨드마이어 장군 전상서」, 『해방의 공간 점령의 시간』, 푸른역사, 2018.
_____, 「'정사' 대 '비사'-1950년대 미국의 6·25전쟁사 연구와 냉전문화」, 『역사비평』 131, 2020.
_____, 「한국의 냉전사 연구동향과 과제」, 『한국현대사 연구의 쟁점』, 한국학중앙연구원출판부, 2022.
_____, 「1945년 12월 말 국내 언론의 모스크바 삼상회의 외신 보도 양싱」, 『한국사론』 69, 2023.
정진석, 「해방공간의 좌익언론과 언론인들: 조선인민보, 해방일보, 건국, 노력인민의 출현과 쇠퇴」, 『관훈저널』 77, 2000.

_____, 「매일신보와 경성일보 출신이 중요한 위치 차지: 해방공간의 언론인들 (상)」, 『신문과방송 』 472, 2010a.

_____, 「해방공간의 언론인들 (상)」, 『신문과방송』 472, 2010b.

_____, 「해방공간의 언론인들 (하)」, 『신문과방송』 473, 2010c.

정혜경, 「구술사-기록에서 역사로-」, 『韓日民族問題研究』 28, 2015.

조민지, 「미군정기 후반전, 현지조사와 지방여론」, 『해방의 공간 점령의 시간』, 푸른역사, 2018.

조혜정, 「미군정기 뉴스영화의 관점과 이념적 기반 연구」, 『한국민족운동사연구』 68, 2011.

채백, 「친일 청산에 대한 미군정기 〈동아일보〉와 〈조선일보〉의 보도 태도」, 『한국언론정보학보』 79, 2016.

최민지, 「민족분단과 통일운동 전후기에 있어서의 언론의 대응과 그 한계」, 변형윤 외, 『분단시대와 한국사회』, 까치, 1985.

최봉대, 「미군정의 농민정책에 관한 연구」, 서울대 사회학과 박사학위논문, 1994.

최준, 「한국신문해방20년사 I」, 『신문연구』 6-2, 1965

____, 「한국신문해방20년사 II」, 『신문연구』 7-1, 1966.

클라우디아 울브리히 저·박성윤 역, 「역사적 시각으로 본 유럽의 자기증언」, 『역사비평』 100, 2012.

한상구, 「일제시기 지역주민운동 연구: 지역 주민대회를 중심으로」, 서울대학교 국사학과 박사학위논문, 2013.

한성훈, 「개인의 편지에 나타난 북한 인민의 전쟁 서사」, 『경제와사회』 94, 2012.

황윤희, 「번스(Arthur C. Bunce)의 내한활동과 한국문제인식」, 『숭실사학』 23, 2009.

吉田 裕, 「戰爭責任と極東國際軍事裁判」, 中村政則·天川晃·尹健次·五十嵐武

士 編, 『戰後日本-占領と戰後改革 5; 過去の淸算』, 岩波書店, 1995.

山田昭次, 「八・一五 日本人朝鮮人斷層」, 『朝鮮硏究』 69, 1968年 1月号.

小林知子, 「GHQの在日朝鮮人認識にする一考察」, 『朝鮮史硏究會論文集』 32, 1994.

小林聰明, 「韓國通信檢閱體制の形成」, 一橋大學 大學院 社會學硏究科 博士論文, 2010.

尹健次, 「'帝國臣民'から'日本國民'へ-國民槪念の變遷-」, 中村政則・天川晃・尹健次・五十嵐武士 編, 『戰後日本 占領と戰後改革 5; 過去の淸算』, 岩波書店, 1995.

川島高峰, 「マッカーサーへの投書に見る敗戰直後の民衆意識」, 『明治大學社會科學硏究所紀要』 31券 2号, 1993.

_____, 「手紙の中の'東京裁判'-私信檢閱・マッカーサーへの投書に見る'戰犯裁判'と民衆-」, 『年報日本現代史』 第13号, 現代史料出版, 2008.

テッサ・モリス・スズキ, 「占領軍への有害な行動-敗戰後日本における移民管理と在日朝鮮人-」, 『現代思想』 2003年 9月号.

樋口雄一, 「日本の地域社會と在日朝鮮人-神奈川縣域を中心に」, 『朝鮮史硏究會論文集』 37, 1999.

荒井信一, 「戰後補償と戰後責任」, 中村政則・天川晃・尹健次・五十嵐武士 編, 『戰後日本-占領と戰後改革 5; 過去の淸算』, 岩波書店, 1995.

Clyde C. Mitchel, "Land Reform in South Korea," *Pacific Affairs* ol. 22, May 1949.

David Conde, "The Korean Minority in Japan," *Far Eastern Survey*, Vol. 16, No. 4, 1947. 2.

Il-young Jung, "The 'Bunce Plan' and the Aborted Land Reform of 1946," *Seoul Journal of Korean Studies*, 34-1, 2021.

Inhan Kim, "Land Reform in South Korea under the U.S. Military Occupation, 1945-1948," *Journal of Cold War Studies*, 18-2, 2016.

Mr. X(George F. Kennan), "The Sources of Soviet Conduct," *Foreign Affairs*, July 1947.

Patrick Major and Rana Mitter, "East Is East and West Is West? Towards a Comparative Socio-Cultural History of the Cold War," in Major and Mitter, eds., *Across the Blocs*, Frank Cass, 2004.

Sang Min Lee, "The Political Economy of Occupation: United States Foreign Economic Policy in Korea, 1945-1949," Ph. D. Dissertation Thesis, Northern Illinois University, 1991.

찾아보기

ㄱ

강무 278
강영수 51, 56, 79~81, 106
강용흘 378~380, 382~385, 388
게인(Mark Gayn) 213
경동기자동맹 107
경북기자동맹 108
경북청년연맹 108
경성변호사회 59
경성일보 49, 57, 95, 98, 100, 102, 103, 105
경향신문 26, 416
고재두 105
고제경 105
공립통신 416
공보원 291~293, 363, 364
공보처 133, 172, 445, 450
공업신문 156, 164, 260
공직추방령 325
과기사 34, 108
과도정부 29, 180, 197~199

관선의원 287
광명일보 416
국가보안법 475
국무부 28, 129, 134, 135, 171, 177, 192, 194, 195, 197, 199, 201, 209, 210, 212~214, 272, 286, 288, 295, 397, 468
국무부 정보조사국 극동연구부 295
국무부·육군부·해군부 삼부조정위원회 286, 468
국민대표회의 459, 464
국민보도연맹 475
국유화 220, 221, 224, 226, 227, 231, 242, 272, 273, 299
국제일보 416
국제통신 55, 126, 133, 154, 163
국회프락치사건 446, 476
군국주의 307, 314, 319, 320, 322, 326, 327, 329, 332, 347, 348
권동진 94
귀속농지 213, 217, 221~225, 228,

231~233, 235~239, 241, 243~245, 254, 261, 266, 269~271, 276, 280, 281, 283, 284, 288~295, 298~300, 302, 303
귀속재산 95, 103, 209, 281, 290, 299
그리스 24, 414, 430, 434, 438, 440
극동인민대표대회 458
근로대중당 278
금릉기자구락부 107
급진주의 86, 114~116, 243, 469, 470
김경훈 428, 432
김광수 88
김구 109, 177~180, 186, 198, 200, 312, 381, 384, 387, 418, 464, 468, 471, 473, 476
김규식 274, 286, 287, 381, 382, 384, 476
김기림 443
김기전 91
김동리 446, 447
김동성 133, 154, 172
김동준 94, 154, 155
김무삼 94
김법린 91
김병로 262, 266
김삼룡 73, 74
김성수 312, 471
김성숙 114, 464, 470
김연수 312, 380
김영태 428, 433
김영희 58
김오성 105
김원봉 387
김은우 51
김정도 74, 105
김정록 105
김정수 51
김주천 105
김진기 55, 73
김창문 105
김형원 91

ㄴ

나가사키 유조(長崎祐三) 61
나세르(Gamal A. Nasser) 455
나치즘 479
남로당 109, 277, 387, 449
남북협상(남북정치협상, 남북연석회의) 425, 429, 475, 476, 480
남상일 148, 149, 154, 155
남정린 51
남조선과도입법의원 29, 269, 273, 289, 391, 415
남조선대한국민대표민주의원(민주의원) 269
냉전(냉전체제, 냉정전쟁) 15~17, 21~28, 31~33, 38, 39, 41, 42, 204, 332~335, 351, 352, 357, 390, 395, 397, 399, 402, 405, 412, 415, 425, 427~435, 437~439, 441, 442, 443,

445, 446, 449, 450, 477, 481
노력인민 110, 416
농민주보 28, 43, 101, 231, 294
농지개혁 16, 41, 42, 207~210, 213~217, 225, 229, 231, 237, 244, 246, 261, 266~271, 273, 276, 277, 280, 282~285, 288, 289, 291~294, 298, 300, 398, 402, 476
뉘른베르크 재판 331
뉴딜 자유주의(New Deal liberalism) 174
뉴먼(Glenn Newman) 67~89, 115, 182, 183
뉴욕타임스 73, 74, 81, 128~130, 180, 182~184, 186, 189, 190, 293
니스트(Cecil W. Nist) 70, 71, 182

ㄷ

단독 강화(講和) 334
대구시보 122~124, 164
대동신문 110, 112, 114, 182, 417, 418
대민홍보과(공보과, 공보부, 정보·홍보과) 44, 59, 60, 65~68, 72, 89, 97, 98, 115, 125, 126, 175, 176, 183, 184, 217, 228~230, 234, 235, 252, 254, 270, 340, 363, 378, 379, 383, 384, 446
대한농민총연맹(대한농총) 301
대한민국임시정부(임정) 112, 177,

179, 368
대한일보 25, 416, 418
대화숙(大和塾) 61
도메이통신 55
도조 히데키(東條英機) 321, 328, 359
도쿄 재판 331
독립신문 416, 418
독립신보 110, 284, 416
독립촉성국민회(국민회, 독촉) 277, 285~288, 301, 424, 425, 449
독립촉성중앙협의회 159, 167, 197, 203, 204
독립촉성청년총동맹 419
독일 157, 160, 333, 466, 479
동남아시아 20, 317, 441
동북아시아 29, 42, 130, 296, 396, 398~400, 402, 431, 433
동아시아 131, 146, 335, 396, 444, 468
동아일보 26, 52, 80, 90, 95, 98~100, 102, 103, 105, 107, 110, 112, 120, 122~124, 126, 127, 132, 133, 136, 137, 142~144, 146, 147, 151, 152, 156, 164, 177, 182, 406, 407, 410, 416~418, 470, 472
동양척식회사 215, 216
동유럽 130, 169, 430~432, 439
드골(Charles AndréJoseph Marie de Gaulle) 414
드레이퍼(William H. Draper) 399
디트로이트 프리프레스(Detroit Free

Press) 150

ㄹ

라하트(William F. La Harte) 68
랜드연구소(Rand Corporation) 477
랭던(William R. Langdon) 197
러시아 34, 35, 166, 168, 169, 189, 201, 372, 380, 434, 457~459, 567
러시아혁명 434, 457, 458
러취(Archer L. Lerch) 192, 209~212, 216~223, 233, 237, 266, 276, 277, 281~285, 287, 288, 291
레닌(Vladimir Lenin) 458
레베데프(Nikolai G. Lebedev) 192
레온티예프(Wassily Leontief) 433
로빈슨(Richard D. Robinson) 235, 236, 239, 241, 242, 254, 270, 465, 472
로스(John R. Ross) 213
로조프스키(Solomon A. Lozovsky) 185
루스벨트(Franklin D. Roosevelt) 159, 160, 414
리프맨(Walter Lippmann) 432, 433

ㅁ

마르크스-레닌주의 458
마셜(George C. Marshall) 414
마셜플랜 29
마태영 51, 105
만주 신탁관리 396, 397
말레이 440, 441
매일신보(매신) 41, 49, 51, 53, 57, 58, 76, 77, 84, 85, 87~103, 105, 116, 117
매일신보 자치위원회(매신 자치위원회, 자치위원회) 76, 77, 88~91, 94, 95, 98~101
매카시즘 24, 168, 170
매카시(Joseph McCarthy) 168
맥아더(Douglas MacArthur) 42, 134, 152, 187~191, 193~195, 273, 297, 309, 310, 316, 318~320, 322, 325, 333, 335, 337, 338, 346, 351, 354, 397
명제세 262, 265
모스크바 삼상회의(삼상회의) 30, 31, 41, 42, 116, 119~122, 124~131, 134~136, 143, 144, 146, 149~152, 155, 163, 164, 172~179, 185, 186, 188~190, 195~200, 202~205, 274, 368, 380, 384, 387, 391, 408, 470, 474
몰로토프(Vyacheslav M. Molotov) 128, 192
무정부주의 356, 456, 457
문철민 105
문화인 108인 성명 443
문화인 330인 성명 443
미 공화당 174, 437

미 민주당 170
미 유대인반공연맹 169
미곡수집령 251
미국 국가주의(American nationalism) 174
미군정(군정청) 22, 28, 29, 30, 37, 38, 41~45, 48, 51~53, 55~62, 63, 65, 67, 69, 72, 73, 81~84, 86~93, 95~98, 101~103, 114~117, 121, 125~127, 132~135, 148, 172, 173, 175~181, 183~192, 194~199, 201~203, 207~217, 219~224, 227~254, 257, 258, 261~277, 279~281, 283~295, 298~302, 307, 309, 322, 360~366, 368~371, 375, 376, 378~386, 390~393, 395, 396, 399, 402, 415, 416, 418, 419, 421, 422, 429, 469, 470, 472, 473
미군 합동참모본부(JCS) 21
미소공동위원회(미소공위) 16, 28, 30, 31, 125, 130, 192, 195, 198, 199, 202, 263, 265, 266, 268, 269, 275, 285, 311, 368, 379, 380, 383, 386~388, 391, 408, 410, 415, 417, 425
미얀마 441
미 육군 24군단 군사실(군사실) 22, 44, 52, 54, 184, 221, 465
미 육군 군사감실(Office of the Chief of Military History, 군사감실) 19~23, 126

미 육군부 22, 194, 272, 286, 378, 394, 399, 468
미 전국제조업자협회 168
미챔(Stuart Meacham) 383
미첼(Clyde C. Mitchell) 278, 294, 295
민간정보교육국(CI&E) 313, 316, 344
민간통신첩보대(Civil Communication Intelligence Group-Korea) 247, 248, 254, 255, 313, 314, 339
민두식 105
민선의원 286, 287
민성 43, 407, 427
민원식 51, 154
민족개량주의 457, 459, 460, 479, 480
민족개조론 457
민족운동 455~457, 459, 461~463, 476, 479
민족유일당 464
민족통일전선(민족협동전선, 반제민족통일전선, 통전) 75~77, 90, 113~115, 204, 459~462, 464, 471, 472
민족통일총본부(민통) 100, 301
민족해방동맹 278
민족해방운동 106, 409, 455~459, 461~467, 479, 481, 482
민족혁명론 457
민주주의민족전선(민전) 264~266,

268, 387, 424, 461
민주중보 75, 122
민중동맹 278
민중일보 69, 84, 88, 122, 124, 156, 164, 413, 416~418

ㅂ

바르가(Evgeny S. Varga) 433
박건웅 277, 278
박근혜 16
박기준 435, 436, 438, 439
박승원 406, 407
박열 354~357
박은식 457, 458
박헌영 82, 111, 114, 120, 180~185, 196, 197
박흥식 312, 380
반공운동 82, 129, 177, 185, 199, 200, 202, 355, 357, 471
반공투쟁 445, 446
반민족행위특별조사위원회(반민특위) 16, 476, 481
반식민지운동 41, 203
반탁운동(반탁투쟁) 28, 30, 82, 120, 122, 124, 129, 135, 170, 172, 175~180, 185, 186, 192, 195, 196, 198~202, 368, 384, 388, 408, 415, 470~472, 474
반탁독립투쟁위원회(반탁투위) 277, 285

반파쇼인민전선 461
방공정책 466
방응모 91, 94, 99
방첩대(CIC, Counter Intelligence Corps) 52, 255, 258
배은수 79, 105
백낙준 58
백남운 406, 462
백남진 147~149
백색테러 28
버치(Leonard Bertsch) 183
번스(Arthur C. Bunce) 192, 213~215, 217, 219, 221, 238, 271~273, 275~281, 283, 383
번스 사절단(국무부 경제사절단, 주한 미군경제고문단) 213, 215, 217
번즈(James F. Brynes) 123, 125, 128, 130, 198
범태평양노동조합 비서부 460
베빈(Ernest Bevin) 128
베트남 20, 441, 481
베트남전쟁 20
보수주의 83, 469, 470
보통선거법 29, 277
봉쇄정책 21, 29, 103, 432, 433, 442
부녀총동맹(남조선부녀총동맹) 406
부르주아민족운동 462, 463
부르주아민족주의 462
부르주아민주주의 468
부인신보 416, 418

부일협력자 99, 208, 380
북대서양조약기구 447
북조선임시인민위원회 263
불교중앙총무원 406
비상국민대표대회 269
B·C급 전범 317, 328, 330, 331

ㅅ

4·19 455
사회운동 35, 106~108, 336, 351, 353, 466
사회주의 181, 456~459, 461~466, 479
산업노농위원회(산노위) 277
상주기자동맹 107
새한민보 373, 441, 442
샌프란시스코체제 401, 402
샌프란시스코회의 464
서강백 406
서울신문 94~96, 98, 102, 110, 122~124, 164, 182, 301, 406, 416, 428, 435, 446
서울중앙방송국(경성방송국) 66, 111
서울타임스 57, 58, 181
서재권 448, 449
설국환 435, 438
설의식 312, 406, 409, 410, 443
설정식 443
성조지(Pacific Stars and Stripes) 125~128, 130~133, 136, 137,

143~147, 164, 173, 471
세계신보 28, 43, 291, 292, 294
세계일보 368, 384
소련군 민정국 474
소작료 3·1제 210
소장파 446, 476
소콜스키(George E. Sokolsky) 168, 170
손수진 105
송진우 80, 90, 106, 112, 176, 381
쉬츠(Josef R. Sheetz) 94
스노(Edgar Snow) 182
스탈린(Joseph Stalin) 38, 169, 192, 193
스튜어트(James Stuart) 378, 379
스트롱(Gordon Strong) 213, 214
시부야 사건 348, 349
시티코프(Terentyi Shtykov) 191
식량위기 28, 246~249, 251, 252, 254, 261
식민주의 32, 441, 442
신남철 443
신민족주의 464
신보(申報) 137
신조선보 73, 84, 88, 122~124, 152, 156, 164, 182
신진당 301
신채호 120, 463
신천지 43, 373, 406, 407, 410, 413, 426~429, 432, 434, 435, 436,

439~443, 446, 447~451
신탁통치 15, 41, 103, 104, 116, 119~123, 125~127, 130, 133~135, 142, 143, 146~155, 166, 170~173, 175~177, 179, 181~183, 187~195, 197~200, 202, 204, 369~372, 378, 383~385, 396, 398, 400, 468, 470, 472, 474, 475
신탁통치반대국민총동원위원회(국민총동원위원회) 179
신한공사 210, 214~216, 232, 264, 267, 279, 280, 282~285, 289, 291, 294, 300~302, 402
신한국민당 368, 384
신현중 79
심리전 68, 72, 477, 481
심창흠 367~369, 383, 384, 388
10월항쟁 35, 213, 252, 276, 286, 422, 449
12월테제 460
쑹메이링 168

ㅇ

아놀드(Archer V. Arnold) 48, 60, 66, 69, 74, 81, 83, 92~94, 176, 197
안동기우단 107
안재홍 54, 56, 63, 80, 94, 106, 114, 301, 312, 382, 463
얄타회담(얄타밀약) 166, 167, 169, 170
양명 77
양재하 73, 88, 406
엄항섭 179, 464
AP(Associated Press) 125
A급 전범 321, 328, 330
엔도 류사쿠(遠藤柳作) 54, 249
ML당 77
엠포리아 가제트 150, 151
여론과(여론조사과) 65, 97, 234, 235, 239, 270, 363, 378, 379
여순사건 35, 445, 476
여운형 54, 56, 62, 63, 74, 80, 106, 114, 249, 274, 287, 381, 458, 461
여운홍 74
역코스 399, 434
연합국 19, 23, 25, 41, 51~53, 57, 72, 157, 159, 165, 174, 197, 203, 306, 318, 322, 327, 333, 342, 352, 368, 372, 383, 388, 400, 401, 409, 466
연합군최고사령부(SCAP/GHQ, 극동군사령부, 맥아더 사령부, 태평양사령부) 23, 68, 134, 187, 188, 193, 194, 273, 297, 307, 310, 313, 333, 335, 346, 351, 399, 478
연합통신 55, 133, 154, 163
염상섭 443
영국 26, 130, 152, 167, 169, 174, 318, 333, 400, 466, 467
영남일보 156, 164
오기영 373~378, 381, 383~385, 388,

398, 406, 407, 410, 428~430, 432, 434, 443
오다 야스마(小田安馬) 52, 61, 71
오덴스버그 저널 156, 163~165, 167
오브라이언(Robert E. O'Brian) 478
오세창 91, 94
5·10선거(5·10총선거) 42, 289, 291, 292, 295, 302, 429
오창근 75
오천석 58
오쾌일 406
외국인등록령 345, 354
요크 디스패치 150, 151
우리신문 416
워싱턴포스트 128
원경수 148, 149
월리스(Henry Agard Wallace) 437, 414
월스트리트저널 128
웨드마이어(Albert C. Wedemeyer) 309~312, 358, 359, 366, 368, 369, 373, 375~379, 381, 382, 386~388, 390, 391, 393, 394, 396~399
윌리엄스(George Z. Williams) 83, 84, 115, 469
윌키(Wendell L. Willkie) 410
유럽 26, 29, 30, 127, 128, 130, 131, 169, 414, 415, 430~432, 434, 438~440, 442, 450
유병묵 105

유엔(국제연합) 18, 152, 174, 285, 286, 333, 369, 371, 391, 395, 396, 400, 413, 425, 429, 436, 437, 464
유엔임시조선위원단 429
유재명 154, 155
유중렬 105
유진오 443
UP(United Press) 125
유해붕 51
6·25전쟁 17~25, 34, 39, 397, 427, 428, 477, 478, 480, 481
윤행중 74
윤희순 94
이갑기 75
이갑섭 435, 438, 443
이강국 406
이관구 94, 154
이그나티예프 474
이극로 382
이동휘 458
이란 79, 130, 262, 290, 336, 438, 449, 466
이묘묵 48, 51~59, 61~63, 69, 71, 72, 114
이병기 443
이상재 459
이상철 89, 91
이상협 91
이석태 462
이선근 91, 266, 267, 312

이성범 58
이순금 406, 407
이순탁 278, 443
이승만 33, 58, 73, 74, 109, 129, 133, 172, 186, 193, 197, 204, 268, 269, 274, 275, 277, 285, 287, 288, 312, 381, 384, 387, 391, 395, 397, 412, 413~418, 423, 425, 443~447, 449~451, 464, 467, 468, 471, 473, 475~477, 480, 481
이시영 312
이여성 88, 262
이용희(이동주) 58, 435, 438, 439
이원영 105
이원조 51, 74
이원혁 94
이윤종 51
이정순 51, 105
이종모 73, 75, 406
이주하 406
이진섭 441
이탈리아(이태리) 333, 439, 466
이태준 204, 205, 406, 407
이훈구 214~216, 277
익찬운동(翼贊運動) 325
인도 56, 101, 440~442, 463
인도네시아 441
인력연구소(HRRI, Human Resources Research Institute) 477
인민 77
인민당 204, 257, 262, 265, 266
인민민주주의혁명 474
인민위원회 74, 255, 256, 261, 263, 286, 297, 470
인종주의 169, 479
일본공산당 353
일본군 경성연락부 61
임근수 58
임명삼 435~438
임정법통론 178
임화 105

ㅈ

자본주의 112, 113, 273, 298, 377, 413, 430, 436, 459
자유민주주의 37
자유방임주의 112
자유신문 74, 79, 124, 157
자유주의 109, 174, 192, 349, 380, 381, 383~385, 409, 412, 465, 466
자작농 창정 215, 217, 234, 240, 264, 266, 300
자치론 456, 457, 466
작전연구소(ORO, Operations Research Office) 477
장도빈 69, 84
장제스(장개석) 157, 165, 168, 311, 431, 447
장택상 381
재일본조선거류민단(민단) 356

재일본조선인연맹(조련) 339
재일조선인생활권옹호위원회 345
적산(敵産) 30
적산농지 283, 285, 288, 294, 299, 300
적색노조 460, 461
적색농조 461
전국농민조합총연맹(전농) 78, 225, 261, 264~266, 284, 285, 301
전조선기자대회(1925) 73, 81
전조선신문기자대회(기자대회) 73
전체주의 148, 381, 445
전홍진 148
정로(正路) 258
정인보 369, 370, 372, 373, 383~385, 388
정인익 105
정인준 51
정지용 443
정진석 74, 79
정현웅 408, 435, 437, 446
제1차 세계대전(1차 대전) 440, 457, 458, 463
제2차 세계대전(2차 대전) 19, 20, 22~24, 30, 32, 39, 130, 131, 166, 167, 169, 173, 174, 203, 296, 306, 333, 366, 398, 400~402, 410, 414, 430, 439~441, 463, 467, 468
제3차 세계대전(3차 대전) 406, 409, 414, 426, 439, 440

제주4·3사건 35, 445, 447~449, 476
제한전 18~21, 23, 395
조덕송 448
조련 자치대 353
조만식 80, 106, 198
조미토지개혁연락위원회(연락위) 278
조선건국준비위원회(건준) 48
조선건국촉진청년동맹(건청) 356
조선경제신보 260
조선공산당(공산당, 조공) 26, 74, 77, 78, 111, 114, 148, 177, 180, 182, 184, 185, 197, 200, 204, 256~258, 263, 265, 266, 268, 274, 352, 353, 406, 457, 458, 460, 461, 467, 474
조선공산당 공산주의자협의회 78
조선문화건설본부 91
조선문화건설중앙협회 74
조선방공협회 466
조선신문기자협회 416~418, 421~424
조선신문기자회(기자회) 73, 74, 92
조선신문주간회 69, 72, 84
조선신민당 263, 274, 406
조선인민공화국 52, 56, 74~77, 88, 89, 96~98, 113, 129, 471
조선인민보 74, 181, 182
조선일보 25, 26, 52, 80, 91, 93~95, 98, 99, 102, 103, 105, 107, 110, 112, 113, 122, 124, 152, 153, 156,

159, 164, 416, 435
조선중앙일보 52, 80, 107, 373, 416
조선총독부(총독부) 48, 49, 53, 54, 59, 61~65, 69, 88, 89, 95, 99, 102, 249, 250, 258, 332, 456
조선통신 73, 79, 124, 125, 148, 151, 153, 154, 406, 416
조선학술원 74
조소앙 464
조완구 464
조중환 94
존스톤(Richard J. H. Johnston) 74, 81, 82, 84, 120, 129, 178, 180~185, 190, 196
좌우합작(좌우합작운동) 16, 273~275, 277, 284, 286, 287, 300, 415, 464, 470, 474, 475
좌우합작위원회(합작위원회) 273, 274, 277, 284, 286, 287, 300
주간신보 43, 231
주민대회 106, 107
주보(週報) 445
주코프(Evgeny M. Zhukov) 433
주한미군사(History of US Army Forces in Korea) 22, 23, 44, 52, 55, 83, 84, 96, 98, 114, 126, 134, 155, 163, 175, 176, 182, 184, 195, 209, 233, 255, 274, 291, 313, 339, 363, 379, 383, 469, 472
주한미군사령부 22, 44, 55, 83, 84, 126, 134, 155, 163, 175, 176, 182, 184, 195, 209, 255, 291, 313, 339, 363, 379, 383, 469
중간파 95, 110, 274, 287, 381~384, 388, 416, 424, 439, 476, 480
중국 49, 77, 137, 143, 146, 152, 153, 157, 165, 166, 168, 169, 173, 251, 252, 296, 297, 311, 317, 328, 330, 331, 333, 336, 338, 347, 366, 372, 375, 376, 378, 380, 396, 397, 398, 400, 430, 431, 433, 434, 440, 441, 467, 468, 477, 481
중국 공산당 297
중국 국민당 168, 311, 396, 434
중도파 391
중앙신문 56, 88, 122, 124, 156, 164, 182, 261, 406
중앙일보 52, 80, 107, 373, 416
중앙토지행정처 280, 289, 290
중외일보 107
중일전쟁 308, 325, 461
진보적 민주주의 41, 84, 88, 89, 103, 105, 109~116

ㅊ

차미리사 443
참정권 320, 456
천도교 460
천황제 310, 317, 320~324, 326, 327, 465, 479

찾아보기 593

최범술 406, 407, 409
최영준 105
최익한 88
최일숙 77, 78
최한식 147, 149
최호진 443
추축국 296, 466
출판법 78
치안유지법 78, 354, 359
친일간상배 208
친일파 54, 59, 60, 63, 91, 94, 100~102, 114, 177, 204, 208, 255, 287, 356, 358, 360, 375, 384~387, 402, 471, 473, 476, 480

ㅋ

카스트로(Fidel Castro) 455
카이로선언(카이로회담) 50, 123, 142, 145~147, 157, 165, 166, 169, 170, 173, 200, 333, 368
케넌(George F. Kennan) 27, 413, 414, 432, 433
케네디(John F. Kennedy) 455
코리아타임스 54, 56~58, 63, 69
코민테른 459~461
콜린스(James L. Collins) 20
키니(Robert A. Kinney) 213, 214, 216, 278, 288
키리노(Elpidio Quirino) 447

ㅌ

타스통신 134, 146, 186~195, 201, 202
타임스 트리뷴 150
태평양동맹 447
태평양전쟁 56, 130, 308, 327, 332, 335~337, 468
터키(토이기) 24, 160, 412, 414, 430, 434, 438
테러 28~31, 205, 359, 360, 376, 384, 386, 388, 419~422, 425
토나리구미(隣組) 325, 326
토지개혁 42, 111, 208, 209, 214, 215, 224, 230~232, 237, 239~245, 254~261, 263, 265, 266, 268, 269, 271~282, 284, 285, 288, 292~303, 382, 384, 388, 401, 402
통역정치 59~61
튜크(David B. Tuke) 68, 72
트루먼(Harry S. Truman) 21, 24, 27~30, 38, 130, 167, 169, 170, 173, 174, 309, 310, 358, 366, 374, 378, 390, 392, 393, 397, 399, 412, 413, 415, 433, 443
트루먼 독트린 24, 27~30, 412, 413, 415, 443

ㅍ

파시즘 106, 192, 296, 445, 465, 479
페투호프(V. I. Petuhov) 185

포츠담회담 166, 169, 170
포트웨인 뉴스센티널 156, 163, 166, 167, 170, 203
프랑스 26, 131, 414, 440, 466
프랑스령 인도차이나 440
프로핀테른(적색노조인터내셔널) 460
필리핀 328, 394, 441, 463

ㅎ

하경덕 58, 91, 94, 95
하야타 후쿠조(早田福藏) 61
하지(John R. Hodge) 24, 48~52, 59, 61, 63~66, 82, 83, 86, 88
한국독립당(한독당) 262, 265, 266, 286, 368, 384, 424, 425
한국민주당(한민당) 60, 63, 80, 83, 90, 95, 99, 100, 109, 112, 176, 177, 193, 209, 262, 265, 266, 268, 269, 274, 275, 278, 284~288, 300, 387, 406, 410, 412, 413, 415, 418, 423~425, 469~471, 476
한국여론협회 44
한길수 58
한상운 105
한성일보 103, 110, 266, 268, 373, 406, 416
한위건 77
한형권 458
한효 75, 105

함상훈 406, 413
합동통신 42, 55, 122~127, 131~133, 136, 144~147, 149~151, 154~156, 159, 163~166, 170~174, 203, 204, 424, 435, 471
해리먼(Averell Harriman) 192
해리스(Charles S. Harris) 48, 64
해방일보 84, 88, 110, 234~236, 258
해방통신 55, 73, 75, 416
허헌 73, 74, 387
헤이워드(Paul Hayward) 65~68
헤인젠(Ralph Heinzen) 128, 130, 131, 143
헬믹(Charles G. Helmick) 275, 283
현대일보 27, 260, 268, 416, 418
호그(Leonard C. Hoag) 126
홍기문 94, 95
홍명희 94, 382
홍성하 278
홍종겸 154, 155
홍종인 435, 436
홍증식 105, 148
홍진 114, 148, 149
홍한표 448
흐루쇼프(Nikita Khrushchyov) 455
히가시쿠니 나루히코(東久邇宮稔彦王) 327
히로히토(裕仁) 320, 322
힐드링(John H. Hilldring) 272